BLUE BOOK

化纤蓝皮书

of China Chemical Fibers

2013年中国化纤
经济形势分析与预测

Analysis and Forecast of China Chemical Fibers' Economy of 2013

权威机构　前瞻研究　每年新版

中国化学纤维工业协会 编著

中国社会出版社

图书在版编目（CIP）数据

2013年中国化纤经济形势分析与预测 / 中国化学纤维工业协会编著. -- 北京：中国社会出版社，2013.3
ISBN 978-7-5087-4367-7

Ⅰ.①2… Ⅱ.①中… Ⅲ.①化学纤维工业—工业经济—研究—中国—2013 Ⅳ.①F426.7

中国版本图书馆CIP数据核字（2013）第039101号

书　　名：2013年中国化纤经济形势分析与预测
编　　著：中国化学纤维工业协会
责任编辑：朱永玲　陈贵红

出版发行：中国社会出版社　　邮政编码：100032
通联方法：北京市西城区二龙路甲33号
电话：编辑部：（010）66076941
邮购部：（010）66060275
销售部：（010）66080300　传真：（010）66051713
（010）66051698　传真：（010）66080880
（010）66080360　（010）66063678
网　　址：www.shcbs.com.cn
经　　销：各地新华书店

印刷装订：廊坊市恒泰印务有限公司
开　　本：165mm×235mm　1/16
印　　张：25.25
字　　数：325千字
版　　次：2013年3月第1版
印　　次：2013年3月第1次印刷
定　　价：200.00元

本书编委会

前　言

化纤行业蓝皮书（2013 中国化纤经济形势分析与预测）已经连续出版 9 年了，对引导行业稳定运行、促进行业可持续发展起到了非常有益的作用。近两年重点关注了再生纤维、高新技术纤维与循环经济等热点课题。今年为贯彻落实十八大会议精神，推动行业生态文明建设，特别增加了“原液着色涤纶长丝的现状与发展”、“国内外废旧纺织品高值化综合利用发展现状”和“丙纶再生纤维的开发与应用”等一些新的研究成果，供大家参考。

2012 年，国内外经济形势复杂多变，纺织行业运行与发展遇到了生产需求增速减缓、资源环境约束加剧、国内外棉价差距巨大、要素成本不断上升等许多困难，但全行业团结协作，积极应对，仍取得了较好的成绩。全年规模以上纺织企业，实现工业总产值 5.78 万亿元，增长 12.29%；实现利润总额 3015 亿元，增长 7.68%；完成固定资产投资总额 7793 亿元，增长 14.62%；化纤下游主要产品纱、混纺布、化纤布、帘子布等产量增速出现不同程度下降，只有无纺布产量增长 23.08%，增速提高 8.38 个百分点。2012 年，全国纺织品服装出口 2625.63 亿美元，同比增长 3.32%，增速大幅回落 16.55 个百分点；全年化纤产量 3792.16 万吨，增长 11.20%，虽仍然保持两位数增长，但增速下降 2.6 个百分点，其中，粘胶短纤、锦纶、丙纶产量增长较快，涤纶产量增速明显下降；腈纶是行业中唯一产量下降的品种。全年化纤进口下降 7.23%，出口增长 4.44%；化纤行业实际完成投资额增长 20.34%，增速回落 27.53 个百分点，新开工项目数同比仅增长 3.69%。

当前，尽管世界经济依旧脆弱，但世界经济最坏的时候已经过去，总体已释放出比较积极的信号。美国经济正以缓慢的速度扩张，个人消费温和增长，房地产市场趋势回升，失业率稳在了 8%以下；欧元区整体局势趋于稳定，尾部风险正逐步得到消除；中国与世界经济的双向反馈效应越来越明显，四季度在中国经济“筑底回升”后，一些资源国和出口国得到了中国需求的有力支撑，经济开始企稳。预计 2013 年世界经济增速与 2012 年相比不会出现太大波动，大体持平或轻幅上扬的可能性较大。联合国发布最新《2013 年世界经济形势与展望》报告，预计 2013 年世界经济很可能继续保持低迷，但比 2012 年微幅回升，预计将增长 2.4%。国际货币基金组织发布最新《世界经济展望》指出，压抑全球经济活动的因素预计将消退，2013 年全球经济增长将缓慢回升，预计世界经济将增长 3.5%，比 2012 年提高 0.3 个百分点。

今年是实施国家“十二五”规划的关键之年，是贯彻落实党的十八大会议精神的第一年。2012 年中央经济工作会议更加强调了“稳中求进”的工作总基调，今年中国将继续实施积极的财政政策和稳健的货币政策。第十二届全国人民代表大会第一次会议的《政府工作报告》中提出了国内生产总值增长 7.5% 的目标，主要基于两方面考虑：一要继续抓住机遇、促进发展；二要切实按照科学发展观的要求，引导各方面把工作重心放到加快转变经济发展方式和调整经济结构上，放到提高经济增长的质量和效益上，推动经济持续健康发展。

2013 年，化纤行业面临的资源环境压力、要素成本压力、新增产能压力等问题仍将继续存在，但国际国内的宏观经济环境比较平稳，纺织行业运行稳中有升，中国新型战略产业加快推进，这些都将支撑化纤产品市场需求的逐步恢复。同时，近几年行业在推进产业结构优化调整与转型升级方面取得的成绩如高新技术纤维发展取得突破、产业创新联盟成效显现、自主创新能力有所提高、产业集中度不断提升、产业链结构逐步完善、标准体系建设更加完善等，都为未来化纤行业的平稳运行和发展提供可持续发展的动力。

我们相信，只要全行业坚定信心，积极进取，团结一致，共克时艰，以科学发展观统揽发展全局，积极贯彻落实十八大会议精神，加快转变发展方式，积极推动产业结构优化升级，着力提高自主创新能力，积极强化节能减排、循环经济发展，努力加强产业链协调发展，积极推动国际化合作，2013 年，中国化纤工业一定会度过难关，取得更好的发展成绩！

由于时间较紧，水平有限，书中难免会有错误之处，还请各会员企业和广大读者批评指正。

本书编委会

2013 年 3 月

目　　录

行业运行篇

专题研究篇

产业政策篇

统计数据篇

BLUE BOOK 化纤蓝皮书
of China Chemical Fibers

行业运行篇

专题研究篇

产业政策篇

统计数据篇

运行分析

趋势预测

权威发布

前景展望

2013年中国化纤
经济形势分析与预测

Analysis and Forecast of China Chemical Fibers' Economy of
2013

2012 年中国化纤行业运行分析与 2013 年运行预测

端小平　郑俊林　吴文静

2012 年是化纤行业深入调整的一年，面对严峻的国内外经济形势和国内纺织市场的低迷，化纤行业整体运行也较为困难，市场表现低迷，效益明显下降，但是，下半年特别是第四季度，行业出现一些好转趋势。预计 2013 年，虽然行业整体运行形势不容乐观，但有望呈现探底回升的走势。

一、2012 年化纤行业运行情况

（一）行业生产基本正常

2012 年，化纤行业生产基本正常，大部分子行业的开工率相比上年较为平稳，并且部分行业呈回升走势。

全年完成化纤产量 3792.16 万吨，同比增长 11.20%，增速虽比 2011 年下降 2.6 个百分点，但仍然保持在两位数增长。

其中，粘胶短纤 249.21 万吨，同比大幅增长 31.95%，增速提高了 6.65 个百分点；涤纶 3057.03 万吨，同比增长 9.46%，增速下降了 5.76 个百分点；锦纶、丙纶和氨纶产量增长也较快；腈纶是化纤行业中唯一产量下降的行业。

表 1　2012 年化纤行业生产情况

	2012 年（万吨）	2011 年（万吨）	同比增速	2011 年增速
化学纤维	3792.16	3410.10	11.20%	13.87%
人造纤维	348.03	262.81	32.43%	9.49%
其中：粘胶短纤	249.21	188.87	31.95%	25.30%
粘胶长丝	24.06	23.06	4.37%	-0.65%
醋酸长丝	31.52	29.42	7.15%	0.88%
合成纤维	3444.12	3147.28	9.43%	14.21%

续表

	2012 年（万吨）	2011 年（万吨）	同比增速	2011 年增速
其中：涤　纶	3057.03	2792.71	9.46%	15.22%
锦　纶	181.46	157.75	15.03%	9.60%
腈　纶	69.35	70.71	-1.93%	4.21%
丙　纶	36.86	30.47	20.96%	12.10%
氨　纶	30.75	26.44	16.29%	-1.95%

资料来源：国家统计局

从化纤月度产量来看，每月化纤产量基本保持在 300 万吨以上，并且从 9 月份开始同比增长速度稳定在 10%以上。

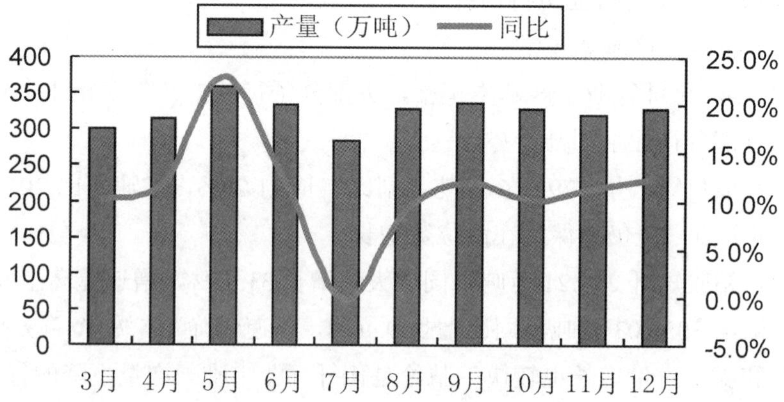

图 1　2012 年化纤月度产量变化

资料来源：国家统计局

（二）进口小幅减少

2012 年，共进口化纤 82.10 万吨，同比小幅减少 7.23%。分品种看：大部分品种进口量有不同程度的下降，但腈纶、锦纶进口量仍较大，分别占化纤进口总量的 22.72%和 19.98%；粘胶短纤进口量不降反增，同比增加了 5.15%，增量主要来自于奥地利。

表 2　2012 年化纤行业进口情况

	数量（万吨）			金额（亿美元）		
	2012 年	2011 年	同比	2012 年	2011 年	同比
化学纤维	82.10	88.49	-7.23%	30.77	33.61	-8.47%
其中：涤纶长丝	12.04	15.50	-22.30%	3.40	4.17	-18.48%
涤纶短纤	11.24	12.02	-6.53%	2.11	2.38	-11.46%
锦纶长丝	16.40	16.90	-2.96%	6.66	7.12	-6.56%
腈　纶	18.65	19.53	-4.49%	5.92	6.79	-12.71%
粘胶长丝	0.98	1.12	-12.81%	0.71	0.70	1.87%
粘胶短纤	14.56	13.84	5.15%	4.79	4.86	-1.42%
氨　纶	1.88	2.28	-17.48%	1.73	1.95	-11.13%

资料来源：据海关总署数据整理

（三）出口增速大幅回落

2012 年，化纤出口 246.81 万吨，同比微增 4.44%，增速同比大幅回落 18.3 个百分点。其中，涤纶长丝出口 107.89 万吨，占化纤出口总量的 43.71%；涤纶短纤出口 67.07 万吨，占 27.17%。

表 3　2012 年化纤行业出口情况

	数量（万吨）			金额（亿美元）		
	2012 年	2011 年	同比	2012 年	2011 年	同比
化学纤维	246.81	236.31	4.44%	59.74	63.27	-5.59%
其中：涤纶长丝	107.89	94.52	14.14%	21.36	21.69	-1.53%
涤纶短纤	67.07	81.61	-17.83%	9.73	13.43	-27.59%
锦纶长丝	11.62	12.26	-5.21%	5.18	5.89	-12.09%
腈　纶	0.58	0.41	42.64%	0.18	0.14	35.76%
粘胶长丝	7.65	8.12	-5.86%	4.88	5.67	-14.03%
粘胶短纤	26.91	16.41	64.01%	5.76	4.63	24.61%
氨　纶	4.41	3.49	26.41%	2.96	2.38	24.09%

资料来源：据海关总署数据整理

自 2000 年以来，化纤出口量一直保持了较快的增长，只有 2009 年因为金融危机的影响出现过一次下降。而2012年前8个月，化纤出口量同比一直是下降的状态，反映出国际市场需求低迷。值得欣慰的是，化纤出口量降幅持续收窄，9月份起扭转为正增长。

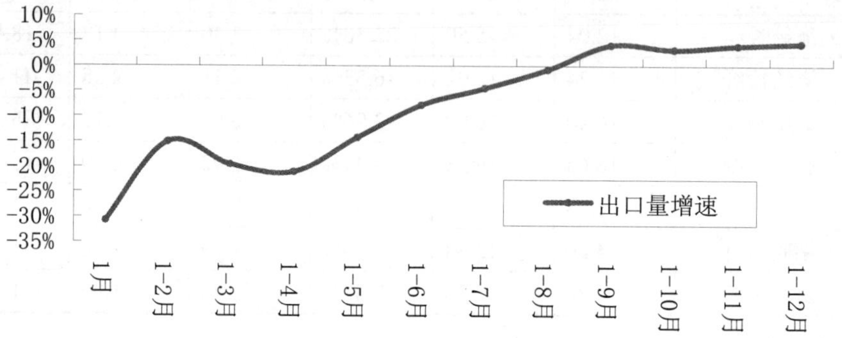

图2 2012年化纤出口量增速变化

资料来源：据海关总署数据整理

化纤出口市场以土耳其、美国、巴基斯坦、印尼、越南为主，分别占化纤出口总量的13.0%、10.5%、10.3%、6.2%、5.8%，并且对土耳其、印尼、越南的出口量还在继续大幅增加，说明这些新兴国家的纺织产业快速发展增加了对化纤的需求。

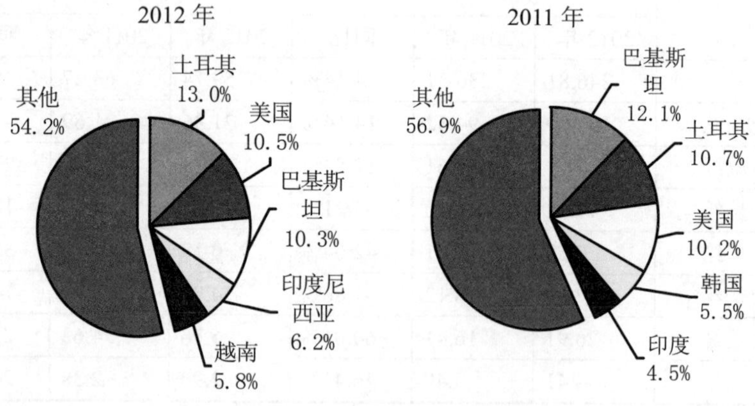

图3 2012年我国化纤出口市场份额与2011年对比

资料来源：据海关总署数据整理

（四）行业投资增速回归合理水平

化纤行业自 2011 年第四季度已进入下行周期，行业投资热情也逐渐回归理性，2012 年行业投资增速稳定在 20%～30%。

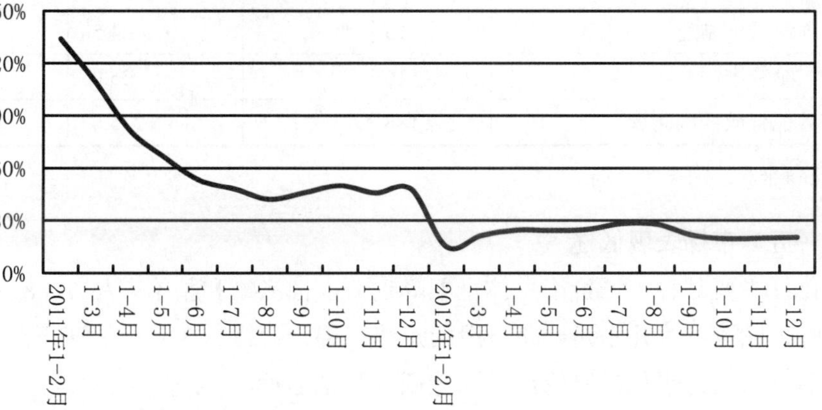

图 4　2011～2012 年化纤行业固定资产投资增速变化

资料来源：国家统计局

2012 年，化纤行业新开工项目数同比仅增长 3.69%；实际完成投资 883.37 亿元，同比增幅为 20.34%，比上年同期增速回落 27.53 个百分点，但锦纶行业投资增速仍偏快。

表 4　2012 年化纤行业固定资产投资情况

	新开工项目数	同比	实际完成投资额（亿元）	同比
化学纤维制造业	618	3.69%	883.37	20.34%
纤维素纤维原料及纤维制造	137	-17.47%	191.09	13.80%
化纤浆粕制造	24	-50.00%	30.30	-7.46%
人造纤维制造	113	-4.24%	160.79	18.96%
合成纤维制造	481	11.86%	692.29	22.28%
锦纶纤维制造	50	6.38%	88.05	68.50%
涤纶纤维制造	187	23.03%	321.41	16.68%
腈纶纤维制造	5	0.00%	5.47	-33.77%

续表

	新开工项目数	同比	实际完成投资额（亿元）	同比
维纶纤维制造	22	29.41%	11.72	-55.69%
丙纶纤维制造	13		24.56	
氨纶纤维制造	16		26.05	
其他合成纤维制造	188		215.03	

资料来源：国家统计局

（五）市场表现低迷

化纤主要品种市场价格总体呈下降走势，但涤纶和腈纶产品7、8月份明显反弹；粘胶纤维几乎是一路下滑的走势；锦纶价格自3月份快速下跌，8月份之后行情较为平稳；氨纶市场保持低位平稳运行。

以涤纶为例：1月份在原料价格上涨的推动下，涤纶产品价格小幅上扬；但终端需求疲弱导致下游订单偏少，缺乏需求的涤纶市场在2月份之后一直延续疲弱走势，其间虽有反弹，但反弹力度以及持续性明显不强；5、6月份，一直作为支撑的聚酯成本出现下跌导致涤纶价格快速下滑；6月末，涤纶长丝行业自律再加上原油市场大幅反弹，涤纶产品也出现明显的修复性反弹；但在下游企业的原料备货稍显充裕之后，其采购归于谨慎，8月中旬至10月中旬涤纶产品价格相对稳定；四季度涤纶产品价格随着原料价格的波动而变化。

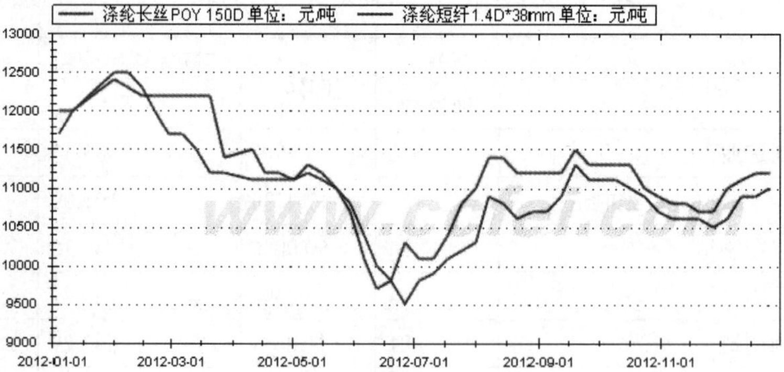

图5　2012年涤纶价格走势图

资料来源：中纤网

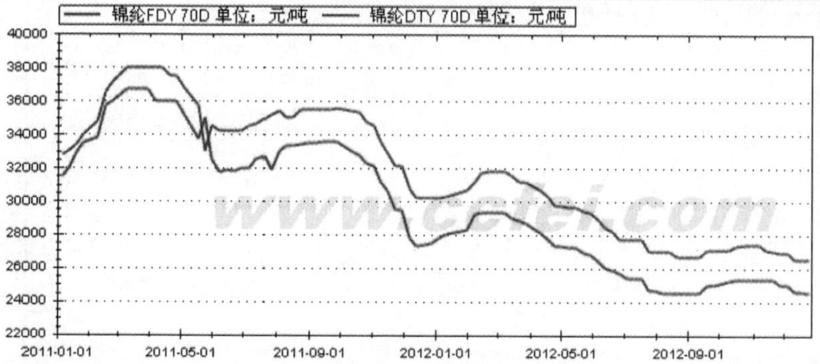

图 6　2012 年锦纶价格走势图

资料来源：中纤网

图 7　2012 年腈纶价格走势图

资料来源：中纤网

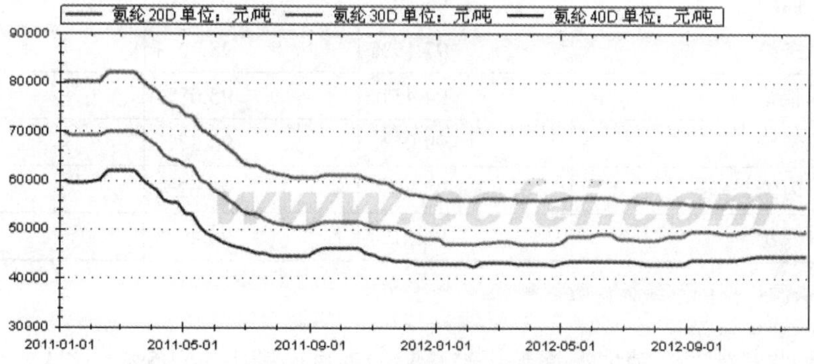

图 8　2012 年氨纶价格走势图

资料来源：中纤网

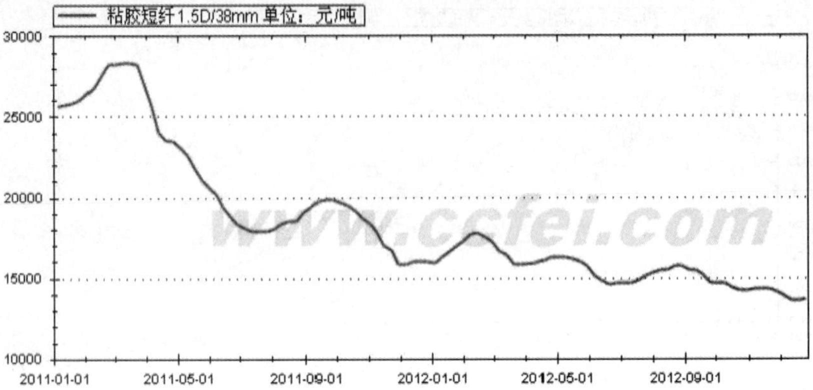

图9　2012年粘胶短纤价格走势图

资料来源：中纤网

（六）产销衔接不畅

据国家统计局经济月报数据测算，2012年，化纤行业平均产销率降至96.95%，同比下降1.24个百分点，人纤、锦纶、涤纶等主要子行业同比出现下滑，反映出市场需求不旺，产销衔接不畅。

表5　2012年化纤行业产销情况

	2012年	2011年	同比（百分点）
化纤行业	96.95%	98.18%	-1.24
其中：人造纤维	97.12%	98.40%	-1.28
锦纶	95.19%	97.36%	-2.17
涤纶	97.19%	98.70%	-1.51
腈纶	94.41%	95.08%	-0.67
维纶	99.05%	95.27%	3.78
丙纶	98.80%	95.62%	3.18
氨纶	96.51%	94.40%	2.11

资料来源：据国家统计局数据测算

但环比来看，产销情况逐渐好转，1～12月产销率96.95%，比1～2月的91.24%提高了5.71个百分点。

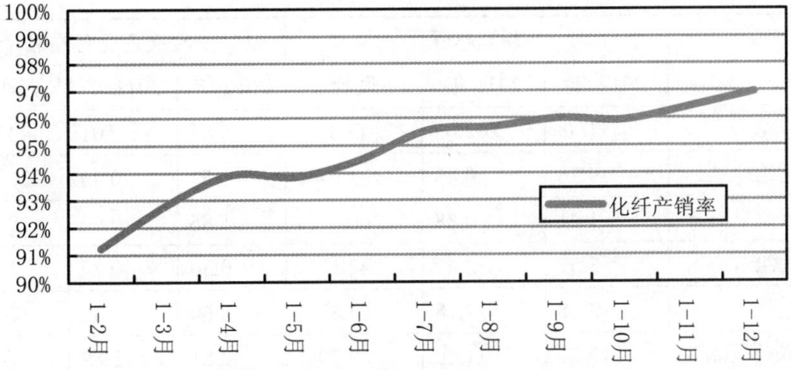

图10　2012年化纤产销率变化情况

资料来源：据国家统计局数据推算

产销率的下降直接导致库存增加。由于下游需求持续低迷，并且整个产业链都对后市预期不佳，各环节均在去库存化，使库存逐步向上游转移，因此上半年化纤库存压力逐渐加大，至6月底，化纤主要品种库存均达年内高位，粗略估算，5月中至6月中涤纶行业由于库存跌价而导致的损失约50亿元。6月底的行业自律之后，化纤产品库存出现明显下降，8月末部分产品库存降至年内低位。四季度随着临近年末，库存又有所增加。

（七）效益大幅下滑，运行质量明显下降

国家统计局数据显示，2012年，化纤行业实现利润总额225.27亿元，同比下降28.31%，行业亏损面达22.72%，亏损企业亏损额也大幅增加46.81%。但从月度经济数据看，行业经济效益自三季度出现明显好转趋势，单月利润总额环比快速增加，同时亏损企业亏损额环比明显减少，亏损面也有所下降。

表6　2012年化纤行业经济效益情况

单位：亿元

	利润总额			亏损企业亏损额		
	2012年	2011年	同比	2012年	2011年	同比
化纤	225.27	314.22	-28.31%	50.67	34.51	46.81%
其中：人纤	57.99	52.32	10.85%	17.10	18.07	-5.39%
锦纶	33.31	28.55	16.65%	2.21	1.27	74.14%

续表

	利润总额			亏损企业亏损额		
	2012年	2011年	同比	2012年	2011年	同比
涤纶	111.38	202.69	-45.05%	16.81	5.01	235.76%
腈纶	-0.26	0.83	-131.61%	1.57	0.43	268.25%
维纶	-1.41	0.88	-260.07%	1.86	0.90	107.41%
丙纶	3.51	2.47	42.52%	0.30	0.27	11.99%
氨纶	2.58	7.78	-66.83%	5.60	2.49	124.95%
其他合成纤维制造	10.38	11.50	-9.70%	2.81	2.69	4.47%

资料来源：国家统计局

行业运行质量明显下降。行业负债率增加，偿债能力却有所下降；资金使用效率有所下降；盈利能力大幅下降，利润率仅为3.34%，同比下降1.53个百分点；百元销售收入财务费用同比大幅增加了21.59%，主要原因是由于库存增加占用了大量资金，导致财务成本大幅增加。

表7　2012年化纤行业运行质量情况

	2012年	2011年	同比
偿债能力指标			
资产负债率	62.99%	62.00%	0.99点
产权比率	170.23%	163.19%	7.04点
已获利息倍数	2.90	4.33	-1.43
营运能力指标			
应收账款周转率（次）	19.98	22.40	-2.42
产成品周转率（次）	17.03	18.15	-1.12
流动资产周转率（次）	2.32	2.36	-0.04
总资产周转率（次）	1.19	1.25	-0.07
盈利能力指标			
利润率	3.34%	4.88%	-1.53点
成本费用利润率	3.44%	5.10%	-1.66点
总资产报酬率	5.37%	7.34%	-1.97点

续表

	2012 年	2011 年	同比
净资产收益率	10.75%	16.10%	-5.35 点
发展能力指标			
销售增长率	4.56%	29.39%	-24.83 点
总资产增长率	10.28%	17.03%	-6.75 点
百元销售收入三项费用			
销售费用（元/百元）	0.9190	0.9319	-1.38%
管理费用（元/百元）	2.1483	2.1328	0.73%
财务费用（元/百元）	1.8267	1.5024	21.59%

资料来源：据国家统计局数据推算

二、影响行业运行的主要因素

（一）宏观经济增长速度放缓

调整和减速不只是化纤行业的运行特点，2012 年我国国民经济增长速度整体呈放缓趋势。GDP 增长速度一季度保持 8.1%，二季度为 7.6%，三季度降至 7.4%，创 2009 年以来最低增速，中国经济连续第 7 个季度放缓；规模以上工业增加值，一季度同比增长 11.6%，1～6 月份同比增长 10.5%，1～9 月份同比增长 10.0%，增速逐渐回落；固定资产投资增速也有所放缓，1～12 月份同比增长 20.6%，增速同比下降 3.4 个百分点；1～12 月我国累计出口额增长 7.9%，增速下降 12.4 个百分点；从中国制造业采购经理指数（PMI）来看，5～8 月持续下滑，8 月、9 月一度降至 50%以下，显示经济进入衰退期。

但是四季度我国经济出现回升，并且回升势头逐渐巩固。四季度 GDP 增速反弹至 7.9%；9～12 月份规模以上增加值增长速度连续四个月回升；四季度投资增速环比回升；出口规模也再创新高，12 月出口额同比增长 14.1%；PMI 在 10～12 月连续三个月保持在 50%的荣枯分界线之上。

（二）下游市场需求不足

下游市场需求持续不旺是影响化纤行业运行的最主要因素。

1. 下游工厂开机率不足

以江浙地区为例，织造工厂受制于订单不足、需求疲弱，开机负荷明显低于上年同期。但 9 月份之后下游开工保持稳定，好于上年四季度。

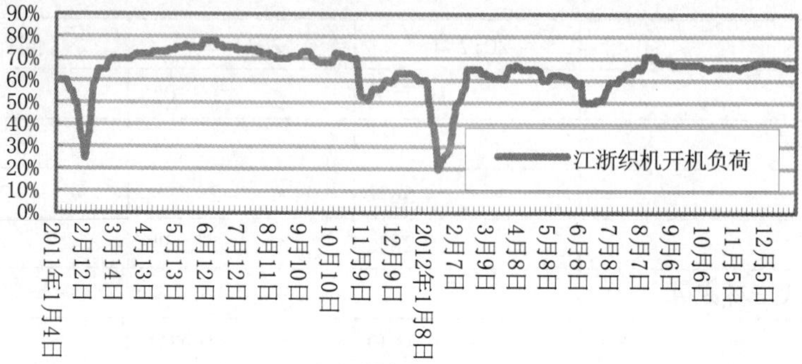

图 11　2011～2012 年江浙织机开机负荷变化

资料来源：中国化纤信息网

2. 化纤下游主要产品产量增速放缓

2012 年，化纤下游主要产品纱、棉混纺布、化纤布、帘子布的产量增速比上年同期明显下降。无纺布产量增速为 23.08%，比上年同期增速提高 8.38 个百分点，呈现快速增长的态势，为化纤行业发出一个积极的信号。

表 8　2012 年化纤下游主要相关品种生产情况

品　种	单位	2012 年产量	同比增速	2011 年增速
纱	万吨	2984.00	9.80%	12.43%
棉混纺布	亿米	112.15	11.23%	18.54%
化学纤维布	亿米	166.34	8.27%	14.82%
无纺布	万吨	236.47	23.08%	14.70%
帘子布	万吨	75.14	10.16%	15.27%
绒线（毛线）	万吨	42.55	3.07%	5.84%
毛机织物（呢绒）	亿米	6.03	1.40%	1.35%
蚕丝及交织机织物	亿米	6.97	10.38%	-0.97%

资料来源：国家统计局

3. 纺织品服装出口增速下滑

2012 年，全国纺织品服装出口 2625.63 亿美元，同比仅微增 3.32%，比上年同期增速回落 16.55 个百分点。但 9～12 月，纺织品服装出口增速连续四个月小幅回升。

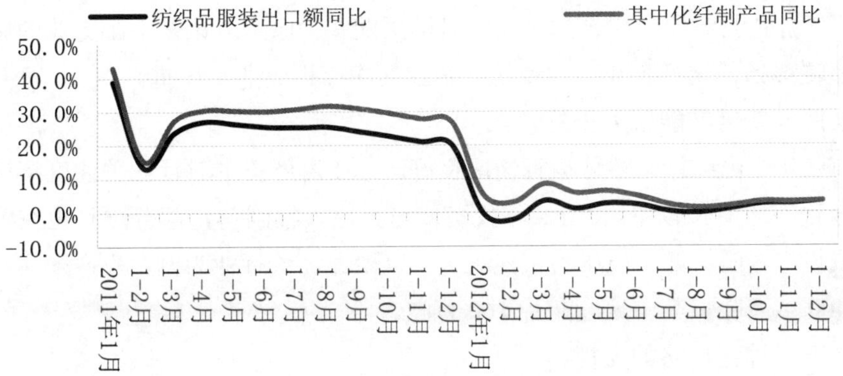

图 12　2011~2012 年全国纺织品服装出口增速变化

资料来源：中国纺织工业联合会统计中心

（三）原料价格大幅波动

由于化纤价格和原油市场具有很强的相关性，所以原油市场的大幅波动导致化纤市场的不稳定，增加了企业的经营风险。这种风险不仅直接体现在产品价格的下跌上，更重要的是产业链信心备受打击，而且在价格快速下跌过程中，企业库存原料和产品跌价损失严重。

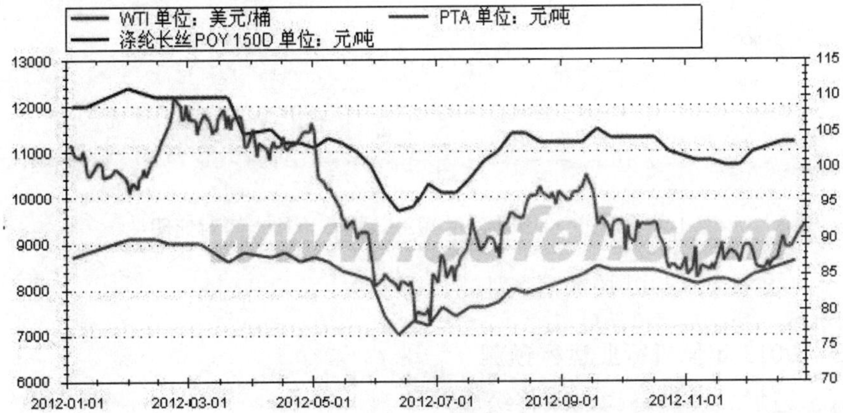

图 13　2012 年原油/PTA/涤纶 POY 价格走势图

资料来源：中纤网

仍以涤纶为例，从涤纶POY和原料PTA的价格走势对比来看，企业的加工利润空间虽有下降但基本保持稳定。但是，2月中旬到6月底处于价格下降通道，下游企业对原料化纤的采购都是随用随买，原本应该是下游企业的原料库存都转移到了化纤企业，导致化纤企业的库存损失非常严重。

（四）新增产能压力仍然较大

前两年，化纤行业整体运行情况良好，行业内外资本对行业关注度持续上升，导致产能增长较快。2012年投资增速虽已大幅回落，部分项目也在推迟建设或投产，但新增产能压力依然很大。以聚酯涤纶行业为例，投产聚酯产能大约400多万吨，其中聚酯瓶片160万吨。

（五）棉花价格的支撑

2012年，由于国家对棉花实施收储政策，棉价基本稳定在1.9万元/吨上下，对涤纶短纤和粘胶短纤市场起到一定的支撑作用。特别是国内外高棉价差，导致下游纺企增加了对化纤短纤的使用量，消化了不少化纤增量。

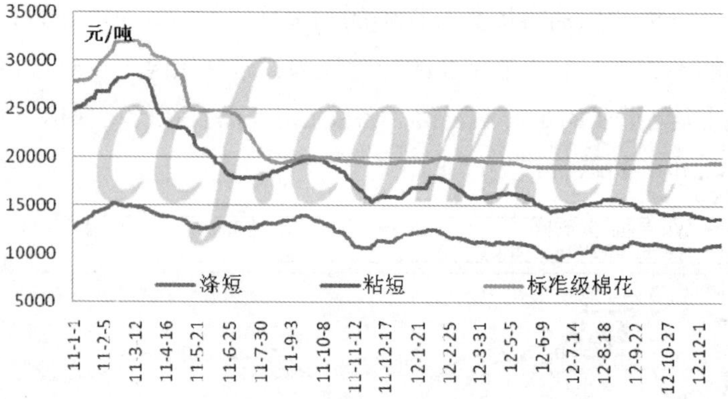

图14 2011～2012年涤纶短纤与棉花价格走势对比图

资料来源：中国化纤信息网

三、2013年化纤行业运行预测

（一）世界经济趋稳，或将缓慢回升

预计2013年世界经济增速与2012年相比不会出现太大波动，大体持平或轻幅上扬的可能性较大。在全球金融危机爆发5年之后，世界经济最坏的时候已经过去，尽管世界经济依旧脆弱，但总体释放出比较积极的信号：美国经济正以缓慢的速度扩张，个人消费温和增长，房地产市场趋势回升，失业率稳在了 8%以下；中国与世界经济的双向反馈效应越来越明显，四季度在中国经济“筑底回升”后，一些资源国和出口国得到了中国需求的支撑，世界经济开始企稳；欧元区整体局势趋于稳定，尾部风险正逐步得到消除。联合国于 2012 年 12 月 18 日发布的《2013 年世界经济形势与展望》报告说，2012 年世界经济增长仅 2.2%，预计 2013 年很可能继续保持低迷，但比 2012 年微幅回升，预计将增长 2.4%。国际货币基金组织（IMF）在 2013 年 1 月份的世界经济展望中指出，压抑全球经济活动的因素预计将消退，2013 年全球经济增长将缓慢回升，预计 2013 年世界经济将增长 3.5%，比 2012 年提高 0.3 个百分点。

（二）中国经济转型，提高质量效益

关于中国经济，2012 年的中央经济工作会议上，18 年来经济工作会议定调中首次去掉了“快”字，更加强调“稳中求进的工作总基调”。2013 年将继续实施积极的财政政策和稳健的货币政策，第十二届全国人民代表大会第一次会议的《政府工作报告》中提出了国内生产总值增长 7.5%的目标，主要基于两方面考虑：一方面，要继续抓住机遇、促进发展；另一方面，要切实按照科学发展观的要求，引导各方面把工作重心放到加快转变经济发展方式和调整经济结构上，放到提高经济增长的质量和效益上，推动经济持续健康发展。

（三）原油保持震荡，波动区间收窄

2013 年原油需求复苏可期，地缘政治因素仍将短期影响原油市场走势，但国际原油供应继续增长，预计原油市场仍保持震荡格局，波动区间较之 2012 年有所收窄。另外，目前化纤原料价格处于中低部位置，而不是高位或底部，因此化纤原料价格波动幅度可能减小。

（四）内外棉价差大，化纤短纤受益

2013 年，棉花临时收储政策继续执行的概率较大，国内棉花价格仍将保持高位，而国际棉花市场仍处于供大于求状态，国际棉价缺乏大幅回升的动力，因此，国内外高棉价差问题仍将继续存在，严重影响我国纺织产业的竞争力。棉纺企业为降低原料成本，可能会继续加大化纤短纤使用量，但纺织产业竞争力的下降，对化纤行业整体运行来说是不利的。

（五）压力继续存在，动力更加充沛

2013 年，化纤行业面临的新增产能压力、资源环境压力、要素成本压力等问题仍将继续存在，但行业在推进产业结构优化调整与转型升级方面已经取得一定成绩，高新技术纤维发展取得重点突破，产业创新联盟工作取得突破，自主创新能力进一步提高，标准体系建设更加完善，这些都为未来化纤行业的发展提供了充沛的动力。

综上所述，2013 年我国化纤行业所处的宏观经济环境比较平稳，乐观一点说，可能会有所回升，这将支撑化纤纺织产品需求的恢复。同时，化纤新增产能压力将会比上年有所缓解，棉花价格的高位运行也将对化纤市场起到一定支撑作用，而行业会把更多精力倾注于转变增长方式、提高产业竞争力上，因此，行业总量增长速度将继续放缓，运行质量会有所好转。具体预测如下：

✧ 市场：预计 2013 年化纤市场将会比 2012 年平稳很多，可能会出现正常的季节性行情，但波幅不大，总体呈前低后高走势。

✧ 产量：预计全年产量 4100 万吨，增长 8%左右。

✧ 出口量：预计出口量 280 万吨，增长 15%左右。

✧ 经济效益：预计利润总额 230 亿~250 亿元，与上年持平或略有增长。运行质量有所好转。

2012 年中国粘胶纤维行业经济运行分析与 2013 年运行预测

中国化学纤维工业协会粘胶纤维专业委员会　田　克

2012 年，粘胶纤维行业运行主要表现为：产量呈两位数增长，短纤维增长幅度较大；产品价格对节后传统的销售旺季有期待，但受世界经济疲软、消费拉动不足、需求下降的影响，价格呈下行状态，短纤维产能逐步释放对价格影响较大；长丝产品价格一季度基本平稳，二季度逐步下滑；长丝产品库存压力加大；产品出口数量短增长减，行业情况长丝好于短纤维；行业整体运行质量下降。

一、2012 年行业基本情况

（一）总量增长情况

表 1　总量增长情况表

单位：万吨

	2012 年	2011 年	同比（%）
人造纤维	298.06	257.7	15.66
粘胶短纤维	246.75	194	27.19
粘胶长丝	19.79	18.7	5.78
醋酸长丝	31.52	29.16	8.09

根据国家统计局 2012 年 1～12 月统计数据和未统计企业数据合计，粘胶短纤维产量约 246.75 万吨，较上年同期增产 27.19%；粘胶长丝产量 19.79 万吨，较上年同期增长 5.78%。从产量同比增长幅度看，情况基本符合。短纤维新增产能较大，虽形成产能时间不同，但对产量的增长有贡献，增长幅度较大亦属正常。

（二）价格变化情况

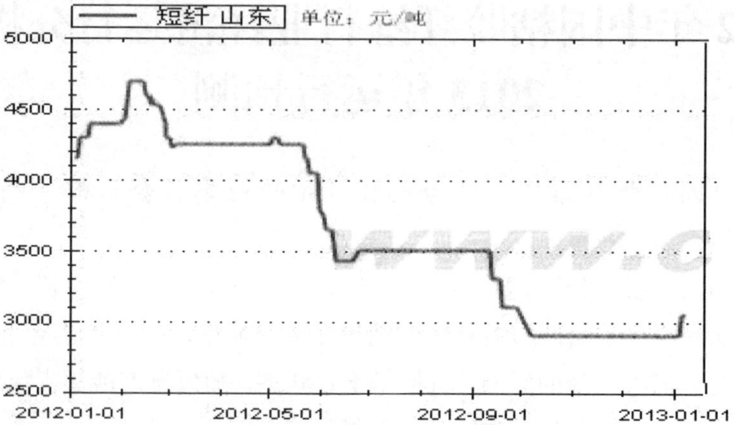

图 1 2012 年棉短绒（山东）价格曲线图

棉短绒价格曲线从年初平均价格 4150 元/吨，开始持续走高，2 月初涨至 4700 元/吨，但价格持续一周左右开始呈阶梯形下滑，至年底虽有小幅回升，基本处于 2900 元/吨的价位。

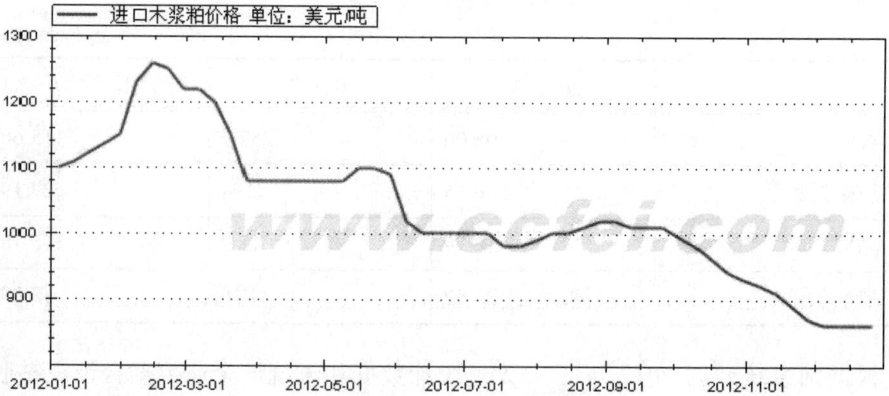

图 2 2012 年进口溶解木浆价格曲线图

进口溶解浆价格曲线从年初平均价格 1100 美元/吨，开始持续走高，涨至 2 月初 1260 美元/吨后，开始震荡下滑，至年底价格降至约 800 美元/吨。

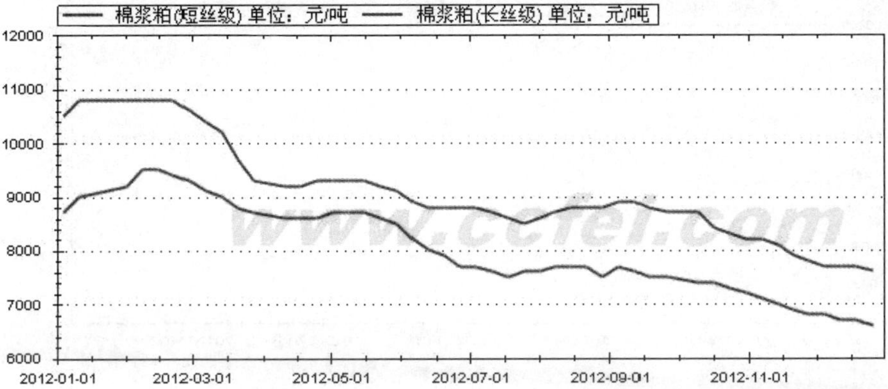

图3　2012年棉浆粕价格比较曲线图

棉浆粕（短丝级）价格从年初平均价格8700元/吨，开始持续走高，2月初涨至9500元/吨，至年底价格下降至6700元/吨左右。长丝级价格走势基本相同，价差约1000元/吨。走势基本相同。

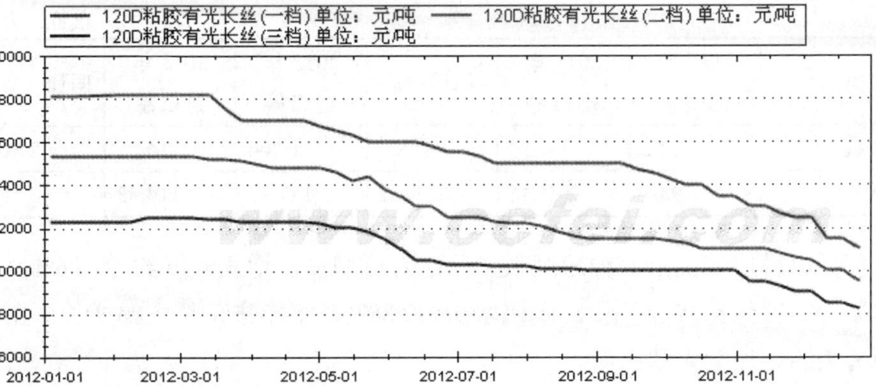

图4　2012年120D有光长丝价格曲线图

从粘胶长丝价格曲线看，以120D为例，一季度价格基本保持稳定，3月中旬起开始下滑，各档丝比年初下降约4000～7000元/吨。从价格曲线看，各档产品价差收窄。

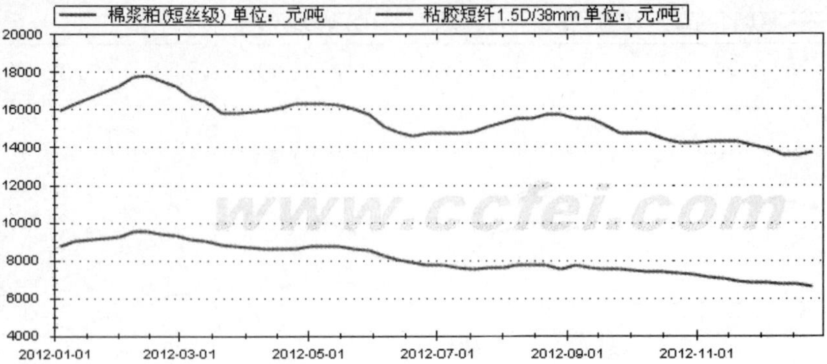

图 5　2012 年 15D×38mm 粘胶短纤价格曲线图

粘胶短纤维年初 15900 元/吨开始上涨，2 月上旬涨至最高点 17800 元/吨后，开始逐渐震荡下滑。年底稍有翘尾，基本维持在 14000 元/吨水平。

（三）原料及粘胶纤维进出口情况

表 2　2012 年原料进出口数量统计表

单位：万吨

类别	2012 年出口量	2011 年出口量	同比（%）	2012 年进口量	2011 年进口量	同比（%）
棉短绒	0.52	0.18	188.9	17.04	14.07	21.06
人纤木浆	0.07	1.46	95.2	157.92	114.53	37.88

从原料进口情况看，棉短绒数量同比有所增加，增长幅度约 21.06%，人纤木浆进口续保持较大数量，同比增长 37.88%，全年进口量大幅增长。主要来源为美国、加拿大和巴西。

从出口情况看，出口数量棉短绒增加约 3400 余吨，木浆减少约 13900 吨，实际数量不大，但增幅较大。

表 3　棉短绒分国别或地区进口情况表

	进口数量（吨）			进口金额（万美元）		
	2012 年	2011 年	同比	2012 年	2011 年	同比
总计	170370.6	140724	21.06%	8634.8	15425.8	-44.03%
其中：印度	69100.1	41638.9	65.95%	3235.4	4114.3	-21.37%

续表

	进口数量（吨）			进口金额（万美元）		
	2012年	2011年	同比	2012年	2011年	同比
土耳其	36179.9	16795.7	115.41%	1674.5	1817.0	-7.84%
土库曼斯坦	23428.5	10438.3	124.44%	1174.4	1206.8	-2.69%
美国	15282.3	33498.3	-54.38%	1103.5	4201.5	-73.74%
叙利亚	7820.7	4779.9	63.61%	435.0	553.8	-21.45%
乌兹别克斯坦	5465.0	17156.2	-68.15%	334.9	1855.0	-81.95%
巴西	4390.8	2324.6	88.87%	214.7	262.2	-18.11%
哈萨克斯坦	2102.4	3121.6	-32.66%	133.2	343.1	-61.17%
贝宁	1745.9	1968.1	-11.29%	90.4	213.2	-57.59%
巴基斯坦	1557.1	4481.8	-65.26%	67.9	384.0	-82.32%

表4　人纤木浆分国别或地区进口情况表

	进口数量（吨）			进口金额（万美元）		
	2012年	2011年	同比	2012年	2011年	同比
总计	1579193.4	1145315.8	37.88%	182276.9	206408	-11.7%
其中：美国	360946.6	214537.0	68.24%	48736.3	36279.8	34.33%
加拿大	309731.2	227041.7	36.42%	35808.9	43733.2	-18.12%
巴西	232359.5	260391.1	-10.77%	26206.4	50894.0	-48.51%
印度尼西亚	172765.0	143211.4	20.63%	17951.7	24591.6	-27.01%
南非	141965.4	101950.5	39.24%	13455.9	14245.1	-5.55%
瑞典	104592.2	76551.6	36.62%	11544.3	14414.0	-19.91%
芬兰	73739.4	0	-	8025.7	0	-
俄罗斯	66579.0	54702.2	21.71%	7465.7	10628.6	-29.76%
葡萄牙	40988.2	5413.0	657.21%	4151.7	785.3	428.67%
捷克	21247.7	14602.5	45.5%	1999.8	1885.7	6.04%

表5　2012年粘胶纤维进出口数量统计表情况表

单位：吨

类别	2012年出口量	2011年出口量	同比（%）	2012年进口量	2011年进口量	同比（%）
粘胶纤维	34.56	24.53	40.89	14.50	15.80	-8.2
其中：长丝	7.65	8.13	-5.90	0.92	2.00	-54.0
短纤	26.91	16.40	64.08	13.58	13.80	-1.6

从粘胶纤维进出口情况看，短纤维出口同比有大幅增长，表现突出，主要是土耳其、印尼和美国；长丝进出口均略有下降，出口下降的主要是印度；短纤维进口主要是奥地利、英国和台湾地区，初步判断是差别化产品品种。

表6 粘胶短纤分国别或地区出口情况表

	出口数量（吨）			出口金额（万美元）		
	2012年	2011年	同比	2012年	2011年	同比
总计	269101.6	164074.4	64.01%	57646.3	46257.8	24.61%
其中：土耳其	105259.9	66437.1	58.43%	21760.7	19112.1	13.85%
印度尼西亚	68635.8	20485.2	235.05%	14476.0	5488.0	163.77%
美国	25632.7	19510.9	31.37%	6202.2	5610.0	10.55%
巴基斯坦	14609.1	11894.0	22.82%	3172.4	3232.2	-1.86%
越南	13270.9	8677.3	52.93%	2769.2	2335.3	18.57%
韩国	12278.8	6976.3	76%	2737.5	1978.5	38.35%
台湾地区	7603.2	5962.5	27.51%	1592.3	1701.1	-6.4%
泰国	3337.0	2810.7	18.72%	701.4	748.6	-6.3%
巴西	2227.1	1898.5	17.31%	466.7	527.6	-11.55%
斯洛文尼亚	1515.1	1627.7	-6.92%	328.9	432.6	-23.97%

表7 粘胶短纤分贸易方式出口情况表

	出口数量（吨）			出口金额（万美元）		
	2012年	2011年	同比	2012年	2011年	同比
总计	269101.6	164074.4	64.01%	57646.3	46257.8	24.61%
一般贸易	174076.5	101437.3	71.60%	37469.9	28741.8	30.36%
加工贸易	94646.0	61718.2	53.35%	20092.7	17242.1	16.53%
其中：来料加工	10.4	0.3	2586.41%	4.5	0.1	2626.18%
进料加工	94635.6	61717.8	53.33%	20088.2	17241.9	16.50%
保税区	14.9	22.2	-32.64%	11.1	13.7	-19.24%
其中：仓储进出境	11.5	0.2	5671%	4.4	0	4603.78%
仓储转口	3.4	22	-84.49%	6.6	13.6	-51.36%

表 8　粘胶长丝分国别或地区出口情况表

	出口数量（吨）			出口金额（万美元）		
	2012 年	2011 年	同比	2012 年	2011 年	同比
总计	76491.1	81249.6	-5.86%	48755.1	56705.7	-14.03%
其中：巴基斯坦	22875.6	18804.1	21.65%	14362.6	12611.9	13.88%
印度	13016.9	19461.0	-33.12%	8530.2	14309.5	-40.39%
韩国	8657.2	8539.2	1.38%	5632.0	6059.5	-7.06%
土耳其	5330.0	5715.7	-6.75%	3565.9	4201.2	-15.13%
意大利	5100.9	6074.3	-16.03%	3276.9	4387.8	-25.32%
摩洛哥	3547.3	4544.5	-21.95%	2048.1	2978.0	-31.23%
中国香港	2764.9	2938.8	-5.92%	1646.7	1666.7	-1.20%
印度尼西亚	2190.7	2422.6	-9.58%	1317.5	1596.4	-17.48%
日本	2157.0	3012.7	-28.41%	1547.4	2272.7	-31.92%
巴西	1073.6	826.3	29.93%	672.8	562.5	19.61%

表 9　粘胶长丝分贸易方式出口情况表

	出口数量（吨）			出口金额（万美元）		
	2012 年	2011 年	同比	2012 年	2011 年	同比
总计	76491.1	81249.6	-5.86%	48755.1	56705.7	-14.03%
一般贸易	74676.7	79062.5	-5.55%	47766.2	55584.6	-14.07%
加工贸易	1533.8	1880.8	-18.45%	810.1	928.0	-12.72%
其中：来料加工	19.0	115.9	-83.58%	6.5	74.9	-91.22%
进料加工	1514.8	1764.8	-14.17%	803.5	853.0	-5.82%
保税区	33.6	16.3	105.29%	34.4	15.0	129.34%
其中：仓储进出境	33.6	16.1	108.10%	34.4	14.8	131.75%
仓储转口	0	0.2	-	0	0.1	-

（四）开工率

表 10　粘胶纤维生产企业开工情况表

产品	2012 年	2011 年	同比
粘胶短纤维	87%	75%	12%
粘胶长丝	91%	90%	1%

2012年粘胶短纤维新增产能实现产量约10万吨，按生产量计，短纤维生产企业开工率约在87%。2012年粘胶长丝企业开工率约91%，除个别企业外，显示企业基本满负荷生产，但由于产能核定品种与实际生产有差异，实际开工水平相对要低。数据显示企业生产状况正常。

（五）库存

从粘胶纤维部分生产企业库存统计数据看，年末短纤维库存量低于10万吨，属正常水平；长丝库存量达到4万吨，环比略有减少，同比库存量属历史最高水平，部分企业库存压力较大。

（六）产销率

从库存和生产情况看，短纤维产销率约104%，长丝产销率约为95%。

二、行业投资情况

表11　2012年粘胶纤维行业投资情况表

单位：万元

行　业	实际完成投资	施工项目数	新开工项目数	竣工项目数	实际完成投资比上年同期增长（%）	施工项目数比上年同期增长（%）	新开工项目数比上年同期增长（%）	竣工项目数比上年同期增长（%）
纤维素纤维原料及纤维制造	1910860	205	137	142	13.80	-13.87	-17.47	-10.13
化纤浆粕制造	302972	37	24	28	-7.46	-39.34	-50.00	-40.43
人造纤维（纤维素纤维）制造	1607888	168	113	114	18.96	-5.08	-4.24	2.70

2012年，纤维素纤维原料及纤维制造行业实际完成投资约191亿元，比2011年同期增长13.80%。其中化纤浆粕制造行业完成投资约30.3亿元，同比下降7.46%；人造纤维制造完成投资约160.79亿元；同比增长18.96%，增长幅度主要表现在粘胶短纤维新增产能的投资。

三、行业经济效益和运行情况

据国家统计局数据，2012年，纤维素纤维原料及纤维制造行业主营业务收入1686亿元，同比增加7.13%，利润总额65.77亿元，同比增加6.63亿元；化纤浆粕制造行业主营业务收入234.11亿元，同比减少9.35%，利润总额7.78

亿元，同比增加 0.59 亿元；人造纤维（纤维素纤维）制造行业主营业务收入 1452 亿元，同比增加 10.36%，利润总额 57.99 亿元，同比增加 5.68 亿元。但按实际粘胶纤维产量和销售价格看，销售收入不超过 450 亿元，说明国家统计局数字误差较大。从原料与产品价差看，长丝产品（120D）约有 32000～35500 元的差价，平均加工成本约在 32000 元以上。由此可见，目前长丝产品有盈利空间；短纤产品价差约在 7000～7500 元之间，在平均加工成本以下，短纤产品全面亏损；可见行业实际状况不容乐观。

从行业运行指标看，偿债能力下降，营运能力减弱，盈利能力持平，发展能力降低，财务费用明显提高，同比行业运行状况较差，2011 年行业状况不佳，2012 年表现更差。

表 12　纤维素纤维原料及纤维制造行业运行指标对比表

	2012 年	2011 年	同比
一、偿债能力指标			
资产负债率　%	67.19	65.53	1.66
产权比率　%	204.81	190.12	14.69
已获利息倍数	2.89	3.18	-0.30
二、营运能力指标			
应收账款周转率（次）	17.52	19.79	-2.27
产成品周转率（次）	15.96	18.01	-2.05
流动资产周转率（次）	2.21	2.29	-0.08
流动资产构成比率（%）	47.68	47.53	0.15
总资产周转率　（次）	1.05	1.09	-0.03
三、盈利能力指标			
主营业务利润率　%	3.90	3.78	0.12
成本费用利润率　%	4.04	3.91	0.13
总资产报酬率　%	6.30	6.01	0.29
净资产收益率　%	12.54	11.95	0.59
四、发展能力分析			
销售增长率　%	7.13	27.15	-20.02
总资产增长率　%	10.65	16.74	-6.09

续表

	2012年	2011年	同比
五、三项费用			
销售费用（元/百元）	1.4608	1.4287	0.0321
管理费用（元/百元）	2.6871	2.7298	-0.0427
财务费用（元/百元）	2.2302	1.9165	0.3137

表13　化纤浆粕制造行业运行指标对比表

	2012年	2011年	同比
一、偿债能力指标			
资产负债率　　　%	72.97	72.81	0.16
产权比率　　　%	269.92	267.74	2.18
已获利息倍数	2.51	2.47	0.04
二、营运能力指标			
应收账款周转率（次）	17.85	18.96	-1.11
产成品周转率（次）	16.67	15.27	1.41
流动资产周转率（次）	2.64	2.73	-0.09
流动资产构成比率（%）	46.74	51.49	-4.75
总资产周转率　（次）	1.23	1.40	-0.17
三、盈利能力指标			
主营业务利润率　　%	3.32	2.79	0.54
成本费用利润率　　%	3.43	2.89	0.54
总资产报酬率　　%	6.82	6.57	0.25
净资产收益率　　%	15.17	14.37	0.79
四、发展能力分析			
销售增长率　　%	-9.35	27.35	-36.70
总资产增长率　　%	3.09	21.11	-18.02
五、三项费用			
销售费用（元/百元）	1.5537	1.5793	-0.0256
管理费用（元/百元）	3.1838	2.8060	0.3778
财务费用（元/百元）	2.3166	1.9731	0.3435

表 14　人造纤维（纤维素纤维）制造行业运行指标对比表

	2012 年	2011 年	同比
一、偿债能力指标			
资产负债率　　　%	66.41	64.47	1.95
产权比率　　　　%	197.75	181.44	16.31
已获利息倍数	2.95	3.34	-0.39
二、营运能力指标			
应收账款周转率（次）	17.47	19.96	-2.50
产成品周转率（次）	15.85	18.66	-2.81
流动资产周转率（次）	2.16	2.22	-0.07
流动资产构成比率（%）	47.81	46.95	0.86
总资产周转率　（次）	1.03	1.04	-0.01
三、盈利能力指标			
主营业务利润率　　%	3.99	3.98	0.02
成本费用利润率　　%	4.13	4.11	0.03
总资产报酬率　　　%	6.23	5.93	0.30
净资产收益率　　　%	12.26	11.68	0.58
四、发展能力分析			
销售增长率　　　　%	10.36	27.09	-16.73
总资产增长率　　　%	11.75	15.86	-4.11
五、三项费用			
销售费用（元/百元）	1.4458	1.3991	0.0467
管理费用（元/百元）	2.6070	2.7148	-0.1078
财务费用（元/百元）	2.2162	1.9053	0.3109

四、2013 年预测

从企稳的经济形势看，粘胶纤维行业运行状况将会好于上年。短纤维产量预计将达到 290～300 万吨。长丝产能没有增长，产量变化不大。行业利润乐观预期可达 15 亿元以上。从企业销售情况看，市场需求情况良好，虽然利润水平不高，但企业经营压力不大。棉花政策将对粘胶短纤维价格产生影响。长丝基本显示自己的独立行情，减少库存、扩大产品营销将是企业的重要任务。

五、应对措施

首先缓解供需关系，行业应及时降低产品产量，减少库存压力，加大营销力度，引导消费，进而扩大需求，并稳定产品价格，保持价格不低于盈亏平衡点，这是企业生存的基本条件。在开发新产品，提高产品品质上加大力度。做好产品、市场细分，规范市场行为，抱团取暖，共渡难关。

2012 年中国聚酯和涤纶短纤行业运行分析与 2013 年运行预测

中国化学纤维工业协会聚酯和涤纶短纤专业委员会　张春蕾

2012 年以来，宏观经济走弱、下游需求低迷，聚酯涤纶行业受 PX 供应紧张、PTA 和聚酯新增产能快速增长影响，行业出现大幅波动，进入调整期。在行情低迷的情况下，行业采取降荷、限产、检修、推迟投产等多种方式积极应对，市场逐步稳定。

一、行业主要运行情况

（一）市场情况

原油受多方影响，今年总体平稳。1 月，原油一直围绕 100 美元盘整，2 月呈现震荡上涨态势，最高达到 109 美元，3、4 月份维持高位盘整，一直在 102～106 美元区间震荡。4 月底，由于美国经济增长和就业数据不甚理想，而法国选举结果和希腊组阁失败，重燃了对欧元区债务危机的担忧，国际原油市场遭遇近几年来最剧烈的下跌行情，大幅下跌至 100 美元以下。6 月最后一个交易日，欧盟峰会取得意外进展，各领导人同意建立欧元区银行的单一监管机构，突破性政策利好使得市场信心回升，WTI 原油暴涨超过 9%，至此原油一路震荡上行。9 月中旬，美联储推出第三轮量化宽松货币政策，但是随后美国商业原油库存大增以及沙特表示将增加供给，原油价格冲高后迅速回落。

1 月初，PTA 及聚酯需求仍保持在较高水平，而亚洲 PX 装置检修较多，PX 价格继续一路上行，2 月后，虽然 PTA 及聚酯行情出现逆转，需求低迷，但 PX 受原油特别是自身基本面影响，表现强劲。3 月初，由于下游出现亏损，陆续降负荷或停产检修，需求下降，PX 有所回调。5 月 PX 随原油价格波动，迅速探底，随后回弹。总体来看，由于今年大量 PTA 装置投产，PX 供应偏紧，PX 仍处于强势地位，价格较原油的波动幅度小，总体价格坚挺。

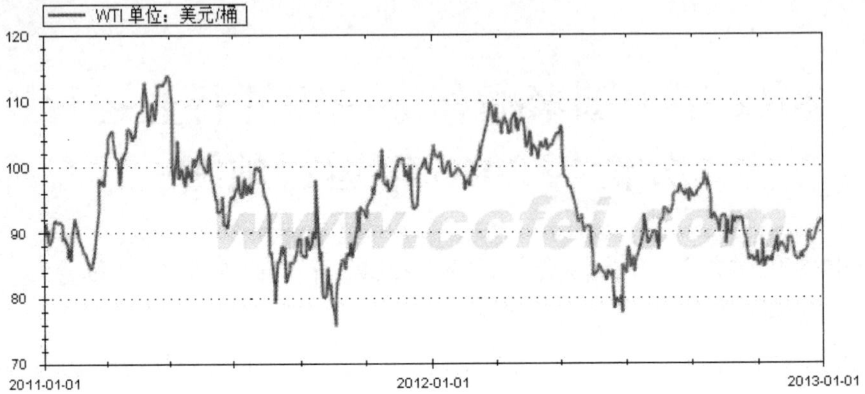

图1　2012年WTI原油价格波动图

PTA受PX、下游聚酯需求及宏观经济影响，1月一路震荡上行。特别是PX价格坚持，成本支撑PTA走高，2月高位盘整。进入3月后，由于纺织带动聚酯需求低迷，宏观经济走弱，行业整体进入亏损，库存增加，价格下跌，3～4月市场整体小幅震荡为主。4月由于PTA工厂停车或减产保价操作，市场价格基本平稳。5月PTA价格随原油及PX价格波动，出现深度下跌，并在6月底触底反弹。7～9月PTA价格随PX震荡上行，但受聚酯及纺织需求的影响，PTA回调的幅度小于原油及PX。10月下旬由于新装置投产，期货价格下跌，PTA也有所下跌。12月在PX及期货强势带动下走高。

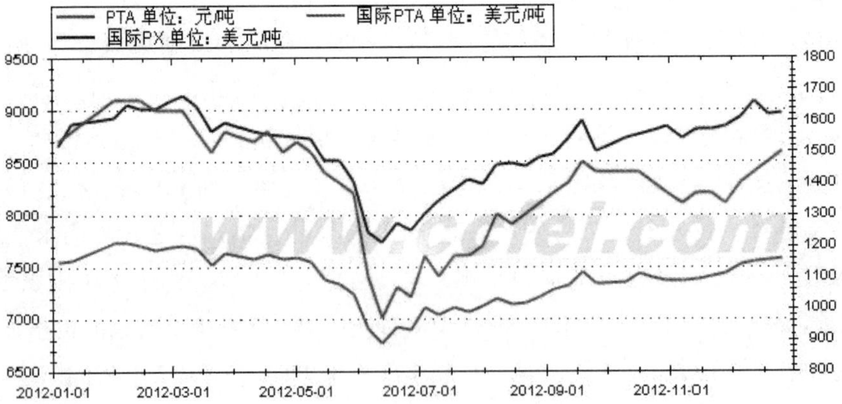

图2　2012年PX、PTA价格波动图

2012年7月以来，由于宏观经济不景气，市场信心不足，PTA期货价格低于现货价格，特别是近月价格高于远月价格，市场看空。到年底，由于纺织需求有所回暖，宏观经济环境有所好转，PTA期货价格有所回升。

进入2月份以来，受聚酯行情的影响，MEG持续震荡走低，市场弱势明显，整体下跌近1400元以上。4月后市场有所企稳，5月MEG随原油也出现深度回调，在6月底一路上涨，由于8、9月份MEG检修停产计划较集中，大约涉及产能200万吨以上，造成7、8、9三月MEG走势强劲，4季度随原油再度回调并走高。

图3　2012年MEG价格波动图

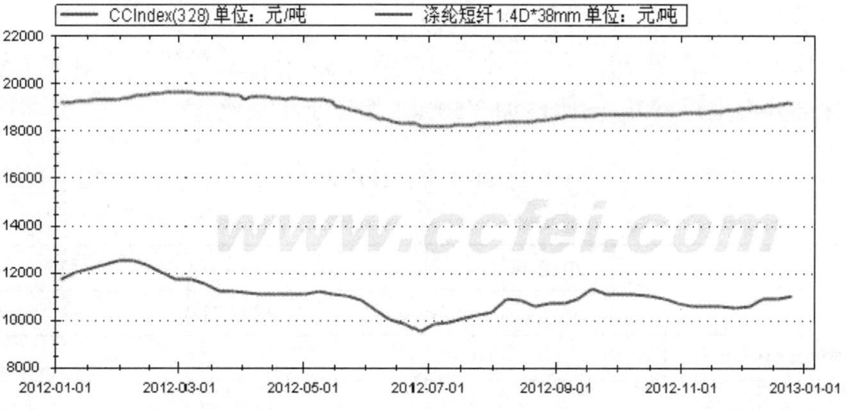

图4　2012年棉花价格波动图

2012 年棉花价格年初起小幅走高，3 月受宏观经济影响小幅回调，整体行情较为平稳。随着新棉的逐渐上市，国储收购价格支撑，国内棉花现货价格维持相对稳定，3 级棉维持在 19000 元/吨窄幅震荡。

在原料价格及下游需求的作用下，聚酯切片、涤纶短纤的行情都呈现出 1 月上行，2、3 月下行，4 月企稳，5、6 月下跌，7、8、9 月上涨，10、11 月回调，并在年底随原料再次走高。涤纶短纤全年只有年初、3 季度及年底出现较好行情。

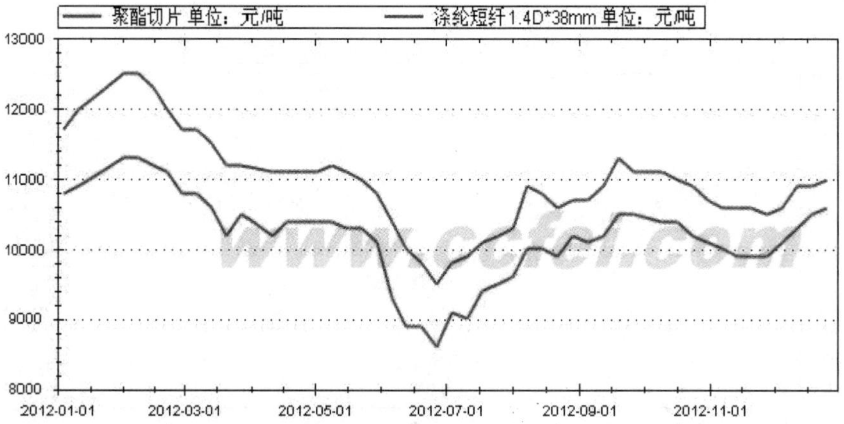

图 5　2012 年聚酯切片及短纤价格波动图

（二）产销情况

2012 年涤纶产量 3057.03 万吨，同比增长 9.46%，涤纶短纤产量 901.82 万吨（含部分再生短纤），同比增加 3.50%，增速小于长丝。

表 1　2012 年涤纶产量表

单位：万吨

	2012 年	2011 年	同比
涤纶	3057.03	2792.71	9.46%
其中：涤纶短纤	901.82	871.33	3.50%
涤纶长丝	2155.21	1921.39	12.17%

从分省市涤纶产量统计看，浙江产量 1564.82 万吨，居全国之首，产量增

速达到 11.98%，远高于全国的增速，这是由于浙江的产量主要是长丝，高于短纤的增速。第二到第五位依次是江苏、福建、四川、广东，而山东、上海、河南、天津、安徽等省份分居六至十位。其中上海、天津产量都出现负增长。

表 2　2012 年省市涤纶产量表

	地　区	2012 年产量（吨）	同比（%）
	全　国	30570304	9.46
1	浙江省	15648204	11.98
2	江苏省	10476440	4.35
3	福建省	2179776	16.70
4	四川省	503660	25.18
5	广东省	353894	23.40
6	山东省	338745	30.95
7	上海市	289127	-10.69
8	河南省	212730	7.79
9	天津市	106423	-12.19
10	安徽省	92102	20.15

（三）原料及产品进出口情况

2012 年对苯二甲酸进口量 536.51 万吨，同比下降了 17.80%，进口金额 58.63 亿美元，同比下降 28.84%。随着国内新增产能的投产，对进口量需求的减少是必然趋势。从进口来源地看，韩国仍居第一位，台湾地区居第二位。

表 3　2012 年对苯二甲酸进口情况表

	进口数量（吨）			进口金额（万美元）		
	2012 年	2011 年	同比	2012 年	2011 年	同比
总计	5365149.6	6526203.4	-17.8%	586330.4	823876.2	-28.84%
其中：韩国	2716797.5	3014888.9	-9.89%	294887.7	377326.0	-21.85%
台湾地区	1782575.2	2688418.2	-33.7%	196325.8	343926.3	-42.92%
泰国	557877.6	578747.0	-3.61%	61109.3	72575.6	-15.8%
日本	109222.2	155915.7	-29.95%	12340.6	19776.0	-37.6%

续表

	进口数量（吨）			进口金额（万美元）		
	2012 年	2011 年	同比	2012 年	2011 年	同比
马来西亚	88339.8	8025.4	1000.75%	9842.1	726.8	1254.04%
印度尼西亚	55294.4	36668.0	50.79%	6016.9	4553.0	32.15%
波兰	38984.0	5914.4	559.13%	4315.4	683.2	531.55%
巴基斯坦	6480.3	25992.1	-75.07%	699.2	3115.7	-77.56%
墨西哥	3216.5	5474.4	-41.25%	272.0	641.1	-57.58%
印度	2487.0	2143.3	16.03%	196.3	168.2	16.7%

2012 年乙二醇进口量 794.03 万吨，同比上升 9.23%，进口金额 81.44 亿美元，同比下降 4.45%。从进口来源地看，沙特阿拉伯居第一位，台湾地区居第二位。

表 4　2012 年乙二醇进口情况表

	进口数量（吨）			进口金额（万美元）		
	2012 年	2011 年	同比	2012 年	2011 年	同比
总计	7940294.6	7269178.3	9.23%	814434.4	852312.6	-4.45%
其中：沙特阿拉伯	3691859.3	3465152.0	6.54%	376012.8	403597.7	-6.84%
台湾地区	1175002.9	1123873.9	4.54%	121850.7	132839.0	-8.28%
加拿大	564723.9	525626.8	7.43%	57665.7	60657.1	-4.94%
科威特	479840.2	349843.9	37.15%	47791.6	40560.1	17.82%
韩国	447193.8	368924.7	21.21%	46344.8	44024.5	5.27%
新加坡	445472.3	567386.3	-21.49%	45397.5	66673.3	-31.92%
伊朗	435215.0	523113.7	-16.81%	45139.9	62389.3	-27.65%
美国	268299.8	96525.8	177.95%	28306.0	11733.1	141.24%
日本	224046.9	136462.0	64.18%	23974.3	16279.7	47.26%
马来西亚	82558.4	64830.3	27.34%	8555.3	7803.0	9.64%

聚酯切片进口量 20.70 万吨，同比下降了 9.63%，进口金额 3.77 亿美元，同比下降 10.12%。从进口来源看，主要进口国家及地区为韩国、台湾地区等。

表5　2012年聚酯切片进口情况表

	进口数量（吨）			进口金额（万美元）		
	2012年	2011年	同比	2012年	2011年	同比
总计	207028.6	229071.4	-9.63%	37677.3	41918.5	-10.12%
其中：韩国	56507.9	62883.0	-10.14%	11183.6	11766.9	-4.96%
台湾地区	38286.2	46756.0	-18.12%	5343.2	7197.0	-25.76%
美国	30773.9	33682.4	-8.64%	4169.3	4802.8	-13.20%
日本	21288.4	27038.7	-21.27%	4839.2	6206.7	-22.04%
中国	20749.0	15323.7	35.40%	5234.4	4187.4	25.00%
伊朗	11064.7	8954.0	23.57%	1536.2	1358.0	13.12%
马来西亚	8478.8	14827.0	-42.82%	2152.3	3220.0	-33.16%
印度尼西亚	3521.2	1692.9	107.98%	424.2	218.2	94.34%
泰国	2647.0	1835.7	44.19%	339.9	282.8	20.16%
越南	2507.5	423.4	492.24%	302.4	55.9	440.45%

涤纶短纤进口11.24万吨，同比下降6.53%，进口金额2.11亿美元，同比下降11.46%。从短纤进口来源看，主要进口国家及地区为韩国、台湾地区等。从进口贸易方式看，主要贸易方式为一般贸易，其次为加工贸易，加工贸易方式主要为进料加工。

表6　2012年涤纶短纤进口分国别及地区情况表

	进口数量（吨）			进口金额（万美元）		
	2012年	2011年	同比	2012年	2011年	同比
总计	112361.0	120205.0	-6.53%	21110.3	23841.1	-11.46%
其中：韩国	51363.2	54205.7	-5.25%	9166.6	10316.3	-11.15%
台湾地区	26253.8	26016.9	0.91%	4699.8	4588.5	2.42%
马来西亚	12267.3	14805.0	-17.15%	2000.8	2730.5	-26.73%
日本	8275.0	8292.6	-0.22%	2275.3	2419.5	-5.96%
泰国	3077.4	9812.6	-68.64%	572.5	2153.8	-73.42%
美国	2906.8	699.7	315.41%	502.5	192.8	160.65%
捷克	2434.6	281.9	763.51%	549.2	69.8	685.85%

续表

	进口数量（吨）			进口金额（万美元）		
	2012年	2011年	同比	2012年	2011年	同比
爱尔兰	1735.7	58.1	2886.57%	416.3	22.9	1714.48%
中国	1383.7	3345.9	-58.65%	225.8	527.6	-57.20%
印度尼西亚	766.2	960.6	-20.24%	169.0	175.8	-3.91%

表7　2012年涤纶短纤进口分贸易方式情况表

	进口数量（吨）			进口金额（万美元）		
	2012年	2011年	同比	2012年	2011年	同比
总计	112361.0	120205.0	-6.53%	21110.3	23841.1	-11.46%
一般贸易	64957.6	57024.4	13.91%	13156.7	12357.2	6.46%
加工贸易	45476.0	61219.5	-25.72%	7558.4	11045.2	-31.57%
其中：来料加工	10770.4	12915.6	-16.61%	1536.8	1922.6	-20.07%
进料加工	34705.5	48303.9	-28.16%	6021.5	9122.5	-34.00%
保税区	1899.8	1942.3	-2.19%	383.3	431.2	-11.12%
其中：仓储进出境	832.0	995.7	-16.45%	170.9	188.0	-9.09%
仓储转口	1067.8	946.5	12.81%	212.3	243.2	-12.69%

出口方面，聚酯切片出口量136.87万吨，同比增长30.76%，出口金额19.61亿美元，同比增长10.86%。从出口国及地区看，主要去向是日本、乌克兰、俄罗斯、美国等国家及地区；从出口贸易方式看，主要贸易方式为加工贸易，加工贸易方式主要为进料加工。

表8　聚酯切片（含瓶片）出口分国别情况表

	出口数量（吨）			出口金额（万美元）		
	2012年	2011年	同比	2012年	2011年	同比
总计	1368685.4	1046666.2	30.76%	196141.9	176925.3	10.86%
其中：日本	210858.3	157845.0	33.58%	29955.8	26314.5	13.83%
乌克兰	97248.0	93656.9	3.83%	13890.6	15696.9	-11.51%
俄罗斯	79595.1	110938.1	-28.26%	11499.3	18771.7	-38.75%

续表

	出口数量（吨）			出口金额（万美元）		
	2012 年	2011 年	同比	2012 年	2011 年	同比
美国	74908.7	104329.2	-28.2%	10940.3	17487.5	-37.44%
克罗地亚	51987.0	34925.4	48.85%	7241.7	5672.6	27.66%
埃及	47231.7	19698.0	139.77%	6562.7	3118.4	110.44%
菲律宾	46028.8	13257.9	247.17%	6346.9	2036.2	211.7%
南非	44006.2	33281.1	32.22%	6184.4	5474.8	12.96%
哈萨克斯坦	36387.5	10128.3	259.26%	5135.4	1679.0	205.86%
阿联酋	36023.2	27647.7	30.29%	4941.6	4642.8	6.43%

表 9　聚酯切片（含瓶片）出口分贸易方式情况表

	出口数量（吨）			出口金额（万美元）		
	2012 年	2011 年	同比	2012 年	2011 年	同比
总计	1368685.4	1046666.2	30.76%	196141.9	176925.3	10.86%
一般贸易	10564.4	8598.1	22.86%	2076.0	1844.6	12.53%
加工贸易	1350674.5	1027598.4	31.43%	192755.1	173199.9	11.29%
其中：来料加工	3952.4	3059.5	29.18%	658.8	609.6	8.07%
进料加工	1346722.0	1024538.9	31.44%	192096.3	172590.3	11.3%
保税区	7086.2	10340.1	-31.47%	1264.7	1860.9	-32.04%
其中：仓储进出境	58.5	34.4	70.12%	24.5	12.4	98.05%
仓储转口	7027.6	10305.6	-31.81%	1240.2	1848.5	-32.91%

涤纶短纤（包括再生短纤）出口 67.07 万吨，同比下降 17.83%，出口金额 9.73 亿美元，同比下降 27.59%。短纤出口大幅下降的原因是 2011 年初棉花价格大幅上涨，国外纺纱企业用涤明显增多，短纤的出口大幅增加，基数较高，如主要出口国巴基斯坦、印尼出口量分别下降了 29.04%、-23.38%。从出口国看，主要去向是美国、巴基斯坦、俄罗斯、印尼等国家；从出口贸易方式看，主要贸易方式为加工贸易，加工贸易方式主要为进料加工。

表10 涤纶短纤分国别或地区出口情况表

	出口数量（吨）			出口金额（万美元）		
	2012年	2011年	同比	2012年	2011年	同比
总计	670652.0	816101.7	-17.83%	97263.1	134312.8	-27.59%
其中：美国	161301.7	156426.9	3.11%	21239.9	21850.2	-2.80%
巴基斯坦	88805.7	125148.1	-29.04%	12504.0	21504.2	-41.86%
俄罗斯联邦	41874.7	50973.3	-17.85%	6282.9	8046.7	-21.92%
印度尼西亚	39341.3	51344.5	-23.38%	5827.6	9382.0	-37.89%
越南	31211.3	35727.3	-12.65%	4772.3	6405.5	-25.50%
以色列	28343.1	27917.7	1.52%	4181.5	4987.9	-16.17%
土耳其	27607.4	40893.1	-32.49%	4080.7	7084.3	-42.40%
巴西	22369.0	22794.7	-1.87%	3383.1	3668.4	-7.78%
墨西哥	19177.7	20276.2	-5.42%	2830.3	3237.4	-12.58%
印度	18719.8	46589.4	-59.82%	2713.7	7566.4	-64.14%

表11 涤纶短纤分贸易方式出口情况表

	出口数量（吨）			出口金额（万美元）		
	2012年	2011年	同比	2012年	2011年	同比
总计	670652.0	816101.7	-17.83%	97263.1	134312.8	-27.59%
一般贸易	85395.0	148768.1	-42.6%	12542.0	22666.1	-44.67%
加工贸易	580466.8	661220.8	-12.22%	83933.1	110556.3	-24.09%
其中：来料加工	18.9	11.3	67.20%	10.0	3.6	172.39%
进料加工	580447.9	661209.5	-12.22%	83923.1	110552.6	-24.09%
保税区	883.0	1247.1	-29.21%	161.0	233.6	-31.10%
其中：仓储进出境	13.9	492.3	-97.16%	4.9	94.4	-94.81%
仓储转口	869.0	754.7	15.13%	156.1	139.2	12.11%

（四）经济效益和运行质量

2012年，涤纶行业实现销售收入3776.07亿元，同比增加2.76%；利润总额111.38亿元，比上年同期下降91.31亿元，下降了45.05%；亏损企业亏损额16.81亿元，同比上升235.76%。虽然涤纶行业销售收入有小幅增长，但小于产量的增速，同时利润大幅下降，企业亏损额也有所增加。其中涤纶短纤维运行情况相对平稳，虽然利润率有所下降，但行业整体处于盈利状态，这主要得益于近几年产能扩张不明显，同时也是由于国内外高棉价差使纺织企业增加了涤纶短纤使用量。

表 12　近几年涤纶行业效益情况表

	收入（亿元）	同比增（%）	利润（亿元）	同比增减（亿元）	亏损（亿元）	同比（%）
2012 年	3776.07	2.76	111.38	-91.31	16.81	235.76
2011 年	4087.36	32.46	226.78	26.33	7.42	59.41
2010 年	2783.77	30.89	167.01	111.28	5.88	-52.70
2009 年	2120.68	-0.72	48.40	24.58	138332	-37.77

涤纶行业运行质量全面转差，行业运行质量四大类指标中，偿债能力指标资产负债率、产权比率有所上升、已获利息倍数下降；营运能力指标应收账款周转率、存货周转率、流动资产周转率、流动资产构成比率、总资产周转率均下降；盈利能力指标主营业务利润率、成本费用利润率、总资产报酬率、净资产收益率均下降；发展能力指标销售增长率、总资产增长率均大幅下降；三项费用中除管理费用和财务费用均有所增长。说明企业库存增长，盈利能力下降，财务成本增加。

表 13　2012 年涤纶行业运行质量情况表

		2012 年	2011 年	同比±百分点	同比±
偿债能力	资产负债率%	62.99	62.00	0.99	
	产权比率%	170.23	163.19	7.04	
	已获利息倍数	2.90	4.33		-1.43
营运能力	应收账款周转率（次）	26.71	29.53		-2.82
	存货周转率（次）	18.09	19.52		-1.43
	流动资产周转率（次）	2.50	2.54		-0.05
	流动资产构成比率（%）	51.94	55.16	-3.22	
	总资产周转率（次）	1.30	1.40		-0.11

续表

		2012年	2011年	同比±百分点	同比±
盈利能力	主营业务利润率%	2.95	5.52	-2.57	
	成本费用利润率%	3.02	5.80	-2.78	
	总资产报酬率%	5.85	9.54	-3.69	
	净资产收益率%	9.92	20.00	-10.08	
发展能力	销售增长率%	2.76	32.46	-29.70	
	总资产增长率%	11.17	19.19	-8.02	
每百元销售收入三项费用	销售费用（元/百元）	0.6143	0.6483		-0.0340
	管理费用（元/百元）	1.7639	1.7437		0.0202
	财务费用（元/百元）	1.5655	1.2588		0.3067

二、聚酯涤纶行业运行的主要特点及分析

（一）利润同比大幅下滑

金融危机之后聚酯涤纶行业快速恢复，并且在2010年和2011年出现了20年难遇的高利润，2012年行业利润大幅下降是建立在高基数的基础上。损失的利润主要是由于库存原料和产品的价格大幅下跌而导致的，实际上化纤产品正常的加工利润空间虽有下降但仍基本保持稳定。

行业经济效益自三季度出现明显好转趋势，单月利润总额环比快速增加，同时亏损企业亏损额环比明显减少，亏损面也有所下降。

表14　2012年1～12月涤纶行业效益情况表

	收入累计（亿元）	同比增（%）	利润累计（亿元）	同比增减（亿元）	亏损累计（亿元）	同比（%）
2012年1～12月	3776.07	2.76	111.38	-91.31	16.81	235.76
2012年1～11月	3392.37	2.01	87.35	-89.33	19.51	315.63
2012年1～10月	3043.50	0.90	71.23	-96.02	21.41	494.23
2012年1～9月	2723.37	0.74	62.08	-87.08	20.68	672.44
2012年1～8月	2400.34	1.07	52.28	-80.86	19.02	649.71
2012年1～5月	1459.21	4.63	35.23	-41.09	11.76.	391.79
2012年1～2月	511.52	4.46	16.54	15.06	3.36	247.36

（二）产能快速增长

近两年行业运行情况整体良好，效益呈现历史较好局面，行业内外资本对行业关注度持续上升，投资热情高涨，各企业规划项目及产能较大。2012 年涤纶短纤产能有 90 余万吨投产，是前几年的总和。新产能集中上马必然增加市场供应压力，由于需求低迷，市场竞争将进一步加剧，装置负荷低运行，生产成本也大幅提升。

2013 年涤纶短纤计划有 40 余万吨投产，产能增速在 7%左右；同时粘胶短纤新增产能 40 余万吨，产能增速在 13%左右；再生涤纶短纤新增产能 50 余万吨，产能增速在 7%左右。短纤产能增速回归合理，同时可充分满足下游需求的增长。

聚酯项目 2011 年投产的项目比预期要少，一方面是由于聚酯产能集中配套长丝，纺丝设备多为进口装备，交货时间已排到 2014 年，设备不能及时到位；同时受宏观经济及纺织需求增速减缓影响，2011 年行业两次深度调整，部分产品如 FDY 上半年出现大量库存，造成有些项目推迟或缓建。这些项目部分推迟到 2012 年投产，同时 2012 年计划投产的项目也陆续开工，造成 2012 年的聚酯新增产能，特别是聚酯瓶片产能快速增长。2012 年新增聚酯产能近 500 余万吨，其中非纤聚酯产能 160 万吨，纤维级聚酯产能 400 余万吨。

2013 年聚酯仍有 400 余万吨计划投产，扣除部分不确定项目，预计实际产能仍有 300 万吨左右，产能增速在 7%左右，增速逐步回归合理。

（三）PTA 产能集中投放，价格走势疲弱

2012 年是 PTA 产能集中投放的一年，虽然聚酯行业低迷，影响到了 PTA 新装置投产时间，但下半年随着行情有所好转陆续开工，新增产能 1260 万吨，增速达到 60%。由于新装置集中在年底开工，新增产量及供给并不多，再加上部分落后产能陆续停产，老装置密集检修，市场供给并没有出现预期过剩。

PTA 的快速增长保证了聚酯对原料的供应，但由于产能集中投放，PX 供应短缺，聚酯及纺织需求低迷，宏观经济形势严峻，虽然 PX 成本支撑有力，PTA 价格一路下跌，生产全线亏损。PTA 期货近远月合约走势严重分化，市场普通看空，下半年才走出一波缓慢回升行情。PTA 的行情也影响到聚酯涤纶，造成聚酯涤纶随 PTA 价格不断下跌，原料及产品库存损失严重，也是行业利润大幅下降的主导因素。

2013 年 PTA 产能增速有所放缓，有 3 套装置计划 800 万吨产能投产，产能增速达到 25%，再加上 2012 年底投产的大量装置，需要市场不断消化。由于国内 PTA 企业控制开工率和检修调节市场供应量已比较成熟，再加上对部分进口的替代，以及聚酯需求的增长，预计市场供应不会出现大幅波动。

（四）PX 供应制约日益凸显

2012 年 PX 供应更加紧张，PX 供应对 PTA 及聚酯行业的制约作用日益凸显。由于 PX 装置建设受配套、投资周期及资金、审批、环保等因素的影响，新装置投产进度一直落后于 PTA 及聚酯。2011 年 8 月大连及 10 月宁波二起 PX 环保事件，使 PX 装置的审批与建设开工更加不确定，市场供应缺口进一步加大。

2012 年国内 PX 行业新增产能仅为 80 万吨，产能增速 9.5%，远远低于 PTA 及聚酯，PX 供应缺口不断扩大，造成 PX 价格坚挺。由于国内需求强劲，2012 年进口 620 万吨，进口量大幅增长 122 万吨，全球 PX 装置都是满负荷运行。

2013 年国内 PX 计划新增产能 280 万吨，但腾龙芳烃、彭州石化、海南石化的开工时间都存在着很大的变数。从国际看，有韩国、沙特、印度等国 240 万吨新产能投产，产能目标市场在中国。

（五）下游需求不足，产量与出口增速下降

2012 年，涤纶主要下游产品如化纤纱、化纤布的产量同比均有所增加，使其对主要纺织原料涤纶的需求也在增加，从环比情况看，产量增速逐步下降。

表 15　2012 年 1～12 月化纤下游产量增长情况表

名　称	单位	2012 年 同比（%）	2011 年 同比（%）	2010 年 同比（%）
纱	吨	9.80	12.43	13.74
布	万米	11.56	11.61	19.45
其中：色织布（含牛仔布）	万米	-0.68	-1.83	19.52
其中：1. 棉布	万米	13.15	8.50	22.25
2. 棉混纺布	万米	11.23	18.54	16.73
3. 化学纤维布	万米	8.27	14.82	15.11
印染布	万米	-2.06	6.67	12.15
帘子布	吨	23.08	15.27	22.35
无纺布（无纺织物）	吨	10.16	14.70	24.23

从纺织出口看，2012 年全年纺织品服装出口 2625.63 亿美元，同比增长 3.32%，从环比情况看，2012 年 5 月后出口金额有所增长，但后几个月徘徊不前，但扣除价格及汇率因素，实际出口数量是下降的。

表 16 2012 年 1～12 月纺织品服装出口情况表

	当月（亿美元）	累计（亿美元）
2010 年 12 月	203.92	2120.01
2011 年 12 月	222.91	2541.23
2012 年 1 月	221.24	221.24
2012 年 2 月	100.26	321.49
2012 年 3 月	194.21	515.68
2012 年 4 月	194.38	710.03
2012 年 5 月	225.24	935.23
2012 年 6 月	235.53	1170.68
2012 年 7 月	245.25	1415.82
2012 年 8 月	252.64	1668.39
2012 年 9 月	258.60	1926.93
2012 年 10 月	234.53	2161.41
2012 年 11 月	216.40	2377.70
2012 年 12 月	248.00	2625.63

（六）贸易摩擦风险进一步加剧

由于近年聚酯涤纶产品质量水平与竞争力不断提升，出口数量大幅增加，也成为贸易保护措施实施的重点对象。2012 年 12 月 21 日，巴基斯坦对原产于中国的涤纶短纤维作出反倾销初裁。江苏新苏、江苏华西村、上海恒逸、江阴海伦化纤、江阴华方、苏州国信集团 6 家中国企业得到豁免，其他中国涉案企业征收 2.09%～8.82%不等的临时反倾销税。巴基斯坦是我国第二大涤纶短纤去向地，2011 年因为棉花价格高企，进口了大量中国涤纶短纤。

2013 年以来聚酯及涤纶产品的直接出口仍会快速增加，面临贸易摩擦风险进一步加剧。

三、2013 年行业运行预测

从上游看，主要原料 PX 供应日趋紧张，价格坚挺，整个产业链利润向 PX

转移，也支撑聚酯及涤纶短纤的价格。

从下游看，纺织业需求没有明显好转，而随着劳动力等要素成本的不断增长，东南亚纺织品对中国的替代作用日益增强，出口会有继续萎缩。聚酯涤纶成本转移受到一定限制，势必会造成企业库存增加，开工率下降。

从国际环境看，2012 年下半年以来，在欧美日不断推行量化宽松政策及新兴经济体推出经济刺激政策的共同作用下，预计 2013 年全球经济弱势复苏。但经济形势依然错综复杂、充满变数，各种形式的保护主义明显抬头，潜在通胀和资产泡沫的压力加大。这种复杂形势也给大宗商品带来更多不确定因素，造成原油、棉花、PTA 价格的大幅波动，将会影响到化纤行业的运行。

从国内环境看，2013 年政府工作报告中提出，我国 GDP 经济增速 7.5%左右，中国经济将重在调结构、重质量。近年来 CPI 高涨，燃料、劳动力、物流成本都在不断增加，资源与环境的约束进一步加剧，企业面临更大生存压力。

从相关影响因素看，目前棉花价格比较稳定。

综合以上多种因素，预计 2013 年聚酯及短纤行业仍处于调整期，

1. 市场：预计聚酯产品价格仍然低迷，呈现震荡的局面。

2. 产量：纺织品对化纤的需求仍会有一定增长，产量与 2011 年相比仍会有所增长，预计全年增速 8%～10%，涤纶短纤产能、产量增速合理，企业库存及开工率不会明显恶化。

3. 进出口：预计直接产品出口继续有所上升，进口小幅下降。

4. 经济效益：受多种因素的影响，2013 年涤纶行业利润率仍处于较低水平，全年利润在 120 亿元左右，但一些差异化品种将不受影响，甚至会有高利润。

2012 年中国涤纶长丝行业运行分析与 2013 年运行预测

中国化学纤维工业协会涤纶长丝专业委员会　王玉萍
张凌清
中国化学纤维工业协会涤纶工业丝专业委员会　刘　青

2012 年聚酯涤纶行业的整体运行形势比较严峻，主要体现在市场需求低迷，下游需求不旺，产品价格不稳，产销衔接不畅，产品库存增加，经济效益下滑等方面。我们看到国际金融危机影响程度比预期要深，经济下行的压力比预期要大，但同时也看到聚酯涤纶行业加大产业结构调整，加快产业升级，积极的因素正在集聚，紧紧抓住内需市场机遇，应对诸多外部风险，四季度已整体呈现缓中趋稳的态势。

一、2012 年涤纶长丝行业运行情况

（一）涤纶长丝市场走势

表 1　2012 年 PTA、PET 及涤纶主要产品价格变化表

品　种	30/1	28/2	30/3	28/4	15/5	25/6	28/7	25/8	25/9	26/10	23/11	28/12
国产 PTA	9200	9050	8750	8750	8600	7200	7800	8200	8400	8600	8700	8650
半光聚酯切片	11300	10950	10450	10350	10400	8700	9600	10200	10400	10150	9900	10600
涤纶 FDY100D	13500	13200	12200	12300	12300	9700	11300	12200	12400	11500	11100	11950
涤纶 POY100D	12700	12500	11900	11800	11800	9700	11200	11800	12000	12150	11500	11700
涤纶 DTY100D	14650	14400	13800	13700	13700	11000	13300	13800	14200	14300	14000	14000

1 月份在原料价格上涨的推动下，涤纶产品价格小幅上扬；但终端需求疲弱导致下游订单偏少，缺乏需求的涤纶市场在 2 月份之后一直延续弱势下行；4 月份，虽然需求仍没有起色，但由于原料成本的支撑，涤纶长丝价格没有继

续下跌的空间，所以保持横盘整理走势；5、6 月份，一直作为支撑的聚酯成本出现下跌导致涤纶价格快速下滑，并且呈现加速下跌的走势；6 月末，在行业出现全面亏损的情况下，协会组织推动涤纶长丝行业自律，呼吁企业共同抵制低价倾销行为，积极维护市场稳定，这次行业自律工作很快就取得了明显的成效，涤纶长丝市场止跌企稳，随后加上原油市场大幅反弹，涤纶长丝产品也出现明显的修复性反弹；反弹行情持续到 8 月中旬，在下游企业的原料备货稍显充裕之后，其采购归于谨慎，8 月中旬至 10 月中旬涤纶产品价格相对稳定；11 月纺织行业步入传统淡季，终端需求表现不佳，涤纶长丝市场保持弱势运行，随着 PX 强势上行，涤纶长丝价格也水涨船高。

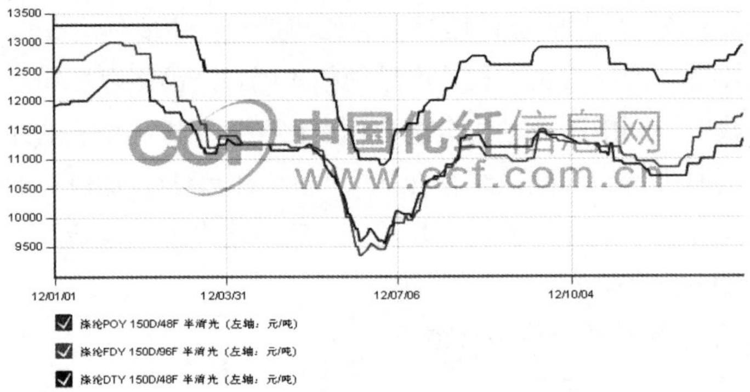

图 1 2012 年涤纶 150D POY、FDY、DTY 走势图

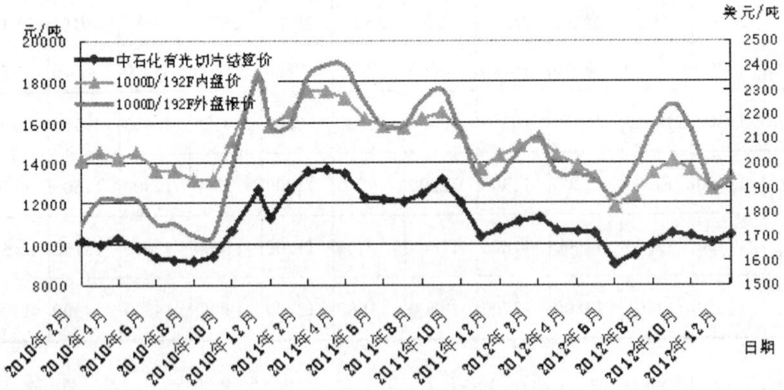

图 2 2010～2012 年 1000D 涤纶工业丝内外盘报价走势图

回顾2012年涤纶工业丝市场情况：全年市场行情的表现依然是随上游原涤纶工业丝自2011年起受各种因素影响，企业盈利能力持续下降，明显低于历史平均水平，2011年涤纶工业丝产能达到136.3万吨，受宏观经济下行的影响，产能投放没有减少，产能的集中投放造成行业内竞争加剧，目前，行业处于近几年的景气低谷。

涤纶工业丝价格从2011年初的1.73万/吨的高位，跌至2012年三季度的1.36万元/吨，2012年产品价格一直在1.3万～1.5万元/吨左右徘徊。2012年前三个季度，涤纶工业丝的价格分别为1.52、1.39、1.36万元/吨，与原料的价差也在下降。

虽然涤纶工业丝行业仍处在低迷之中，但基于产业用纺织品行业前景向好、涤纶工业丝优异的特性及替代性，预计未来对涤纶工业丝的需要仍可保持较快的增长，行业前景依然看好。

（二）产量保持增长，产销控制异常，库存同比大幅增加

2012年1～12月中国化纤产量3811.19万吨，同比增长11.76%。其中涤纶产量3022.41万吨，同比增长8.22%，占合成纤维总产量的87.6%，占化纤总产量的79.30%，涤纶长丝产量2130.80万吨，同比增长10.89%。

表2　2012年化纤及涤纶产品产量增长表

单位：万吨，%

品　种		2012年	2011年	同比
化纤总量		3792.16	3410.10	11.20%
合成纤维		3444.12	3147.28	9.43%
涤纶		3057.03	2792.71	9.46%
	短纤	901.82	871.33	3.50%
	长丝	2155.21	1921.39	12.17%

资料来源：国家统计局、中国化纤工业协会

表3　2011～2012年单月涤纶长丝产量对比表

		2011产量(万吨)	同比	2012产量（万吨）	同比
1～2月	化纤产量	499.69	18.24%	575.99	15.27%
	其中：涤纶	399.48	21.50%	454.25	13.71%
	短纤	127.83	17.82%	138.55	8.38%
	长丝	271.64	23.31%	315.70	16.22%
3月	化纤产量	286.31	17.46%	301.96	5.46%
	其中：涤纶	236.48	20.07%	232.51	-1.67%
	短纤	75.68	16.43%	70.91	-6.30%
	长丝	160.81	21.87%	161.6	0.50%
4月	化纤产量	265.78	8.30%	315.37	18.65%
	其中：涤纶	218.12	9.02%	256.38	17.54%
	短纤	69.80	5.73%	78.20	12.03%
	长丝	148.32	10.65%	178.18	20.13%
5月	化纤产量	291.77	15.82%	357.62	22.57%
	其中：涤纶	239.47	17.69%	255.33	6.60%
	短纤	74.46	10.89%	77.87	4.50%
	长丝	152.68	15.10%	177.46	16.23%
6月	化纤产量	295.23	14.82%	285.00	-3.40%
	其中：涤纶	244.67	15.35%	249.55	2.00%
	短纤	76.47	9.25%	76.11	-0.47%
	长丝	168.19	18.34%	173.43	3.11%
7月	化纤产量	281.24	21.56%	327.48	16.44%
	其中：涤纶	234.57	25.79%	266.06	13.42%
	短纤	74.36	20.83%	81.15	9.13%
	长丝	160.21	-33.77%	184.92	15.42%
8月	化纤产量	294.15	17.40%	333.24	13.28%
	其中：涤纶	245.96	17.62%	262.93	6.90%
	短纤	77.97	13.00%	78.90	1.20%
	长丝	167.99	19.9%	187.13	11.39%

续表

		2011产量(万吨)	同比	2012产量(万吨)	同比
9月	化纤产量	301.21	2.40%	327.74	8.80%
	其中：涤纶	245.29	-0.27%	254.98	3.90%
	短纤	77.76	-0.27%	77.51	-0.30%
	长丝	167.54	-0.26%	177.47	5.90%
10月	化纤产量	267.43	1.10%	319.51	19.47%
	其中：涤纶	219.82	0.90%	256.10	16.50%
	短纤	72.54	0.90%	64.09	-11.60%
	长丝	147.28	0.90%	192.01	30.30%
11月	化纤产量	252.89	-5.40%	328.75	30.00%
	其中：涤纶	216.30	-1.60%	269.13	24.42%
	短纤	71.40	-1.50%	68.38	-4.23%
	长丝	144.92	-1.60%	200.75	38.52%
12月	化纤产量	287.99	4.10%	334.70	16.22%
	其中：涤纶	251.21	4.00%	260.96	3.88%
	短纤	79.28	-0.40%	68.38	-13.74%
	长丝	171.93	6.20%	200.75	16.76%

资料来源：国家统计局、中国化纤工业协会

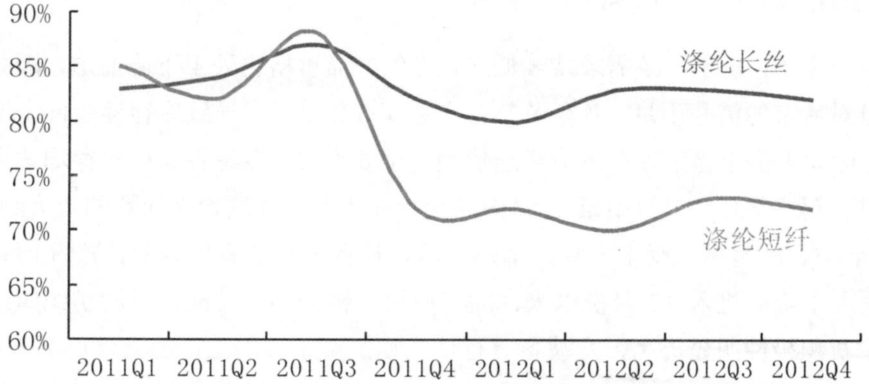

图3　2011～2012年涤纶长短纤开工率走势图

资料来源：中国化纤工业协会

从 1～2 月月度增速来看涤纶平均月度产量达到 251.51 万吨，平均增速保持在 8.93%。涤纶长丝产量从 9 月份开始回升，短纤回升乏力。

而化纤单月产量除 6 月份外，基本保持在 300 万吨以上，并且从 10 月份开始增长速度稳定在 15%以上。

负荷情况：开工率有所下降，切片纺开工率明显不足，行业开工率基本正常。

表 4　2012 年 1～12 月涤纶产品库存天数变化表

单位：天

	年末	1月末	2月末	3月末	4月末	5月末	6月末	7月末	8月末	9月末	10月末	11月末	12月末
涤纶长丝 POY	20	9	17	16	17	16	18	12	10	12	13	12	10
涤纶长丝 DTY	9	22	34	33	35	36	37	27	30	29	31	28	25
涤纶长丝 FDY	7	10	22	20	21	21	22	20	15	17	24	20	17
涤纶短纤	1	5	13	15	8	13	13	10	9	9	12	10	7

资料来源：中国化纤信息网

上半年，由于下游需求持续低迷，涤纶产品价格也处于下降通道，因此产业链对后市的信心不足，各环节都存在去库存化现象，导致库存逐步向上游转移，因此上半年涤纶库存压力迅速增加，至 6 月底，涤纶各品种库存均达今年高位。粗略估算，5 月中至 6 月中涤纶行业由于库存跌价而导致的损失约 50 亿元。7、8 月份，受多方利好消息影响，产业链信心有所恢复，产品库存出现明显下降。进入 12 月份以来，随着原料价格的强势拉涨，下游纺织织造行业拿货积极性明显提高，几波备货行情大幅削减了聚酯工厂的涤丝产品库存，从目前聚酯工厂各品种产品库存来看，库存水平普遍偏低，基本处于年内偏低库存状态。

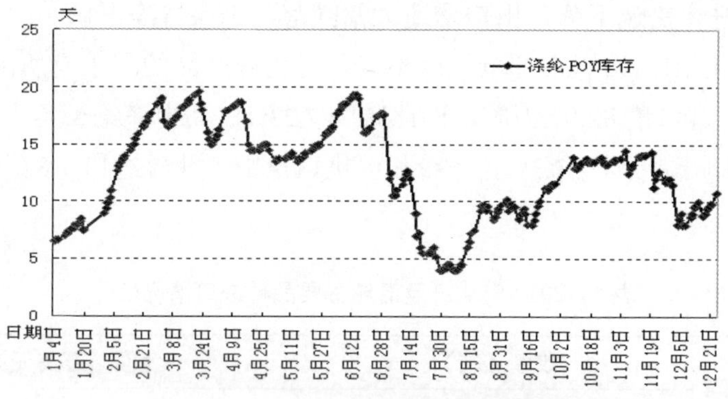

图4　2012年涤纶POY库存指数图

资料来源：中国化纤信息网

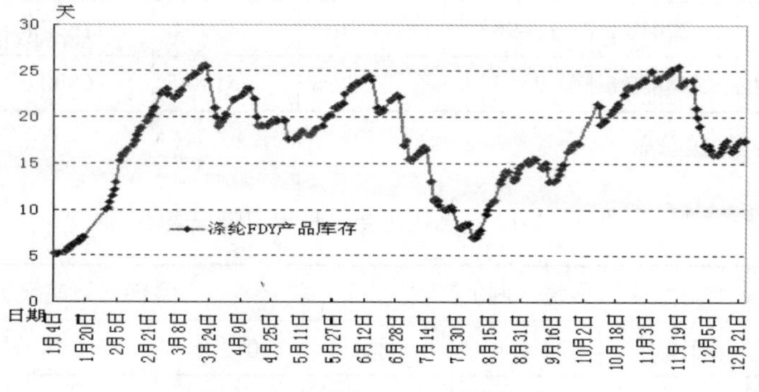

图5　2012年涤纶FDY库存指数图

资料来源：中国化纤信息网

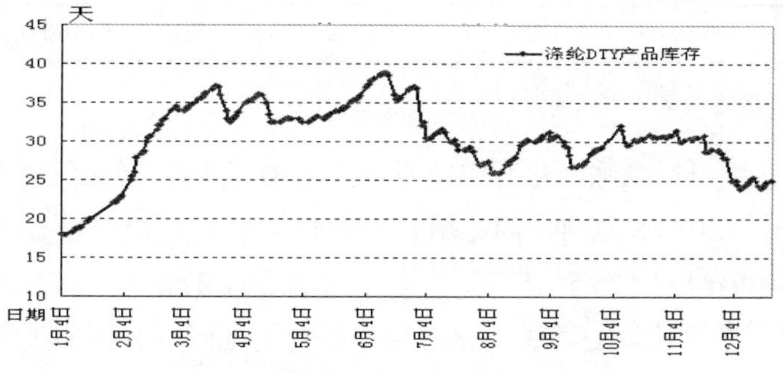

图6　2012年涤纶DTY库存指数图

资料来源：中国化纤信息网

（三）进口快速下降，出口增速大幅回落，仍保持净出口

2012 全年国内纺织市场景气度不佳，对化纤产品的需求有所减弱，我国1～12月化纤进口量82.09万吨，同比减少7.23%。其中涤纶长丝进口量12.04万吨，同比大幅减少了22.3%，涤纶长丝进口量中工业丝进口1.88万吨，同比减少了21%。

表5　2012年化纤及涤纶主要品种进口情况表

	数量（吨）			金额（万美元）		
	2012年	2011年	同比	2012年	2011年	同比
化纤进口总量	820978.7	884910.5	-7.23%	307651.7	336117.2	-8.47%
涤纶短纤	112361.0	120205.0	-6.53%	21110.3	23841.1	-11.46%
涤纶长丝	120418.5	154963.4	-22.30%	33995.0	41697.8	-18.48%
其中：工业丝	18850.8	23832.0	-21.00%	5190.5	6800.0	-23.67%

资料来源：海关总署

表6　2012年涤纶主要品种出口情况表

	数量（吨）			金额（万美元）		
	2012年	2011年	同比	2012年	2011年	同比
出口总量	2468100.6	2363068.6	4.44%	597357.6	632699.6	-5.59%
涤纶短纤	670652.0	816101.7	-17.83%	97263.1	134312.8	-27.59%
涤纶长丝	1078877.0	945181.8	14.14%	213625.1	216941.3	-1.53%
其中：工业丝	255508.8	250800.0	1.87%	55605.3	61100.0	-9.00%

资料来源：海关总署

2012年化纤出口微涨，化纤出口量为246.81万吨，同比仅增4.44%，其中涤纶长丝出口107.88万吨，同比增长14.14%，占化纤出口总量的43.71%，其中涤纶工业长丝出口25.55万吨，同比仅微涨了1.87%。

2012年，涤纶长丝主要进口来源地仍是台湾地区、韩国和美国，权重分别为53%、18.08%、7.45%，但自台湾地区进口量比上年同期大幅下降19.98%，自韩国进口下降14.85%。而美国略增4.39%。

表 7　2012 年涤纶长丝分国别和地区进口情况表

	进口数量（吨）			进口金额（万美元）		
	2012 年	2011 年	同比	2012 年	2011 年	同比
总计	120418.5	154963.4	-22.3%	33995	41697.8	-18.48%
其中：台湾地区	63811.5	79740.1	-19.98%	15108.2	18971.5	-20.37%
韩国	21783.2	25579.9	-14.85%	6245.4	6922.8	-9.79%
美国	8977.5	8599.9	4.39%	1275.8	1336.7	-4.56%
中国	8167.6	12239.3	-33.27%	3635.5	5058.5	-28.14%
日本	5613.6	5990.3	-6.29%	4263.9	3343.6	27.52%
泰国	4189.2	10112.4	-58.58%	956.3	2687.9	-64.42%
印度尼西亚	2921.7	3192.2	-8.48%	686.3	853.7	-19.61%
德国	2148.1	1961.0	9.54%	875.8	902.0	-2.92%
越南	768.6	1599.1	-51.94%	156.6	327.0	-52.12%
法国	639.4	10.9	5722.91%	205.5	22.4	816.26%

资料来源：海关总署

2012 年 1～12 月，我国涤纶长丝进口分贸易方式仍以加工贸易、一般贸易为主，比重分别达 48.45%、50.97%。但受行业景气略有回暖的影响，一般贸易量比上年同期大幅减少了 24.26%，金额比上年同期大幅减少了 25.25%，均比三季度略有回升；加工贸易量比上年同期大幅降低了 19.85%，贸易金额同比减少了 11.74%。

表 8　2012 年涤纶长丝分贸易方式进口情况表

	进口数量（吨）			进口金额（万美元）		
	2012 年	2011 年	同比	2012 年	2011 年	同比
总计	120418.5	154963.4	-22.3%	33995.0	41697.8	-18.48%
一般贸易	61377.6	81036.6	-24.26%	14991.5	20053.3	-25.25%
加工贸易	58349.8	72795.2	-19.85%	18663.9	21080.0	-11.47%
其中：来料加工	4982.6	10902.9	-54.31%	1305.5	2433.8	-46.36%
进料加工	53367.1	61892.3	-13.78%	17358.3	18646.2	-6.91%
保税区	669.4	1112.5	-39.83%	321.5	549.5	-41.49%

续表

	进口数量（吨）			进口金额（万美元）		
	2012年	2011年	同比	2012年	2011年	同比
其中：仓储进出境	179.0	354.4	-49.5%	122.3	264.2	-53.72%
仓储转口	490.4	758.0	-35.3%	199.2	285.3	-30.17%

资料来源：海关总署

2012年，化纤原料进口数量与上年同比MEG仍增长，PTA减少，但价格同比MEG、PTA均回落。其中，对苯二甲酸进口536.51万吨，同比减少了17.8%；乙二醇进口达794万吨，同比增长了9.23%，二者占合纤原料进口总量的比例高达82.89%。

表9　2012年主要合纤原料进口量价对比表

	进口数量（吨）			进口金额（美元/吨）		
	2012年	2011年	同比	2012年	2011年	同比
合纤原料总计	16051034.3	16395611.9	-2.11%	2063314.3	2405417.8	-14.23%
乙　二　醇	7940294.6	7269178.3	9.23%	814434.4	852312.6	-4.45%
对苯二甲酸	5365149.6	6526203.4	-17.8%	586330.4	823876.2	-28.84%
聚 酯 切 片	207028.6	229071.4	-9.63%	37677.3	41918.5	-10.12%

资料来源：海关总署

自9月份后国内化纤、特别是涤纶长丝供给量增速放大。2012年全年，我国化纤供给总量为3646.47万吨，同比增加了13.43%，反映出国内下游市场对化纤的需求基本正常。其中：涤纶长丝供给量为2034.96万吨，同比增加了10.96%。显示中国涤纶长丝行业的市场需求回归正常。

表10　涤纶长丝2012年进出口及表观需求表

单位：万吨

	产量	进口数量	出口数量	表观消费量	同比
化纤	3792.16	82.09	246.81	3627.44	11.19%
涤纶	3057.03	23.27	174.94	2905.36	9.88%
其中：短纤	901.82	11.23	67.06	845.99	5.52%
长丝	2155.21	12.04	107.88	2059.37	11.78%

注：表观消费量=产量+进口-出口

资料来源：国家统计局、海关总署

（四）聚酯行业投资增幅大幅回落，新增产能压力依然较大。

当前，投资者对化纤行业投资热情虽有所减弱，但新增产能压力依然较大。2012 年，化纤行业施工项目数 910 个，其中新开工项目数 618 个；聚酯涤纶行业施工项目数 271 个，其中新开工项目数 187 个，投资增速大幅回落。

表 11　2012 年涤纶行业实际完成投资额变化表

	施工项目数	新开工项目数	实际完成投资（亿元）	同比
化学纤维制造业	910	618	883.37	20.34%
合成纤维制造	705	481	692.28	22.28%
涤纶纤维制造	271	187	321.41	16.68%

资料来源：国家统计局

（五）效益大幅下滑，运行质量下降，形势十分严峻

1. 涤纶行业利润总额大幅滑落，亏损面及亏损额也大幅增加。

2012 年，全国化纤行业实现利润总额 225.26 亿元，同比减少 88.95 亿元，亏损企业亏损额 50.66 亿元，同比增加 46.81%；其中，涤纶行业实现利润总额 111.38 亿元，比上年同期大幅减少了 91.31 亿元，利润占全行业的 49.44%；涤纶行业亏损企业亏损额为 16.81 亿元，同比大幅增长了 235.76%。从环比情况看，从四季度起涤纶行业的利润逐步回升，行业效益有所提升。但与 2011 年比仍有较大差距。

表 12　2012 年涤纶行业经济效益对比表

	利润总额（万元）			亏损企业亏损额（万元）		
	2012 年	2011 年	同比	2012 年	2011 年	同比
化纤行业	2252651	3142223	-889572	506669	345130	46.81%
涤纶行业	1113817	2026936	-913119	168104	50067	235.76%

资料来源：国家统计局

2. 运行质量下降，各项运行指标同比均有所下滑

据国家统计局公布的数据，2012 年，化纤行业实现工业总产值 6888.52 亿元，同比增长 7.16%；主营业务收入 6738.96 亿元，同比微幅增长 4.56%。涤纶行业实现工业总产值 3855.28 亿元，同比微长 5.43%；主营业务收入 3776.07 亿元，同比微长 2.76%。

从行业跟踪的运行质量四大类指标来看，行业偿债能力、盈利能力、营运能力和发展能力均比三季度有所好转，反映出行业运行快走出调整期。虽然企业技术进步、结构调整明显加快，产品附加值也继续提高，行业扩张放缓，但由于后道需求因棉花的高价差而采用涤纶量的增加，聚酯涤纶产业链行情从 9 月初开始回升，企业效益和运行质量已有所起色。

表 13　2012 年涤纶行业运行质量指标对比表

	2012 年	2011 年	同比
偿债能力指标			
资产负债率（%）	61.44	61.30	0.14 点
产权比率（%）	159.35	158.42	0.93 点
已获利息倍数	2.89	5.29	-2.40
营运能力指标			
应收账款周转率（次）	26.71	29.53	-2.82
产成品周转率（次）	18.09	19.52	-1.43
流动资产周转率（次）	2.50	2.54	-0.05
流动资产构成比率（%）	51.94	55.16	-3.22 点
总资产周转率（次）	1.30	1.40	-0.11
盈利能力指标			
利润率（%）	2.95	5.52	-2.57 点
成本费用利润率（%）	3.02	5.80	-2.78 点
总资产报酬率（%）	5.85	9.54	-3.69 点
净资产收益率（%）	9.92	20.00	-10.08 点
发展能力指标			
销售增长率（%）	2.76	32.46	-29.70 点
总资产增长率（%）	11.17	19.19	-8.02 点

资料来源：据国家统计局数据推算

2012 年涤纶行业每百元销售收入计三项费用指标中，销售费用下降了 5.24%，而财务费用和管理费用同比分别提高了 24.36%和 1.16%。

表 14　2012 年涤纶行业每百元销售收入费用对比表

	2012 年	2011 年	同比
销售费用（元/百元）	0.6143	0.6483	-5.24%
管理费用（元/百元）	1.7639	1.7437	1.16%
财务费用（元/百元）	1.5655	1.2588	24.36%

资料来源：据国家统计局数据

二、影响因素及存在的问题

（一）2012 年宏观经济因素

表现在国内紧缩政策，内需徘徊；世界经济调整，外需剧减；对潜在经济增长率或有影响。

（二）纺织市场需求低迷，四季度小幅回升

1. 9～12 月，纺织品服装出口增速已连续三个月小幅回升

中纺联数据显示，2012 年我国纺织品服装出口总额 2549.2 亿美元，同比仅微增 2.8%。 但 9～11 月，纺织品服装出口增速已连续三个月小幅回升。

2. 化纤下游部分产品产量增速同比仍下降，但无纺布增速提高

2012 年，化纤下游主要产品棉混纺布、化纤纱、化纤布、帘子布的产量增速比上年同期和上年全年均出现明显下降；无纺布产量增速为 23.08%，比 2011 年增速提高 8.38 个百分点，呈现快速增长的态势，为化纤行业发出一个积极的信号。

3. 9～12 月下游开机率正常

下游织造工厂 9～12 月份开工正常，近期开机状况仍可维持相对稳定，不过由于终端需求开始走弱，局部工厂的实际开机负荷较销售旺季时期有适度降低。从年内整体情况来看，下游开机率相对持稳，需求端对于市场仍可形成一定的支撑。

（三）原料价格大幅波动

由于化纤价格和原油市场具有很强的相关性，所以原油市场的大幅波动导致化纤市场的不稳定，增加了企业的经营风险。

（四）投资增速回归合理，但新增产能压力仍然较大

2012 年投产聚酯产能 470 万吨，是中国聚酯投产的高峰之年，其中聚酯

瓶片160万吨，预计配套涤纶长丝230万吨（部分装置先期生产切片，尚未配抽丝）、配套涤纶短纤70万吨。但由于行业景气度的低迷，仍有相当一部分原计划在2012年投产的聚酯装置推迟开车。

三、2013年涤纶长丝行业运行预测

2013年聚酯涤纶行业仍需要继续坚持稳中求进，促进行业健康、可持续发展，展望2013年，总体预测：

1. 国际市场低迷的状态仍将持续，较为乐观的估计是美国市场有所回升，故出口会略有增长。

2. 内需有稳定增长，衣着类消费增长仍会高于消费品零售总额的增长率。

3. 棉花国内外价差仍将持续，对聚酯涤纶产品开发有推动作用。

4. 产业链各环节运行平稳，整体呈现前低后高趋势。

综上分析，2013年对聚酯涤纶行业的要求是：在实现产业结构调整中要有新进展，在自主创新能力上要有新突破，在绿色循环发展上要有新成效，在国际竞争能力上要有新提高，以保证2013年行业实现生产平稳增长、产需衔接稳定，企业效益稳步提升，实现有质量、有效益的可持续增长。

具体预测如下：

市场行情：市场波动频率增强，但波幅减弱，总体保持前低后高的走势。

产量：聚酯涤纶长丝增速放缓，预计涤纶产量将达3200万～3300万吨，其中涤纶长丝2300万～2350万吨，同比增长8%左右。

产能：产能增速将继续下降，劣质资产淘汰速度将更快，技改力度加大。

进口量：涤纶进口量小幅减少，预计进口20万吨，其中涤纶长丝10万吨，同比减少15%～20%左右。

出口量：涤纶出口量继续增加，预计出口200万～220万吨，其中涤纶长丝120万～130万吨。同比增长15%～20%左右。

经济效益：聚酯涤纶全行业：产品销售收入3700亿～4000亿元，比2012年略有增加；工业总产值3800亿～4000亿元，同比也有所增加；利润总额120亿～130亿元，估计较2012年增加15%～20%。

运行质量：运行质量将呈前低后高走势，比2012年有所好转，但仍不及2011年水平，三项费用有所降低。

2012年中国聚酯瓶片行业运行分析与2013年运行预测

中国化学纤维工业协会非纤用聚酯专业委员会　张凌清

2012年以来，聚酯瓶片不幸被戴上了“亏损第一”的切片品种，主要是产能快速扩张和需求下降造成的，同时，还有塑化剂事件等食品安全事件和反日货等突发事件的影响。另外，在市场环境恶劣的情况下，行业恶性、无序竞争更是亏损的重要原因。

一、2012年全年聚酯瓶片行业运行基本情况

（一）行情低迷

2012年，是建立在复杂的宏观经济形势下颇为严峻的一年。后金融债务危机时代，商品市场的波动本身便是一个影响聚酯产品价格的主要因素。故而，在内有货币紧缩之忧，外有欧债债务危机愈演愈烈之患的情况之下，开年以来聚酯各产品价格便一路震荡下滑。而与此同时，国内聚酯瓶片新增产能显著提升，全年共增加160万吨，给瓶片市场带来巨大压力，聚酯瓶片盈利情况亦较往年更多下降。2012年全年呈现明显的先抑后扬走势，聚酯水瓶片内盘年均价为10509元/吨，较2011年底下降2161元/吨，其中相对高点为11900元/吨，相对低点为8950元/吨。

1．上半年供应逐步放大，宏观风险显现

2012年上半年中，1～2月缓慢上扬，而2月中旬～6月底行情则在短期调整后急转直下。

带动市场上行的动力主要是需求稳定，年初时假期集中，节前节后备货需求较大，且2月三房巷两套装置短暂故障停车、恒力装置转产半光切片，故瓶片市场终端需求始终较为稳定。春节前，水瓶片走势良好，主流重心涨至11500～11600元/吨（出厂），节后，市场再度如预期迎来开门红，商谈成交重心小升至11800元/吨（出厂）附近，并在2月中上旬迎来年内最高点。

春节后，纺织终端始终复工缓慢，但原油却因地缘性政治因素持续端坐高位，聚酯大盘开始进入成本高企、下游需求却寥落的时段。而瓶片厂家则开始大规模的投放新产能，整个3～6月间，瓶片新产能总投放量达160万吨，市场供需矛盾逐步加剧。再加上欧美债务危机逐步展现。2月下旬，长丝、短纤、切片价格相继回调，聚酯瓶片市场看法出现分歧，短期重心高位盘整。其后气氛迅速转淡，“两会”结束，利空消息放出，原料市场恐慌性下跌，瓶片亦跟随下挫至11100～11200元/吨（出厂）附近。5月由原油引领的上游石化产品价格一路走跌，基本面完全丧失力量的瓶片市场低价层出不穷。6月聚酯市场因PTA、郑棉等的相继跌停出现滑铁卢，下旬，G20峰会、美联储议息会议召开，市场看空情绪再度加深，瓶片成交重心逐渐临近年内低点至 8900～9000元/吨（出厂）附近。

2．下半年供需矛盾突出，成本带动上涨

下半年6月～12月间，瓶片价格整体跟随原料波动，但其中9月中旬至11月中下旬，市场出现一段时间的震荡回落。

6～9 月间原料及装置方面对市场影响甚巨，一是初始油价强势反弹，外围宏观面上暖风频吹；二是PX、PTA、MEG装置陆续集中检修，8月台风天气问题对原料运输带来一定困扰，导致其供应偏紧，成本居高之势难以撼动；三是瓶片厂家开始有意识的调节供应量；四是7～8月属瓶片传统旺季，需求相对有所提振。瓶片在此四点支撑下，开始拉起涨价序幕，重心从8950元/吨（出厂）附近被动跟涨至 10700 元/吨（出厂），但毕竟经济环境较差，走货量较之往年同期情形稍差。

9月中旬起，瓶片转入淡季，需求渐弱，而国际油价的几度大跌更令市场信心不足，瓶片厂家现金流大幅亏损，虽随后加大限产力度，但亦不能阻止瓶片跟随原料承压偏弱震荡，至11月中下旬，华东水瓶片成交重心回落至9900元/吨（出厂）附近。 11月中下旬开始，因PX-PTA链上的成本支撑，原料开始吹响上涨号角；再加上持续的限产，以及需求的好转，瓶片市场低价日趋减少，瓶片重心在9900～10000附近筑底之后，于12月初正式步入反弹通道，至年底，重心回升至10850～10900元/吨（出厂）。

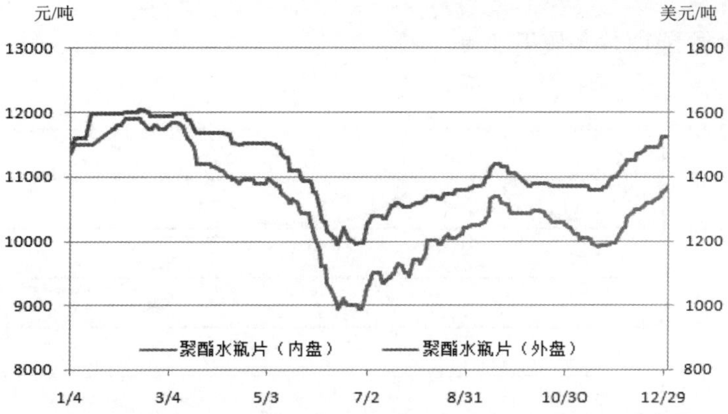

图 1　2012 年聚酯瓶片（内、外盘）价格走势图

资料来源：中纤网

（二）产量

由于市场的倒逼机制，行情低迷阶段各企业都主动限产，估计 2012 年我国瓶片产量约在 467 万吨。

表 1　2012 年瓶片行业产能、产量和开工率表

单位：万吨/年

月份	产能	产量	开工率
1 月	42.0	40.9	97.5%
2 月	42.0	34.6	82.4%
3 月	42.0	37.4	89.1%
4 月	46.5	40.4	86.8%
5 月	47.8	45.3	94.8%
6 月	52.8	44.4	84.1%
7 月	55.3	45.2	81.8%
8 月	55.3	46.1	83.4%
9 月	55.3	39.7	71.8%
10 月	55.3	32.1	58.1%
11 月	55.3	30.2	54.6%
12 月	55.3	30.7	55.5%
合　计	604.9	467.0	78.33%（平均）

资料来源：中国化纤工业协会非纤用聚酯专业委员会

（三）聚酯瓶片装置开工率

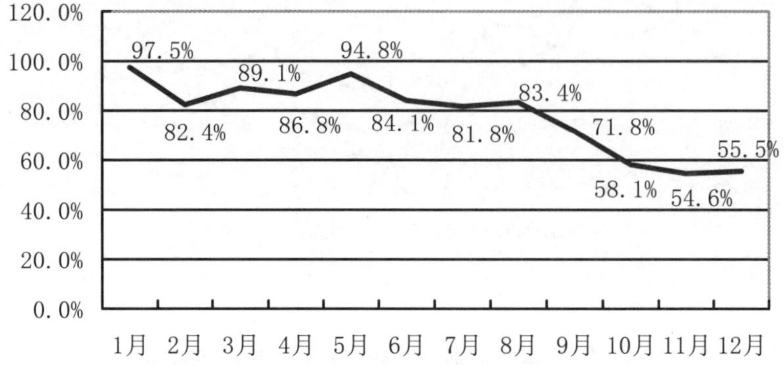

图2　2012年聚酯瓶片行业每月开工率图

资料来源：中国化纤工业协会非纤用聚酯专业委员会

（四）进出口

2012年出口瓶片124万吨，相比2011年增加了28.6万吨，增长近30%。出口现货均价为1418美元/吨（FOB中国主港），较2011年下降251美元/吨。全年进口瓶片3.38万吨，较上年增加1.28万吨，增长61%。进口现货均价为1912美元/吨（FOB中国主港），较2011年下降122美元/吨.

特别是出口2012年一直不差，国内的出口力度很大，自2月份之后，平均每月都在10万吨左右。瓶片出口价格也开始缩小与台湾地区和韩国出口价格的差距。同时，台湾地区和韩国的工厂也出现开机率下降或者转产，也说明聚酯瓶片出口的竞争力较大。

表2　2012年中国瓶片进出口数据表

	进口数量（吨）	进口金额（万美元）	平均单价（美元/吨）	出口数量（吨）	出口金额（万美元）	平均单价（美元/吨）
1月	1260.10	230.14	1826	66737.90	9814.62	1471
2月	2996.03	588.08	1963	83006.00	12511.20	1507
3月	3520.40	679.10	1929	130655.00	20492.70	1568
4月	2551.00	523.68	2053	97434.97	14626.85	1548

续表

	进口数量（吨）	进口金额（万美元）	平均单价（美元/吨）	出口数量（吨）	出口金额（万美元）	平均单价（美元/吨）
5月	3671.80	700.00	1906	97434.97	14626.85	1501
6月	2505.10	543.40	2169	102056.30	14418.00	1413
7月	2581.49	558.97	2165	97161.30	12375.00	1274
8月	2850.60	494.60	1735	96419.26	12366.71	1283
9月	3020.25	548.50	1816	109275.09	14471.72	1324
10月	2944.30	523.90	1779	92582.00	12697.50	1371
11月	3100.00	553.35	1785	132900.00	18247.17	1373
12月	2800.00	507.64	1813	131000.00	18065.00	1379
合计	33801.07		1912	1242000.00		1418

资料来源：海关总署

表3　2012年中国聚酯瓶片分国别或地区出口情况表

	出口数量（吨）			出口金额（万美元）		
	2012年	2011年	同比	2012年	2011年	同比
总计	1241723.2	955118.1	30.00%	175962.4	159379.4	10.40%
其中：日本	196369.3	145255.7	35.18%	27662.3	24006.3	15.22%
乌克兰	97227.0	93631.9	3.83%	13887.5	15694.0	-11.52%
美国	74666.5	104052.1	-28.25%	10850.3	17380.5	-37.58%
俄罗斯	69675.6	102101.0	-31.76%	10029.7	17277.1	-41.95%
克罗地亚	51987.0	34925.1	48.85%	7241.7	5672.5	27.66%
菲律宾	45972.2	13214.2	247.89%	6326.5	2020.4	213.12%
南非	43557.7	32043.1	35.93%	6116.5	5266.0	16.15%
埃及	40718.0	19140.0	112.73%	5655.0	3031.8	86.51%
哈萨克斯坦	36387.5	10117.8	259.63%	5135.4	1677.3	206.16%
马来西亚	32771.7	19434.7	68.62%	4439.3	2994.7	48.23%

资料来源：海关总署

从聚酯瓶片出口情况看，主要出口国家及地区为哈萨克斯坦、菲律宾、马来西亚，位列前三甲。

表4 2012年聚酯瓶片分贸易方式出口情况表

	出口数量（吨）			出口金额（万美元）		
	2012年	2011年	同比	2012年	2011年	同比
总计	1241723.2	955118.1	30%	175962.4	159379.4	10.40%
一般贸易	5545.2	4750.2	16.73%	769.1	859.1	-10.48%
加工贸易	1233017.9	941786.4	30.92%	174622.8	157221.3	11.06%
其中：来料加工	3948.0	3055.0	29.22%	657.8	608.6	8.08%
进料加工	1229069.9	938731.3	30.92%	173965.0	156612.6	11.07%
保税区	3026.3	8490.2	-64.36%	550.5	1285.5	-57.18%
其中：仓储进出境	0	0.6	-	0	0.2	-
仓储转口	3026.3	8489.5	-64.36%	550.5	1285.3	-57.17%

资料来源：海关总署

从出口贸易方式看，主要贸易方式为加工贸易，同比增长30.92%。

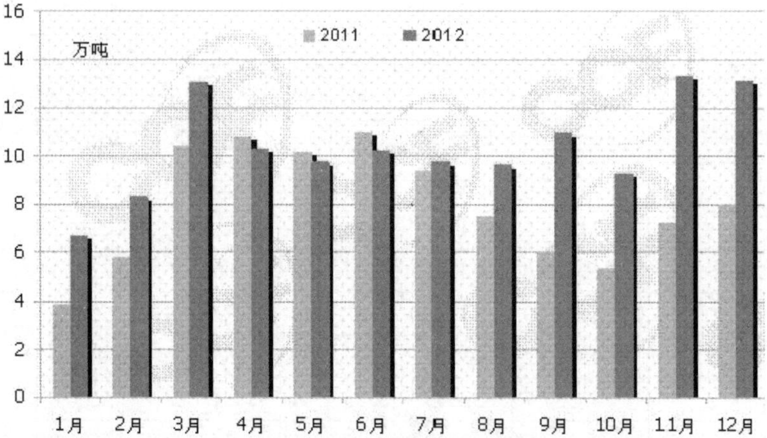

图3 2011/2012年国内聚酯瓶片出口走势对比图

资料来源：中国化纤信息网

（五）聚酯瓶片行业利润

瓶片行业为聚酯产业链中技术较为成熟的行业，其生产经营成本已经为行业共识：

- 内盘瓶片生产成本 = PTA×0.86 + MEG×0.34 + ￥800-900
  熔体成本 加工费用
- 外盘瓶片生产成本 = PTA×0.86 + MEG×0.34 + $150
  熔体成本 加工费用

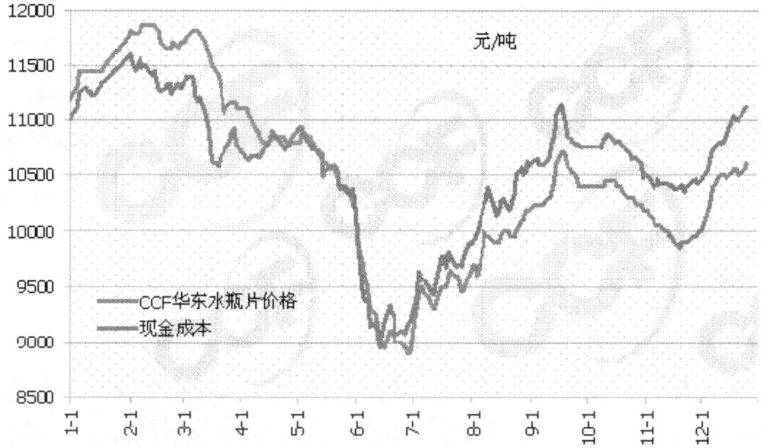

图 4 2012 年华东聚酯水瓶片价格和现金成本走势图

资料来源：中国化纤信息网

表 5 2012 年 1～12 月瓶片生产月均盈亏表

单位：元/吨

月份	华东水瓶	成本	利润
1 月	11534.61	11431.69	+ 103
2 月	11785.71	11508.94	+ 277
3 月	11538.04	11082.01	+ 456
4 月	10939.47	10890.91	+ 49
5 月	10612.50	10719.92	- 107
6 月	9237.50	9345.10	- 108
7 月	9484.09	9753.25	- 269

续表

月份	华东水瓶	成本	利润
8 月	9969.57	10411.40	- 442
9 月	10435.00	10908.05	- 473
10 月	10350.00	10845.96	- 496
11 月	9989.77	10545.26	- 555
12月	10508.33	11041.00	-533

资料来源：中国化纤工业协会非纤用聚酯专业委员会

聚酯瓶片行业 2012 年一季度运行良好，从 4 月中旬进入保本经营，5 月底 6 月初开始进入亏损，7 月亏损加大，8、9、10 月巨亏，11 月继续加大亏本。12 月聚酯瓶片行业内盘继续亏本经营，尚没有改善迹象；不过外盘表现相对较为乐观，部分已经扭亏。

2012 年全年呈现明显的先抑后扬走势，据中纤网数据，聚酯水瓶片内盘年均价为 10509 元/吨，较上年年底下降 2161 元/吨，其中相对高点为 11900 元/吨，相对低点为 8950 元/吨。

（六）聚酯瓶片国内需求

2012 年聚酯瓶片内需增长不及预期。据中国化纤协会非纤用聚酯专业委员会统计，全年聚酯瓶片产量为 467 万吨，全年出口 124.17 万吨，进口 3.38 万吨，那么表观需求仅 346.21 万吨，而比 2011 年的 310 万吨增加 36 万吨，但 2012 年社会库存约 25 万吨，内需实际仅增加 11 万吨，远低于前期预测值。

据中国饮料工业协会发布的信息，2012 年软饮料需求增速表现相当低迷，进入了个位数时代，大约 10%。如果折算到聚酯瓶片的需求，也仅有 6%～7% 的增量。大概需求只增加了 20 多万吨，和我国瓶片今年出口增量类似。

（七）聚酯瓶片库存

年底社会库存虽有下降，即便以半个月的合理库存核算，社会库存取 25 万吨附近，属正常水平。由于各企业操作风格不一，库存和资金状况各异，工厂销售策略和心态也有所差异，总体弱势心态仍在。

二、影响行业平稳运行的主要因素

（一）产能扩张过快

表6　2012年初，中国瓶片产能情况表

单位：万吨/年

	产能		产能
恒逸	25	远纺	55
万凯	25	腾龙	24
SK振邦	15	泰宝	10
三房巷	120	裕华	15
华润	40	泛亚	25
仪化	39	辽化	10
恒力	20	盛之业	24
澄高	20	普什	15
南亚	15	蓝山屯河	6.5
2012年初 瓶片行业产能总计		503.5万吨/年	

资料来源：中国化纤工业协会非纤用聚酯专业委员会

表7　2012年，中国瓶片新增产能情况表

万吨/年

	产能	地区	投产时间
万凯	40	海宁	3月底
华润	30	常州	4月中
	30	常州	5月底
	30	珠海	6月中
泰宝	30	开平	6月中
2012年全年新增产能		160万吨	

资料来源：中国化纤工业协会非纤用聚酯专业委员会

表8　2012年末，中国瓶片产能情况表

单位：万吨/年

	产能		产能
恒逸	25	远纺	55
万凯	65	腾龙	24

续表

	产能		产能
SK振邦	15	泰宝	40
三房巷	120	裕华	15
华润	130	泛亚	25
仪化	45	辽化	10
恒力	20	盛之业	24
澄高	20	普什	15
南亚	15	蓝山屯河	6.5
2012年末 瓶片行业产能总计		669.5万吨/年	

资料来源：中国化纤工业协会非纤用聚酯专业委员会

（二）市场需求不振

2012年受经济低迷的影响，下游软饮料需求增长进入低速期。片材、油脂和其他领域增长有限。业内已经彻底放弃软饮料（茶饮料、蛋白饮料）20%的增速的理念。而瓶片扩能却达35%，两者比例严重失衡。

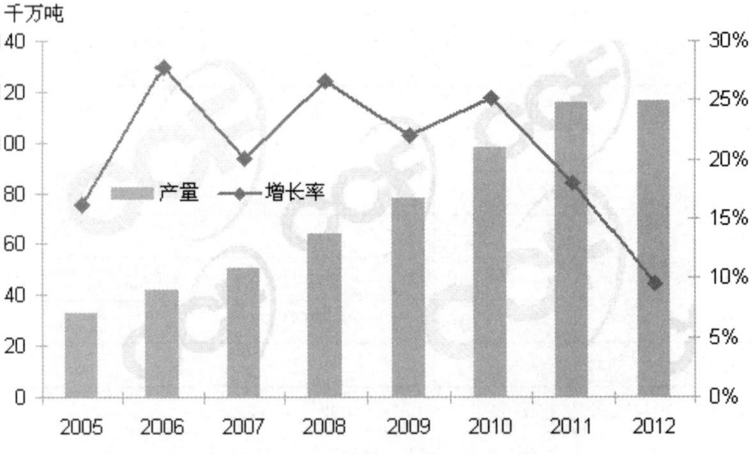

图5　2005～2012年全国软饮料产量和增速走势图

资料来源：中国化纤信息网

（三）行业自律有待落实

中国化学纤维工业协会非纤用聚酯分会首次工作会议于2012年12月24

日在北京召开，业内主要 10 家生产经营企业主要领导参加了会议。大家对在当前非常时期，非纤用聚酯行业加强生产自律、价格自律和发展自律的必要性达成共识。从会后半个多月情况来看，市场趋于稳定，瓶片成交价回涨了 1000 元左右。当然这其中有聚酯原料成本继续上移，下游需求季节性采购跟进因素，但起码有行业自律，瓶片工厂继续推涨或稳定价格就有了底气。

未到会的两家企业：常州华润于 9 月 23 日停车检修的两套共计 40 万吨的瓶片装置于 12 月下旬升温重启，其珠海一套于 11 月 20 日附近检修的 30 万吨装置在 12 月底重启；广东泰宝于 11 月 23 日停车检修的 30 万吨装置计划 12 月 24 日左右重启。

2013 年春节期间（2013 年 1～2 月份）装置检修涉及直纺薄膜的聚酯装置检修约 20 万吨（宿迁欧亚）；涉及聚酯瓶片检修的约 20 万～40 万吨（涉及三房巷、澄星等）；而配套瓶片和聚酯薄膜的工厂表现一般，聚酯瓶片由于前期本身开工负荷就偏低，因此春节期间的开工负荷变化并不明显。

（四）原料价格波动

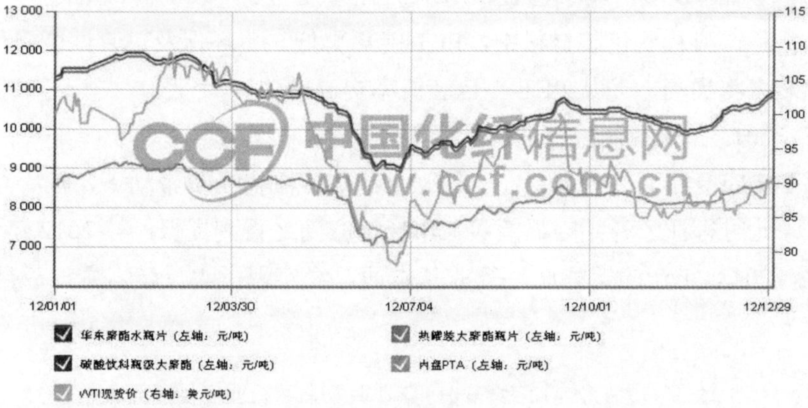

图 6　2012 年原油/PTA/瓶片价格走势图

资料来源：中国化纤信息网

原油、PTA 等原料价格大幅波动拖累瓶片行情：由于瓶片价格和原油市场具有很强的相关性，所以原油市场的大幅波动导致瓶片市场的不稳定，增加了企业的经营风险。 导致：产品价格下跌，产业链信心受打击，库存损失巨大。

（五）中国瓶级聚酯消费结构有待调整

表 9　2011～2015 年中国瓶级聚酯消费结构调整趋势表

	果汁饮料	茶饮料	CSD	水	食用油	调味品	酒瓶	其他
2011 年	16%	16%	14%	32%	8%	7%	3%	4%
2012 年	16.5%	17%	12%	37%	7.5%	7%	3%	4%
2015 年	17%	18%	9%	39%	5%	6%	3%	3%

资料来源：中国石化经济技术研究院

2011 年国内聚酯瓶主要用于软饮料、食用油、调味品等食品及非食物包装，其中饮料行业约占 70%以上。

2011 年国内瓶级聚酯消费与下游瓶坯厂的建设步伐密切相关。考虑到未来技术进步、设备升级，国内聚酯吹瓶企业将陆续以设备更新为主，而新进入者规模将较大，国内瓶级聚酯消费量可能翻番。

据中国饮料工业协会保守估计，未来几年我国饮料总产量将保持 12%～15%的年均增速发展，其中包装饮用水仍占最大比重，茶饮料、蛋白饮料发展势头迅猛。饮料行业包装材料中，PET 能耗更低、更环保及包装性能更优异，PET 包装率将提高，尤其 PET 小包装瓶率提高较快。

三、2013 年聚酯瓶片行业运行预测

从 2012 年 11 月底开始，在一轮强劲的年底刚需备货带动下，瓶片需求稳步增长，此时行业才开始略显眉目，市场信心随之得到提振。与 2012 年 11 月底相比，2013 年初的聚酯瓶片行业基本面已经实现了大反转，主要表现为以下四个方面：

表 10　2012 年 12 月～2013 年 1 月初瓶片行业变化情况表

日　期	2012/12/7	2012/12/14	2012/12/21	2012/12/28	2013/01/07
华东水片成交重心（元/吨）	10450	10550	10650	10800	11400
瓶片外盘成交重心（美元/吨）	1450	1470	1490	1525	1555
原料成本（元/吨）	9978	10009	10212	10451	10765

续表

日期	2012/12/7	2012/12/14	2012/12/21	2012/12/28	2013/01/07
开机率（%）	50%	51%	54%	60%	62%
库存	正常	正常	正常	正常	偏低

资料来源：中纤网

一是库存回归正常偏低。由年底刚需备货，以及提前的年初备货需求带动，瓶片工厂经过连续大量出货，库存由 11 月时的偏高，一时间下降至正常偏低水平。这一部分还归因于，近期瓶片厂家较低的开机率，使得厂家出货多以消化库存为主。

二是减停产装置逐步升温重启，工厂开机率稳步回升。随着需求量的放大，以及库存的下降，前期停车的装置开始稳步恢复生产，开机率有最低的 49%上升至 60%以上。

三是瓶片价格大幅攀升。其中华东水平成交重心由 11 月底的 10000 元/吨出头涨至现今的 11500 元/吨（1 月 10 日）附近，40 天涨幅达 14.4%。

四是亏损局面大幅缩小。11 月至 12 月原料 PTA/MEG 价格大涨，聚酯瓶片成本压力大幅飙涨，但是由于厂家年前消化库存意向较强，故而低价出货较多，因此亏损局面未见好转。2013 年初以来，在低库存、低开工率、良好需求的背景下，瓶片价格趋于坚挺，1 月份以来，现金流负值稳步缩小，有望逐步实现盈利。

单位：元/吨

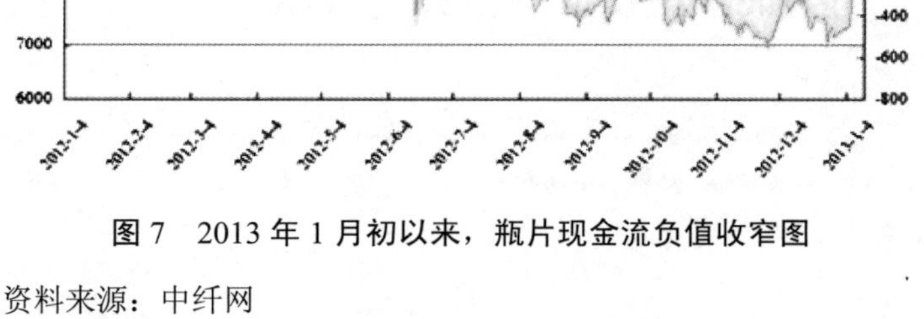

图 7　2013 年 1 月初以来，瓶片现金流负值收窄图

资料来源：中纤网

（一）近期展望

由于2012年12月聚酯原料价格高企，且市场对于2013年初原料价格持续走强的预期较强，因而虽然临近年关，瓶片市场仍有不间断的刚需补货，需求表现尚可。而供给方面，虽然近期不少装置升温重启，但是短期内瓶片开机率仍旧维持6成附近，同时，考虑到春节假期，厂家也多将重启计划排至节后。因此总体上年前瓶片市场供应多会持稳。另外，聚酯原料PTA在上冲至9000元/吨后上涨阻力逐步显现，随着原料价格的回调，瓶片盈利水平有望实现反转。

判断：聚酯瓶片行业有望逐步回暖。

（二）2013年瓶片行业具体预测

市　场：随着经济的回升和饮料等下游产业的回暖，预计瓶片市场将恢复正常的季节性规律，总体呈前低后高走势。

产　量：预计2013年产量520万吨，增长13%左右。

出　口：预计2013年出口量160万吨，增长20%左右。

经济效益：预计2013年利润总额达8亿～10亿元，增长12%。运行质量有所好转。

2012 年中国锦纶行业运行分析与 2013 年运行预测

中国化学纤维工业协会锦纶专业委员会　邓军

2012 年锦纶行业运行总体情况是：产量稳定增长，产销率小幅下降，进出口均呈下降趋势，利润小幅增长，运行质量出现好转。

一、2012 年锦纶行业运行情况

（一）供求关系

表 1　2012 年锦纶供需情况分析表

单位：万吨

	2012 年	2011 年	同比
供应总量	186.88	163.05	14.62%
其中：产　量	181.46	157.75	15.03%
进口量	17.47	18.13	-3.64%
出口量	12.05	12.83	-6.08%

资料来源：国家统计局、中国海关总署

2012 年锦纶产量继续保持平稳增长，完成产量 181.46 万吨，同比增加 15.03%。锦纶进口 17.47 万吨，比上年同期下降 3.64%；锦纶出口 12.05 万吨，同比下降了 6.08%。因此 2012 年锦纶供应总量为 186.88 万吨，同比增加了 14.62%。

表 2　2012 年锦纶纤维分省市生产情况表

单位：吨

地　区	2012 年	同比（%）	占总量比例
全　国	1814631	15.03	
江苏省	552624	30.64	30.45%

续表

地　区	2012年	同比（%）	占总量比例
福建省	492130	35.16	27.12%
浙江省	446134	-2.39	24.59%
河南省	112885	2.00	6.22%
广东省	71554	-16.92	3.94%
山东省	45376	-10.48	2.50%
安徽省	34958	14.66	1.93%
江西省	24681	27.73	1.36%
湖南省	23638	34.76	1.30%
上海市	7287	-40.86	0.40%
辽宁省	3364	-45.90	0.19%

资料来源：国家统计局

从锦纶纤维分省市生产情况看，江苏省锦纶产量再次超过浙江省达到55.26万吨，比上年同期大幅提高了30.64%，占全国总产量的比例为30.45%；其次是福建省，产量为49.21万吨，比上年同期大幅提高了35.16%，占全国总产量的27.12%；浙江省锦纶产量退居第三位为44.61万吨，比上年同期小幅下降了2.39%。

排在前三位的江苏、福建、浙江三个省的锦纶产量之和占全国锦纶总产量的82.16%，锦纶生产继续加速向这三个地区集中。

其余省份中安徽、湖南和江西的锦纶产量有不同幅度的增加，其他省市的锦纶产量有不同程度的下降。

（二）产销率和开工情况

2012年化纤行业产销率平均为96.95%，其中锦纶产销率为95.19%，同比下降了2.17个百分点。

2012年锦纶纤维行业开工率在80%左右。

表 3　2012 年锦纶产销率情况表

	2012 年	2011 年	同比（百分点）
化学纤维制造业	96.95%	98.18%	-1.24
纤维素纤维原料及纤维制造	96.92%	97.82%	-0.90
合成纤维制造	96.95%	98.30%	-1.35
锦纶纤维制造	95.19%	97.36%	-2.17

资料来源：国家统计局

（三）锦纶产品及原料进口情况

锦纶原料进口情况：2012 年由于美丝邦、力恒、锦江科技等工厂聚合新装置的陆续投产，国内己内酰胺的需求量继续放大，达到 70.65 万吨，同比大幅增加了 11.66%。

国内纺丝新装置的陆续投产加大了对原料聚酰胺切片的需求，2012 年聚酰胺切片的进口量为 84.96 万吨，同比增加了 7.24%。

2012 年上半年由于华峰集团的尼龙 66 聚合装置开车，对高端原料的需求放大，下半年特别是第四季度由于尼龙 6 产品价格的持续下跌，导致尼龙 66 产品的市场萎缩，行业开工率下降，从全年看共进口尼龙 66 盐 9895.6 吨，同比小幅下降了 3.19%。

表 4　2012 年锦纶原料进口情况表

品　种	数量（吨）	同比增	金额（万美元）	同比增
己内酰胺	706546.8	11.66%	181370.5	-11.92%
聚酰胺切片	849610.7	7.24%	275385.7	-5.83%
尼龙 66 盐	9895.6	-3.19%	2498	-7.19%

资料来源：海关总署

从 CPL 分国别或地区进口情况看：排在前两位的仍然是俄罗斯和日本，并且进口的 CPL 数量有较大幅度的增加。受我国对美国、欧盟进口 CPL 实施反倾销措施的影响，从美国、比利时进口的 CPL 数量虽然增幅较大，但主要是以加工贸易方式进口的，采购商主要是锦纶民用丝生产企业。

表5　2012年CPL分国别或地区进口情况表

单位：吨、万美元

	进口数量			进口金额		
	2012年	2011年	同比	2012年	2011年	同比
总计	706546.8	632739.4	11.66%	181370.5	205904.1	-11.92%
其中：俄罗斯	169358.0	141119.9	20.00%	43331.4	45719.7	-5.23%
日本	118759.0	102272.2	16.12%	30456.3	33071.7	-7.91%
美国	94203.0	64192.0	46.75%	23739.7	20607.7	15.19%
比利时	55910.0	42375.7	31.93%	14211.2	13972.1	1.71%
墨西哥	52040.5	59008.5	-11.81%	13467.2	19606.9	-31.32%
白俄罗斯	41948.5	54852.1	-23.53%	10846.1	18011.5	-39.79%
荷兰	35306.5	37412.0	-5.63%	9079.5	12216.0	-25.68%
波兰	31300.0	32450.0	-3.55%	8088.4	10533.2	-23.21%
韩国	31152.0	20848.0	49.42%	7872.8	6433.8	22.36%
乌克兰	22948.0	48652.9	-52.84%	6437.0	16099.7	-60.02%

资料来源：海关总署

从锦纶切片分国别或地区进口情况看：2012年进口量排在前4位的依次是台湾地区、美国、韩国和德国，其中从台湾地区进口的切片为31.08万吨，同比大幅度增长15.55%，占进口总量的36.59%。受东盟自由贸易区政策的影响，从越南进口的锦纶切片数量大幅增长，同比增长了6.37倍。

表6　2012年锦纶切片分国别或地区进口情况表

单位：吨、万美元

	进口数量			进口金额		
	2012年	2011年	同比	2012年	2011年	同比
总计	849610.7	792233.8	7.24%	275385.7	292407.6	-5.83%
其中：台湾地区	310834.9	268994.2	15.55%	89075.9	93501.4	-4.74%
美国	90252.7	92818.0	-2.77%	29744.9	33576.1	-11.42%
韩国	79819.2	81740.3	-2.36%	26178.1	30133.3	-13.13%
德国	48405.1	52948.2	-8.59%	18602.3	20369.6	-8.68%
中国	46273.6	38208.4	21.10%	17431.5	14674.2	18.78%

续表

	进口数量			进口金额		
	2012 年	2011 年	同比	2012 年	2011 年	同比
俄罗斯	37900.3	56096.4	-32.44%	9070.5	18587.1	-51.2%
日本	36287.7	37254.7	-2.60%	19342.3	19919.9	-2.90%
泰国	33989.3	38103.9	-10.80%	10344.7	13428.7	-22.97%
越南	27528.2	3736.4	636.75%	7644.0	1178.5	548.61%
加拿大	22462.6	23228.8	-3.30%	7494.9	8154.8	-8.10%

资料来源：海关总署

2012 年，锦纶长丝进口总量 16.40 万吨，同比减少 2.96%。台湾地区仍是最大进口来源地，进口量为 8.64 万吨，同比下降 10.36%，进口量占进口总量的 52.67%；韩国继续位居第二，进口量为 1.89 万吨，同比大幅下降 13.88%，进口量占进口总量的 11.53%；受东盟自由贸易区政策的影响，从越南、马来西亚进口量增幅较大，特别是越南，同比增幅为 1.17 倍。

表 7　2012 年锦纶长丝分国别和地区进口情况表

单位：吨　万美元

	进口数量			进口金额		
	2012 年	2011 年	同比	2012 年	2011 年	同比
总计	164018.5	169007.6	-2.96%	66565.1	71238	-6.56%
其中：台湾地区	86389.2	96363.4	-10.36%	31610.4	36011.7	-12.23%
韩国	18917.1	21964.7	-13.88%	7988.6	9514.5	-16.04%
越南	13317.7	6125.6	117.40%	4230.2	2302.0	83.76%
马来西亚	9294.0	6155.2	50.99%	2989.7	2509.1	19.15%
中国	7725.6	8457.5	-8.66%	3484.5	3765.6	-7.47%
美国	6417.7	5280.7	21.53%	3402.1	2792.0	21.85%
泰国	4290.7	5540.9	-22.57%	2252.3	2544.0	-11.47%
日本	4100.4	3362.6	21.94%	3436.5	3350.6	2.56%
以色列	3161.2	3521.0	-10.22%	1708.8	1876.7	-8.95%
印度尼西亚	3045.3	3596.4	-15.33%	1405.4	1646.8	-14.66%

资料来源：海关总署、中国化纤工业协会

从锦纶长丝进口贸易方式看：一般贸易进口量同比略有增长，占进口总量的比例达到 56.89%；加工贸易进口量同比大幅减少 14.84%，占进口总量的 37.35%，进入保税区的数量大幅度增加，但绝对数量仍然较少。

表8 2012年锦纶长丝分贸易方式进口情况表

单位：吨 万美元

	进口数量			进口金额		
	2012年	2011年	同比	2012年	2011年	同比
总计	164018.5	169007.6	-2.96%	66565.1	71238.0	-6.56%
一般贸易	93307.9	91512.8	1.96%	37922.9	41084.7	-7.70%
加工贸易	61253.5	71921.9	-14.84%	25129.8	27764.6	-9.50%
其中：来料加工	17296.3	20430.5	-15.35%	4870.5	5478.7	-11.11%
进料加工	43957.1	51491.3	-14.64%	20259.2	22285.9	-9.10%
保税区	9372.3	5509.0	70.12%	3477.6	2364.3	47.08%
其中：仓储进出境	8669.1	3949.1	119.52%	3096.5	1613.5	91.91%
仓储转口	703.1	1559.9	-54.93%	381.1	750.8	-49.25%

资料来源：海关总署、中国化纤工业协会

（四）锦纶相关产品供应及进出口情况

2012 年锦纶下游的几个主要行业均有较好的发展，其中羽绒服的产量同比增长幅度为 7.52%，羽绒服装对锦纶 FDY 纤维的需求量较大，纯化纤布产量增长 8.27%，帘子布产量同比增长 10.16%。总之，锦纶下游产品产量的增长为锦纶纤维持续发展提供了较大的发展空间。

表9 2012年锦纶与下游相应产品产量增速对比表

品 种	单位	2012年	同比
锦纶纤维	万吨	187.2	18.67%
纯化纤布	万米	1663398	8.27 %
羽绒服	万件	29685	7.52%
帘子布	吨	751390	10.16%
针织服装	万件	1321884	4.68%
蚕丝及交织机织物	万米	69696	10.38%

资料来源：国家统计局

2012年虽然锦纶纤维出口下降，但锦纶下游制品出口均有不同程度增加，锦纶长丝织物出口3.50万吨，同比增加了6.71%，占合纤长丝织物出口总量的2.23%；出口金额为2.73亿美元，同比大幅增长了30.57%，占合纤长丝织物出口总额的2.76%。锦纶帘子布出口了9.86万吨，同比增加了7.03%；花边织物同比有9.34%较大幅度的增长，渔网出口数量为5.62万吨，同比小幅增长了0.99%。

表10 2012年我国锦纶及其主要制品出口情况表

品 种	出口数量（万吨）	同比增	出口金额（万美元）	同比增
锦 纶	12.05	-6.08%	53819.0	-12.53%
合纤长丝机织物	157.23	0.22%	988781.9	6.08%
其中：锦纶长丝机织物	3.50	6.71%	27312.1	30.57%
锦纶帘子布	9.86	7.03%	41577.2	-3.71%
花边织物	4.33	9.34%	39715.5	35.51%
渔 网	6.11	0.99%	29255.2	8.61%

资料来源：海关总署、中国化纤工业协会

二、2012年锦纶行业市场情况

己内酰胺的价格从2月初的高点价位24000元/吨一路下跌，至6月中旬跌至18300元/吨，并在这个价位上盘整至9月初，9月上旬价格上涨至19000元/吨，10月下旬价格继续下探，11月下旬己内酰胺的价格已经跌至17300元/吨。原因是在下游需求不畅的情况下，山东海力和浙江恒逸石化的己内酰胺陆续投产，供应量增大导致价格持续下跌，己内酰胺工厂处于亏损经营状态，山东方明10万吨己内酰胺装置调试完毕，产品也于近期投放市场。

锦纶高速纺切片价格走势与原料己内酰胺走势基本一致，年初价格从24000元/吨低点开始走高至26000元/吨开始下跌，因春节的原因有20天左右锦纶切片的价格没有变化，春节后随着原料己内酰胺的下跌而一路下跌。至4月20日跌至低点后开始回头，每吨上涨500元后继续下跌至20500元/吨，9月份开始止跌回升到21100元/吨，10月下旬锦纶高速纺切片继续下跌至11月下旬的19800元/吨。

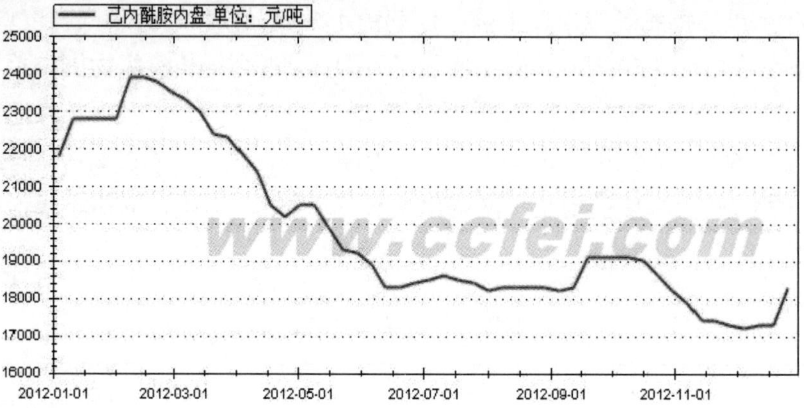

图1　2012年己内酰胺价格走势图

资料来源：中纤网

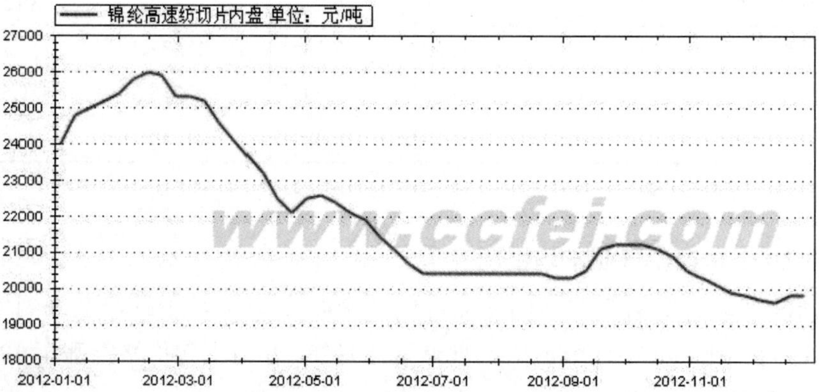

图2　2012年高速纺切片价格情况图

资料来源：中纤网

2012年锦纶纤维的价格走势都呈现出先扬后抑再回头的走势，从图3的即时走势来看，2月中旬以前锦纶纤维都是保本或者微利经营，2月中旬以后随着锦纶切片价格的持续下跌，锦纶纤维跟着下跌，但纤维的下跌有个滞后的过程，所以切片价格下跌的价差有部分成为锦纶纤维加工工序的利润了，价格下跌期间锦纶纤维是微利经营，9月价格上涨后，锦纶纤维是保本或微亏状态，11月下旬锦纶纤维的价格随着原料价格的下跌而下跌。

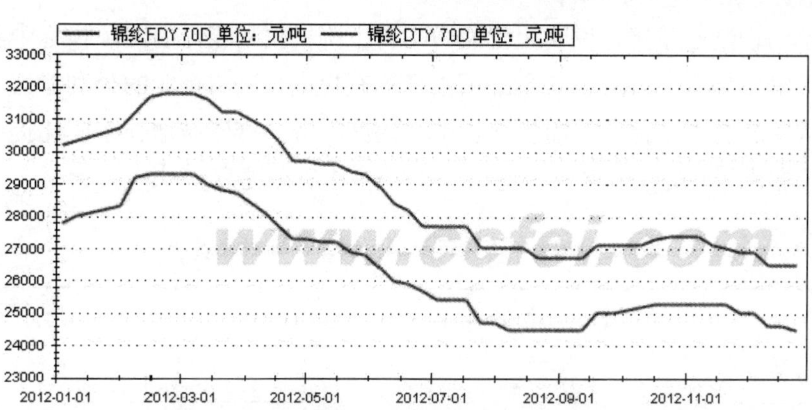

图 3　2012 年锦纶 FDY 价格走势图

资料来源：中纤网

三、2012 年锦纶行业经济效益和运行质量

2012 年锦纶行业经济效益出现好转，实现利润总额 33.31 亿元，比上年同期增加了 4.75 亿元，锦纶行业实现利润占化纤全行业实现利润总额的 14.79%；锦纶亏损企业亏损面为 9.82%，亏损企业亏损额为 2.21 亿元，亏损同比增加了 74.14%，锦纶行业亏损额占全行业亏损总额的 4.36%。

表 11　2012 年化纤行业利润完成情况表

单位：万元

行　业	2012 年	2011 年	同比增减
化学纤维制造业	2252651	3142223	-889572
纤维素纤维原料及纤维制造	657726	595098	62628
合成纤维制造	1594925	2547124	-952199
锦纶纤维制造	333067	285532	47535

资料来源：国家统计局

在行业运行四大类指标中需要具体分析：从偿债能力指标看，行业资产负债率虽然增加了 1.18 个百分点，但产权比率大幅增加了 9.20 个百分点，已获利息倍数提高了 0.05 个百分点，说明总体偿债能力在提高；从营运能力指标看，产成品周转率提高了 1.53 次，流动资产周转率基本持平，其余三项指标均出现不同程度的下降，说明运营能力略有下降；盈利能力的四项指标中除了总资产报酬率略有下降外，其余三项指标均有提高，说明行业的盈利能力出现好转；从发展能力指标看，销售增长率大幅度下降，总资产增长率同比提高了5.74%，说明行业发展出现放缓迹象，但发展品质在提高。

表12 2012年锦纶行业运行质量指标对比表

	2012年	2011年	同比
偿债能力指标			
资产负债率（%）	64.71	63.52	1.18
产权比率（%）	183.34	174.13	9.20
已获利息倍数	4.21	4.16	0.05
营运能力指标			
应收账款周转率（次）	14.77	16.30	-1.53
产成品周转率（次）	15.56	14.18	1.39
流动资产周转率（次）	2.01	1.99	0.01
流动资产构成比率（%）	60.01	66.12	-6.11
总资产周转率（次）	1.20	1.32	-0.11
盈利能力指标			
利润率（%）	6.06	5.60	0.46
成本费用利润率（%）	6.42	5.91	0.51
总资产报酬率（%）	9.58	9.73	-0.15
净资产收益率（%）	20.69	20.25	0.44
发展能力指标			
销售增长率%	7.79	31.21	-23.42
总资产增长率%	18.00	12.26	5.74

资料来源：据国家统计局数据推算

从百元销售收入三项费用看：受到外部环境的影响，在各种生产要素成本持续上升的同时，销售费用、管理费用、财务费用三项费用都有不同程度的增加，其中财务费用同比增幅最大为15.09%。

表13　2012年每百元销售收入三项费用

单位：元/百元

	2012年	2011年	同比
销售费用	1.0274	0.9734	0.0540
管理费用	2.0584	1.8704	0.1880
财务费用	2.0695	1.7981	0.2714

资料来源：据国家统计局数据推算

四、影响行业运行的主要因素

（一）纺织下游需求不足

表14　全国纺织品服装出口贸易总值表

	纺织品服装出口额（亿美元）	同比	其中：化纤制产品（亿美元）	同比
2011年	2541.23	19.87%	1114.18	26.72%
2012年	2625.63	3.32%	1151.24	3.33%

资料来源：国家统计局

2012年，纺织行业出口继续减速，全国纺织品服装出口2625.63亿美元，同比小幅上涨3.32%，而上年同期增速为19.87个百分点；化纤制产品出口1151.24亿美元，同比小幅增加了3.33%，比上年同期增速大幅下降了23.39个百分点。剔除价格因素，纺织品服装出口数量呈下降趋势。

纺织品服装国内需求不振及出口数量呈下降趋势的情况，最终会给锦纶纤维的使用量带来影响。

（二）原料价格大幅度波动

锦纶产品价格走势基本随原料价格的波动而变化。3月以后，受原油价格大幅下跌的影响，锦纶原料己内酰胺价格也快速下滑，锦纶产品失去成本支撑，且下游需求不旺，因此锦纶纤维价格也快速下降，“买涨不买跌”的心理导致市场信心进一步减弱，原料和产品的库存跌价损失也较为严重，锦纶产业链生产企业运营风险加大，9月份价格开始恢复10月份以后又呈现下跌走势。

（三）锦纶行业投资依然偏热

表15　2012年化纤行业固定资产投资情况表

	实际完成投资额（亿元）	同比
化学纤维制造业	883.37	20.34%
纤维素纤维原料及纤维制造	191.09	13.80%
化纤浆粕制造	30.30	-7.46%
人造纤维制造	160.79	18.96%
合成纤维制造	692.29	22.28%
锦纶纤维制造	88.05	68.50%
涤纶纤维制造	321.41	16.68%
腈纶纤维制造	5.47	-33.77%
维纶纤维制造	11.72	-55.69%
丙纶纤维制造	24.56	
氨纶纤维制造	26.05	
其他合成纤维制造	215.03	

资料来源：国家统计局

2012年，化纤行业实际完成投资额883.37亿元，同比增幅为20.34%，说明化纤行业投资增速回归合理水平。锦纶行业实际完成投资额88.05亿元，同比大幅上升了68.50%，锦纶行业投资远远超过其他所有纤维行业，投资依然偏热。

五、锦纶行业运行值得欣慰的地方

虽然2012年锦纶行业的运行无法摆脱整个纺织行业运行的颓势，但就锦纶行业发展本身也有值得欣慰的地方。

（一）原料供应瓶颈问题开始出现缓解的迹象

继2012年初山东海力生产出己内酰胺后，浙江恒逸石化的两条生产线也相继成功开车，目前该两家工厂生产的己内酰胺已经用于下游纺丝工厂，山东方明的己内酰胺装置新近成功开车，产品也已面市。

温州华峰集团聚酰胺工厂生产的锦纶66切片经过近8个月的调试，目前已经得到下游锦纶 66 纺丝工厂的认可。鞍山国锐化工的锦纶 66 盐装置已于 2012 年上半年成功开车，辽阳兴家化工的锦纶 66 聚合装置正在调试阶段，锦纶原料供应瓶颈问题开始逐步得到缓解。

（二）锦纶纤维生产企业的品牌意识加强

锦纶企业，特别是纤维生产企业加大了对品牌建设与推广工作的投入，企业参加行业展览会，技术交流会、媒体发布会等的积极性明显增强。锦纶专业委员会也加强了上下游企业、相关产业集群等资源整合及对行业品牌传播推广平台建设的力度。

（三）锦纶相关产学研单位加大了技术研发力度

锦纶企业加大了与东华大学、北京服装学院等相关大学合作的范围与力度，锦纶相关的工程技术公司看好锦纶未来的发展，纷纷增加了锦纶工程技术研发的投入。锦纶专业委员会会同锦纶产学研用单位启动了锦纶产业技术创新联盟，重点对锦纶共性、关键性技术进行联合攻关，并且协助福建等锦纶重点地区筹建省级锦纶上下游产业技术创新联盟。

六、2013 年锦纶行业预测

初步判断，随着锦纶原料特别是己内酰胺供应瓶颈的初步有效缓解，锦纶下游行业的投资过热现象仍可能延续，产业链的整合及竞争将会加大，企业运营风险加剧。

锦纶行业 2013 年运行具体预测如下：

产　量：预计全年产量 210 万吨，增长 15%左右。

出口量：预计出口量 12 万吨，与上年持平。

进口量：预计进口量 15 万吨，减少 15%左右。

经济效益：预计利润总额可能达 35 亿元，比上年小幅增长。运行质量有所好转。

2012 年中国腈纶行业运行分析与 2013 年运行预测

中国化学纤维工业协会腈纶专业委员会　薄广明

一、2012 年腈纶行业运行情况概述

（一）2012 年腈纶行业的基本情况

2012 年以来我国的化纤形势总体来说比较平稳。据国家统计局统计，2012 年我国化纤的总产量达到了创纪录的 3792.16 万吨，与上年同期相比增长了 11.2%。其中腈纶产量为 69.35 万吨，占化纤总产量的 1.83%。

腈纶行业与其他化纤品种一样总体来说波动不大。国内现有的 9 家腈纶生产厂有 7 家处于正常生产状况。但总产量不像其他化纤品种那样有两位数的增长，相反还有小幅下降，降幅为 1.93%，是所有化纤中唯一负增长的品种（见表 1）。

表 1　2012 年全国化纤各品种产量完成情况表

品　　种	2012 年（万 吨）	2011 年（万 吨）	同比
化 纤 总 量	3792.16	3410.10	11.20%
人造纤维	348.03	262.81	32.43%
合成纤维	3444.12	3147.28	9.43%
涤　纶	3057.03	2792.71	9.46%
锦　纶	181.46	157.75	15.03%
腈　纶	69.35	70.71	-1.93%
丙　纶	36.86	30.47	20.96%
氨　纶	30.75	26.44	16.29%

资料来源：国家统计局

另据腈纶专业委员会统计，2012年国内腈纶产量约65.75万吨，与国家统计局的数据大约有5%左右的偏差。

（二）2012年腈纶行业的表观需求量

1. 2012年我国腈纶的进口情况

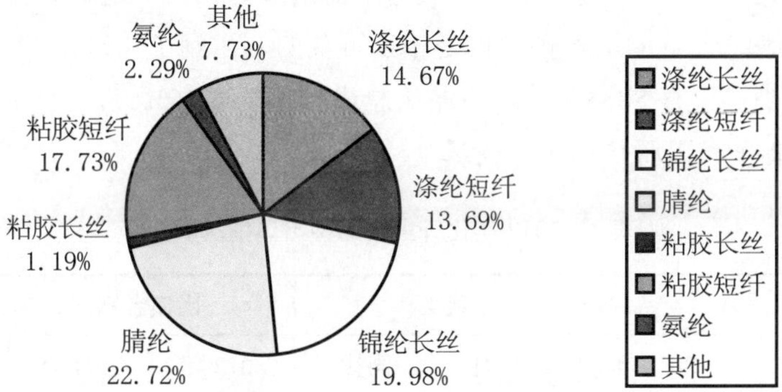

图1　2012年化纤进口品种比重图

资料来源：海关总署

尽管腈纶在化纤总产量中占的比重很小，但它的进口量却是所有品种中最大的，2012年总进口量达到了18.65万吨，占化纤总进口量的22.72%（如图1所示），说明国内的腈纶产量仍不能满足下游的需要。

表2　腈纶分国别或地区进口情况表

单位：吨、万美元

	进口数量			进口金额		
	2012年	2011年	同比	2012年	2011年	同比
总计	186527.1	195291.6	-4.49%	59248.1	67874.9	-12.71%
其中：日本	76273.3	79869.4	-4.51%	30165.1	32107.5	-6.05%
台湾地区	29997.3	32538.8	-7.82%	8257.7	10307.6	-19.89%
土耳其	17312.9	16491.2	4.89%	4521.5	4996.3	-9.51%
韩国	15574.5	23470.0	-33.65%	4111.6	7390.1	-44.37%
泰国	13292.8	15423.4	-13.82%	3047.5	4380.7	-30.44%
印度	8883.7	8532.9	4.11%	2079.9	2542.4	-18.20%

资料来源：海关总署

从表 2 中可以看到，目前我国的腈纶进口，主要来自亚洲国家和地区。特别是东亚的日本、韩国以及我国的台湾省，合计进口量达到了 12.19 万吨，占腈纶总进口量的 65.35%，但进口量与上年同期相比均有不同程度的下降。而 2012 年进口增长幅度最大的是来自欧洲的土耳其，进口量达到了 1.73 万吨，增长幅度达到了 4.89%，进口量也首次超过韩国成为第三大进口来源地。另外，自印度进口腈纶数量的增长幅度也是相当可观的，达到了 4.11%，但进口量绝对值相对较小，仅有 8883.7 吨，占腈纶总进口量的 4.76%。

2. 2012 年我国腈纶的出口情况

表 3 2012 年化纤主要品种出口情况表

	出口数量（吨）			出口金额（万美元）		
	2012 年	2011 年	同比	2012 年	2011 年	同比
化学纤维	2468100.6	2363068.6	4.44%	597357.6	632699.6	-5.59%
其中：涤纶长丝	1078877.0	945181.8	15.14%	213625.1	216941.3	-1.53%
涤纶短纤	670652.0	816101.7	-17.83%	97263.1	134312.8	-27.59%
锦纶长丝	116209.9	122589.7	-5.21%	51818.0	58944.2	-12.09%
腈　　纶	5780.9	4052.5	42.64%	1846.0	1359.6	35.76%
粘胶长丝	76491.1	81249.6	-5.86%	48755.1	56705.7	-14.03%
粘胶短纤	269101.6	164074.4	64.01%	57646.3	46257.8	24.61%
氨　　纶	44148.8	34922.4	26.41%	29570.4	23829.7	24.09%

资料来源：海关总署

从表 3 可以看出，2012 年我国化纤总的出口量达到了 246.81 万吨，与 2011 年相比有小幅增长，增幅为 4.44%。

其中腈纶出口增幅虽然达到了 42.64%，但实际出口量极少，仅有 5780.9 吨。与其他品种的几十万吨的出口数量相比，不在一个数量级上，占全部化纤出口量的 0.23%，几乎可以忽略不计。

3. 2012年我国腈纶的表观需求情况

表4 2012年我国腈纶的表观需求量表

	2012年（万吨）	2011年（万吨）	同比（%）
产　量	69.35	70.71	-1.93
进口量	18.65	19.53	-4.49
出口量	5780.9吨	4052.5吨	42.64
表观需求量	87.42	89.83	-2.68

备注：表观需求量=产量+进口量-出口量。

资料来源：国家统计局、海关总署

2012年我国腈纶的表观需求量为87.42万吨，与2011年相比有小幅下降，降幅为2.68%。与近5年来腈纶年均需求量90多万吨相差不大。说明国内的腈纶市场的需求还是相对比较稳定的，而且国内的腈纶市场还是有一定的发展空间的。

（三）2012年腈纶行业的经济效益

1. 主要原料丙烯腈的价格走势

腈纶产品的价格受诸多因素的影响，但相对而言受原料丙烯腈的影响最大。而国内现有的腈纶企业多数都要外购原料丙烯腈。因此丙烯腈的价格从某种意义上说是左右着腈纶的发展。

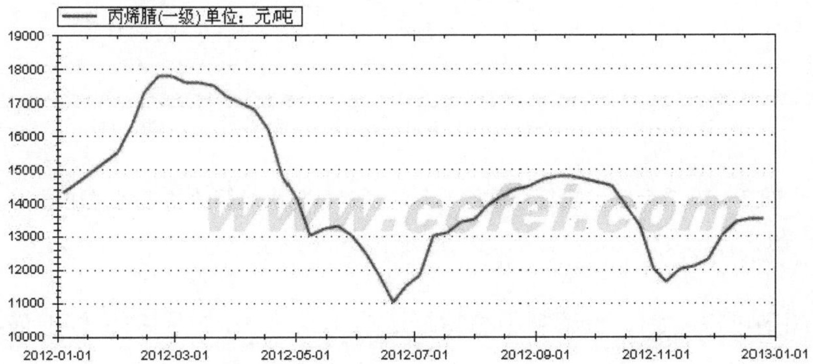

图2 2012年腈纶主要原料丙烯腈的价格走势图

资料来源：中纤网

图 2 显示，腈纶主要原料丙烯腈价格在 2012 年基本是一个正弦波式的走势。从年初开始价格一路走高，波峰出现在 2012 年 2 月底，最高价格达到了 18000 元/吨；自 3 月份起，价格持续下跌，波谷则出现在 2012 年 6 月中旬，最低价位仅为 11000 元/吨；随后迅速触底反弹；在进入第四季度后，由于没有下游企业的有力支撑，丙烯腈价格再次震荡下行。综观丙烯腈全年的价格走势，波动巨大，但逐渐趋向理性化。

由于近年来丙烯腈的用途也发生了很大变化，原来丙烯腈的半数以上是用于生产腈纶纤维，现在生产 ABS 树脂的用量正在逐年增长，已悄然超过了生产腈纶纤维的用量。因此丙烯腈的价格走势也是受到多种因素的影响。

丙烯腈价格的巨大波动，给下游企业的购买造成了很大困难。

2. 丙烯腈与腈纶短纤和腈纶毛条的价格对比

腈纶短纤和腈纶毛条的价格变化，与主要原料丙烯腈的价格走势密切相关（如图 3 所示）。

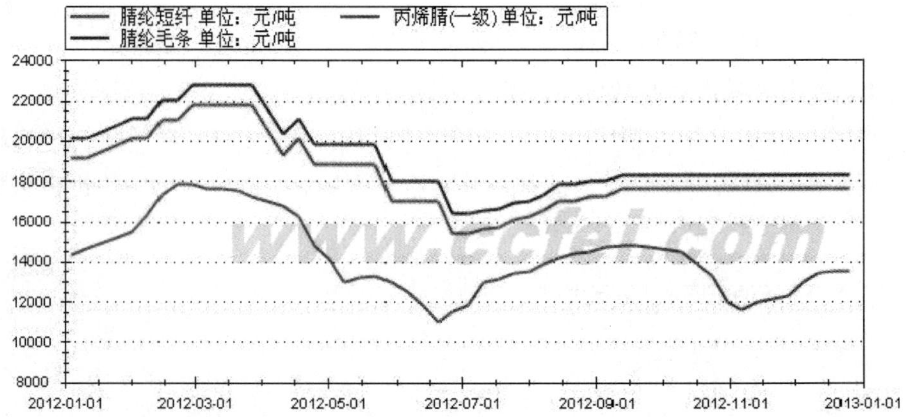

图 3　2012 年腈纶短纤和腈纶毛条价格走势与丙烯腈价格走势对比图

资料来源：中纤网

从图 3 可以看到，无论是腈纶短纤还是腈纶毛条，它们的价位走势，都与原料丙烯腈的价位走势大致相同。在进入 2012 年第四季度以前腈纶短纤和腈纶毛条与丙烯腈的价位差多为 2000 元/吨至 4000 元/吨，这个价位差对多数企业来讲还未达到加工成本，故凡是外购丙烯腈的企业，根本没有利润可言，只能是赔本经营。但进入第四季度以后，由于丙烯腈价格的回落，腈纶产品与丙烯腈的价位差已被拉大到 4500 元/吨以上，这样的价位已经略高于加工成本了，因此第四季度腈纶企业都有一些边际利润。综观全年的价格走势，腈纶行业总的运行情况不是很理想，全行业整体处于亏损状况。

3. 腈纶短纤价格与涤纶短纤价格的对比情况

腈纶产品的价格除受丙烯腈价格的影响外，还受到其他相关化纤产品的制约，尤其是涤纶短纤的影响最大。

目前涤纶短纤产品的性能提升的很快，尽管不能完全替代腈纶，但对腈纶下游企业而言，它们的价格差从某种意义上说左右着他们的原料取向。目前腈纶产品的三个主要应用领域（人造毛皮、拉舍尔毛毯和玩具绒）中，已有两个受到严重冲击，一旦性价比合理，涤纶产品会立刻替代腈纶纤维。因此把腈纶短纤的价格与涤纶短纤的价格进行一下比较很有必要（如图 4 所示）。

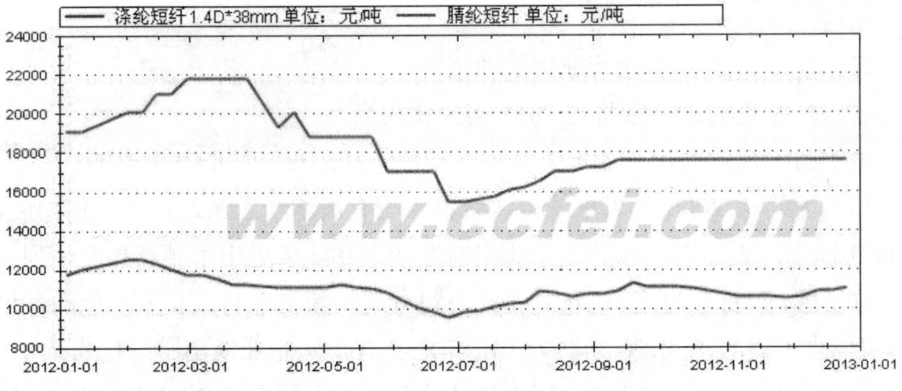

图 4　2012 年腈纶短纤价格走势与涤纶短纤价格走势对比图

资料来源：中纤网

从图 4 可以看出，2012 年腈纶短纤与涤纶短纤的价位走势大致相同。除 3、4 月份价位差较大，达到了 8000 元/吨以上外，其余月份都是处于 5500 元/吨～6500 元/吨之间。这个价位差基本上符合两个产品的性价比。因此腈纶产品的销售市场并没有受到严重冲击。腈纶行业全年的产销率基本上保持平稳，产销率一直保持在 95%左右（见表 5）。

表 5　2012 年各化纤品种产销率情况表

	本期	同期	同比（百分点）
化学纤维制造业	96.95%	98.18%	-1.24
纤维素纤维原料及纤维制造	96.92%	97.82%	-0.90
合成纤维制造	96.95%	98.30%	-1.35
锦纶纤维制造	95.19%	97.36%	-2.17
涤纶纤维制造	97.19%	98.70%	-1.51
腈纶纤维制造	94.41%	95.08%	-0.67
维纶纤维制造	99.05%	95.27%	3.78
丙纶纤维制造	98.80%	95.62%	3.18
氨纶纤维制造	96.51%	94.40%	2.11
其他合成纤维制造	97.23%	98.24%	-1.01

资料来源：据国家统计局数据推算

二、2013 年全年腈纶行业运行的预测

（一）腈纶的总产量将与 2012 年大体相当

由于腈纶行业的投资成本明显高于其他化纤品种，而经济效益并不优于其他产品。因此从 2008 年以来，国内就再也没有新增一家腈纶厂。不仅如此，2008 年以来，先后有 4 家腈纶企业相继停产，并陆续退出了腈纶生产行列。

据了解，到目前为止，还没有哪家公司有腈纶新上项目或扩充产能的计划。由于近来腈纶市场不乐观，可能 2013 年还会有个别企业淡出腈纶行业。

据业内人士分析，2013 年国内的腈纶总产量大体应与 2012 年相当，甚或比 2012 年略少。近 5 年来，国内的腈纶需求量大致都在 90 万吨左右，预计 2013 年也不会有太大的变化。而目前国内现有腈纶产能不足 80 万吨，腈纶总量仍有缺口，因此预计 2013 年国内腈纶企业的产销率仍会保持在 95%以上。

（二）腈纶行业的生产经营状况不会有大的改变

2012 年由于受到欧债危机的影响，纺织品的出口量下滑明显，腈纶的终端产品的销售也会受到一定的影响。再加上这两年来我国劳动力成本逐年上升。腈纶的加工成本急剧上升。另外，其他化纤产品依靠自身较好的性价比逐步蚕食着腈纶原有的应用领域，因此腈纶产品的竞争能力明显地有所削弱。

然而，由于腈纶纤维的特性明显，其他化纤产品无法达到完全替代的效果，所以有些应用领域是不能被其他产品替代的。加之国内腈纶企业数量较少，而每年腈纶的刚性需求量并没有发生太大的变化。因此，尽管近几年腈纶的效益不甚理想，但企业的产销率一直是比较平稳的。因此现有的几家腈纶企业的开工率和产销率有望好于 2012 年。

（三）腈纶行业的经济效益可能会略好于 2012 年

中国科学院的经济学家认为：2013 年世界经济增速与 2012 年相比不会出现太大的波动，大体持平或轻幅上扬的可能性较大。

化纤业内人士也认为，化纤行业的经济形势已经基本触底，有望在 2013 年反弹。

因此，我们认为随着全球经济的逐步回暖，我国化纤行业有可能进入新一轮的增长周期。预计腈纶行业在 2013 年将逐步向好的方向发展，经济效益有望好于 2012 年，达到扭亏为盈。

2012 年中国氨纶行业运行分析与 2013 年运行预测

中国化学纤维工业协会氨纶专业委员会　吴文静

2012 年，氨纶行业运行非常困难，产品价格低位运行，产销衔接不畅，企业库存压力较大，经济效益大幅下滑，四季度出现好转趋势。

一、氨纶行业运行基本情况

（一）市场行情

2012 年氨纶产品价格走势基本保持平稳，但同比下降 15%～20%左右，主要是由于下游需求持续不旺。另外，近两年新增产能较多，加剧了市场竞争。但企业已在亏损边缘艰难经营，氨纶产品价格也已跌至历史低位，再无下跌空间，因此保持低位平稳走势。下半年，随着需求略微好转，企业也主动减产自救，行业库存水平有所下降，30D、40D 等规格的产品需求较好，价格小幅攀升，但 20D 产品价格持续小幅下降。

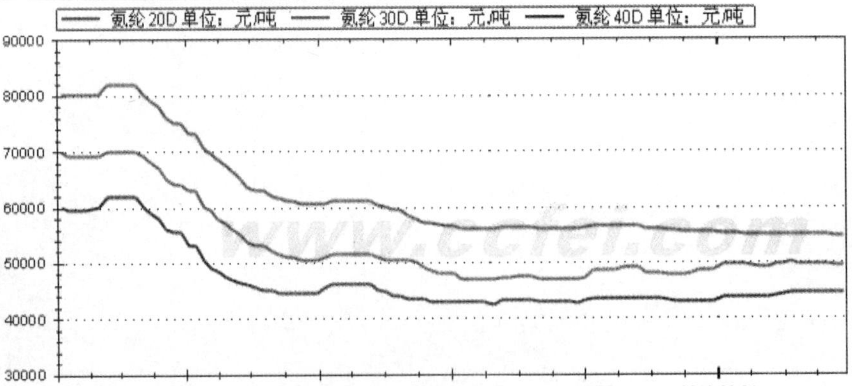

图 1　2011～2012 年氨纶价格走势图

资料来源：中纤网

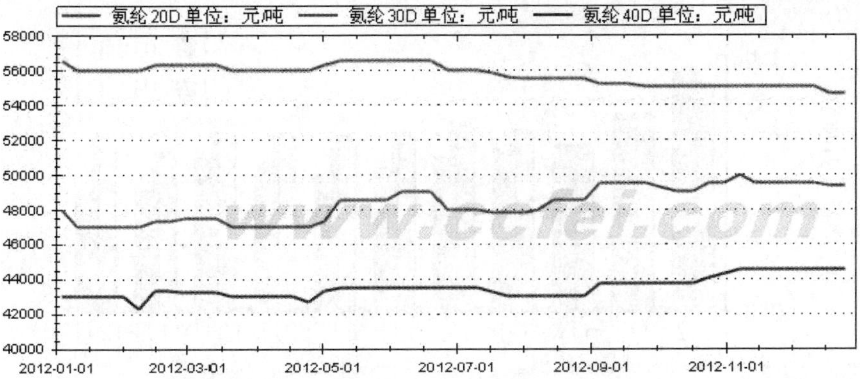

图 2　2012 年氨纶价格走势图

资料来源：中纤网

（二）生产情况

2012 年，氨纶产量为 30.75 万吨，比 2011 年增加 4.31 万吨，增速达 16.29%，比 2011 年增速提高了 18.24 个百分点。环比来看，氨纶产量增速逐月提高，1～12 月份比 1～2 月份提高 20.49 个百分点。氨纶每月产量稳定在 2.5 万～3 万吨。

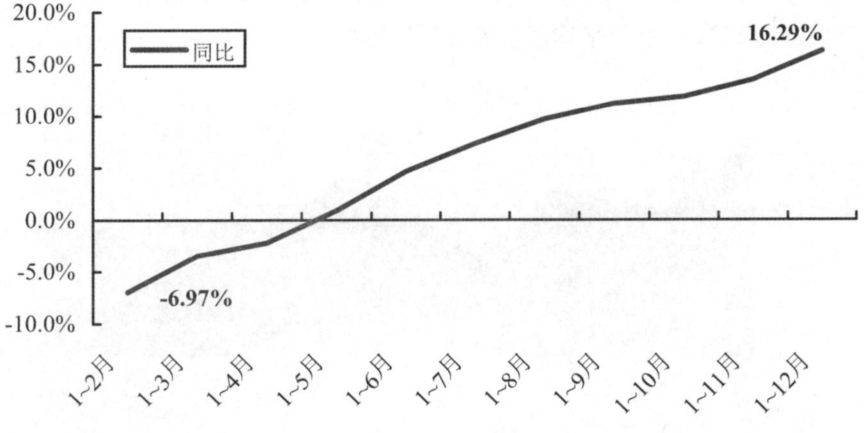

图 3　2012 年 1～11 月氨纶产量同比增速变化图

资料来源：国家统计局

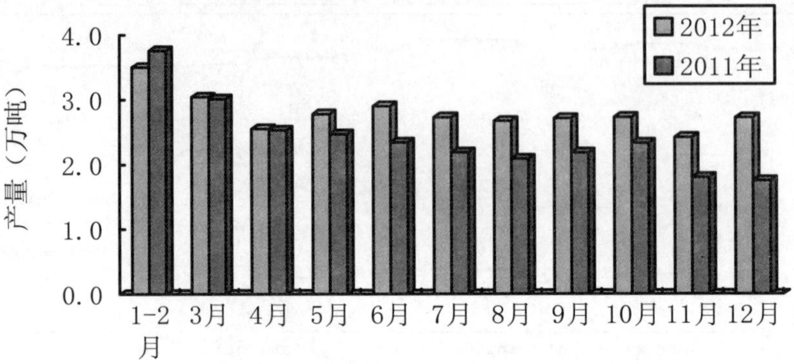

图 4　2012 年氨纶每月产量情况图

资料来源：国家统计局

（三）企业生产负荷和库存情况

一季度，氨纶行业整体运行情况良好，开工率从年初的 60%左右逐渐提高，同时库存逐渐下降；4 月份之后，开工率基本保持在 85%左右，5 月份市场有一波小行情，库存有所消化，但 6、7 月份库存又快速增加；为了消化日益增加的库存，部分企业阶段性减产，行业开工率有所下降；四季度，需求面略有好转，同时由于华峰工厂火灾事故导致市场供应面短期偏紧，因此行业库存量明显降低；年底氨纶企业平均库存在 26 天左右。

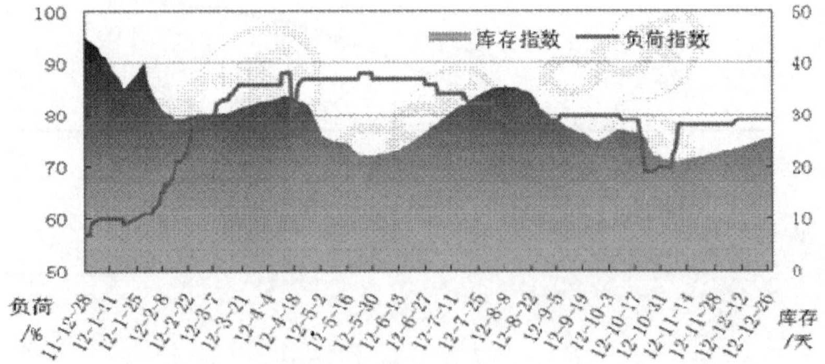

图 5　2012 年氨纶工厂平均生产负荷、产品库存走势图

资料来源：中国化纤信息网

（四）进口情况

2012年共进口氨纶1.88万吨，同比减少17.48%。其中，从越南进口4132吨，同比大幅下降43.09%，占进口总量的比例下降至21.96%；从日本进口2778吨，同比下降17.5%，占进口总量的14.76%，位居第二位；从中国出口复进口数量达到2478吨，占进口总量的13.17%，并且呈增长趋势，值得注意。另外需要注意的是，自越南进口氨纶均价仅7010美元/吨，比氨纶整体进口均价9208元/吨低23.87%。

表1　2012年氨纶分国别或地区进口情况表

	进口数量			进口金额		
	2012年	2011年	同比	2012年	2011年	同比
总计	18819.5	22803.7	-17.48%	17329.4	19497.7	-11.13%
其中：越南	4131.9	7259.7	-43.09%	2896.7	4856.2	-40.36%
日本	2777.8	3366.8	-17.50%	4424.8	3968.0	11.51%
中国	2478.3	2335.4	6.11%	2162.8	2137.5	1.18%
泰国	2473.4	2061.6	19.97%	2100.4	1885.5	11.39%
新加坡	2356.2	2470.3	-4.62%	2180.4	2714.1	-19.67%
韩国	2072.6	2375.8	-12.77%	1521.8	1749.6	-13.02%

资料来源：据海关总署数据整理

氨纶加工贸易方式进口比例经过2011年的大幅下降后，2012年又有所抬头，达到63.4%，同比提高14.37个百分点。

表2　2012年氨纶分贸易方式进口情况表

	进口数量			进口金额		
	2012年	2011年	同比	2012年	2011年	同比
总计	18819.5	22803.7	-17.48%	17329.4	19497.7	-11.13%
一般贸易	6615.8	10661.6	-37.95%	5464.1	8211.9	-33.47%
加工贸易	11930.8	11179.6	6.71%	11775.5	10940.1	7.63%
其中：来料加工	2391.6	2389.0	0.1%	1509.7	1493.0	1.11%
进料加工	9539.1	8790.5	8.51%	10265.7	9447.1	8.66%

续表

	进口数量			进口金额		
	2012年	2011年	同比	2012年	2011年	同比
保税区	271.2	961.5	-71.79%	87.4	344.6	-74.64%
其中：仓储进出境	0.1	21.1	-99.45%	0	15.9	-99.66%
仓储转口	271.1	940.4	-71.17%	87.3	328.6	-73.42%

资料来源：据海关总署数据整理

（五）出口情况

2012年，我国氨纶出口总量为4.41万吨，同比增加26.41%。从出口流向看，对比利时、土耳其、越南等市场出口量分别大幅增长46.86%、77.34%和58.11%，占氨纶出口总量的比例分别达到12.68%、8.18%、7.49%。而传统市场韩国虽然仍是我国氨纶出口的第一大市场，但所占份额出现萎缩。

表3　2012年月氨纶分国别或地区出口情况表

	出口数量			出口金额		
	2012年	2011年	同比	2012年	2011年	同比
总计	44148.8	34922.4	26.41%	29570.4	23829.7	24.09%
其中：韩国	6890.5	6940.7	-0.73%	4623.8	4820.0	-4.08%
比利时	5596.7	3810.8	46.86%	3638.4	2456.3	48.12%
土耳其	3612.6	2037.0	77.34%	2359.8	1419.7	66.21%
越南	3305.6	2090.6	58.11%	2048.5	1342.7	52.55%
香港地区	2987.5	2646.5	12.88%	2320.8	2000.3	16.02%
台湾地区	2268.4	2865.9	-20.85%	1623.0	2066.2	-21.45%

资料来源：据海关总署数据整理

（六）经济效益

2012年，化纤全行业共实现利润总额225.27亿元，同比大幅减少28.31%，利润主要是涤纶、人纤和锦纶行业创造的。全年来看，氨纶行业虽然由上半年的亏损局面扭转为盈利，但只是微利2.58亿元，同比大幅下降66.83%，同时，亏损企业亏损额大幅增加1.25倍。

表 4　2012 年氨纶行业经济效益情况表

单位：亿元

	利润总额			亏损企业亏损额		
	2012 年	2011 年	同比	2012 年	2011 年	同比
化纤	225.27	314.22	-28.31%	50.67	34.51	46.81%
其中：人纤	57.99	52.32	10.85%	17.10	18.07	-5.39%
锦纶	33.31	28.55	16.65%	2.21	1.27	74.14%
涤纶	111.38	202.69	-45.05%	16.81	5.01	235.76%
腈纶	-0.26	0.83	-131.61%	1.57	0.43	268.25%
维纶	-1.41	0.88	-260.07%	1.86	0.90	107.41%
丙纶	3.51	2.47	42.52%	0.30	0.27	11.99%
氨纶	2.58	7.78	-66.83%	5.60	2.49	124.95%
其他合成纤维制造	10.38	11.50	-9.70%	2.81	2.69	4.47%

资料来源：国家统计局

从行业跟踪的运行质量指标看，氨纶行业同比负债增加而偿债能力下降，盈利能力也明显下降，财务费用大幅提高。但环比来看，比前几月有所好转。

表 5　2012 年氨纶行业运行质量指标表

	2012 年	2011 年	同比
偿债能力指标			
资产负债率（%）	50.27	47.66	2.61
产权比率（%）	101.09	91.08	10.01
已获利息倍数	1.57	3.30	-1.73
营运能力指标			
应收账款周转率	10.30	12.44	-2.15
产成品周转率	10.25	8.70	1.55
流动资产周转率	1.31	1.19	0.12
流动资产构成比率（%）	44.22	47.32	-3.10
总资产周转率	0.58	0.56	0.02

续表

	2012年	2011年	同比
盈利能力指标			
利润率（%）	1.69	5.22	-3.53
成本费用利润率（%）	1.71	5.49	-3.78
总资产报酬率（%）	2.72	4.23	-1.51
净资产收益率（%）	1.97	5.63	-3.65
百元销售收入三项费用			
销售费用（元/百元）	1.5176	1.5319	-0.94%
管理费用（元/百元）	5.1124	4.8549	5.30%
财务费用（元/百元）	3.2474	2.4891	30.47%

资料来源：据国家统计局数据推算

二、影响氨纶行业运行的主要原因

（一）下游需求不旺

春节前后，织造市场开机负荷降至20%左右，随着节后复工，开机负荷逐步恢复，3、4、5月份基本保持平稳，6、7月份开机率出现明显下降，在9、10月份的传统旺季中略有回升。但各市场表现差距较大，经编、包纱市场较好，圆机、花边市场稍弱。

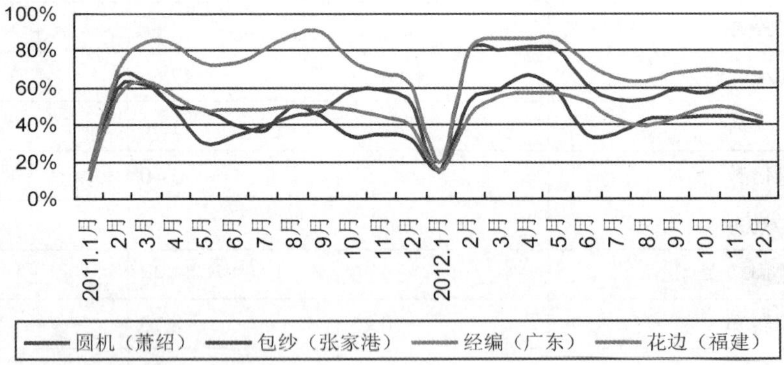

图6　2011～2012年氨纶下游部分市场开机负荷变化图

资料来源：中国化纤信息网

（二）生产成本明显增加

2012年，氨纶主要原料PTMEG价格走势平稳，基本保持在27000元/吨上下，而纯MDI价格明显上涨，全年累计涨幅20%以上。另外加上人工成本、财务成本等也继续提高，40D氨纶价格与成本之间价差在16700～18700元/吨之间，而加工成本大约18000元/吨，可见氨纶行业是在盈亏平衡线上下挣扎，四季度相对稍好。

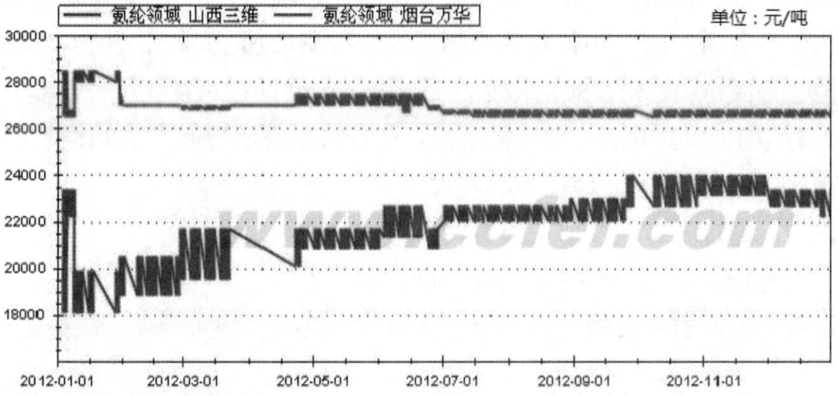

图7 2012年氨纶主要原料国内价格走势图

资料来源：中纤网

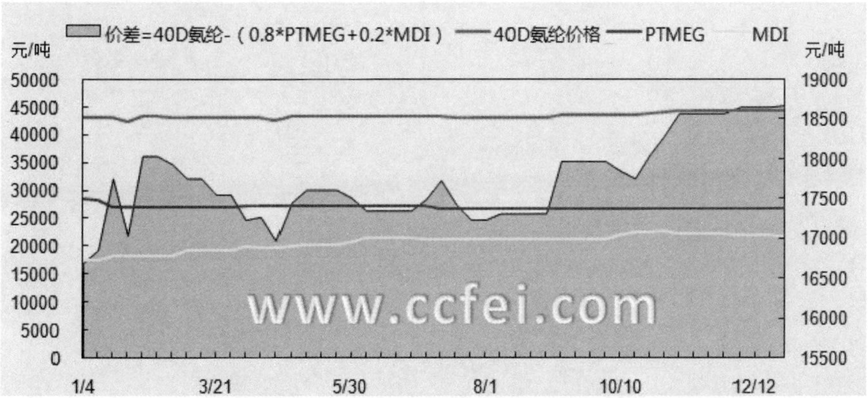

图8 2012年40D氨纶产品价差分析图

资料来源：中纤网

（三）新增产能加剧市场竞争

近两年，氨纶行业产能快速增加，2010 年新增近 5 万吨，2011 年原计划新增 10 万吨，但由于市场低迷，多个项目缓建或推迟投产，实际投产约 5.5 万吨，2012 年又新增近 6 万吨，这些新增产能使得在需求不旺时的市场竞争更加激烈，氨纶产品价格难以反弹。

三、2013 年氨纶行业运行预测

氨纶行业已经低位盘整一年，企业在亏损边缘挣扎，2013 年随着经济回升和纺织行业的回暖，预计对氨纶的需求会有所增加；同时，2013 年氨纶新增产能压力减小；氨纶反倾销措施延长 5 年，为我国氨纶行业进一步提升产业竞争力赢得了时间。因此，预计氨纶行业运行可能会缓慢回升。具体预测如下：

产量：约 34 万吨，增长 10%左右。

出口：超过 5 万吨，增长 20%左右。

利润总额：3.5 亿元左右，增长 30%左右。

运行质量：有所好转。

2012年中国丙纶行业运行分析与2013年运行预测

中国化学纤维工业协会丙纶专业委员会　李增俊

2012年以来，丙纶与其他纤维行业一样受下游需求低迷的影响，订单减少、开工不足、效益下滑，处于盈利低谷区。第一季度随着原料价格上涨、下游需求平淡，企业销售难度增加，原料与产品销售差价逐渐缩小。从第二季度开始，纤维售价难以跟进原料涨幅，差价越来越小，到9月中旬达到全年的最低点，企业开始接近或处于亏损状态。四季度丙纶行业出现好转，小幅整理后震荡回升，整体业绩环比提升，全年亏损面16.67%，减亏3.67个百分点。丙纶全行业利润总额35148.2万元，利润率5.68%，同比增加0.86个百分点，成为化纤行业中呈现利润正增长的品种之一。

一、2012年丙纶行业运行情况

（一）市场情况

1. 聚丙烯原料

（1）规模

2010～2011年是我国聚丙烯装置产能增长最快的两年，先后有多套装置建成投产，使我国成为世界上最大的聚丙烯生产国。

2012年国内产能预计达到1272万吨，年增长产能超过200万吨，2013年及未来几年聚丙烯新装置投产热情有增无减，步入了扩能的又一高峰期，详见表1、表2。随着神华包头30万吨、宁煤50万吨、大唐50万吨煤制烯烃装置的投产，作为后起之秀的煤制烯烃有望打破国内“两分天下”的行业格局，产能快速增长必将导致供求矛盾的加剧。由于聚丙烯主要集中在塑料领域，丙纶纤维抽丝的使用量不足其1/10，因此，这对丙纶行业来说，由于原料供应的充足，将会打破丙纶原料长期垄断经营的局面，无疑是个利好。

表1　2012年国内聚丙烯新增产能统计表

单位：万吨/年

装置名称	产能	投产时间
宁夏石化	10	2012年3月
北海炼厂	40	2012年4月
大唐多伦	50	2012年4月
山东玉皇	10	2012年6月
大庆炼化二期	30	2012年9月
抚顺大乙烯	30	2012年10月
中石油呼和浩特	15	2012年11月
洛阳石化扩能	14	2012年四季度
中化泉州炼厂	20	2012年四季度
徐州海天石化	20	2012年四季度
合　计	239	

数据来源：卓创资讯

表2　2013年及未来几年内聚丙烯新装置投产汇总表

单位：万吨/年

装置名称	产能	投产时间
浙江天圣公司	30	2013年
青海盐湖工业股份有限公司	16	2013年下半年
中景80万吨聚丙烯项目	80	2013年6月份
陕西延长中煤榆林能源	60	2013年6月份
陕西蒲城清洁能源公司（煤化工）	40	2013年
中石化中原公司	10	2013年
延安炼化（富县煤化工）	25	2013年
兖州煤业（2013年）	30	2013年
延南能源化工公司	30	2013年
神华宁煤二期扩能	50	2013年
中石化湛江中料100万吨乙烯	75	2014年
中石化上海石化（上海）	25	2014年

续表

装置名称	产能	投产时间
久泰能源集团（煤化工）	30	2014 年
山西焦化	30	2014 年
鄂尔多斯煤化工项目	聚烯烃共计 120	2014～2015 年
神华宁煤三期扩能	48	2015 年
中海炼化（惠州）	70	2015 年
中石化扬子石化（南京）	35	2015 年
陕西延长集团（延安）	25	2016 年
中石化上海石化（漕泾）	25	2017 年
河南鹤壁煤化工项目	聚烯烃共计 40	待定
中安煤化工项目	30	待定
山东神达化工	30	待定
广州新建乙烯项目	20	待定
洛阳石化装置扩能	14	待定
安徽淮化（甲醇制聚丙烯）	49	待定
河北海伟	60	待定
华亭煤业集团（甘肃）	20	待定
同煤集团	30	待定
合　计	1207	

数据来源：卓创资讯

（以上新投产装置汇总为不完全统计，具体投产时间仅供参考）

（2）消费结构

我国聚丙烯主要用于生产编织品、薄膜、注塑制品、纺织制品等，其消费结构如图 1 所示。

中国产业信息网数据显示：2012 年全国聚丙烯树脂产量累计 1121.6 万吨，同比增长 12.7%。进口 390.93 万吨，出口 14.16 万吨。表观消费量 1498.37 万吨，自给率 74.85%，比上年提高 1.77 个百分点。其中：纤维用量按 14%计算，约为 210 万吨（包括无纺布，不包括膜裂纤维）。

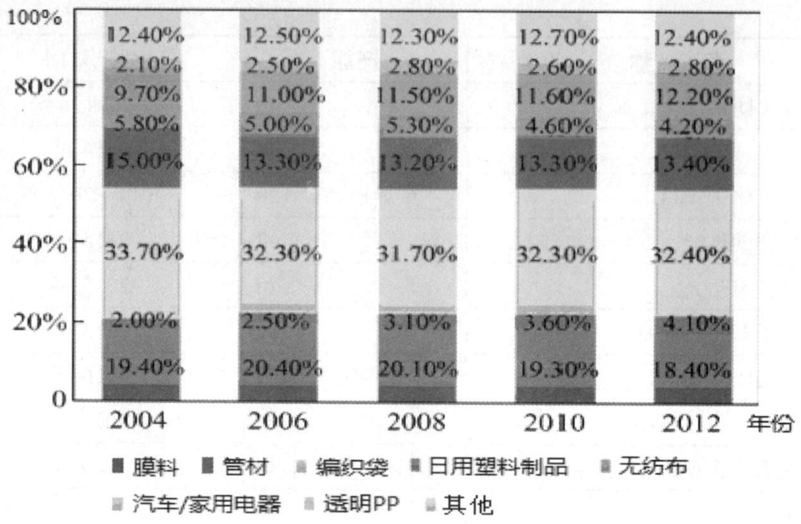

图1 我国聚丙烯消费结构图

资料来源：《化工进展》

（中国石油天然气股份有限公司华东化工销售分公司）

2. 聚丙烯市场行情

进入2012年，聚丙烯行情一路上行，5月初达到高点；之后随原油价格的下跌，聚丙烯也大幅下跌，市场价位连续走低，至6月15日市场行情创年内新低，随后开始反弹，市场心态有所好转，带动市场价格大幅上行；9月中，聚丙烯粒料一度大涨至12200～12400元/吨，较年初每吨涨幅达2000元。9月下旬临近国庆，受下游需求的制约，在看空气氛下，下游接货谨慎，石化出厂价轮番下调，贸易商纷纷让利出货，聚丙烯行情再度调头向下，年内走出了两波过山车行情（如图2所示）。

3. 丙纶纤维

上半年，丙纶市场弱势下行，下游需求疲弱，受上游原料波动影响，市场报价逐步走低，交投气氛极其清淡，各产品报价多持稳。1.5D短纤主流报价12600～13200元/吨，波幅600元/吨；长丝FDY 900D（本白）报价14100～14800元/吨，波幅700元/吨；丙纶弹力丝35D（本白）报价16900～17300元/吨，波幅400元/吨；1000D丙纶工业长丝价格保持在15200元/吨。各品种均小于原料2000元/吨的涨幅。丙纶纤维市场旺季不旺、淡季更淡，市场维持弱势整理，企业在期盼下游订单中喘息。三季度，随着聚丙烯原料价格的飙升，产品与原料的差价大幅缩小，9 月中旬达到最低点，大多数丙纶小企业处于亏损或停产状态。四季度随着聚丙烯原料的价格的下跌，丙纶企业盈利情况开始回升，但市场维持清淡，下游订单不足，加之原料震荡走弱，对市场难有支撑，产品报价以弱势整理为主。丙纶长丝、短丝与原料价格走势如图 3、图 4 所示，聚丙烯和丙纶市场行情月均变化详见表 3。

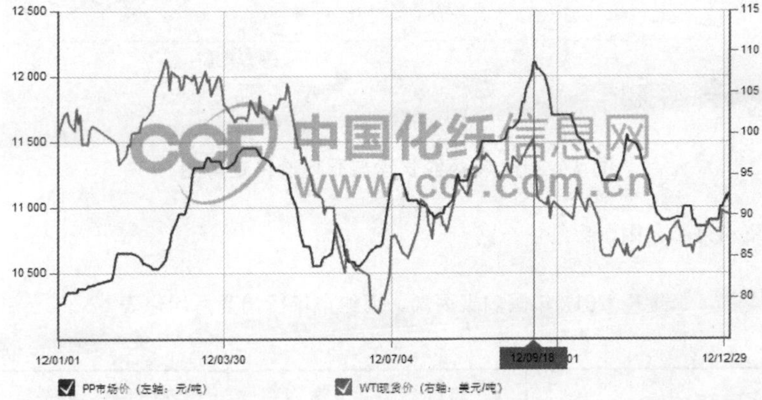

图 2　2012 年原油与聚丙烯走势图

资料来源：中国化纤信息网

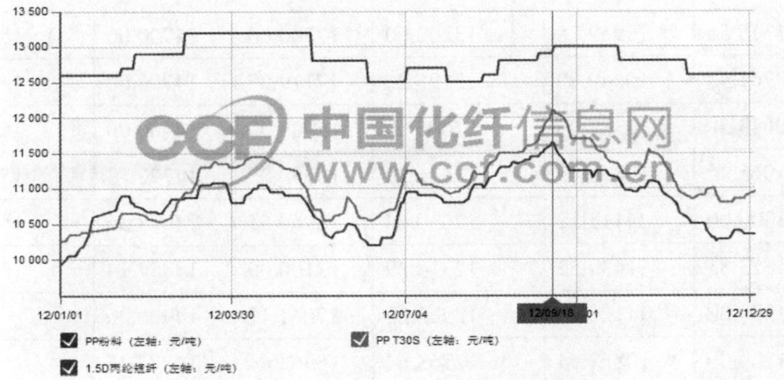

图 3　2012 年丙纶短纤与原料价格走势图

资料来源：中国化纤信息网

图 4　2012 年丙纶长丝与原料价格走势图

资料来源：中国化纤信息网

表 3　2012 年国内聚丙烯、丙纶市场行情变月均化表

单位：元/吨

月份	PP T30S	PP 粉料	短纤 1.5D×38mm	弹力丝 35D	丙纶 FDY 900D	丙纶工业长丝 1000D
1	10375.38	10285.38	12600.00	17100.00	14100.00	15200.00
2	10604.29	10757.62	12838.10	17161.90	14161.90	15200.00
3	11180.87	10960.00	13160.87	17200.00	14582.61	15200.00
4	11375.56	10952.78	13200.00	17200.00	14700.00	15200.00
5	10761.43	10540.00	12895.24	17119.05	14700.00	15200.00
6	10643.50	10322.00	12605.00	16905.00	14700.00	15200.00
7	11065.45	10870.45	12636.36	16950.00	14772.73	15200.00
8	11300.00	11115.22	12630.43	16969.57	14678.26	15200.00
9	11813.81	11439.52	12914.29	17100.00	14857.14	15200.00
10	11390.00	11126.67	12922.22	17061.11	14900.00	--
11	11204.09	10853.64	12763.64	16963.64	14877.27	--
12	10884.76	10360.95	12600.00	16800.00	14700.00	--

数据来源：中国化纤信息网

（二）生产情况

表 4　2012 年化学纤维产量完成情况表

单位：万吨

产品名称	2012 年	2011 年	同比
化学纤维	3792.16	3410.10	11.20%
人造纤维	348.03	262.81	32.43%
合成纤维	3444.12	3147.28	9.43%
涤　纶	3057.03	2792.71	9.46%
锦　纶	181.46	157.75	15.03%
腈　纶	69.35	70.71	-1.93%
维　纶	8.71	5.89	47.83%
丙　纶	36.86	30.47	20.96%
氨　纶	30.75	26.44	16.29%

数据来源：国家统计局

据国家统计局统计（见表 4），全国化纤产量 3792.16 万吨，同比增长 11.2%。丙纶产量为 36.86 万吨，同比增长 20.96%。近几年丙纶纤维规模以上企业产量在合成纤维中是增长较快的品种。各省份聚丙烯纤维产量详见表 5。

表 5　2012 年丙纶纤维分省市产量统计表

单位：吨

地　区	企业数（个）	丙纶纤维（吨）		
		12 月	至 12 月止累计	同比（%）
全　国	56	37716	368605	21.0
山东省	5	14692	116889	63.1
江苏省	21	6678	86862	-2.7
湖北省	1	4867	46401	53.3
广东省	8	4901	43178	20.9
浙江省	9	3343	37993	-5.3
河南省	5	1887	23913	16.3
上海市	1	437	4489	-13

续表

地　区	企业数（个）	丙纶纤维（吨）		
		12月	至12月止累计	同比（%）
天津市	1	308	4093	18.4
河北省	3	160	2461	-59.4
重庆市	1	393	1667	-8.9
黑龙江省	1	51	660	-3.6

数据来源：中国产业信息网

开工率：丙纶行业全年开工率整体不高，特别是第二、三季度整体开工率约50%，四季度随着销售情况好转而略有回升，开工率约53%～55%。

产销率：丙纶行业平均产销率为98.8%，2011年为95.62%，同比增3.18个百分点。表明丙纶行业产品销售状况较好。

库存情况：2012年存货值53291万元，2011年为47413万元，同比增加12.4 %。（按加权平均售价15000元/吨折算，丙纶纤维的库存量达到3.55万吨）

（三）进出口情况

表6　2012年丙纶纤维进出口情况表

单位：吨、万美元

商品名称	出　口				进　口			
	数　量	同比（%）	金　额	同比（%）	数　量	同比（%）	金　额	同比（%）
丙纶长丝（包括股线、缆线）	18664.9	-21.93	4623.6	-13.66	1687.7	-35.02	557.3	-40.67
丙纶短纤（含丝束）	8215.6	0.56	2045	4.45	3889.7	17.67	1076.9	11.11
丙纶合计	26880.5	-16.20	6668.6	-8.81	5577.4	-5.52	1634.2	-14.37

资料来源：海关总署

根据海关总署数据，丙纶纤维2012年进口量5577.4吨，同比下降5.52%；出口量26880.5吨，同比下降16.2%。近几年来，丙纶纤维已连续实现了净出口。受欧债危机的影响，2012 年下半年出口增速有所放缓，到 3～4 季度成为负增长（详见表 6）。

（四）投资情况

2012 年丙纶行业实际完成投资额 245564 万元，施工项目 24 个，新开工项目 13 个，竣工项目 12 个。在合成纤维中投资情况次于涤纶、锦纶，与氨纶行业差不多。

（五）经济效益和运行质量

从 2012 年度运行情况看，经济效益和运行质量呈现两个特点：一是企业效益呈下滑走势，二是下滑之中有小的提升。表现如下：

从企业生产经营和盈利状况看，前三季度呈缓慢下行走势，从 9 月中下旬开始触底缓慢回升。1～12 月份 60 户企业统计，亏损企业 10 户，亏损面占 16.67%，比前三季度减亏 4 户，减亏 3.67 个百分点。亏损企业亏损额 2986.8 万元，同比增加 11.99%；全行业利润总额 3.51 亿元，上年同期 2.47 亿元，同比增加 1.04 亿元，提高 42.52%；利润率 5.68%，上年同期 4.82%，同比增加 0.86 个百分点，尽管丙纶全行业利润率较低，但在化纤品种中，是呈现利润率大幅正增长的品种。

表 7　2012 年化纤行业经济效益情况表

单位：亿元

	利润总额			亏损企业亏损额		
	2012 年	2011 年	同比（%）	2012 年	2011 年	同比（%）
化纤	225.27	314.22	-28.31	50.67	34.51	46.81
其中：人纤*	57.99	52.32	10.85	17.10	18.07	-5.39
锦纶	33.31	28.55	16.65	2.21	1.27	74.14
涤纶	111.38	202.69	-45.05	16.81	5.01	235.76
腈纶	-0.26	0.83	-131.61	1.57	0.43	268.25
维纶	-1.41	0.88	-260.07	1.86	0.90	107.41
丙纶	3.51	2.47	42.52	0.30	0.27	11.99
氨纶	2.58	7.78	-66.83	5.60	2.49	124.95
其他合纤	10.38	11.50	-9.70	2.81	2.69	4.47

资料来源：国家统计局

*人纤不包括浆粕

从表7可以看出，2012年，化纤行业实现利润总额225.27亿元，同比下降28.31%；行业亏损面达22.72%，亏损企业亏损额达50.67亿元，同比增加46.81%。全行业利润大幅减少，亏损迅速增加，而丙纶、锦纶、人纤是呈现正增的品种，其中丙纶利润率同比大幅增长42.52%。参见图5～7丙纶相关品种与聚丙烯原料的价差走势图。

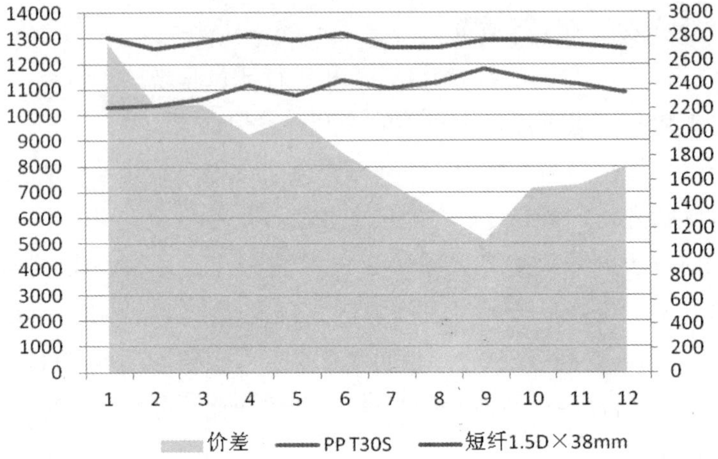

图5 2012年1～12月丙纶短纤与聚丙烯原料差价走势图（元/吨）

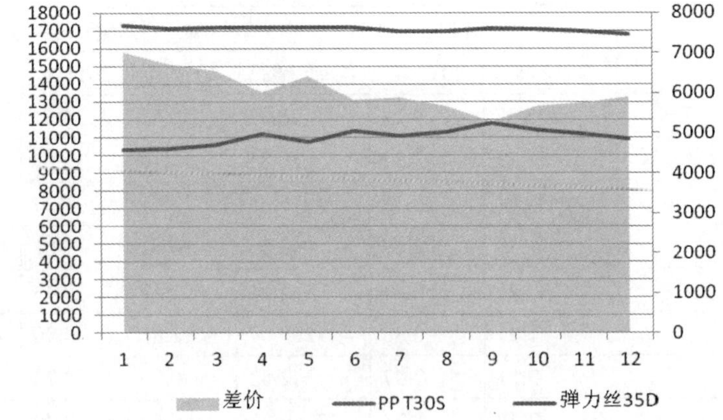

图6 2012年1～12月丙纶弹力丝与聚丙烯原料差价走势图（元/吨）

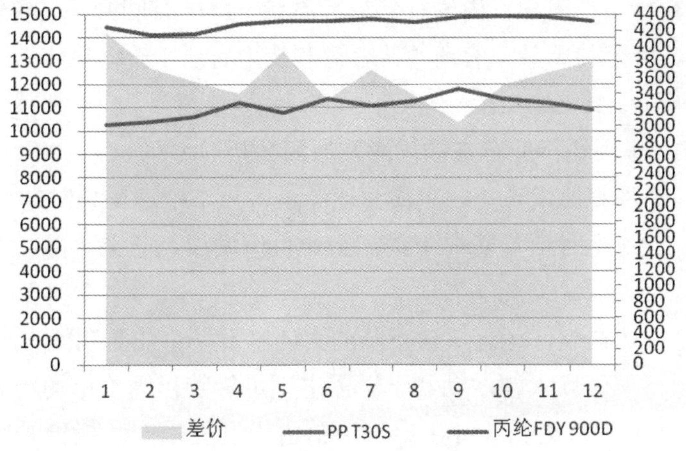

图 7　2012 年 1～12 月丙纶 FDY900D 与聚丙烯原料差价走势图（元/吨）

表 8　2012 年丙纶行业运行质量指标表

项　目		2012 年	2011 年	同比
偿债能力指标	资产负债率（%）	64.01	63.97	0.04 点
	产权比率（%）	177.85	177.53	0.32 点
	已获利息倍数	5.52	5.87	-0.35
营运能力指标	应收账款周转率	12.06	14.48	-2.42
	产成品周转率	17.88	21.03	-3.15
	流动资产周转率	2.31	2.30	0.01
	流动资产构成比率（%）	57.74	53.67	4.07 点
	总资产周转率	1.33	1.24	0.10
盈利能力指标	利润率（%）	5.68	4.82	0.86 点
	成本费用利润率（%）	6.23	5.00	1.23 点
	总资产报酬率（%）	9.25	7.18	2.07 点
	净资产收益率（%）	21.04	16.54	4.51 点
每百元销售收入三项费用	销售费用（元/百元）	1.6280	2.7117	-1.0837
	管理费用（元/百元）	2.6883	3.6243	-0.9360
	财务费用（元/百元）	1.3479	1.1421	0.2057

从表8数据可以看出，丙纶行业运行质量下降中有回升，主要表现为：负债有所增加，资金使用效率有所下降，盈利能力有所上升，销售费用略降，财务费用略增。

二、2012年丙纶行业存在的问题及原因分析

1．中国经济高速增长正在趋缓，逐渐进入一个中速增长时期。

2．化纤行业运行质量明显下降，企业负债增加、效益下降，出口增速下滑，市场需求不足。

3．丙纶行业在整体运行质量下降的大环境下，企业盈利能力大幅下降。

4．受原料聚丙烯大幅波动和下游需求不足影响，丙纶市场弱势下行，下游实际订单减少，丙纶企业开工率低，销售难度大，产品报价难以跟进原料涨幅。

5．丙纶企业新产品开发能力弱，缺乏技术创新，生产技术和装备落后，以生产常规品种为主。

6．较高的制造成本以及规模很小的生产企业造成了丙纶行业发展的严重滞后。

三、2013年丙纶行业运行预测

自2012年第四季度起，中国经济正延续着三季度以来稳中有升的趋势。十八大之后，中国新一代领导人释放出强烈的改革信号，宽财政、稳货币，结构性减税，收入分配改革等在一系列重要领域的改革值得期待，中国经济企稳回升态势基本确立，化纤行业经济运行已基本见底，有望逐步回升。预计2013年丙纶行业运行也将随着市场需求的回升，呈现前低后高走势。

2012 年中国再生化学纤维行业运行分析与 2013 年运行预测

中国化学纤维工业协会再生化学纤维专业委员会　林世东

一、行业综述

与前几年相比，2012 年化纤市场的一个显著特点就是淡、旺季比较明显，而且淡季来得比以往来的都要早些、久些。市场旺季的主要表现在年前后的短期备货及三季度传统的旺季，时间短、涨势缓；淡季主要在节后的出货不畅，时间长、台阶式下跌。当前的企业运营状态比起 2008 年底的金融危机要困难得多，因为金融危机来得急、走得快，只是部分行业或部分企业出现信心危机，而现在的市场属于大纺织板块的大调整行情，在国内外棉花差价不断加大的情况下，还支持了涤纶短纤市场用量，行业价格自律的积极开展也是稳定行情的重要支柱。再生市场主要表现在：企业普遍缺资金，采购信心不足，外贸订单不足（大单变小单，长单变短单），最重点的是终端库存消化不良。各商品价格均在成本线上挣扎，行情走势属抵抗性阴跌或反弹。

2012 年再生行业产品价格出现的慢跌、快涨成为重要表征，两头（原料、产品库存）少，成为企业能否盈利的基本功课，产业升级、结构转型成为企业下一步发展的原动力，流动资金/应收账款是否宽裕成为企业生存的基础。

究其原因主要有以下几个因素：

（一）从宏观环境而言

中国工业增速放缓，主要是需求特别是发达国家需求变化的客观反映，同时也是宏观层面调控的结果。外需方面，国际市场（主要是欧美等发达国家及遭受动乱、战乱的发展中国家）的持续低迷，加上欧美发达国家又把纺织、化纤产业作为促进就业、拉动内需的关键时期，美国等发达国家或组织还为了在区域安全与中国的对抗需要，对个别东南亚国家进行扶持来打压中国，特别是东南亚国家对我国低端产品的产业替代、转移也是重要的影响因素之一。而内需短期难以快速提升等多个因素也给企业发展带来了生存压力。同时，“十二五”期间，劳动力成本增加（将以每年15%速度递增），信贷紧张、融资成本上升、公用工程费用及运输成本的不断上涨和人民币升值、出口退税的比例只会降不会升等因素也会对企业生产经营构成不利影响。以我们把经济比较活跃的几个省份进行分析：据海关发布的2012年外贸数据，江、浙、粤、闽、鲁5省进出口加总已经占到全国外贸进出口总值的58%。虽然中西部部分省份外贸增速迅猛，但毕竟基数较小，对全国外贸增长的拉动作用有限。外贸占据全国1/4比重的广东省是在几个外贸大省中唯一完成2012年增长目标的省份。据海关统计，2012年广东省进出口总值增长7.7%。在刚刚过去的2012年，江苏省进出口增长1.6%，出口增长5.1%。江苏经济由于对外依存度高，外需不振的影响尤为明显。欧盟、美国、日本是江苏省外贸出口的三大市场，占了江苏省出口额的50%以上，三大市场萎靡不振，给江苏省出口带来巨大压力。产品结构上，光伏、船舶、IT以及纺织服装四大类产品出口占全省出口的半壁江山，上年出口阻力重重，直接拖累了出口大局。2012年浙江省实现外贸进出口同比仅增长0.9%，其中，出口增长3.8%，低于全国平均增速4.1个百分点。浙江出口市场中欧盟占的比重偏高，因此欧债危机对浙江出口的冲击尤其大。以往出口靠价格、数量、规模的旧竞争优势都受到了冲击，而新的竞争优势尚未确立。此外，福建省、山东省2012年这两省进出口分别增长了8.6%和4.1%，仍低于10%的全国目标。

（二）从微观环境而言

就企业自身而言，由于绝大多数企业自身缺乏核心竞争力，这是我国纺织化纤企业长期以来缺乏品牌意识导致产品自主创新能力不足，产品品牌附加值不高，无法抵御日益恶化的外部环境。加上纺织企业差异性不大，创新性区分度有限，行业内并未建立占据行业主导的品牌产品，这意味着产品的分销渠道是关键。对于新企业来说，在渠道资源方面远不如原有企业，竞争力不足，加上前期原材料价格波动幅度大，增加了采购风险。从我国再生纺最大的产业基地、产业集群最集中的江阴地区来看，2011年11月份、2012年二季度及2012年国庆前后的较大规模检修、停产高达50%～60%表象来看，以耕作式、粗放型、同质化、低值化的发展已走到了尽头。

（三）从国际竞争环境而言

2011年以来，我国共遭受了8起贸易摩擦，涉案金额22.8亿美元，同比增长了80%。我国已经连续17年成为遭遇贸易摩擦最多的国家，而且贸易摩擦形式不断地翻新，涉及的产业不断扩大，发起的国别也不断地增加，一些国家还在知识产权和人民币汇率等问题上与我国纠缠和斗争，贸易摩擦不断。根据全球贸易预警组织日前公布的数据显示，中国是全球受贸易保护措施伤害最重的国家。统计显示，最近12个月里，中国出口产品遭遇了100项以上的贸易保护措施，而自2008年以来累计高达600项以上。

现就2012年度我国再生化学纤维行业的再生化纤经营情况分析如下：

二、行业运行基本情况

（一）2012年再生瓶片行情分析

1. 原料价格走势分析

1月份，天气陡降，瓶片料市场供应普遍紧张，经销商囤货惜售，因此整体市场交易气氛冷清，但价格较稳定。

2月初，由于瓶片工厂开工较晚，瓶片料价格坚挺；但因再生化纤销售冷清价格阴跌，瓶片价格进入下行通道。

3月初，瓶片料价格平稳盘整，但到中旬，随再生化纤价格持续下滑，瓶片料也进入下跌轨道，至月末方显回稳。

4月份，瓶级料行情持续承压下行，原料生产厂家减少收料量或停止收料，价格跌幅达300～400元/吨。

5月初，瓶级料价格跌幅增大，收料愈加困难，临近5月末，瓶级料跌幅明显收窄，价格趋于弱势盘整。

6月初，瓶级料价格小幅阴跌，但随着中下旬化纤行情短暂止跌，纤维生产企业对原料补货增多，瓶级料行情随之进入僵持阶段。

7月份，瓶级料由于新上化纤厂家备货影响，加上上半年阴跌行情，化纤厂多原料储备匮乏，在旺季逐渐到来，瓶级料价格随化纤不断上升。

8月份，瓶级料行情跟随再生化纤价格走势，先扬后抑，下跌幅度在100～200元/吨。

9月份，瓶级料行情跟随再生化纤走势，一波三折，瓶级料价格逐级下滑，下滑幅度100～200元/吨。

10 月初，瓶级料价格受下游需求持续不振的影响，整体疲软走跌，跌幅在 100～200 元/吨；下旬随天气转凉，瓶级料低价惜售，价格处于低位盘整态势。

11 月中上旬，瓶级料维持僵持盘整走势，下旬受瓶级料货源供应减少的影响，瓶级料价格有 100～200 元/吨上行，交投气氛也较上月回升。

12 月再生白片价格随之上行 100～200 元/吨，但绿片、蓝片下游需求不佳，整体走势相对较弱，行情以盘整为主线（如图 1 所示）。

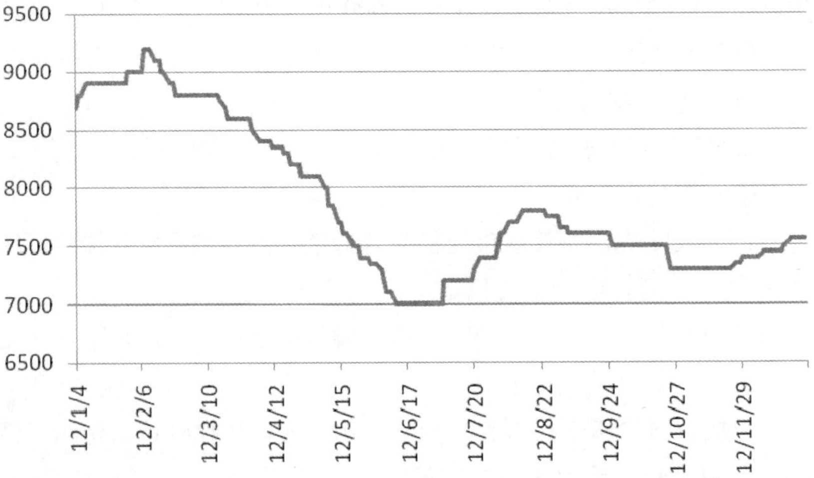

图 1　2012 年再生三维上机白片料价格走势图（元/吨）

资料来源：中纤网

2. 原料进出口分析

表 1　2012 年 PET 废料进出口一览表

PET 废料	进口量（万吨）	进口价格（美元/吨）	出口量（千克）	出口价格（美元/吨）
1 月	8.77	831	45639	382
2 月	14.43	870	69353	384
3 月	17.71	926	81131	564
4 月	16.83	911	49569	1008

续表

PET 废料	进口量（万吨）	进口价格（美元/吨）	出口量（千克）	出口价格（美元/吨）
5 月	17.75	879	45690	657
6 月	15.83	863	96593	631
7 月	15.83	769	140645	517
8 月	17.70	756	17987	45
9 月	21.3	810	45663	384
10 月	17.3	826	0	0
11 月	21.3	809	90662	384
12 月	19.2	788	102382	422

数据来源：中国海关总署

从表 1 可以看出：2012 年进口数量 204.5 万吨，比同期的 166.5 万吨增加了 38 万吨，同比上涨 23%。数量的增加有两方面原因，一是整瓶数量的增加，二是随着化纤产能增加，进口指标的增加。2012 年 PET 进口均价在 838 美元/吨，比上年同期的 953 美元/吨下跌 115 美元/吨，同比跌幅 12%。

（二）2012 年再生涤纶短纤行情分析

1. 再生三维行情分析

春节前，由于天气突变及生产厂家备货的影响，江浙三维中空产品销售良好，有硅产品报价稳步上涨。出口方面，也跟随国内产品价格同步上扬。

2 月中旬开始，江浙三维中空销售逐渐走淡，并受棉型及再生长丝价格下跌的影响，有硅主流报价跌。

3 月份，江浙三维中空销售逐渐走淡，库存压力大增，价格出现明显下调。

4 月份，江浙三维中空销售清淡，生产厂家库存压力普遍较大，进入中下旬后，市场出现部分低报价。

5 月份，江浙三维中空报价继续下行，厂家库存压力较大，停车检修增多。

6 月份，江浙三维中空价呈现疲软下行态势，至中下旬后方有所企稳。

7 月份，受采购周期及经销商备货影响，江浙三维中空价格上扬。

8 月份，江浙三维中空价格先涨后跌。

9～12 月份，江浙三维中空价格持续走软（如图 2 所示）。

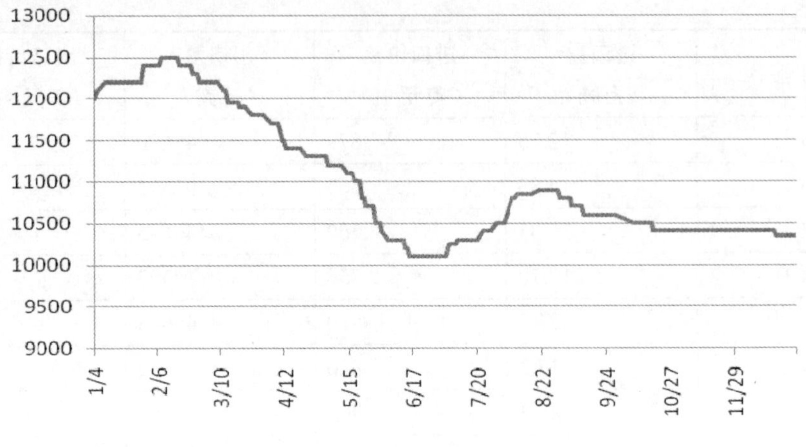

图 2　2012 年再生三维中空产品价格走势图（元/吨）

资料来源：中纤网

2. 再生棉型行情分析

1 月份，因备货需求，再生棉型涤短价格持续上涨。高强低伸仿大化上涨 500～600 元/吨。

2 月份，因开工率低下，需求不足等原因，再生棉型涤短下跌。高强低伸仿大化主流出厂下跌 800 元/吨。

3 月份，虽然开工率上升，但市场需求萎靡，再生棉型涤短延续跌势，至月末才企稳。高强低伸仿大化下跌 600 元/吨以上。

4 月份，再生棉型涤短跌势持续，中下旬出现小幅反弹，但月末继续走软。

5 月份，再生棉型涤短月初有试探性上涨，但由于市场需求萎缩，高强低伸仿大化主流出厂报价下跌 1000 元/吨。

6 月初，再生棉型涤短先跌，中旬受利好消息刺激，有试探性上涨，随后又现疲软阴跌态势。高强低伸仿大化主流出厂报价继续探底。

7 月份，再生棉型涤短价格受原生产品价格影响快速上涨。

8 月份，再生棉型涤短价格先微涨后微跌。

9 月份，再生棉型涤短行情先涨后落，波动不大。

10 月份，再生棉型涤短产销平淡，价格持续走软阴跌。

11 月份，再生棉型涤短由于产销持续平淡，价格以盘整为主。

12 月份，再生棉型涤短月初有短暂提涨，但后期下游纱厂停车意向较多，价格以疲弱盘整为主，月末有小幅走高。

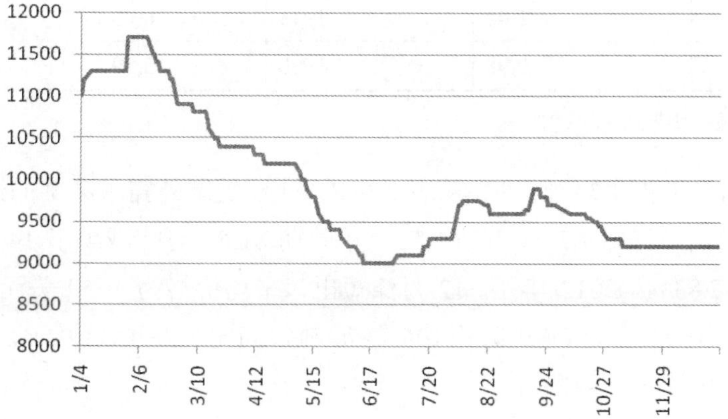

图 3　2012 年再生仿大化产品价格走势图（元/吨）

资料来源：中纤网

3. 再生短纤进出口分析

表 2　2012 年涤短进出口一览表

涤短	进口量（万吨）	进口价格（美元/吨）	出口量（万吨）	出口价格（美元/吨）
1 月	0.72	1864	5.01	1496
2 月	1.03	1926	4.08	1523
3 月	0.98	1900	5.72	1542
4 月	0.80	1980	5.42	1522
5 月	0.99	1886	6.36	1500
6 月	0.76	1869	5.78	1446
7 月	0.84	1790	5.46	1482
8 月	0.97	1750	5.46	1361
9 月	1.20	1800	6.12	1405
10 月	0.92	1896	6.01	1416

续表

涤短	进口量（万吨）	进口价格（美元/吨）	出口量（万吨）	出口价格（美元/吨）
11月	1.04	1913	6.05	1426
12月	0.98	1980	5.59	1430

数据来源：中国海关总署

短纤出口以再生短纤为主。从表2可以看出：受国外需求萎靡的影响，2012年1～12月出口涤短67.06万吨，较上年同期81.61万吨减少了14.55万吨，同比减少17.83%。2012年1～12月涤短出口平均价格为1450美元/吨，较上年同期均价1646美元/吨下跌了196美元/吨，同比下跌了11.91%。出口产品数量、价格出现了“双降”。

（三）2012年再生涤纶长丝行情分析

春节前，再生长丝由于连续多月的亏损运营，大多企业提早停车，涨幅不大，POY150D主流出厂报价上涨200～400元/吨，节后厂家小幅上涨100～200元/吨。

2月份，因销售持续平淡，厂家库存上升，再生长丝行情走低，POY150D主流出厂报价下跌200～400元/吨。

3月份，厂家库存持续上升，出货困难，POY150D主流出厂报价下跌800元/吨以上，厂家多采取减产、停产措施。

4月份，再生长丝产销不畅，多在3～5成附近，POY150D主流出厂报价下调400元/吨。

5月份，再生长丝产销困难，月末价格跳水，POY150D主流出厂报价有近800元/吨的下跌幅度。

6月初，再生长丝继续探底，POY150D主流出厂报价近800元/吨下跌。随后在中下旬出现小幅反弹。

7月份，再生长丝受原生长丝行情明显利好影响，价格一路走高，有近800元/吨的上涨。

8月份，再生长丝先涨后跌，价格随原生长丝波动。

9月份，再生长丝价格走势先跌后涨再跌，价格反复震荡。

10 月份，再生长丝弱势盘整，总体走货尚可，成交多灵活优惠。

11 月份，再生长丝行情盘整，下半旬有试探性提涨未果。

12 月份，受成本推动，再生长丝行情盘升，但总体变化幅度有限。

图 4　2012 年再生长丝价格走势图（元/吨）

资料来源：中纤网

（四）**2012 年再生行业产量、开工率、产销率**

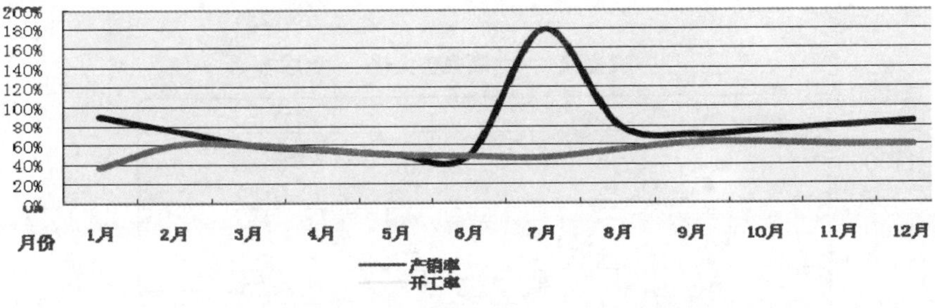

图 5　2012 年再生化纤开工率、产销率分析图

资料来源：中纤网

据不完全统计：2012 年度的再生化学纤维的产量估算为 530 万吨。

从图 5 可以看出：2012 年开工率一直维持在 4～6 成，产销率不高主要原因是扩产新上项目较多。产销率从年初开始一路走低，6 月底开始拉升，但由于下游需求仍然不佳，厂家销售不畅，8月份又进入下行，自9月份起缓步爬升，但需求不显，因此开工及产销回升速度仍缓慢。

（五）2012年再生行业利润分析

1. 再生三维利润分析

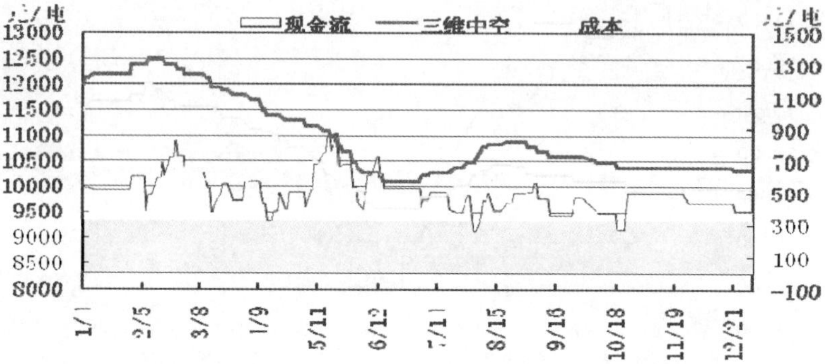

图6　2012年再生三维中空利润图

资料来源：中纤网

从图6可以看出：虽然2012年再生化纤行情持续不佳，但江浙地区三维中空现金流仍不错，每吨有300～500元的利润。

2. 再生仿大化利润分析

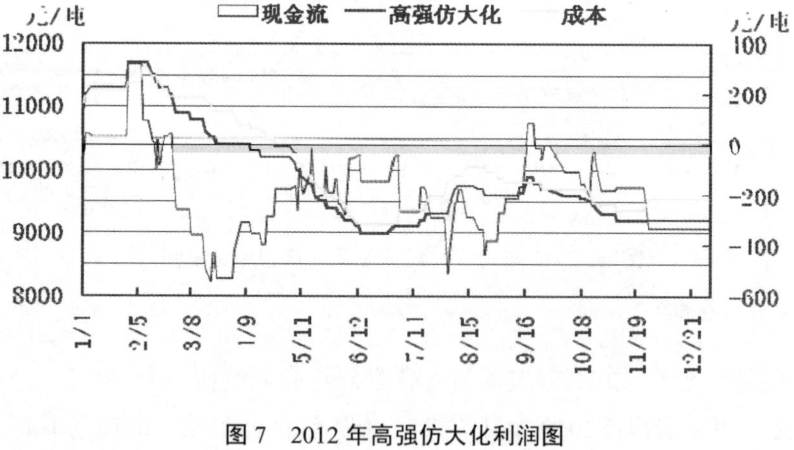

图7　2012年高强仿大化利润图

资料来源：中纤网

从图7可以看出：由于行情连续下滑，棉型生产企业经营困难。若全用瓶片纺生产，自2月后就进入了亏损阶段，3月亏损面继续增加，4～6月亏损面略减，7～8月亏损继续加大，9月扭亏为盈，在成本线周围徘徊，四季度一直在亏损。

3. 再生POY长丝利润分析

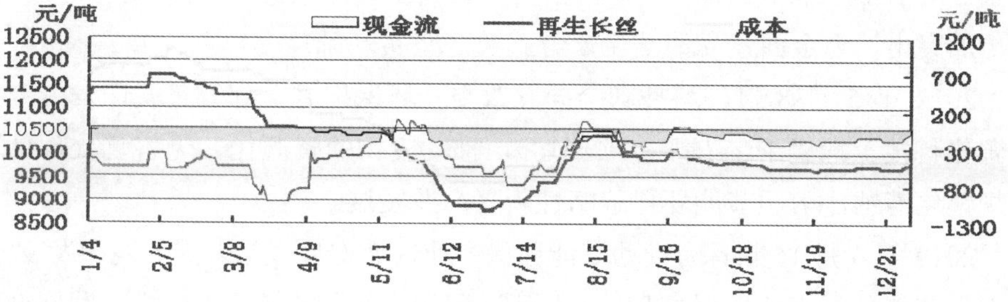

图8　2012年再生长丝利润图

资料来源：中纤网

从图8看以看出：2012年再生长丝表现不佳，除了在5月份及三季度有所改善，处于长期亏损运营。这主要是由于市场恶性竞争以及纺长丝瓶片料成本价格过高所致。

（六）2012年国家相关部门对再生化学纤维行业的政策支持

2012年是循环经济从理念到行动的关键一年，政策法规频出。

2012年1月5日，工信部正式发布《大宗工业固体废物综合利用“十二五”规划》。该规划明确，到2015年大宗工业固体废物综合利用率将达50%。为实现这一目标，主管部门将实施十大重点工程，重点工程的投资总额将高达千亿元。

2012年1月13日，发改委宣布北京等7城市获准开展碳排放权交易试点工作，以逐步建立国内碳排放交易市场，以较低成本实现2020年中国控制温室气体排放行动目标。

2012年2月29日，中华人民共和国第十一届全国人民代表大会常务委员会第二十五次会议通过《中华人民共和国清洁生产促进法》，自2012年7月1

日起施行。清洁生产促进法的实施，将提高资源利用效率，减少和避免污染物的产生，保护和改善环境，保障人体健康，促进经济与社会可持续发展。

2012年3月2日，工信部印发了《工业清洁生产推行“十二五”规划》。该规划提出，“十二五”期间，工业领域清洁生产推进机制进一步健全，技术支撑能力显著提高，清洁生产服务体系更加完善，重点行业、省级以上工业园区企业清洁生产水平大幅提升，清洁生产对科学利用资源、节能减排的促进作用更加突出，为全面建立清洁生产方式奠定坚实基础。

2012年5月8日，科技部会同发改委、环保部等七部委正式印发《废物资源化科技工程“十二五”专项规划》，推动废物的资源化、无害化处理处置与规模化消纳，引领节能环保战略性新兴产业发展。

2012年6月16日，为推动节能环保产业快速健康发展，国务院印发《“十二五”节能环保产业发展规划》。该规划着眼于满足我国节能减排、发展循环经济和建设资源节约型环境友好型社会的需要，加快培育发展节能环保产业，使之成为新一轮经济发展的增长点。

2012年7月20日，为规范循环经济发展专项资金管理，提高财政资金使用效益，财政部、国家发展改革委联合制定了《循环经济发展专项资金管理暂行办法》，并于9月1日正式执行。

2012年8月24日，为加强废塑料加工利用的污染防治，保护人民群众身体健康，保障环境安全，促进循环经济健康发展，环境保护部、发展改革委、商务部联合制定《废塑料加工利用污染防治管理规定》。此规定自2012年10月1日起执行。

2012年10月8日，环保部、发改委、工信部及卫生部印发《“十二五”危险废物污染防治规划》。该规划突出“出重拳、用重典”的主基调，狠抓产生源头控制，进一步提高无害化利用处置保障能力，提升全过程监管能力，有效遏制非法转移倾倒行为，综合运用法律、行政、经济和技术等手段，不断提高危险废物污染防治水平，降低危险废物环境风险。

2012年12月12日，国务院常务会议通过《循环经济“十二五”发展规划》。该规划指出，“十二五”时期，我国要构建循环型工业体系、农业体系、服务业体系，并开展循环经济示范行动，实施示范工程，创建示范城市，培育示范企业和园区。

商务部正在会同有关部门研究促进外贸工作的相关政策措施，在财税政策、金融政策、贸易政策方面进一步进行完善；同时，还将继续转变外贸发展方式，优化外贸国际市场布局和国内区域布局，推进外贸产业基地、贸易平台和国际营销网络建设。

国家积极推动资源综合利用企业认定，搞好废旧纺织品综合利用企业认定工作。加大对废旧纺织品综合利用先进适用技术及示范工程和推广工作，同时对符合国家申报条件的企业单位，国家相关部门给予项目的支持和资助。

发改委：从资源节约和环境保护中央预算内投资备选项目、“城市矿产”示范基地建设等项目提供资金支持、开展资源综合利用“双百工程”建设（发改办环资〔2012〕726号）。

工信部：为贯彻落实循环经济促进法，推广再生资源综合利用技术，提高再生资源综合利用水平，促进再生资源技术产业化发展进程，工业和信息化部组织编制了《再生资源综合利用先进适用技术目录（第一批）》。

科技部：科技支撑计划和863、973科技计划项目。

财政部、税务总局：对采用先进技术生产的产品，符合国家政策规定的给予减免增值税和所得税的优惠。

环保部、发改委、商务部：对再生资源回收体系建设项目，培育专业化企业，建立规模化示范园区，形成废旧纺织品综合利用产业集群。

发改委、财政部：推荐2013年园区循环化改造示范点备选园区（发改办环资〔2012〕3002号）。

三、2013度预测及展望

（一）政策预期

牢牢把握扩大内需这一战略基点。“十二五”规划明确提出城镇居民可支配收入和农村居民人均纯收入年均实际增长超过7%。扩大内需特别是提高消费在国内生产总值中的比重，关键是要大幅度增加城乡居民特别是中低收入者的收入水平，培育和构建中等收入群体，以此形成消费型社会。

《全国促进城镇化健康发展规划（2011－2020年）》已经编制完成，即将对外发布。城镇化规划发展重点在县镇级。虽然中国城镇化率已达到51%，但若以享受城市公共服务的户籍人口计算，仅有36%左右，剩余15%左右的农村进城人口只是在城市里打工，统计为城市人口，但并没有享受到和市民一样的公共服务和社会保障，是“半城市化”。发展空间巨大。

新一届政府将带来多重利好：对政府经济改革的信心预期形成，经济温和复苏，流动性适当宽松。

棉花流通体制改革呼之欲出：国务院决定从1999棉花年度开始进一步改革棉花流通体制，但多方一直未断呼吁改革或修改，特别是在纺织行业出口受阻，国内外棉花差价在6000～7000元/吨之时，尤为重要。

根据财政部、发改委以及国家质检总局要求，从2012年10月1日开始至2012年12月31日期间报检的所有出入境货物、运输工具、集装箱及其他法定检验检疫物免收出入境检验检疫费。企业为充分利用优惠措施，所以赶在12月31日前把货物运出，促使外贸企业加快出口进度，2013年1月1日起开始执行新收费标准。各地检验检疫局还出台了各项服务措施，进一步加强大通关建设，提高贸易便利化水平，同时，发挥检验检疫技术优势，积极应对贸易摩擦，优化外贸结构，支持企业开拓新兴市场。

人民币升值预期减弱：自2005年7月汇改以来，人民币对美元累计升值幅度已超过30%。预计人民币汇率低估程度已明显下降。

东部经济发达地区，可开发利用的土地太少，环保压力大，能评指标高，用工紧张，企业开始向外转移，到中西部地区发展。向东南亚转移也是如此。

中东区域摩擦、中日摩擦或其他战争影响石油价格走势，最终影响化工原料价格。

（二）行情预测

受美国、欧盟等发达国家和地区出现的金融危机持续发酵影响，发达国家需求锐减，而东南亚纺织品对中国的替代日益增强，预计我国出口会有一定的萎缩。随着中西部产业承接能力的增强，预计东部地区工人的流失会比较严重，劳动力成本会大幅增加。三维中空产品还由于2013年下半年扩产集中投产，预计的效益会有较大的压缩；棉型受棉花、原生产品价格影响较大，利润在盈亏平衡线上下，二维、长丝等产品受原生影响较大，基本在盈亏平衡点上下运行。当然，差别化、功能化、个性化的再生产品将不受影响，甚至会有高利润。

预计一：在流动性十分充沛的情况下，2013年再生产品行情可能出现“M”字形走势：1～2月份盘整走高，3～6月份阴跌向下，7～10月份冲高向上、11～12月份调整。预测二：在美国的QE3没有市场预计的那么高的时候，或欧洲经济有所改善，再生行情可能出现“V”字形走势：上半年盘整走低，下半年冲高向上。

（三）运行质量

开工率50%～70%之间、产销率维稳在80%～90%之间。

（四）行业产量

全年产量在550万～600万吨/年之间。

（五）行业投资

预计全年新增产能50万吨/年（主要是淘汰落产能转新上项目及新上再生长丝、棉型仿大化及部分改造三维中空项目）。

（六）进出口

涤纶短纤产品出口约5万吨/月，进口基本在1万吨/月左右。

（七）原料（瓶片+整瓶）进口

全年预计在200万～250万吨/年。

2012年中国化纤产业链进出口情况分析

吴文静　李增俊

一、进口情况

（一）化纤进口整体情况

表1　化纤进口主要品种表

单位：吨、万美元

	进口数量			进口金额		
	2012年	2011年	同比	2012年	2011年	同比
化学纤维	820978.7	884910.5	-7.23%	307651.7	336117.2	-8.47%
其中：涤纶长丝	120418.5	154963.4	-22.30%	33995.0	41697.8	-18.48%
涤纶短纤	112361.0	120205.0	-6.53%	21110.3	23841.1	-11.46%
锦纶长丝	164018.5	169007.6	-2.96%	66565.1	71238.0	-6.56%
腈　　纶	186527.1	195291.6	-4.49%	59248.1	67874.9	-12.71%
粘胶长丝	9762.1	11195.7	-12.81%	7093.5	6962.6	1.87%
粘胶短纤	145576.8	138438.1	5.15%	47883.6	48569.0	-1.42%
氨　　纶	18819.5	22803.7	-17.48%	17329.4	19497.7	-11.13%

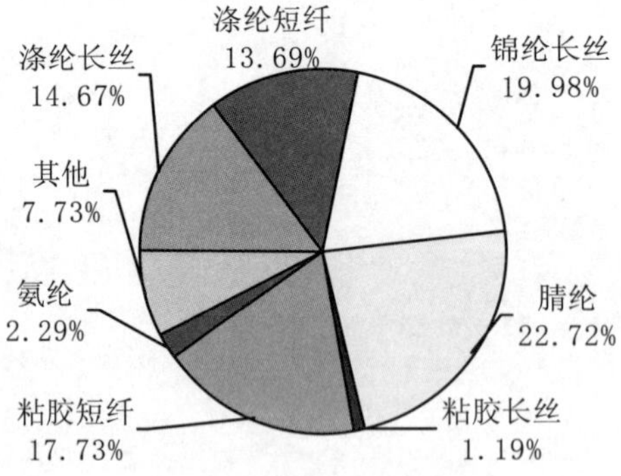

图1　化纤进口主要品种图

2012年，共进口化纤82.10万吨，同比小幅下降7.23%。分品种看：仍是腈纶进口量最多，达18.65万吨，占进口化纤总量的22.72%；粘胶短纤进口量同比增加5.15%，占进口化纤总量的17.73%。其他品种进口量有不同程度的减少，涤纶长丝同比减少22.30%，氨纶减少17.48%，粘胶长丝减少

12.81%，涤纶短纤减少 6.53%，锦纶长丝减少 2.96%。

表 2　化纤分国家或地区进口情况表

单位：吨、万美元

	进口数量			进口金额		
	2012 年	2011 年	同比	2012 年	2011 年	同比
总计	820978.7	884910.5	-7.23%	307651.7	336117.2	-8.47%
其中：台湾地区	227849.9	260632.7	-12.58%	66397.6	78866.0	-15.81%
日本	119232.3	122570.3	-2.73%	69590.3	69582.8	0.01%
韩国	117906.5	135619.4	-13.07%	34491.0	41109.7	-16.11%
奥地利	59050.1	44295.6	33.30%	21111.0	17318.1	21.90%
美国	39015.9	35549.4	9.75%	18710.8	17505.4	6.88%
印度尼西亚	37816.1	43273.3	-12.62%	9505.8	12524.1	-24.11%

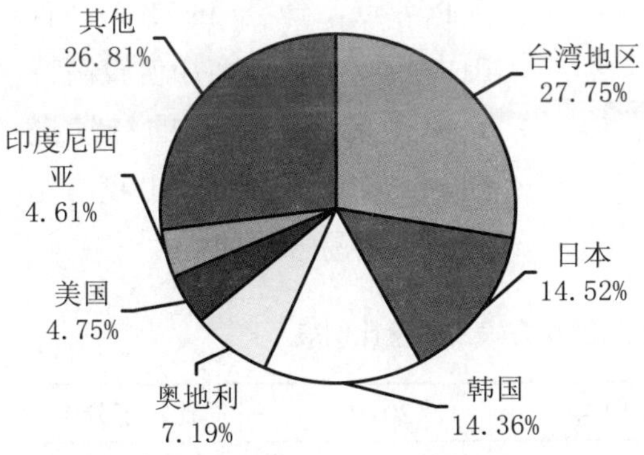

图 2　化纤分国家或地区进口图

分进口来源地看，台湾地区、韩国、日本仍位居前三位。其中从台湾地区进口 22.78 万吨，同比减少 12.58%，占进口总量的 27.75%；从韩国和日本进口化纤均在 12 万吨左右，分别占进口总量的 14.36%和 14.52%。从奥地利进口量快速增加 33.30%，占进口总量的比例达到 7.19%，升至第四位，进口纤维品种以粘胶短纤为主。

表 3　化纤分贸易方式进口情况表

单位：吨、万美元

	进口数量			进口金额		
	2012 年	2011 年	同比	2012 年	2011 年	同比
总计	820978.7	884910.5	-7.23%	307651.7	336117.2	-8.47%
一般贸易	503419.4	504027.5	-0.13%	175196.4	186260.2	-5.94%

续表

	进口数量			进口金额		
	2012 年	2011 年	同比	2012 年	2011 年	同比
加工贸易	277012.0	332476.5	-16.69%	109237.1	122944.3	-11.15%
其中：来料加工	51724.7	70055.5	-26.17%	18811.2	23872.1	-21.20%
进料加工	225287.3	262420.9	-14.16%	90425.8	99072.2	-8.73%
保税区	40333.6	48127.9	-16.20%	23050.7	26753.7	-13.85%
其中：仓储进出境	13231.7	8921.3	48.31%	4717.2	3502.1	34.69%
仓储转口	27101.9	39206.6	-30.88%	18333.5	23251.5	-21.16%

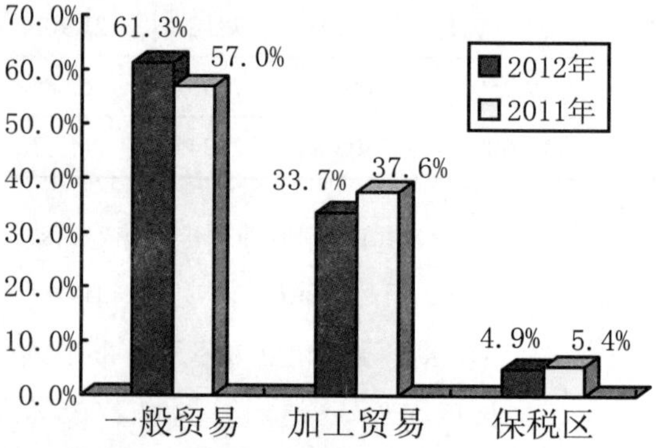

图 3　化纤进口贸易方式比重图

2012 年，化纤一般贸易占进口总量的比例同比继续提高 4.3 个百分点，达到 61.3%；同时加工贸易进口比例下降 3.9 个百分点，降至 33.7%。具有国内产业链长、增加值较高特点的一般贸易比重的持续提高，一定程度上反映出我国化纤进口贸易方式的优化。

表 4　化纤及主要品种进口贸易方式占总量比例表

	贸易方式	2012 年	2011 年	同比（百分点）
化学纤维	一般贸易	61.31%	56.95%	4.36
	加工贸易	33.74%	37.57%	-3.84
其中：涤纶长丝	一般贸易	50.97%	52.29%	-1.33
	加工贸易	48.45%	46.97%	1.48
涤纶短纤	一般贸易	57.81%	47.43%	10.37
	加工贸易	40.47%	50.92%	-10.46
锦纶长丝	一般贸易	56.88%	54.14%	2.74
	加工贸易	37.34%	42.55%	-5.21

续表

	贸易方式	2012年	2011年	同比（百分点）
腈　　纶	一般贸易	59.44%	52.34%	7.10
	加工贸易	31.13%	33.52%	-2.40
粘胶长丝	一般贸易	12.19%	9.63%	2.56
	加工贸易	87.68%	90.24%	-2.57
粘胶短纤	一般贸易	92.74%	91.51%	1.22
	加工贸易	4.89%	5.56%	-0.67
氨　　纶	一般贸易	35.15%	46.75%	-11.61
	加工贸易	63.39%	49.02%	14.37

2012年，大部分化纤品种的进口贸易方式有所好转，一般贸易比例同比提高，同时加工贸易比例同比呈下降趋势，涤纶短纤、锦纶长丝、腈纶、粘胶长丝和粘胶短纤加工贸易进口比例分别下降10.46、5.21、2.40、2.57和0.67个百分点。而氨纶和涤纶长丝加工贸易比例分别提高了14.37和1.48个百分点。

（二）化纤分品种进口情况

1. 涤纶进口情况

表5　涤纶长丝分国别或地区进口情况表

单位：吨、万美元

	进口数量			进口金额		
	2012年	2011年	同比	2012年	2011年	同比
总计	120418.5	154963.4	-22.3%	33995.0	41697.8	-18.48%
其中：台湾地区	63811.5	79740.1	-19.98%	15108.2	18971.5	-20.37%
韩国	21783.2	25579.9	-14.85%	6245.4	6922.8	-9.79%
美国	8977.5	8599.9	4.39%	1275.8	1336.7	-4.56%
中国	8167.6	12239.3	-33.27%	3635.5	5058.5	-28.14%
日本	5613.6	5990.3	-6.29%	4263.9	3343.6	27.52%
泰国	4189.2	10112.4	-58.58%	956.3	2687.9	-64.42%

2012年，涤纶长丝进口总量为12.04万吨，同比下降22.3%。台湾地区仍是最大进口来源地，进口6.38万吨，同比下降19.98%，占进口总量的52.99%；

其次是韩国，进口2.18万吨，同比下降14.85%，占进口总量的18.09%；从美国进口0.9万吨，同比小幅增加4.94%，占进口总量比例达7.46%，居第三位；由于出口退税、加工贸易等原因造成国货复进口量0.82万吨，同比下降33.27%，占进口总量的6.78%；东南亚方面，从泰国和日本进口涤纶长丝出现大幅减少。

表6　涤纶长丝分贸易方式进口情况表

单位：吨、万美元

	进口数量			进口金额		
	2012年	2011年	同比	2012年	2011年	同比
总计	120418.5	154963.4	-22.30%	33995.0	41697.8	-18.48%
一般贸易	61377.6	81036.6	-24.26%	14991.5	20053.3	-25.25%
加工贸易	58349.8	72795.2	-19.85%	18663.9	21080.0	-11.47%
其中：来料加工	4982.6	10902.9	-54.31%	1305.5	2433.8	-46.36%
进料加工	53367.1	61892.3	-13.78%	17358.3	18646.2	-6.91%
保税区	669.4	1112.5	-39.83%	321.5	549.5	-41.49%
其中：仓储进出境	179.0	354.4	-49.5%	122.3	264.2	-53.72%
仓储转口	490.4	758.0	-35.3%	199.2	285.3	-30.17%

涤纶长丝进口贸易方式有所变化。一般贸易进口量同比下降24.26%，占进口总量比例也下降了1.32个百分点，为50.97%；加工贸易进口量同比减少19.85%，但占进口总量比例上升1.48个百分点，为48.46%。

表7　涤纶短纤分国别或地区进口情况表

单位：吨、万美元

	进口数量			进口金额		
	2012年	2011年	同比	2012年	2011年	同比
总计	112361.0	120205.0	-6.53%	21110.3	23841.1	-11.46%
其中：韩国	51363.2	54205.7	-5.25%	9166.6	10316.3	-11.15%
台湾地区	26253.8	26016.9	0.91%	4699.8	4588.5	2.42%
马来西亚	12267.3	14805.0	-17.15%	2000.8	2730.5	-26.73%
日本	8275.0	8292.6	-0.22%	2275.3	2419.5	-5.96%
泰国	3077.4	9812.6	-68.64%	572.5	2153.8	-73.42%
美国	2906.8	699.7	315.41%	502.5	192.8	160.65%

2012 年，涤纶短纤进口总量为 11.24 万吨，同比小幅减少 6.53%。韩国和台湾地区仍是主要进口来源地，其中从韩国进口 5.14 万吨，同比略减 5.25%，占进口总量的 45.71%；从台湾地区进口数量增加，进口量为 2.63 万吨，同比微增 0.91%，占比提高到 23.37%。从美国进口涤纶短纤数量同比激增 315.41%，但绝对数量不大。

表 8　涤纶短纤分贸易方式进口情况表

单位：吨、万美元

	进口数量			进口金额		
	2012 年	2011 年	同比	2012 年	2011 年	同比
总计	112361.0	120205.0	-6.53%	21110.3	23841.1	-11.46%
一般贸易	64957.6	57024.4	13.91%	13156.7	12357.2	6.46%
加工贸易	45476.0	61219.5	-25.72%	7558.4	11045.2	-31.57%
其中：来料加工	10770.4	12915.6	-16.61%	1536.8	1922.6	-20.07%
进料加工	34705.5	48303.9	-28.16%	6021.5	9122.5	-34.00%
保税区	1899.8	1942.3	-2.19%	383.3	431.2	-11.12%
其中：仓储进出境	832.0	995.7	-16.45%	170.9	188.0	-9.09%
仓储转口	1067.8	946.5	12.81%	212.3	243.2	-12.69%

2012 年，涤纶短纤进口贸易方式继续好转。一般贸易占进口总量的比例同比提高 10.37 个百分点，升至 57.81%；同时加工贸易进口比例同比下降 10.46 个百分点，降至 40.47%。

2. 锦纶长丝进口情况

表 9　锦纶长丝分国别或地区进口情况表

单位：吨、万美元

	进口数量			进口金额		
	2012 年	2011 年	同比	2012 年	2011 年	同比
总计	164018.5	169007.6	-2.96%	66565.1	71238.0	-6.56%
其中：台湾地区	86389.2	96363.4	-10.36%	31610.4	36011.7	-12.23%
韩国	18917.1	21964.7	-13.88%	7988.6	9514.5	-16.04%
越南	13317.7	6125.6	117.4%	4230.2	2302.0	83.76%

续表

	进口数量			进口金额		
	2012年	2011年	同比	2012年	2011年	同比
马来西亚	9294.0	6155.2	50.99%	2989.7	2509.1	19.15%
中国	7725.6	8457.5	-8.66%	3484.5	3765.6	-7.47%
美国	6417.7	5280.7	21.53%	3402.1	2792.0	21.85%

2012年，锦纶长丝进口总量为16.40万吨，同比小幅减少2.96%。台湾地区仍是最大进口来源地，进口量为8.64万吨，同比减少10.36%，占进口总量的52.67%；韩国继续位居第二，进口1.89万吨，同比下降13.88%，占进口总量比例下降至11.53%；从越南进口锦纶长丝同比大幅增加117.4%，占进口总量比例达到8.12%，跃居第三位；从其他国家和地区进口数量仍较少，不足1万吨。

表10　锦纶长丝分贸易方式进口情况表

单位：吨、万美元

	进口数量			进口金额		
	2012年	2011年	同比	2012年	2011年	同比
总计	164018.5	169007.6	-2.96%	66565.1	71238.0	-6.56%
一般贸易	93307.9	91512.8	1.96%	37922.9	41084.7	-7.70%
加工贸易	61253.5	71921.9	-14.84%	25129.8	27764.6	-9.50%
其中：来料加工	17296.3	20430.5	-15.35%	4870.5	5478.7	-11.11%
进料加工	43957.1	51491.3	-14.64%	20259.2	22285.9	-9.10%
保税区	9372.3	5509.0	70.12%	3477.6	2364.3	47.08%
其中：仓储进出境	8669.1	3949.1	119.52%	3096.5	1613.5	91.91%
仓储转口	703.1	1559.9	-54.93%	381.1	750.8	-49.25%

锦纶长丝进口贸易方式有所变化。一般贸易同比增加1.96%，增2.74个百分点，占到56.89%；加工贸易进口同比下降14.84%，下降5.21个百分点，降至37.35%；而保税区进口量同比大幅增加70.12%，占进口总量的5.71%，同比提高2.45个百分点。

3. 腈纶进口情况

表 11　腈纶分国别或地区进口情况表

单位：吨、万美元

	进口数量			进口金额		
	2012 年	2011 年	同比	2012 年	2011 年	同比
总计	186527.1	195291.6	-4.49%	59248.1	67874.9	-12.71%
其中：日本	76273.3	79869.4	-4.51%	30165.1	32107.5	-6.05%
台湾地区	29997.3	32538.8	-7.82%	8257.7	10307.6	-19.89%
土耳其	17312.9	16491.2	4.98%	4521.5	4996.3	-9.51%
韩国	15574.5	23470.0	-33.65%	4111.6	7390.1	-44.37%
泰国	13292.8	15423.4	-13.82%	3047.5	4380.7	-30.44%
印度	8883.7	8532.9	4.11%	2079.9	2542.4	-18.2%

2012 年，腈纶进口总量为 18.65 万吨，同比减少 4.49%。其中，从日本进口 7.63 万吨，减少 4.51%，占进口总量的 40.89%；从台湾地区进口 3.0 万吨，减少 7.82%，占 16.08%；从土耳其、印度进口分别增加 4.98%和 4.11%，占进口总量的 9.28%和 4.76%；从韩国、泰国进口数量分别下降 35.65%和 13.82%。

表 12　腈纶分贸易方式进口情况表

单位：吨、万美元

	进口数量			进口金额		
	2012 年	2011 年	同比	2012 年	2011 年	同比
总计	186527.1	195291.6	-4.49%	59248.1	67874.9	-12.71%
一般贸易	110885.3	102217.2	8.48%	35728.9	36854.7	-3.06%
加工贸易	58075.8	65474.8	-11.31%	18572.7	22203.7	-16.36%
其中：来料加工	5066.3	7911.7	-35.97%	1892.5	2523.9	-25.02%
进料加工	53009.4	57563.0	-7.92%	16680.1	19679.7	-15.25%
保税区	17556.3	27595.2	-36.38%	4934.0	8809.6	-44.00%
其中：仓储进出境	2553.4	2651.2	-3.69%	980.1	976.0	0.42%
仓储转口	15002.8	24943.9	-39.86%	3953.8	7833.5	-49.53%

腈纶进口贸易方式继续好转。一般贸易占进口总量比例同比提高 7.11 个百分点，达到 59.45%；同时加工贸易占进口总量比例下降 2.39 个百分点，降至

31.14%；保税区进口比例也下降了4.72个百分点，为9.41%。

4. 粘胶短纤进口情况

表13 粘胶短纤分国别或地区进口情况表

单位：吨、万美元

	进口数量			进口金额		
	2012年	2011年	同比	2012年	2011年	同比
总计	145576.8	138438.1	5.15%	47883.6	48569.0	-1.42%
其中：奥地利	58512.3	43701.2	33.89%	20335.3	16493.6	23.29%
印度尼西亚	29690.3	33884.1	-12.38%	6099.0	8889.8	-31.4%
英国	16105.7	12354.0	30.36%	6852.6	5249.9	30.52%
美国	9950.4	8031.7	23.88%	3425.7	2805.0	22.12%
台湾地区	9476.5	10487.0	-9.64%	2672.9	4032.7	-33.73%
泰国	8505.4	17513.0	-51.44%	2404.1	4966.8	-51.6%

2012年，粘胶短纤进口14.56万吨，同比增加5.15%%。自奥地利、英国、美国进口量分别大幅增加 33.89%、30.36%、23.88%。奥地利占比稳居第一，已达40.19%；从印尼进口量虽有所下降，但仍位居第二，占比达20.39%。自台湾地区和泰国进口比例也大幅下降，但进口量较小。

表14 粘胶短纤分贸易方式进口情况表

单位：吨、万美元

	进口数量			进口金额		
	2012年	2011年	同比	2012年	2011年	同比
总计	145576.8	138438.1	5.15%	47883.6	48569.0	-1.42%
一般贸易	135009.5	126696.6	6.56%	43331.7	43726.7	-0.91%
加工贸易	7121.8	7700.0	-7.51%	3538.4	2940.6	20.32%
其中：来料加工	2642.1	2687.0	-1.68%	1762.8	1242.2	41.9%
进料加工	4479.6	5012.9	-10.64%	1775.6	1698.3	4.54%
保税区	3435.3	4038	-14.93%	1007.3	1898.7	-46.95%
其中：仓储进出境	708.8	579.0	22.41%	236.4	224.2	5.45%
仓储转口	2726.5	3458.9	-21.18%	770.8	1674.4	-53.97%

粘胶短纤进口贸易方式略有变化。一般贸易进口量同比增加 6.56%%，占进口总量的 92.74%，提高了 1.22 个百分点；加工贸易进口量同比减少 7.51%，仅占进口总量的 4.89%，略降 0.67 个百分点。

5. 氨纶进口情况

表 15 氨纶分国别或地区进口情况表

单位：吨、万美元

	进口数量			进口金额		
	2012 年	2011 年	同比	2012 年	2011 年	同比
总计	18819.5	22803.7	-17.48%	17329.4	19497.7	-11.13%
其中：越南	4131.9	7259.7	-43.09%	2896.7	4856.2	-40.36%
日本	2777.8	3366.8	-17.50%	4424.8	3968.0	11.51%
中国	2478.3	2335.4	6.11%	2162.8	2137.5	1.18%
泰国	2473.4	2061.6	19.97%	2100.4	1885.5	11.39%
新加坡	2356.2	2470.3	-4.62%	2180.4	2714.1	-19.67%
韩国	2072.6	2375.8	-12.77%	1521.8	1749.6	-13.02%

2012 年，进口氨纶 1.88 万吨，同比减少 17.48%。从越南进口 0.41 万吨，同比下降 43.09%，占进口总量的比例下降至 21.96%；从日本进口 0.28 万吨，同比下降 17.5%，占进口总量的 14.76%，位居第二位；国货复进口 0.25 万吨，国比增加 6.11%，占进口总量的 13.17%；从泰国进口 0.25 万吨，大幅增加 19.97%，占进口总量的 13.14%。

表 16 氨纶分贸易方式进口情况表

单位：吨、万美元

	进口数量			进口金额		
	2012 年	2011 年	同比	2012 年	2011 年	同比
总计	18819.5	22803.7	-17.48%	17329.4	19497.7	-11.13%
一般贸易	6615.8	10661.6	-37.95%	5464.1	8211.9	-33.47%
加工贸易	11930.8	11179.6	6.71%	11775.5	10940.1	7.63%
其中：来料加工	2391.6	2389.0	0.1%	1509.7	1493.0	1.11%
进料加工	9539.1	8790.5	8.51%	10265.7	9447.1	8.66%

续表

	进口数量			进口金额		
	2012年	2011年	同比	2012年	2011年	同比
保税区	271.2	961.5	-71.79%	87.4	344.6	-74.64%
其中：仓储进出境	0.1	21.1	-99.45%	0	15.9	-99.66%
仓储转口	271.1	940.4	-71.17%	87.3	328.6	-73.42%

氨纶进口贸易方式发生明显变化。一般贸易占进口总量的35.15%，同比大幅下降11.6个百分点；而加工贸易比例继续上升，达到了63.4%，同比提高14.37个百分点。

（三）化纤原料进口情况

表17　合纤主要原料进口情况表

单位：吨、万美元

	进口数量			进口金额		
	2012年	2011年	同比	2012年	2011年	同比
合纤原料总计	16051034.3	16395611.9	-2.11%	2063314.3	2405417.8	-14.23%
其中：乙二醇	7940294.6	7269178.3	9.23%	814434.4	852312.6	-4.45%
对苯二甲酸	5365149.6	6526203.4	-17.8%	586330.4	823876.2	-28.84%
聚酯切片	207028.6	229071.4	-9.63%	37677.3	41918.5	-10.12%
己内酰胺	706546.8	632739.4	11.66%	181370.5	205904.1	-11.92%
聚酰胺切片	849610.7	792233.8	7.24%	275385.7	292407.6	-5.83%
尼龙66盐	9895.6	10221.6	-3.19%	2498.0	2691.4	-7.19%
丙烯腈	555444.3	541665.1	2.54%	104152	125146.2	-16.78%

2012年，主要合纤原料共计进口1605.1万吨，同比小幅减少2.11%，进口金额下降14.23%。从进口数量看：进口量最大的是乙二醇，达794.03万吨，占合纤原料进口总量的49.47%；对苯二甲酸进口量随着国内产能的增长而逐渐下降，进口536.51万吨，占合纤原料进口总量的比例下降至33.43%；锦纶原料己内酰胺、聚酰胺切片进口量分别增加11.66%和7.24%，尼龙66盐进口小幅减少3.19%；聚酯切片进口量减少9.63%；丙烯腈进口量小幅增加2.54%。

表18　乙二醇分国别或地区进口情况表

单位：吨、万美元

	进口数量			进口金额		
	2012年	2011年	同比	2012年	2011年	同比
总计	7940294.6	7269178.3	9.23%	814434.4	852312.6	-4.45%
其中：沙特阿拉伯	3691859.3	3465152.0	6.54%	376012.8	403597.7	-6.84%
台湾地区	1175002.9	1123873.9	4.54%	121850.7	132839.0	-8.28%
加拿大	564723.9	525626.8	7.43%	57665.7	60657.1	-4.94%
科威特	479840.2	349843.9	37.15%	47791.6	40560.1	17.82%
韩国	447193.8	368924.7	21.21%	46344.8	44024.5	5.27%
新加坡	445472.3	567386.3	-21.49%	45397.5	66673.3	-31.92%

2012年，进口乙二醇749.03万吨，同比增加9.23%。沙特阿拉伯仍是最大进口来源地，进口369.19万吨，同比增加6.54%，占进口总量的46.5%；从台湾地区进口117.5万吨，增加4.54%，占进口总量的14.81%，位居第二位；从加拿大进口56.47万吨，同比增加7.43%，占进口总量的7.11%；从科威特、韩国进口数量分别大幅增加37.15%和21.21%，位居第四、第五位；从新加坡进口大幅减少21.49%，占进口量的5.61%。

表19　对苯二甲酸分国别或地区进口情况表

单位：吨、万美元

	进口数量			进口金额		
	2012年	2011年	同比	2012年	2011年	同比
总计	5365149.6	6526203.4	-17.8%	586330.4	823876.2	-28.84%
其中：韩国	2716797.5	3014888.9	-9.89%	294887.7	377326.0	-21.85%
台湾地区	1782575.2	2688418.2	-33.7%	196325.8	343926.3	-42.92%
泰国	557877.6	578747.0	-3.61%	61109.3	72575.6	-15.80%
日本	109222.2	155915.7	-29.95%	12340.6	19776.0	-37.60%
马来西亚	88339.8	8025.4	1000.75%	9842.1	726.8	1254.04%
印度尼西亚	55294.4	36668.0	50.79%	6016.9	4553.0	32.15%

2012年，进口对苯二甲酸536.51万吨，同比减少17.8%。从韩国、台湾

地区、泰国、日本进口量有不同程度的减少，但韩国仍位居第一位，进口量达271.68万吨，占进口总量的50.64%，台湾地区占33.23%；从马来西亚进口量大幅增加11倍，但绝对数量较少，占进口总量比例仅为1.03%。

表20　聚酯切片分国别或地区进口情况表

单位：吨、万美元

	进口数量			进口金额		
	2012年	2011年	同比	2012年	2011年	同比
总计	207028.6	229071.4	-9.63%	37677.3	41918.5	-10.12%
其中：韩国	56507.9	62883.0	-10.14%	11183.6	11766.9	-4.96%
台湾地区	38286.2	46756.0	-18.12%	5343.2	7197.0	-25.76%
美国	30773.9	33682.4	-8.64%	4169.3	4802.8	-13.20%
日本	21288.4	27038.7	-21.27%	4839.2	6206.7	-22.04%
中国	20749.0	15323.7	35.40%	5234.4	4187.4	25.00%
伊朗	11064.7	8954.0	23.57%	1536.2	1358.0	13.12%

2012年，聚酯切片进口总量为20.7万吨，同比下降9.63%。其中，最大进口来源地为韩国，进口5.65万吨，同比下降10.14%，占进口总量的27.29%，微降0.16个百分点；从台湾地区、美国、日本进口聚酯切片数量同比分别减少18.12%、8.64%和21.27%。国货复进口量大增35.40%，占进口量的10.02%，从伊朗进口聚酯切片数量也增加23.57%，占进口量的5.34%。

表21　己内酰胺分国别或地区进口情况表

单位：吨、万美元

	进口数量			进口金额		
	2012年	2011年	同比	2012年	2011年	同比
总计	706546.8	632739.4	11.66%	181370.5	205904.1	-11.92%
其中：俄罗斯	169358.0	141119.9	20.00%	43331.4	45719.7	-5.23%
日本	118759.0	102272.2	16.12%	30456.3	33071.7	-7.91%
美国	94203.0	64192.0	46.75%	23739.7	20607.7	15.19%
比利时	55910.0	42375.7	31.93%	14211.2	13972.1	1.71%
墨西哥	52040.5	59008.5	-11.81%	13467.2	19606.9	-31.32%
白俄罗斯	41948.5	54852.1	-23.53%	10846.1	18011.5	-39.79%

2012年，己内酰胺进口总量为70.65万吨，同比增加11.66%。其中，从俄罗斯、日本、美国、比利时进口量分别大幅增加20.00%、16.12%、46.75%、31.93%，占进口总量的比例分别达到23.97%、16.81%、13.33%、7.91%；从墨西哥和白俄罗斯进口量有所减少。

表22 聚酰胺切片分国别或地区进口情况表

单位：吨、万美元

	进口数量			进口金额		
	2012年	2011年	同比	2012年	2011年	同比
总计	849610.7	792233.8	7.24%	275385.7	292407.6	-5.83%
其中：台湾地区	310834.9	268994.2	15.55%	89075.9	93501.4	-4.74%
美国	90252.7	92818.0	-2.77%	29744.9	33576.1	-11.42%
韩国	79819.2	81740.3	-2.36%	26178.1	30133.3	-13.13%
德国	48405.1	52948.2	-8.59%	18602.3	20369.6	-8.68%
中国	46273.6	38208.4	21.1%	17431.5	14674.2	18.78%
俄罗斯	37900.3	56096.4	-32.44%	9070.5	18587.1	-51.20%

2012年，聚酰胺切片进口总量为84.96万吨，同比增加7.24%。其中，最大进口来源地是台湾地区，31.08万吨，同比增加15.55%，占进口总量的36.59%，提高了2.64个百分点；从美国、韩国和德国进口小幅减少2.77%、2.36%和8.59%；国货复进口量大增21.1%，占进口量的5.45%；从俄罗斯进口数量大幅减少32.44%，下降2.62个百分点。

表23 丙烯腈分国别或地区进口情况表

单位：吨、万美元

	进口数量			进口金额		
	2012年	2011年	同比	2012年	2011年	同比
总计	555444.3	541665.1	2.54%	104152.0	125146.2	-16.78%
其中：韩国	147922.5	135385.9	9.25%	27864.1	30366.3	-8.24%
美国	147093.3	171815.3	-14.39%	27380.5	39703.3	-31.04%
台湾地区	119693.2	78325.0	52.81%	22339.0	18648.3	19.79%
日本	96046.8	119944.4	-19.93%	18294.4	28045.8	-34.77%
俄罗斯	17422.9	7411.1	135.09%	3263.1	1636.1	99.43%
巴西	8326.8	5395.4	54.33%	1400.1	1182.3	18.41%

2012年，丙烯腈进口总量为55.54万吨，同比增加2.54%，但进口金额却大幅减少 16.78%。其中韩国、美国、台湾地区和日本是最主要进口来源地，分别占进口总量的26.63%、26.48%、21.55%和17.29%。从俄罗斯、巴西进口数量大幅增加135.09%、54.33%，占进口总量的3.14%、1.5%。

表24　人纤原料进口情况表

单位：吨、万美元

	进口数量			进口金额		
	2012年	2011年	同比	2012年	2011年	同比
人纤原料总计	1807590.9	1345962.2	34.29%	195595.5	227553.2	-14.05%
其中：棉短绒	170370.6	140724	21.06%	8634.8	15425.8	-44.03%
人纤棉浆	2469.0	5746.7	-57.04%	690.2	1535.6	-55.06%
人纤木浆	1579193.4	1145315.8	37.88%	182276.9	206408.0	-11.70%
其他纤维素浆	55557.7	54175.4	2.55%	3993.5	4183.6	-4.55%

2012年，主要人纤原料共计进口180.75万吨，同比大幅增加34.29%，进口金额则下降14.05%。其中进口量最大的仍是人纤木浆，进口157.92万吨，同比大幅增加37.88%，占主要人纤原料进口总量的86.36%，进口金额同比下降11.70%；棉短绒进口17.04万吨，同比增加21.06%，占9.43%，进口金额大幅下降44.03%；其他纤维素浆进口5.56万吨，同比增加2.55%。

表25　棉短绒分国别或地区进口情况表

单位：吨、万美元

	进口数量			进口金额		
	2012年	2011年	同比	2012年	2011年	同比
总计	170370.6	140724	21.06%	8634.8	15425.8	-44.03%
其中：印度	69100.1	41638.9	65.95%	3235.4	4114.3	-21.37%
土耳其	36179.9	16795.7	115.41%	1674.5	1817.0	-7.84%
土库曼斯坦	23428.5	10438.3	124.44%	1174.4	1206.8	-2.69%
美国	15282.3	33498.3	-54.38%	1103.5	4201.5	-73.74%
叙利亚	7820.7	4779.9	63.61%	435.0	553.8	-21.45%
乌兹别克斯坦	5465.0	17156.2	-68.15%	334.9	1855.0	-81.95%

2012 年，棉短绒进口总量为 17.04 万吨，同比增加 21.06%，但进口金额却大幅减少 44.03%。其中，最大进口来源地是印度，进口 6.91 万吨，同比大幅增加 65.95%，占进口总量的 40.56%；从土耳其、土库曼斯坦进口分别大幅增加 115.41%、124.44%，进口量分别达 3.62、2.34 万吨，占进口总量的 21.24%、13.75%；从叙利亚进口大幅增加 63.61%，但进口数量较少。

表 26 人纤木浆分国别或地区进口情况表

单位：吨、万美元

	进口数量			进口金额		
	2012 年	2011 年	同比	2012 年	2011 年	同比
总计	1579193.4	1145315.8	37.88%	182276.9	206408.0	-11.70%
其中：美国	360946.6	214537.0	68.24%	48736.3	36279.8	34.33%
加拿大	309731.2	227041.7	36.42%	35808.9	43733.2	-18.12%
巴西	232359.5	260391.1	-10.77%	26206.4	50894.0	-48.51%
印度尼西亚	172765.0	143211.4	20.63%	17951.7	24591.6	-27.01%
南非	141965.4	101950.5	39.24%	13455.9	14245.1	-5.55%
瑞典	104592.2	76551.6	36.62%	11544.3	14414.0	-19.91%

2012 年，人纤用木浆进口总量为 157.92 万吨，同比大幅增加 37.88%，进口金额反而减少 11.70%。美国、加拿大、巴西等国仍是主要进口来源地，其中自美国进口 36.09 万吨，同比大幅增加 68.24%，占进口总量的 22.86%；自加拿大进口 30.97 万吨，同比也大幅增加 36.42%，占进口总量的 19.61%；自巴西进口 23.24 万吨，同比减少 10.77%，占 14.71%。从印尼、南非和瑞典进口分别增加 20.63%、39.24%和 36.62%，分别占进口总量的 1094%、8.99%和 6.62%。

二、出口情况

（一）化纤出口整体情况

表 27 化纤出口主要品种表

单位：吨、万美元

	出口数量			出口金额		
	2012 年	2011 年	同比	2012 年	2011 年	同比
化学纤维	2468100.6	2363068.6	4.44%	597357.6	632699.6	-5.59%
其中：涤纶长丝	1078877.0	945181.8	14.14%	213625.1	216941.3	-1.53%

续表

	出口数量			出口金额		
	2012年	2011年	同比	2012年	2011年	同比
涤纶短纤	670652.0	816101.7	-17.83%	97263.1	134312.8	-27.59%
锦纶长丝	116209.9	122589.7	-5.21%	51818.0	58944.2	-12.09%
腈　　纶	5780.9	4052.5	42.64%	1846.0	1359.6	35.76%
粘胶长丝	76491.1	81249.6	-5.86%	48755.1	56705.7	-14.03%
粘胶短纤	269101.6	164074.4	64.01%	57646.3	46257.8	24.61%
氨　　纶	44148.8	34922.4	26.41%	29570.4	23829.7	24.09%

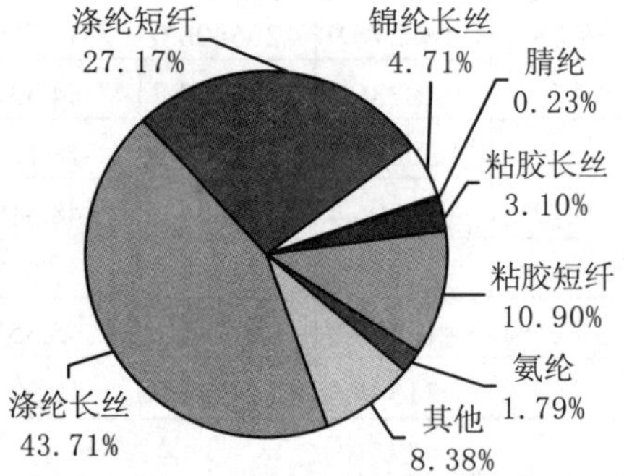

图4　化纤出口主要品种图

2012年，共出口化纤246.81万吨，同比增加4.44%，自9月份以来扭转为连续正增长。分品种看：涤纶长丝出口量最多，达107.89万吨，同比增长 14.14%，占化纤出口总量的43.71%；涤纶短纤出口67.07万吨，同比减少 17.83%，占出口总量的27.17%；粘胶短纤出口量大幅增加64.01%，占出口化纤总量比例提高至10.9%；其他品种出口量仍较少。

表28　化纤分国家或地区出口情况表

单位：吨、万美元

	出口数量			出口金额		
	2012年	2011年	同比	2012年	2011年	同比
总计	2468100.6	2363068.6	4.44%	597357.6	632699.6	-5.59%
其中：土耳其	319863.5	252638.1	26.6%	67680.6	64502.7	4.92%
美国	259509.5	242163.5	7.16%	47822.2	47662.7	0.33%
巴基斯坦	254841.1	286540.4	-11.07%	58792.6	69020.3	-14.82%
印度尼西亚	151908.9	98042.8	54.94%	33607.7	24768.2	35.68%
越南	143088.0	104710.6	36.65%	30466.8	26002.0	17.17%
韩国	131762.0	130567.8	0.91%	39813.1	44316.4	-10.17%

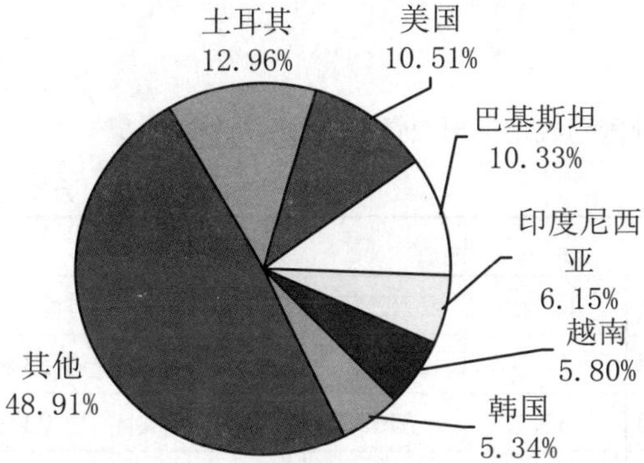

图5 化纤分国家或地区出口图

化纤出口市场以土耳其、美国、巴基斯坦、印尼、越南、韩国为主，分别占化纤出口总量的 12.96%、10.51%、10.33%、6.15%、5.8%、5.34%，并且对土耳其、印尼、越南的出口量还在继续大幅增加，说明这些新兴国家的纺织产业快速发展增加了对化纤的需求。

表29 化纤分贸易方式出口情况表

单位：吨、万美元

	出口数量			出口金额		
	2012年	2011年	同比	2012年	2011年	同比
总计	2468100.6	2363068.6	4.44%	597357.6	632699.6	-5.59%
一般贸易	794420.2	763438.3	4.05%	257696.5	265646.9	-3.00%
加工贸易	1644863.5	1573387.9	4.54%	328178.6	354986.5	-7.56%
其中：来料加工	3689.5	4021.5	-8.26%	1643.2	1830.2	-10.22%
进料加工	1641173.9	1569366.4	4.57%	326535.3	353156.2	-7.54%
保税区	9459.9	12236.2	-22.69%	6382.1	8218.8	-22.35%
其中：仓储进出境	776.6	953.5	-18.55%	452.4	483.2	-6.38%
仓储转口	8683.2	11282.7	-23.04%	5929.7	7735.5	-23.35%

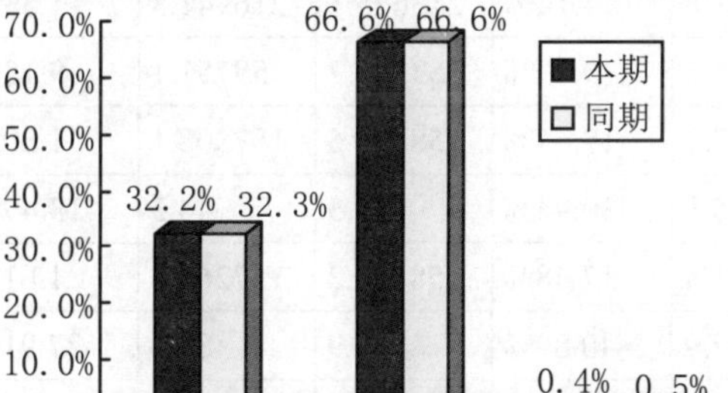

图6 化纤出口贸易方式比重图

2012年，化纤出口贸易方式和上年同期相比没有明显变化，仍以加工贸易为主，占 66.6%，一般贸易占 32.2%；这和我国化纤原料短缺需大量进口有关。

（二）化纤分品种出口情况

1. 涤纶出口情况

表30 涤纶长丝分国别或地区出口情况表

单位：吨、万美元

	出口数量			出口金额		
	2012年	2011年	同比	2012年	2011年	同比
总计	1078877.0	945181.8	14.14%	213625.1	216941.3	-1.53%
其中：土耳其	166870.5	125169.7	33.31%	31332.9	27719.4	13.03%
巴基斯坦	113552.1	120394.4	-5.69%	20887.0	25858.6	-19.23%
越南	82922.2	47404.3	74.92%	15509.2	10837.0	43.11%
韩国	82526.8	86600.7	-4.71%	17369.6	21197.0	-18.06%
埃及	64863.4	57716.0	12.38%	10883.3	11179.1	-2.65%
美国	56322.3	50653.5	11.19%	11847.3	12000.2	-1.28%

2012年，涤纶长丝出口总量为107.89万吨，同比增长14.14%。土耳其仍是第一大市场，出口量达16.69万吨，同比大幅增加33.31%，占出口总量的15.47%；对越南、埃及和美国出口涤纶长丝分别增长74.92%、12.38%和11.19%，对巴基斯坦和韩国出口分别减少5.69%和4.71%。

表31 涤纶长丝分贸易方式出口情况表

单位：吨、万美元

	出口数量			出口金额		
	2012年	2011年	同比	2012年	2011年	同比
总计	1078877	945181.8	14.14%	213625.1	216941.3	-1.53%
一般贸易	245559.6	238184.5	3.09%	53742.7	59151.1	-9.15%
加工贸易	828231.3	705037.2	17.47%	158896.6	157308.1	1.00%
其中：来料加工	80.0	115.8	-30.94%	38.3	44.3	-13.49%
进料加工	828151.3	704921.4	17.48%	158858.2	157263.8	1.01%
保税区	146.5	247.9	-40.89%	60.9	84.6	-27.91%
其中：仓储进出境	33.2	24.8	33.72%	16.8	10.9	54.23%
仓储转口	113.3	223.1	-49.21%	44.1	73.6	-40.07%

2012 年，涤纶长丝加工贸易出口大幅增长 17.47%，占出口总量的比例达到 76.77%，同比提高 2.18 个百分点，而一般贸易比重仅 22.76%，同比下降 2.44 个百分点。

表 32　涤纶短纤分国别或地区出口情况表

单位：吨、万美元

	出口数量			出口金额		
	2012 年	2011 年	同比	2012 年	2011 年	同比
总计	670652.0	816101.7	-17.83%	97263.1	134312.8	-27.59%
其中：美国	161301.7	156426.9	3.11%	21239.9	21850.2	-2.8%
巴基斯坦	88805.7	125148.1	-29.04%	12504	21504.2	-41.86%
俄罗斯	41874.7	50973.3	-17.85%	6282.9	8046.7	-21.92%
印度尼西亚	39341.3	51344.5	-23.38%	5827.6	9382.0	-37.89%
越南	31211.3	35727.3	-12.65%	4772.3	6405.5	-25.50%
以色列	28343.1	27917.7	1.52%	4181.5	4987.9	-16.17%

2012 年，涤纶短纤出口总量为 67.07 万吨，同比减少 17.83%。其中，对美国出口 16.13 万吨，同比小幅增加了 3.11%，占出口总量的 24.05%；对巴基斯坦、俄罗斯、印尼、越南出口减幅较大。

表 33　涤纶短纤分贸易方式出口情况表

单位：吨、万美元

	出口数量			出口金额		
	2012 年	2011 年	同比	2012 年	2011 年	同比
总计	670652.0	816101.7	-17.83%	97263.1	134312.8	-27.59%
一般贸易	85395.0	148768.1	-42.60%	12542	22666.1	-44.67%
加工贸易	580466.8	661220.8	-12.22%	83933.1	110556.3	-24.09%
其中：来料加工	18.9	11.3	67.20%	10.0	3.6	172.39%
进料加工	580447.9	661209.5	-12.22%	83923.1	110552.6	-24.09%
保税区	883.0	1247.1	-29.21%	161.0	233.6	-31.10%
其中：仓储进出境	13.9	492.3	-97.16%	4.9	94.4	-94.81%
仓储转口	869.0	754.7	15.13%	156.1	139.2	12.11%

2012年，涤纶短纤一般贸易出口大幅减少42.60%，占出口总量的比例也下降5.5个百分点，仅为12.73%；加工贸易出口量也减少12.22%，但占出口总量的比例却提高了5.53个百分点。

2. 锦纶长丝出口情况

表34　锦纶长丝分国别或地区出口情况表

单位：吨、万美元

	出口数量			出口金额		
	2012年	2011年	同比	2012年	2011年	同比
总计	116209.9	122589.7	-5.21%	51818.0	58944.2	-12.09%
其中：印度	11634.1	9544.0	21.90%	4145.8	4250.9	-2.48%
韩国	9628.8	9643.8	-0.16%	4889.1	5215.8	-6.27%
台湾地区	9104.0	11650.7	-21.86%	3778.8	5135.1	-26.42%
香港地区	8621.3	8347.1	3.28%	4706.8	4580.8	2.75%
美国	6359.8	7052.9	-9.83%	2705.5	3158.3	-14.34%
泰国	5972.1	6040.7	-1.14%	2398.8	2639.5	-9.12%

2012年，锦纶长丝出口总量为11.62万吨，同比小幅减少5.21%。其中，对印度出口1.16万吨，同比增加21.90%；对台湾地区出口量大幅减少，对韩国、美国和泰国出口也有不同程度的减少。

表35　锦纶长丝分贸易方式出口情况表

单位：吨、万美元

	出口数量			出口金额		
	2012年	2011年	同比	2012年	2011年	同比
总计	116209.9	122589.7	-5.21%	51818.0	58944.2	-12.09%
一般贸易	43275.8	48658.0	-11.07%	19857.8	23168.2	-14.29%
加工贸易	65674.0	65097.9	0.88%	27809.3	30672.6	-9.34%
其中：来料加工	740.9	928.2	-20.19%	309.0	378.8	-18.41%
进料加工	64933.1	64169.7	1.18%	27500.2	30293.7	-9.23%
保税区	7169.4	8746.6	-18.04%	4123.2	5072.3	-18.72%
其中：仓储进出境	347.1	47.3	632.55%	129.3	14.0	822.77%
仓储转口	6822.3	8699.2	-21.58%	3993.9	5058.2	-21.05%

2012 年，锦纶长丝一般贸易出口量 4.33 万吨，同比减少 11.07%，占出口总量的比例也下降 2.45 个百分点，为 37.24%；加工贸易出口量小幅微增 0.88%，占出口总量的比例也提高了 3.41 个百分点，达到 56.51%。

3. 粘胶长丝出口情况

表 36　粘胶长丝分国别或地区出口情况表

单位：吨、万美元

	出口数量			出口金额		
	2012 年	2011 年	同比	2012 年	2011 年	同比
总计	76491.1	81249.6	-5.86%	48755.1	56705.7	-14.03%
其中：巴基斯坦	22875.6	18804.1	21.65%	14362.6	12611.9	13.88%
印度	13016.9	19461.0	-33.12%	8530.2	14309.5	-40.39%
韩国	8657.2	8539.2	1.38%	5632.0	6059.5	-7.06%
土耳其	5330.0	5715.7	-6.75%	3565.9	4201.2	-15.13%
意大利	5100.9	6074.3	-16.03%	3276.9	4387.8	-25.32%
摩洛哥	3547.3	4544.5	-21.95%	2048.1	2978.0	-31.23%

2012 年，粘胶长丝出口总量为 7.65 万吨，同比小幅减少 5.86%，出口市场以巴基斯坦和印度为主。其中对巴基斯坦出口 2.29 万吨，同比继续增加 21.65%，占出口总量的 29.91%；对印度出口 1.3 万吨，同比大幅下降 33.12%，占出口总量的 17.02%，同比下降 6.93 个百分点。

表 37　粘胶长丝分贸易方式出口情况表

单位：吨、万美元

	出口数量			出口金额		
	2012 年	2011 年	同比	2012 年	2011 年	同比
总计	76491.1	81249.6	-5.86%	48755.1	56705.7	-14.03%
一般贸易	74676.7	79062.5	-5.55%	47766.2	55584.6	-14.07%
加工贸易	1533.8	1880.8	-18.45%	810.1	928.0	-12.72%
其中：来料加工	19.0	115.9	-83.58%	6.5	74.9	-91.22%
进料加工	1514.8	1764.8	-14.17%	803.5	853	-5.82%
保税区	33.6	16.3	105.29%	34.4	15.0	129.34%
其中：仓储进出境	33.6	16.1	108.1%	34.4	14.8	131.75%
仓储转口	0	0.2	-	0	0.1	-

2012 年，粘胶长丝出口贸易方式以一般贸易为主，出口 7.46 万吨，占出口总量的 97.63%，其他贸易方式的出口量很少。

4. 粘胶短纤出口情况

表 38 粘胶短纤分国别或地区出口情况表

单位：吨、万美元

	出口数量			出口金额		
	2012 年	2011 年	同比	2012 年	2011 年	同比
总计	269101.6	164074.4	64.01%	57646.3	46257.8	24.61%
其中：土耳其	105259.9	66437.1	58.43%	21760.7	19112.1	13.85%
印度尼西亚	68635.8	20485.2	235.05%	14476.0	5488.0	163.77%
美国	25632.7	19510.9	31.37%	6202.2	5610.0	10.55%
巴基斯坦	14609.1	11894.0	22.82%	3172.4	3232.2	-1.86%
越南	13270.9	8677.3	52.93%	2769.2	2335.3	18.57%
韩国	12278.8	6976.3	76.00%	2737.5	1978.5	38.35%

2012 年，粘胶短纤出口总量为 26.91 万吨，同比大幅增加 64.01%，出口市场以土耳其和印尼为主。其中对土耳其出口 10.53 万吨，同比继续大幅增加 58.43%，占出口总量的 39.12%；对印尼出口 6.86 万吨，同比急剧增加 3.35 倍，占出口总量的比例达到 25.51%，同比提高 13.02 个百分点。

表 39 粘胶短纤分贸易方式出口情况表

单位：吨、万美元

	出口数量			出口金额		
	2012 年	2011 年	同比	2012 年	2011 年	同比
总计	269101.6	164074.4	64.01%	57646.3	46257.8	24.61%
一般贸易	174076.5	101437.3	71.60%	37469.9	28741.8	30.36%
加工贸易	94646.0	61718.2	53.35%	20092.7	17242.1	16.53%
其中：来料加工	10.4	0.3	2586.41%	4.5	0.1	2626.18%
进料加工	94635.6	61717.8	53.33%	20088.2	17241.9	16.50%
保税区	14.9	22.2	-32.64%	11.1	13.7	-19.24%
其中：仓储进出境	11.5	0.2	5671%	4.4	0	4603.78%
仓储转口	3.4	22.0	-84.49%	6.6	13.6	-51.36%

粘胶短纤出口贸易方式以一般贸易为主，同比增加 71.60%，一般贸易量占出口总量的 64.69%，加工贸易占 35.17%。

5. 氨纶出口情况

表 40 氨纶分国别或地区出口情况表

单位：吨、万美元

	出口数量			出口金额		
	2012 年	2011 年	同比	2012 年	2011 年	同比
总计	44148.8	34922.4	26.41%	29570.4	23829.7	24.09%
其中：韩国	6890.5	6940.7	-0.73%	4623.8	4820.0	-4.08%
比利时	5596.7	3810.8	46.86%	3638.4	2456.3	48.12%
土耳其	3612.6	2037.0	77.34%	2359.8	1419.7	66.21%
越南	3305.6	2090.6	58.11%	2048.5	1342.7	52.55%
香港地区	2987.5	2646.5	12.88%	2320.8	2000.3	16.02%
台湾地区	2268.4	2865.9	-20.85%	1623.0	2066.2	-21.45%

2012 年，氨纶出口总量为 4.41 万吨，同比增加 26.41%。韩国仍是我国氨纶主要出口市场，出口量为 6890.5 吨，同比略减少 0.73%，占出口总量的 15.61%，位居第一位；对比利时、土耳其、越南出口分别大幅增长 46.86%、77.34%、58.11%，占比也分别达到 12.68%、8.18%、7.49%。

表 41 氨纶分贸易方式出口情况表

单位：吨、万美元

	出口数量			出口金额		
	2012 年	2011 年	同比	2012 年	2011 年	同比
总计	44148.8	34922.4	26.41%	29570.4	23829.7	24.09%
一般贸易	25030.3	17035.4	46.93%	16543.9	11193.8	47.79%
加工贸易	18646.7	17617.1	5.84%	12727.2	12376.4	2.83%
其中：来料加工	0	0	166.66%	0	0	165.57%
进料加工	18646.6	17617.1	5.84%	12727.1	12376.4	2.83%
保税区	99.0	231.4	-57.21%	76.2	248.0	-69.26%
其中：仓储进出境	2.6	4.8	-44.62%	2.3	3.6	-35.5%
仓储转口	96.3	226.6	-57.48%	73.9	244.4	-69.76%

2012年，氨纶一般贸易出口量大幅增加46.93%，占出口总量的56.7%，同比提高7.92个百分点；加工贸易出口量仅微增5.84%，占出口总量的42.24%，同比下降8.21个百分点。

（三）聚酯切片出口情况

表42　聚酯切片（含瓶片）分国别或地区出口情况表

单位：吨、万美元

	出口数量			出口金额		
	2012年	2011年	同比	2012年	2011年	同比
总计	1368685.4	1046666.2	30.76%	196141.9	176925.3	10.86%
其中：日本	210858.3	157845.0	33.58%	29955.8	26314.5	13.83%
乌克兰	97248.0	93656.9	3.83%	13890.6	15696.9	-11.51%
俄罗斯	79595.1	110938.1	-28.26%	11499.3	18771.7	-38.75%
美国	74908.7	104329.2	-28.2%	10940.3	17487.5	-37.44%
克罗地亚	51987.0	34925.4	48.85%	7241.7	5672.6	27.66%
埃及	47231.7	19698.0	139.77%	6562.7	3118.4	110.44%

2012年，聚酯切片出口总量为136.87万吨，同比增加30.76%，以瓶片为主。日本仍是最大出口市场，出口量为21.09万吨，同比继续增加33.58%，占出口总量的15.41%，居第一位；对乌克兰出口9.74万吨，居第二位，占出口总量的7.11%；对俄罗斯和美国出口出现较大幅度回落。

表43　聚酯切片（含瓶片）分贸易方式出口情况表

单位：吨、万美元

	出口数量			出口金额		
	2012年	2011年	同比	2012年	2011年	同比
总计	1368685.4	1046666.2	30.76%	196141.9	176925.3	10.86%
一般贸易	10564.4	8598.1	22.86%	2076.0	1844.6	12.53%
加工贸易	1350674.5	1027598.4	31.43%	192755.1	173199.9	11.29%
其中：来料加工	3952.4	3059.5	29.18%	658.8	609.6	8.07%
进料加工	1346722	1024538.9	31.44%	192096.3	172590.3	11.30%
保税区	7086.2	10340.1	-31.47%	1264.7	1860.9	-32.04%
其中：仓储进出境	58.5	34.4	70.12%	24.5	12.4	98.05%
仓储转口	7027.6	10305.6	-31.81%	1240.2	1848.5	-32.91%

聚酯切片出口贸易方式以加工贸易为主，占出口总量的 98.68%，其他贸易方式的出口量很少。

表 44　聚酯瓶片分国别或地区出口情况表

单位：吨、万美元

	出口数量			出口金额		
	2012 年	2011 年	同比	2012 年	2011 年	同比
总计	1241723.2	955118.1	30.00%	175962.4	159379.4	10.40%
其中：日本	196369.3	145255.7	35.18%	27662.3	24006.3	15.22%
乌克兰	97227.0	93631.9	3.83%	13887.5	15694.0	-11.52%
美国	74666.5	104052.1	-28.25%	10850.3	17380.5	-37.58%
俄罗斯	69675.6	102101.0	-31.76%	10029.7	17277.1	-41.95%
克罗地亚	51987.0	34925.1	48.85%	7241.7	5672.5	27.66%
菲律宾	45972.2	13214.2	247.89%	6326.5	2020.4	213.12%

2012 年，聚酯瓶片出口 124.17 万吨，同比增加 30%，占聚酯切片出口量的 90.72%。日本仍是最大出口市场，出口量为 19.64 万吨，同比继续增加 35.18%，占聚酯瓶片出口总量的 15.81%，居第一位；对乌克兰出口 9.72 万吨，居第二位，占聚酯瓶片出口总量的 7.83%；对美国、俄罗斯分别出口 7.47 万吨和 6.97 万吨，分别占 6.01%和 5.61%。

表 45　聚酯瓶片分贸易方式出口情况表

单位：吨、万美元

	出口数量			出口金额		
	2012 年	2011 年	同比	2012 年	2011 年	同比
总计	1241723.2	955118.1	30.00%	175962.4	159379.4	10.40%
一般贸易	5545.2	4750.2	16.73%	769.1	859.1	-10.48%
加工贸易	1233017.9	941786.4	30.92%	174622.8	157221.3	11.06%
其中：来料加工	3948.0	3055.0	29.22%	657.8	608.6	8.08%
进料加工	1229069.9	938731.3	30.92%	173965.0	156612.6	11.07%
保税区	3026.3	8490.2	-64.36%	550.5	1285.5	-57.18%
其中：仓储进出境	0	0.6	-	0	0.2	-
仓储转口	3026.3	8489.5	-64.36%	550.5	1285.3	-57.17%

聚酯瓶片出口贸易方式以加工贸易为主，占出口总量的99.3%，其他贸易方式的出口量很少。

（四）化纤制纺织品服装出口情况

1. 化纤纺织品出口情况

表46 化纤纺织品分国别或地区出口情况表

单位：吨、万美元

	出口数量			出口金额		
	2012年	2011年	同比	2012年	2011年	同比
总计	4711426.3	4677621.1	0.72%	2966361.9	2904883.6	2.11%
其中：美国	230216.9	221944.2	3.72%	179972.1	166105.6	8.34%
阿联酋	207895.3	230058.0	-9.64%	151923.2	158120.5	-3.92%
越南	203706.8	198180.8	2.78%	170446.4	141842.3	20.16%
孟加拉国	196644.7	198733.1	-1.06%	123770.3	132112.4	-6.32%
印度尼西亚	181792.6	163989.5	10.85%	107412.4	99378.1	8.08%
香港地区	173984.2	199149.2	-12.64%	175906.3	194338.8	-9.49%

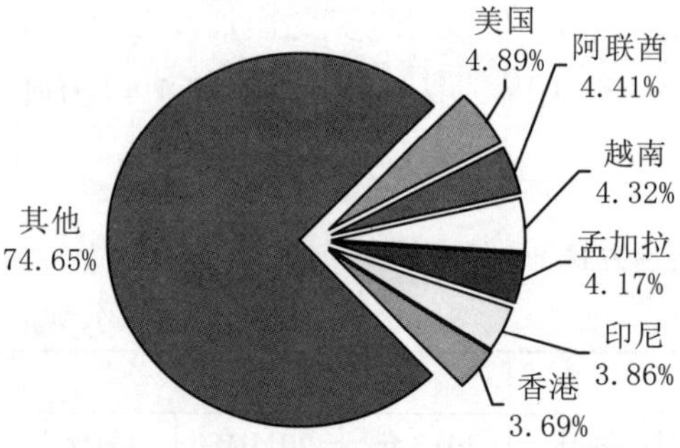

图7 化纤纺织品分国别或地区出口图

2012年，化纤纺织品共出口471.14万吨，同比略增0.72%。主要出口市场是美国、阿联酋、越南、孟加拉、印尼和香港地区，占出口总量的比重分别为4.89%、4.41%、4.32%、4.17%、3.86%、3.69%。

表47 化纤纺织品分贸易方式出口情况表

单位：吨、万美元

	出口数量			出口金额		
	2012年	2011年	同比	2012年	2011年	同比
总计	4711426.3	4677621.1	0.72%	2966361.9	2904883.6	2.11%
一般贸易	3893477.8	3859993.6	0.86%	2525931.4	2480354.1	1.83%

续表

	出口数量			出口金额		
	2012年	2011年	同比	2012年	2011年	同比
加工贸易	547644.5	603555.2	-9.27%	267776.9	297487.1	-9.99%
其中：来料加工	36708.1	70451.8	-47.9%	19671.9	29968.0	-34.36%
进料加工	510936.4	533103.3	-4.16%	248104.9	267519.0	-7.26%
保税区	22588.5	22692.0	-0.46%	22282.9	19479.2	14.39%
其中：仓储进出境	12241.4	12191.1	0.41%	10656.7	10400.0	2.46%
仓储转口	10347.1	10500.8	-1.47%	11626.1	9079.1	28.05%

2012年，化纤纺织品出口贸易方式以一般贸易为主，占出口总量的82.64%，与上年同期基本持平；加工贸易出口量同比下降9.27%，占出口总量的比重为11.62%。

表48　化纤机织物分国别或地区出口情况表

单位：吨、万美元

	出口数量			出口金额		
	2012年	2011年	同比	2012年	2011年	同比
总计	2710575.5	2710246.2	0.01%	1623670.5	1586905.3	2.31%
其中：阿联酋	165788.9	178196.6	-6.97%	117908.1	118159.2	-0.22%
越南	136154.5	128647.6	5.83%	110935.1	92715.5	19.65%
巴西	120110.9	118823.8	1.08%	63574.5	61701.5	3.03%
印度尼西亚	111310.7	106073.9	4.93%	69583.3	64496.7	7.88%
俄罗斯	101609.9	99335.6	2.28%	60196.0	58425.5	3.03%
泰国	81802.3	71712.4	14.06%	36795.2	31015.9	18.63%

2012年，化纤机织物共出口271.06万吨，与上年同期持平。主要出口市场是阿联酋、越南、巴西、印尼俄罗斯和泰国，占出口总量的比重分别为6.12%、5.02%、4.43%、4.11%、3.75%、3.02%。

表49 化纤机织物分贸易方式出口情况表

单位：吨、万美元

	出口数量			出口金额		
	2012年	2011年	同比	2012年	2011年	同比
总计	2710575.5	2710246.2	0.01%	1623670.5	1586905.3	2.31%
一般贸易	2483877.9	2517028.9	-1.32%	1494221.1	1482543.3	0.78%
加工贸易	76083.6	85847.0	-11.38%	37701.8	46957.0	-19.71%
其中：来料加工	7114.5	8292.0	-14.21%	1582.3	2984.9	-46.99%
进料加工	68969.1	77554.9	-11.08%	36119.4	43972.0	-17.86%
保税区	9217.6	10769.3	-14.41%	8996.1	8449.8	6.46%
其中：仓储进出境	4798.5	5563.9	-13.76%	3614.4	4859.5	-25.63%
仓储转口	4419.0	5205.4	-15.11%	5381.6	3590.2	49.89%

2012年，化纤机织物出口贸易方式以一般贸易为主，同比略降1.32%，占出口总量的91.64%；加工贸易出口量同比下降11.38%，占出口总量的比重仅为2.81%。

2. 化纤针织品出口情况

表50 化纤针织品分国别或地区出口情况表

单位：吨、万美元

	出口数量			出口金额		
	2012年	2011年	同比	2012年	2011年	同比
总计	5197465.5	4569012.5	13.75%	621383.6	561174.7	10.72%
其中：印度	516528.0	386350.0	33.69%	27120.5	30740.7	-11.78%
美国	365600.5	338429.3	8.02%	46012.4	44156.1	4.20%
巴西	357287.1	270229.4	32.21%	39306.5	34640.7	13.46%
越南	348719.6	298931.5	16.65%	47468.4	37122.5	27.86%
吉尔吉斯斯坦	288255.4	385614.3	-25.25%	29190.1	34619.5	-15.69%
墨西哥	276717.5	234803.7	17.85%	31027.4	28696.5	8.12%

2012年，化纤针织品共出口519.75万吨，同比增长13.75%。其中，第一大市场是印度，出口量51.65万吨，占出口总量比重的9.94%，同比快速增加

33.69%，但出口金额却下降 11.78%，值得关注。对美国、巴西、越南、墨西哥出口也分别增长 8.02%、32.21%、16.65、17.85%，占出口总量比重分别达 7.03%、6.89%、6.71%、5.32%。对吉尔吉斯斯坦出口大幅下降 25.25%，占出口总量比重为 5.55%。

表 51　化纤针织品分贸易方式出口情况表

单位：吨、万美元

	出口数量			出口金额		
	2012 年	2011 年	同比	2012 年	2011 年	同比
总计	5197465.5	4569012.5	13.75%	621383.6	561174.7	10.72%
一般贸易	4866623.0	4363876.0	11.52%	578169.4	529074	9.27%
加工贸易	157071.6	104335.7	50.54%	20256.7	19977.8	1.39%
其中：来料加工	16512.7	15752.8	4.82%	1720.2	1536.5	11.96%
进料加工	140558.9	88582.9	58.67%	18536.4	18441.3	0.51%
保税区	16542.1	15656.2	5.65%	2460.3	2123.2	15.87%
其中：仓储进出境	10254.5	9722.0	5.47%	1681.3	1444.6	16.38%
仓储转口	6287.5	5934.1	5.95%	778.9	678.5	14.79%

2012 年，化纤针织品出口贸易方式以一般贸易为主，占出口总量的 93.63%；加工贸易出口量同比增长 50.54%，虽然增长明显，但占比仅为 3.02%。

3. 化纤服装出口情况

表 52　化纤服装分国别或地区出口情况表

单位：万件套、万美元

	出口数量			出口金额		
	2012 年	2011 年	同比	2012 年	2011 年	同比
总计	2474263.6	2425207.8	2.02%	6197507.2	5982321.1	3.59%
其中：美国	502024.9	448585.2	11.91%	1017159.9	955164.0	6.49%
日本	254725.8	251878.0	1.13%	1014665.8	967203.5	4.90%
阿联酋	130136.7	120770.8	7.75%	212489.9	176463.6	20.41%
德国	98261.3	117924.6	-16.68%	300164.3	380419.0	-21.10%
英国	80687.0	79943.3	0.93%	274505.0	260027.1	5.56%
巴拿马	77046.1	74435.7	3.50%	73440.2	77788.4	-5.59%

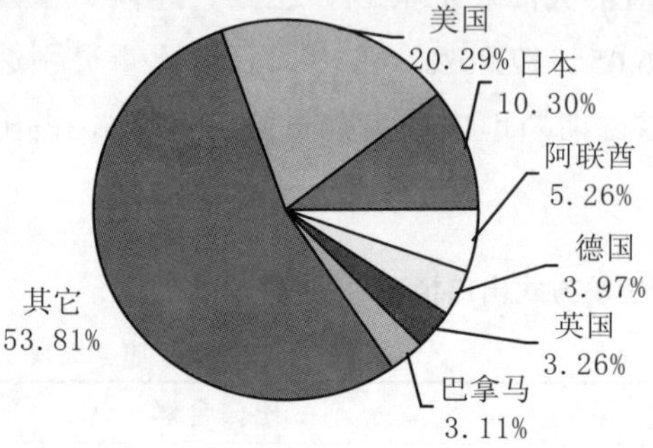

图 8　化纤服装分国别或地区出口图

2012 年，化纤服装共出口 247.43 亿件套，同比微增 2.02%。主要出口市场是美国、日本、阿联酋，并且继续呈现增长趋势，占出口总量比重分别达到 20.29%、10.3%、5.26%。对德国出口量同比下降 16.68%。对英国和巴拿马出口微增 0.93% 和 3.5%。

表 53　化纤服装分贸易方式出口情况表

单位：万件套、万美元

	出口数量			出口金额		
	2012 年	2011 年	同比	2012 年	2011 年	同比
总计	2474263.6	2425207.8	2.02%	6197507.2	5982321.1	3.59%
一般贸易	1870396.8	1815792.6	3.00%	4484676.2	4295235.9	4.41%
加工贸易	215105.0	235963.1	-8.84%	953345.0	984329.5	-3.15%
其中：来料加工	77733.7	92902.6	-16.33%	399998.4	433785.7	-7.79%
进料加工	137371.2	143060.5	-3.98%	553346.6	550543.7	0.50%
保税区	52220.6	50299.2	3.82%	164923.9	150975.1	9.23%
其中：仓储进出境	29001.4	28187.7	2.88%	86388.0	81256.6	6.31%
仓储转口	23219.2	22111.4	5.00%	78535.8	69718.5	12.64%

2012 年，化纤服装出口贸易方式以一般贸易为主，同比略增 3%，占出口总量的 75.59%；加工贸易出口量同比下降 8.84%，占出口总量的 8.69%。

（以上数据，均据海关总署数据整理）

BLUE BOOK 化纤蓝皮书
of China Chemical Fibers

行业运行篇

专题研究篇

热点问题

趋势预测

贸易环境

前瞻研究

产业政策篇

统计数据篇

2013年中国化纤

经济形势分析与预测

Analysis and Forecast of China Chemical Fibers' Economy of

2013

连续玄武岩纤维产业化技术发展与应用

王玉萍　胡显奇　吕佳滨

连续玄武岩纤维（Continuous Basalt Fiber，简称 CBF）是以纯天然的火山岩（玄武岩等）为单一组分原料，破碎后在 1500℃的高温熔融后，经过铂铑合金拉丝漏板，快速拉制而成的连续纤维。CBF 属于无机非金属纤维，是继碳纤维、芳纶和超高分子量聚乙烯纤维之后的又一种高技术纤维，与其他高性能纤维相比，拥有一系列特殊的优异性能，如强度高、耐高低温性能好、更好的耐环境性能，抗辐射等特性，以 CBF 为增强体可制成各种性能优异的复合材料，可广泛应用于交通基础设施、建筑、汽车船舶制造、电力、环保、消防、石油天然气、工业、海洋工程等领域。CBF 是一种低能耗、少排放和可持续发展的资源节约型、环境友好型的绿色新材料，代表了材料制备和使用过程绿色化的这一材料技术的主要发展方向，被誉为 21 世纪新型绿色环保的新材料，是关系国防安全、促进国民经济升级换代、支撑高科技产业发展的重要基础材料。

一、CBF 产业的发展状况

2002 年，科技部将“玄武岩连续纤维及其复合材料”项目列入国家 863 计划。2011 年，国家工信部将其列入化纤工业“十二五”发展规划，属于国家大力支持和鼓励发展的战略性新兴产业，我国玄武岩纤维产业迎来了一个极好的发展机遇，取得了产业化阶段性成果。

（一）国内 CBF 生产规模不断扩大

目前，在企业规模方面，截止到 2012 年底，国内实际生产的 CBF 企业主要有浙江石金、四川航天拓鑫、牡丹江金石、山西巴塞奥特、辽宁金石、营口洪源、江苏天龙、河北通辉等 10 家，纤维总产能约为 10700 吨，其中浙江石金和航天拓鑫的规模较大。

（二）生产工艺水平逐步提升

凭借近几年的不断摸索创新，我国玄武岩纤维产业形成了具有自主知识产权的工艺生产技术。在炉窑方面，浙江石金玄武岩纤维有限公司在国家相关部委的支撑下，独创的形成了全电熔炉生产工艺，与以天然气为能源的火焰炉相比，全电炉自动化控制较好，原丝线密度较为稳定，可以拉制生产单丝直径 5.7μm 的连续玄武岩纤维，此外，电熔炉更加清洁稳定，没有 CO_2 排放，是先进的低碳生产技术，实现了温室气体、废气和噪音的“零排放”；漏板方面，国内个别企业已突破 800 孔漏板拉丝工艺，并在此基础上逐步尝试更大漏板拉丝技术。

（三）产品结构日益丰富

目前国内已成功生产出单丝直径为 5.7μm 的高端 CBF，实际生产过程中产品规格可覆盖 6μm～19μm，长度达 10km 的纤维，可制成无捻粗纱、纺织纱和短切纱三大类基本产品。

表 1　国内现有 CBF 生产企业及其基本情况

生产厂家	工艺路线	成立时间	产能（吨）
浙江石金玄武岩纤维有限公司	电熔炉	2003 年	3000
四川航天拓鑫玄武岩实业有限公司	火焰炉	2003 年	3000
新疆拓新玄武岩纤维有限公司	火焰炉	2011 年.	1000
山西晋投玄武岩纤维有限公司	火焰炉	2012 年	1000
辽宁海州露天矿业有限责任公司玄武岩纤维分公司	电熔炉	2007 年	300
牡丹江金石玄武岩纤维有限公司	电熔炉	2005 年	500
山西巴塞奥特科技有限公司	火焰炉	2008 年	300
辽宁营口市宏源科技有限公司	电熔炉	2005 年	300
扬州天龙玄武岩纤维有限公司	电熔炉	2006 年	300
河北通辉科技有限公司	火焰炉	2005 年	1000
合　计			**10700**

（四）应用领域不断拓宽

玄武岩纤维凭借其在纤维增强混凝土、纤维增强水泥和道路沥青封层技术中应用上具有的先天优势，已成功应用于高速公路、高速铁路等交通基础设施，为我国交通基础设施建设提供了具有显著经济效益和社会效益的路用新材料。通过近几年的不断创新，CBF 在电缆行业中的应用已取得突破性进展，开发了以 CBF 和超强钢丝增强树脂的复合芯，为我国智能电网的建设和行业和节能降耗提供了新型材料；此外，以 CBF 维制成的外墙保温板可以替代传统的有机材料保温板在高层建筑中发挥独特的作用，不仅为我国建筑节能防火提供了绿色建材，同时也填补了国内外空白。目前，CBF 在国防建设中的应用，如在武器装备中的应用研究也取得了积极的成果。

（五）标准体系逐步完善

近来，国家为鼓励和支持 CBF 产业发展，制定并颁布实施了相关使用标准，如交通部的 GB/T 23265—2009《水泥混凝土和砂浆用短切玄武岩纤维》、JT/T776—2010 《公路工程 玄武岩纤维及其制品》等；行业标准 GB/T 25045—2010《玄武岩纤维无捻粗纱》，另外在 JTG F40—2004《公路沥青路面施工技术规范》、GB50608—2010《纤维增强复合材料工程应用技术规范》等标准中也有提及，这些标准引领了行业健康有序发展，也为 CBF 的普及推广奠定了坚实的基础。

二、CBF 产业目前面临的形势和存在的问题

目前从全球的发展水平看，只有俄罗斯、乌克兰、美国和中国等少数国家拥有生产 CBF 及其复合材料的技术，且尚处于初级阶段，给我国玄武岩产业的发展提供了极大的发展空间和市场机遇。近几年，国内 CBF 企业在制造装备、工艺技术和纤维表面处理方面取得了较大进展，但制约 CBF 产业化发展的问题依然存在。

（一）技术工艺有待完善

1. 原料问题

与玻璃纤维人工配料不同，CBF 的性能对单组分火山岩原料的依赖性很大。不同地域的火山岩，其化学成分和矿物相不同，生产出来的 CBF 的离散度（CV 值）难控制，会降低成纤的稳定性，进而影响纤维的性能。

2. 池窑技术

目前，国内 CBF 生产企业采用的单窑年产能仅为 100～200 吨，且配备的 200～600 孔漏板，导致熔体加热到一定温度后会在炉中停留时间太长，致使能源浪费。

3. 漏板技术

CBF 池窑拉丝，高密度拉丝漏板的设计是关键，200 孔的漏板的产量每日

100kg，1600 孔的漏板的产量为 800kg，其经济效益是显而易见的，随着漏板孔数增加，漏板尺寸的加大，对 CBF 拉丝漏板的温度分布、高温下结构尺寸稳定性提出更高要求且拉丝漏板越大越容易变形，而CBF的成纤温度较高（比玻璃纤维 150℃高左右），这对铂铑合金拉丝漏板的结构设计和使用带来较大的难度。目前，国内采用的拉丝漏板大多为 200～600 孔（每一个漏嘴一根单丝），一定程度上影响了 CBF 的产品质量。

4. 浸润剂技术

CBF 具有与碳纤维、玻璃纤维等无机纤维不同的表征和极性，浸润剂能够有效地改变单纤维表面光滑、脆且易折断又分散的缺陷和表面性质，使 CBF 及其制品能够得到广泛的应用。对各种不同的 CBF 增强材料的成型工艺，须要有专用的浸润剂与之配套。目前，我国用于 CBF 表面处理的浸润剂常仿制玻璃纤维的浸润剂配置，缺乏 CBF 表征特点的针对性，且比较单一，限制了产品的深度开发和应用领域的拓宽。

（二）下游市场亟待培育

与碳纤维、芳纶等高技术纤维产业相比，玄武岩纤维产业形成时间短，产业推进速度慢，玄武岩纤维进入任何一个市场领域都要有一个较长的应用研究过程和市场检验过程，因此，下游市场亟待培育和开拓。

三、CBF 产业下一步发展方向

目前，全世界 CBF 的产业化生产时间较短，其生产技术还处于初级发展阶段，制品和市场也处于前期开发阶段，我国 CBF 产业化生产水平和工艺还有很大的发展提升空间，CBF 与玻璃纤维在原料组成、加工工艺等方面具有很多相似之处，因此可以借鉴其发展经验，向“大漏板、大池窑、多样化、差异化”和全电熔炉、 原料纯天然或微量掺杂等低碳、绿色环保的方向发展。

（一）大漏板拉丝技术是实现大池窑和生产直接纱的关键技术

漏板拉丝技术要由目前的 200 孔、400 孔、800 孔技术向 1200 孔、2400 孔和4000孔的大漏板技术方向发展。玻璃纤维已普遍使用2000～6000孔漏板，可以以此为参照，在考虑玄武岩熔融液黏度大、拉丝成型度区间窄等独有特点的同时，合理设计漏板结构，力求最大限度保证漏板区域的温度均匀性，保证拉丝生产稳定。目前，浙江石金玄武岩纤维有限公司已在研发 1200 孔漏板，有望于 2013 年上半年研发成功。

（二）大池窑规模化生产技术是实现高性能、低成本 CBF 产业化的必由之路

CBF 的产业化必须向多漏板、大池窑技术方向发展，目前，我国生产 CBF 的单窑年产能为 100～200 吨，要向 2000 吨、5000 吨乃至上万吨的方向发展。此外，自动化控制技术是与大池窑技术紧密相关的，包括窑炉的温控、窑炉液面的稳定控制、流量速度控制等在内的自动化控制是稳定生产的保证。

（三）浸润剂技术的多样化是拓宽 CBF 应用领域的核心技术

CBF 产业化发展要加强 CBF 浸润剂等表面处理技术的研究开发。浸润剂具有润滑保护作用，可以少磨损，使纤维能够连续稳定正常地进行生产，同时还能改变 CBF 表面状态，在复合材料中起到促进玄武纤维与被增强的高分子聚合物的结合作用，进而提高工艺制品的物理性能作用。目前我国用的浸润剂常仿制玻璃纤维的浸润剂，生产实践表明并不能完全照搬配置，要有针对性，使用专用的浸润剂与之配套。

（四）全电熔炉技术代表着 CBF 产业低碳环保的发展方向

因此，与之相关联的要着重解决其耐火材料、钼电极推进技术、供料道电熔化等与之配套的一系列技术等。

（五）原料成分筛选的稳定性和改性技术是实现 CBF 高性能、高品质和产品差异化重要的技术

为生产出满足市场不同需求的高、中、低端产品和差异化 CBF 产品，必须攻克原料瓶颈，纯天然原料化学成分稳定性的研究和掺杂改性技术的研究，进一步优化其化学成分，增加原料均化和熔液均化环节，更有效地进行原料熔制、均化，提高熔化效率，稳定拉丝工艺，达到更为合理、经济的产能。

综上，玄武岩的成分决定 CBF 的本质性能，玄武岩的成分决定 CBF 的本质性能，玄武岩拉丝漏板孔数多决定 CBF 有更高力学性能，CBF 的浸润剂和后整理决定应用效果。现阶段，我国应重点加强如下技术的研发：

1. CBF 生产规模化和稳定性的研究

多组合电熔炉和全电熔炉池窑技术的开发，1200 孔和 2400 孔大漏板的设计和技术开发，拉丝工艺和拉丝设备的优化改进，熔制过程熔体黏度与温度控制关系的研究，玄武岩熔融拉丝过程中对“析晶”的有效控制技术，控制工艺及生产过程中的智能化监控监测。

2. CBF表面处理技术的研究

CBF表面形貌及性能的研究，增强型浸润剂的研究，纺织型浸润剂的研究，增强纺织型浸润剂的研究，纤维后处理技术的研究。

3. 系列品种多领域制品应用研发技术

汽车轻量化用热塑性复合材料研究，工业用如储气罐、石油输送管道等复合材料研究。

四、CBF及其复合材料的应用前景

CBF的最高强度水平可达到T700级碳纤维的水平，尽管其模量不到T700的50%，但其价格便宜，而且强度和模量均高于S-玻纤，而售价只有其1/2左右，因此需求量将迅速增长。今后随着生产规模的扩大和生产效率的提高，有望达到耐碱玻璃纤维的价格水平。从前景看，CBF可部分取代S-玻纤甚至E-玻纤等应用领域。未来随着全球对环保绿色新材料需求的不断增长，将有力地推动CBF产业的快速发展。目前，国内CBF产业正处于开发培育市场的初级阶段，应当抓紧CBF增强复合材料与制品的研究和开发，拓展CBF的应用领域。

从2012年开始，CBF产业逐步进入快速成长阶段。国外CBF总产量将以年均25%的速度快速递增，而我国的年均递增速度有望达到40%，到2015年，我国CBF总产量有望超过1万吨，占到全球的50%以上。2020年将达到3万吨以上，2025年将达到10万吨以上。由此可见，未来10年将是CBF产业从量变到质变的关键时期。

表2　全球CBF产量情况及预测

单位：吨

年份	2008年	2012年	2015年（预测值）
国外产量	2000	4000	5000
中国产量	600	4500	10000
产量总计	2600	8500	15000
中国所占比例/%	30	52%	66.67%

表 3　CBF 在我国各有关领域应用量预测表

单位：吨

应用领域	2015 年末	2020 年末	2025 年末
交通基础设施	6500	20000	60000
建筑	3000	8000	30000
汽车船舶制造	100	300	1000
电力（含核电）	100	900	4000
环保	100	300	1000
海洋工程	50	100	500
国防军工	100	200	500
其他领域	50	200	3000
合计（吨）	10000	30000	100000

CBF 是国防建设和国民经济发展的一种新型基础材料，是符合我国国情的可持续发展的低碳绿色的原材料。因此，CBF 从自身的优势出发，细分市场，会从以下应用领域获得强劲的市场需求：

（一）已应用领域

1. 交通基础设施领域

将短切 CBF 掺入沥青混合料，可以显著提高抗车辙能力 50%以上，不仅可延长高速公路的养护周期，还可以降低综合成本。短切 CBF 还可用于高速铁路无碴轨道板和 CA 砂浆填充层的增强，现已铺设在武广高速铁路线上的 CBF 增强无碴轨道板运行良好并将日益显示出其卓越的稳定性能。此外，CBF 增强复合筋在公路建设中替代钢筋已经有了突破。

2. 建筑领域

CBF 在建筑工程领域中的主要用途是：①短切 CBF 用作防渗抗裂砂浆的增强材料；②保温节能及防火阻燃。CBF 外墙保温板具有不燃、耐久性、不吸水、保温、纯天然环保等特性，可有效解决我国建筑保温问题和防火问题；③CBF 的内装饰材料（例如天花板、KTV 软包、替代石膏板、隔音板等等）及其阻燃防火；④CBF 单向布、片材、复合筋、格栅等材料建筑、桥梁结构加固。

（二）新兴应用领域

1. 超阻燃家纺面料领域

CBF（用作纬纱）与改性涤纶或芳纶（用作经纱）混编，可织成超阻燃、超隔热的壁布和卷帘等家纺面料等，适合公共建筑使用，如宾馆、商场等。

2. 汽车船舶制造领域

CBF 增强树脂基复合材料（BFRP）具有低容重，低导热率，低吸湿率和对腐蚀介质的化学稳定性，能够降低结构重量，形成新型结构材料。CBF 隔热板可用于汽车、船舱的隔热保温；CBF 布可用做汽车部件的增强材料，如保险杠、车身，以及船舶甲板以上的上层建筑材料等。

3. 电力电缆领域

CBF 增强树脂基复合材料（BFRP）可用作输电铝绞线用复合芯，与碳纤维复合芯（CFRP）相比具有更高的性价比，以及不导电、安全、耐候性好等新的特性，目前，CFRP 替代金属芯的成本较高，一般为 1∶3.5，而 BFRP 只有 1∶1.5。此外，CBF 的电阻率比玻璃纤维高出一个数量级，其在特高压等电力中将有独特的作用。

4. 环保领域

CBF 在高温过滤、水质净化、生态保护等环保领域有广泛的应用。CBF 制品可用作中高档汽车排气管的过滤材料及吸音材料，可以大幅度降低汽车尾气的排放和城市的污染。此外，CBF 还可以用作 250℃以上高温过滤除尘袋用的基布，对用煤的发电厂、炼钢厂、垃圾焚烧厂等的高温粉尘过滤发挥直接的促进作用。

5. 海洋工程领域

CBF 树脂基复合材料可在海洋钻油平台、海底气密性管道、海洋防护工程等中的应用。CBF 的具体产品有：短切 CBF 增强混凝土用于基础设施或防护设施，可防渗抗裂；CBF 增强树脂基复合筋（其中芯材可以加超强钢丝或钢筋，以替代易海水腐蚀的钢筋材料）；CBF 增强树脂基板材、片材可用于钻油平台和有关结构加固；CBF 无捻粗纱可用于缠绕树脂基管道等。

6. 国防军工领域

CBF 在先进武器装备制造中可发挥其阻燃隔热、耐烧蚀、防弹、防辐射、抗蠕变、轻量化等重要作用，能够满足弹箭武器、装甲车辆、海军战舰等先进武器对复合材料高性能、低成本的需求。

7. 其他领域

CBF 还是制造大型风力叶片和输送石油天然气高气密性管道的新型增强材料。随着 CBF 的大规模生产和应用，以及新的特性的发掘，其绿色材料的应用推广价值将会日益体现出来。

五、展望

CBF 是体现我国绿色经济发展战略、关系国家安全战略、促进国民经济相关领域升级换代的重要基础性材料。CBF 产业的发展需要国家的大力扶植，也需要企业加强技术攻关，从 CBF 优异的综合性能和良好的性价比出发，通过产学研结合的方式加强应用研究，有重点地寻找量大面广的领域，大力开展应用研究，引导市场需求，开发出更多的新产品，促进产业迅速发展。

原液着色涤纶长丝的现状与发展

李增俊　李德利　张凌清

一、概述

涤纶长丝具有断裂强度高、形态稳定、挺括性好、抗皱免烫、易洗易干等优点，是一种比较理想的纺织纤维。但是由于它的分子结晶度和取向度高，大分子排列高度规整，紧密敛集，又缺乏吸色基团，因此，常规涤纶长丝在常温常压下无法进行染色，对染色设备要求高、投资多，后道染色环节产生废水、废液排放、能耗高等问题。因此，采用节能、环保的着色技术，对促进涤纶长丝的可持续发展至关重要。

20 世纪 60 年代，分散染料及高温高压技术的应用，使得涤纶长丝和面料后染色瓶颈得以解决，染色技术得到快速发展。此后，围绕后染色带来的高能耗、水污染和纺织品安全性问题，人们开始探索开发更多的染色解决方案。我国自 80 年代初期开始引进涤纶长丝纺前注射着色生产技术，随着三原色基色母粒的开发，涤纶长丝原液着色技术在生产中得到了广泛的应用。

涤纶长丝纺前着色具有工艺简单、牢度好、无“三废”污染等优点，尤其适用于大批量生产及开发涤纶交织织物。使用有色纤维作为纺织原料，由于纤维本身已具有产品所需要的颜色，不再需要通过印染处理，消除了纺织产品生产链中印染废水对环境的影响，是纺织行业的一项清洁生产技术。由于纺前着色技术在节能减排、清洁生产等方面的明显优点，在环境保护要求日益严格的今天更具有现实的使用价值，发展前景良好。

二、国内外原液着色涤纶长丝行业发展现状

（一）国外原液着色涤纶长丝行业发展

早期有色涤纶长丝的生产主要采用筒子染色，即先纺丝再对丝筒进行染色，染色工艺中颜色调配难度较高，成品色差明显，既有批差又有缸差，色泽不鲜艳、色牢度不佳；同时采用筒子染色生产成本高且污染严重，对环境破坏大，污染治理成本高。

美国 1919 年就发明了原液着色技术，但因为行业规模、技术局限、产品需求等原因，没有得到深入开发与推广。纺前注射着色技术一经问世，就引起了化纤领域的极大关注，它以工艺简单、操作方便、 换色容易、清洁环保等优势居于染色技术的最前列。纺前着色方法不仅可缩短有色丝的加工过程，而且省去了复杂而庞大的后染设备，为有色织物开拓了广阔前景。日本、瑞士、美国、印度等国家普遍采用这项技术。20 世纪七八十年代，瑞士山道士（Sandoz）公司开发出了涤纶高温染色分散染料和涤纶色母粒，利用瑞士山道士公司生产的 Tho 型减量注射器，开发生产涤纶有色 POY、FDY 长丝。

随着化纤产业的转移，目前，国外原液着色涤纶长丝基本停止生产，但是国外大的化工公司，比如科莱恩等，还掌握着高端原液着色颜料和染料及色母粒的生产技术及市场。

（二）我国原液着色涤纶长丝行业发展

20 世纪 80 年代后期，我国开始引进瑞士 Sandoz、K-TRON 公司联合研制的 T-20 型减量注射器，在引进的巴马格高速纺丝设备上改装试纺有色丝。这种结构新颖、计量准确、自动化程度很高的 T-20 型减量注射器被大多数中小型涤纶企业所采用，配合使用的染料几乎都是瑞士 Sandoz 公司生产的 Estofil-S 系列高聚物可溶性染料。这种纺前着色新技术、新工艺，为结构紧密、结晶度和取向度高、难着色的聚酯纤维染色开辟了新的途径，标志着我国在开发差别化涤纶长丝方面迈出了新的步伐。

近年来，我国原液着色涤纶长丝快速增长，原液着色的颜色拓展到了全色系，在色泽艳丽、品种多样、按标准色卡规模化生产等方面有了重要创新。在品种开发上拓展了彩色涤纶绣花线及缝纫线系列、FDY 系列、DTY 系列，其下游应用领域广泛，需求旺盛，产品应用涉及纺织服装、家纺、装饰、产业等领域。2012 年我国原液着色涤纶长丝产量达 330 万吨，是 2005 年的 2.3 倍，年均复合增长率达到了 12.9%。表 1 为近年来我国化纤及原液着色涤纶长丝的生产情况。

表 1　近年来我国化纤及纺前着色涤纶长丝产量

单位：万吨/年

年份	化纤		涤纶长丝		原液着色涤纶长丝		在涤纶长丝中占比（%）
	产量	年增速（%）	产量	年增速（%）	产量	年增速（%）	
2005	1664.76	16.78	971.44	38.12	141	28.18	14.51
2006	2073.18	24.53	1022.45	5.25	153	8.51	14.96
2007	2413.91	16.44	1217.70	19.10	187	22.22	15.36
2008	2415.00	0.05	1282.92	5.36	205	9.63	15.98
2009	2747.28	13.76	1415.22	10.31	226	10.24	15.97
2010	3090.00	12.47	1670.11	18.01	252	11.50	15.09
2011	3362.36	8.81	1912.83	14.53	290	15.08	15.16
2012	3792.16	11.20	2155.21	12.17	330	13.79	15.31

资料来源：国家统计局，中国化纤协会

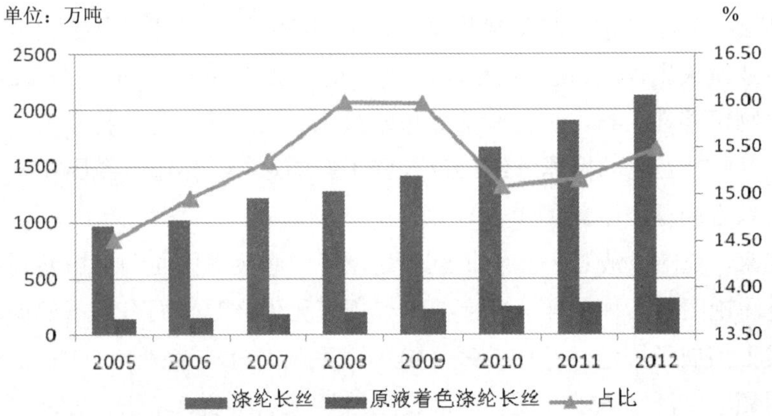

图 1　2005～2012 年原液着色涤纶长丝增长趋势图

由于近年来原液着色涤纶长丝在成本、环保等方面的优势，市场空间不断扩大，行业产能产量近几年都以 15%左右的速度增长。根据中国化纤工业“十二五”规划及发展预测，中国 2015 年原液着色涤纶长丝占总量的比重将有望达到 20%，产量达到 456 万吨。

在发展策略方面，重点有两个方向，一是规模较大生产企业基本通过产业链延伸和规模扩张来降低生产成本，进入聚合行业生产聚酯切片，形成包含2道以上涤纶生产流程的产业链，一些具备较强实力的企业已经形成由聚合、纺丝、加弹三道流程组成的产业链。二是采用自主创新技术，采用新工艺、新技术，新设备改良与优化、产业链优化进行集成创新，进一步研发新的产品，规范色卡丰富色谱，与功能性相结合，向细旦化、超细旦方向发展，信息化库存管理，开发在产业用、家用领域的应用，并且开始熔体直纺原液着色涤纶长丝的生产研发。

三、原液着色涤纶长丝装备集成及技术创新优化

（一）生产装备

1. 防色差和防残留色母粒添加装置

在原液着色涤纶长丝的生产过程中，色母粒的添加量一般为4%左右，但在纺制一些颜色较浅的色丝时，必须减少色母粒的添加量，有些色母粒添加量减少至1%以下，对添加精度和混合均匀提出了更高的要求。

色母粒添加装置和防残留色母粒添加装置，利用容积计量原理，将聚酯切片和色母粒分别按照工艺设定计量后，在特定的输入位置进行固体料的混合。混合物进入螺杆后，再经过熔融混合，得以使色母粒的添加范围扩大到0.3%～30%，纺出后色差满足4.5级以上色泽要求。

2. 纺丝过程自动控制技术

在纺丝生产过程控制中采用计算机程序控制，能够在线控制纺丝过程，根据出丝卷绕口的作业数量，实时调控聚酯切片和色母粒的添加量。

3. 专利技术的应用

目前的原液着色涤纶长丝生产工艺中，通常采用色母粒在线注入设备进行添加，但在注入色母粒时因压力波动而无法正常注入，影响了生产。拥有专利权的公司正在使用自有专利解决在线添加的难题：

“一种色母在线添加熔体纺丝生产方法及装置”专利技术，是通过增压泵装置在线注入色母粒，解决了因压力波动不能正常注入的问题，使色母粒顺利地注入熔体管道中。

“液体色母在线添加”专利技术，是直接在熔体纺丝工艺中对聚合物进行染色，使得熔体纺丝和染色同步进行，直接纺得彩色纤维，大大降低能耗及

污染。

（二）生产技术

原液着色法生产有色涤纶长丝分为切片纺和直接纺，目前基本以切片纺为主，切片纺可满足批量小、色泽变化频繁的品种，而熔体直纺成本低，色差小，质量更稳定。近年来随着大容量纺丝装置改性添加技术的不断进步，在熔体管线上注射添加颜料和染料已成为可能，熔体直纺生产有色涤纶长丝将是未来原液着色涤纶长丝技术的发展方向。工艺流程图如图2、图3所示。

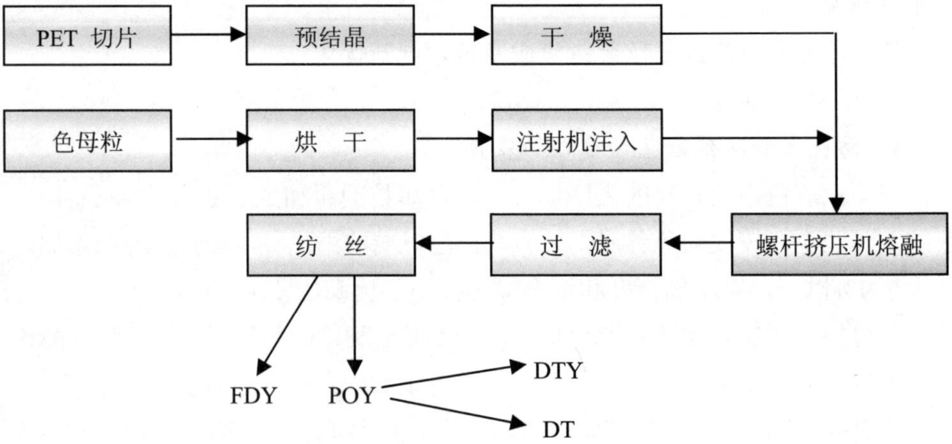

图2　切片纺原液着色涤纶长丝生产工艺流程简图

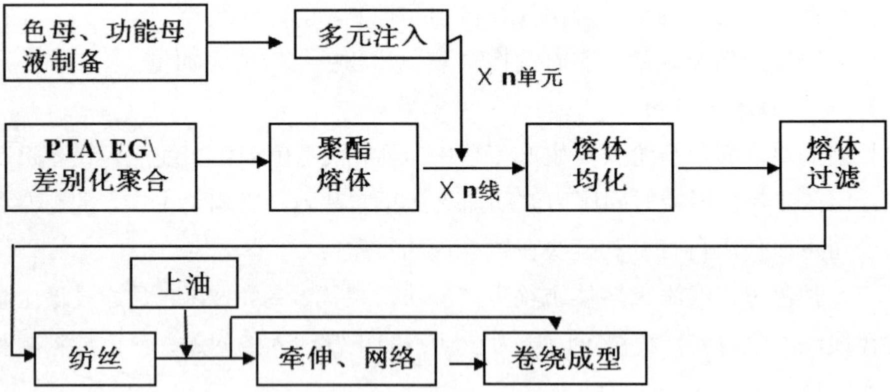

图3　柔性化直纺有色涤纶长丝工艺流程示意图

1. 色母粒法

目前国内原液着色涤纶长丝，绝大多数仍然采用色母粒法技术进行色料制备，即将色母粒经过结晶、干燥后以一定比例加到本白切片中，再进行熔融混合。

色母粒 ＋PET 切片纺丝测配色

有色涤纶丝纺丝过程中，有色丝的颜色由色母粒配方所决定。为了准确纺制出所需颜色，必须对色丝颜色的三原色组成比例进行精确测量，然后根据测量结果进行色母粒配比设计，得到所需有色母粒的复配方案。根据客户提供的彩色纱线样品，用电脑测配色系统扫描测色，给出三原色色母粒配方，经小样纺丝、参数判色、配方修正，进行批量的生产。

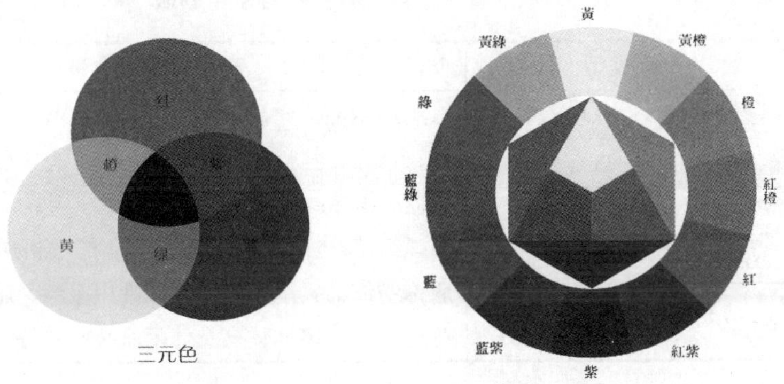

图 4　色母粒三原色配色色谱

2. 颜色管理

目前大多数原液着色涤纶长丝生产商在颜色管理上采用实物样卡对色的方法进行产品颜色管理。除绣花线已采用国家标准及色卡标准进行生产外，其余产品多数采用实物对色方法进行打样，然后下单生产，部分产品可依照已有色卡样丝直接下单。

3. 物流管理

生产规模较大的企业，通过将现代信息化技术和自动仓储技术应用于产品储存、收发、分拣等物流过程，解决了大量颜色、规格、性能等有所差异的产品高效、无差错地进行生产和储运；生产规模较小的企业，一般是采用实物样卡对色，按订单生产，少量库存分类存放，管理上较为原始。

四、原液着色涤纶长丝的应用及市场运行

（一）应用领域

1. 原液着色涤纶长丝是差别化涤纶长丝最重要、产量最大的品种，约占差别化涤纶长丝产量的 30%

原液着色涤纶长丝具有色泽鲜艳、均匀、色牢度高、色种多等特点。主要产品为有色 POY、FDY、DTY、DT 等，广泛应用于服装、家用纺织品、各类装饰用纺织品和各种差别化纺织品，由于在后道不需要染色处理，使加工成本降低，且没有环境污染，越来越受到下游用户的欢迎，应用领域多元化平稳发展，增长速度高于普通涤纶长丝。

表 2　原液着色涤纶长丝应品种及用领域

序号	产品类型	产品主要用途
1	彩色涤纶 FDY、DTY 系列	**家用纺织品：**床品、窗帘、桌布、沙发布、豪华地毯、墙布、挂毯、高档（提、绣）花织物等 **产业纺织品：**编织、箱包、鞋、帽、手袋，车辆坐垫、高强织带、帆布、帐篷布、雨伞布、旅游用品等 **服饰纺织品：**里布、中高档针织服装、刺绣、内衣花边，职业装、体育及休闲服装面料等
2	彩色涤纶 FDY+POY 复合丝	
3	绣花线	
4	缝纫线	
5	地毯专用线	

免染色纺丝与传统染色丝相比，有明显优势，主要体现在：成本低，色牢度好（日晒色牢度和水洗色牢度均大于国标四级），色彩丰富绚丽，质地丰盈，手感舒适，清洁无毒，绿色环保等方面。

传统的色纺织产品广泛用于针织内衣服饰、汽车内饰面料、箱包布、床上用品布、沙发窗帘布、毛巾、手套、领带、袜子、拖把、织带等领域。而今，越来越多的家纺类纺织品，如提花割绒沙发布、高档桌布、高档窗帘布、墙面装饰布等都选用涤纶色丝制作而成。

产品类别也由 FDY、DTY、加捻丝、网络丝、复合色丝、空变色丝向各种单丝、绣花线专用丝、商标丝、领带专用丝、织带专用丝、提花布专用丝、功能性（阻燃、记忆、发光、芳香、抗老化、抗紫外、抗静电、抗菌、吸湿排汗、负氧离子）等方向发展，特别是有色丝在海岛丝、复合丝、工业丝等方面的开发，有力拉动了有色丝的刚性需求。

涤纶有色丝在制线、商标、装饰、编织（宠物带，线，绳、中国结）、经编、织布、提花布、户外用品、军工用品、高档酒店装、汽车坐垫、交通工具饰面料等领域已得到广泛的应用。

2. 绣花线和缝纫线

原液着色涤纶长丝另一个主要应用领域是生产绣花线和缝纫线，用于服装、鞋、帽、手袋、床上用品和装饰用品等绣花和缝纫。涤纶绣花线 2012 年国内需求量超过 80 万吨（包括原液着色和后染色），是绣花线行业的优势产业，发展前景十分广阔。

表 3　2008～2012 年国内涤纶绣花线产量、进出口量表

单位：万吨

年份	生产量	进口量	出口量	需求量
2008	37.02	0.86	0.88	37.0
2009	47.13	0.54	1.17	46.5
2010	56.45	0.76	1.41	55.8
2011	70.52	0.53	1.05	70.0
2012*	85.00	0.62	1.53	84.0

数据来源：中国化纤工业协会，2012 年为预测值

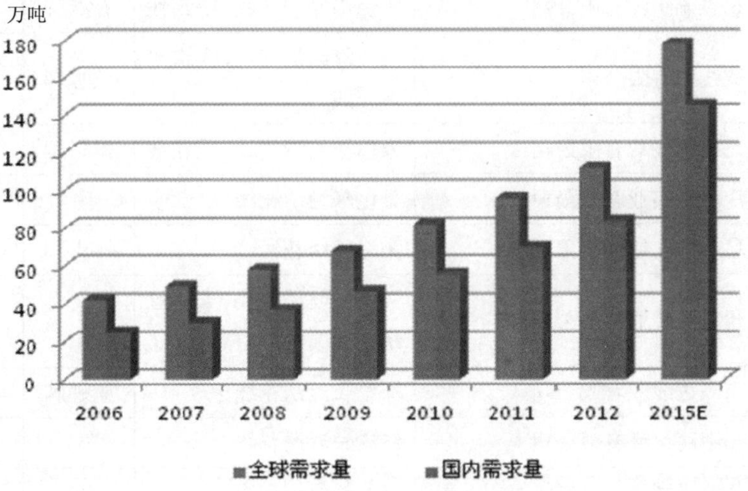

图 5　彩色涤纶绣花线市场需求量及预测图

绣花线是各类刺绣产品和花边生产加工中不可缺少的原材料，应用涵盖服装、家纺家居用品、工艺饰品、内衣、鞋帽等各个纺织领域。近年来国内、外绣花线需求非常走俏，大有供不应求之势。

目前，绣花线行业与其上游化纤行业相同，是一个市场化竞争较为充分的行业。据统计，全国现有制线企业1万多家，而且每年还在不断增长。这些企业大多以民营企业为主，规模较小，直接导致行业竞争的无序，大量企业的技术水平较低、没有自主创新能力，产品主要以低档次、低附加值类型为主，市场竞争主要依靠价格竞争，能够生产高技术含量、高附加值绣花线的纺织企业较少，行业整体竞争力较低。

从地区来看，绣花线行业的上游化纤企业和下游花边、家纺企业主要分布于浙江、江苏、广东、福建、山东等省，造成我国制线企业也主要集中于东南沿海地区。尤其在浙江省的萧绍地区，由于化纤原材料的配套供应和花边产销的旺盛，目前国内大部分制线企业均分布于此（见表4）。

表4　2012年涤纶绣花线前十大生产企业

单位：吨/年

序号	企业名称	绣花线品种	商标	产能
1	浙江华欣新材料股份有限公司	涤纶长丝绣花线	蓝纺牌	50000
2	广东春燕纺织有限公司	染色涤纶绣花线、缝纫线	春燕牌	16000
3	华美线业有限公司	染色涤纶缝纫线、人造丝绣花线	敦煌牌	15000
4	湖北枫树线业有限公司	染色涤纶缝纫线、绣花线	枫树牌	8000
5	浙江耿基实业有限公司	染色涤纶绣花线		7000
6	义乌市沪江线业有限公司	染涤纶绣花线	柳青牌	5000
7	杭州凯丽线业有限公司	涤纶长丝绣花线、人造丝绣花线		5000
8	南京顺达线业有限公司	涤纶长丝绣花线	蓝蝶牌	2000
9	杭州中丽化纤有限公司	涤纶长丝绣花线		2000
10	泉州新兴利来化纤纺织有限公司	涤纶长丝绣花线		1500
	合　计			**111500**

3. 色织布

色织布是中高档纺织品，近几年产销的增长旺盛，从而带动了原液着色涤纶长丝的需求增长，这种趋势将随着中国纺织行业产业升级而持续下去。近年来，我国色织布产量平稳增长，据中国棉纺织行业协会的调查统计，2005～2011年，我国累计生产色织布210.6亿米，年均产量约30亿米，5年期间产量逐年增长，年均增长超过6.8%；2012年，全国色织布的产量达23.65亿米。色织布持续稳定的增长，不仅成为织造行业上水平、调整产品结构的重要方向之一，而且也为有色涤纶长丝应用提供了更大的空间。

目前，世界各国对环境保护的力度加强，如欧盟除了对进口纺织品设限以外，还采取了绿色壁垒的方式，其中影响最广泛和深远的是“Oeko-Tex Standard100”生态纺织品认定标准，不能通过认定的纺织品将无法在欧盟区域内销售。而原液着色涤纶长丝生产过程环保节能，由于没有染整环节，大大减少了污水、废物的排放，对产品出口有其重要的意义。

（二）市场供求

随着我国国民经济的快速增长，纺织化纤工业“十一五”期间，在促进产业升级，调整产业结构上狠下功夫，加快了产业转型，从而拉动内需，带动了下游织造行业对化纤产品，特别是差别化产品的刚性需求，原液着色涤纶长丝的市场需求量也随之大幅增长。

表5　2009～2012年我国原液着色涤纶长丝需求量

单位：万吨/年

	2009	2010	2011	2012
产量	226	252	290	330
进口	0.83	0.51	0.65	0.87
出口	18.93	22.31	24.69	28.73
表观需求量	207.9	230.2	266.61	302.14
需求增长率%	10.02	10.73	15.82	13.33

数据来源：中国化学纤维工业协会根据国家统计局和海关数据推算

从上表可以看出，近几年来，原液着色涤纶长丝的市场需求量增长较快，每年将以10%～15%的增速增长，预计到2015年产量超过450万吨，需求量走过400万吨，这主要源于产业升级及下游所带来的刚性需求增长。

（三）市场运行

2012年由于外围宏观形势一片低迷，尤其是欧元区的经济危机对于纺织服装市场而言更是形成了极大的负面冲击。在终端需求提振无力的背景下，聚酯涤纶市场走弱态势不可避免。而涤纶长丝市场也无法背离聚酯大盘，全年价格重心较之2011年明显下降。

中国涤纶有色丝行业，在逆境中寻求生机，涤纶色丝企业在产品研发、生产规模和产品质量上在不断创新和提升，应用领域也在不断突破。2012年国内涤纶长丝产量为2155.21万吨，同比增长12.17%。有色丝产量发展有所滞缓达330万吨，同比增长13.79%，占涤纶长丝产量的15.31%，比涤纶长丝略增3.14个百分点。

在原液着色涤纶长丝产品结构上，60%～70%为黑色丝，30%～40%为彩色丝；在产品价格上，根据生产厂家的品牌、质量、技术含量和不同规格，拉开不同档次。就DTY和FDY常规品种而言，同规格的黑色丝比本白丝一般高20%～40%，约为1.2万～1.6万元/吨；一般彩色丝比本白丝高30%～60%不等，约为1.5万～2.5万元/吨，彩色涤纶长丝绣花线在2.0万～2.8万元/吨。行情随大盘波动，但价格相对稳定。用户也相对稳定。

在市场占有率上，由于受到品牌知名度和质量、技术口碑等方面因素的影响，涤纶有色丝直纺产品大于切片纺。2012年国内直纺厂涉及色丝、功能性纤维的产能扩张速度较小。如萧山市场以色丝为主，其中黑丝比重最大，近几年当地切片纺投产、转产色丝领域现象较多，而市场承受量有限，萧山、绍兴市场有色丝开机率亦有所下滑，仅占5成左右。

五、原液着色涤纶长丝发展趋势预测

根据中国化纤工业“十二五”规划及发展预测，中国2015年原液着色涤纶长丝占总量的比重将有望达到20%，产量达到456万吨。

表 6 2015 年、2020 年我国原液着色涤纶长丝产量预测

单位：万吨/年

年份	化纤		涤纶长丝		原液着色涤纶长丝		在涤纶长丝中占比（%）
	产量	年增速（%）	产量	年增速（%）	产量	年增速（%）	
2005	1664.76	16.78	971.44	38.12	141	28.18	14.51
2010	3090.00	12.47	1670.11	18.01	252	11.50	15.09
2012	3792.16	11.20	2155.21	12.17	330	13.79	15.31
2015*	4100	5.8	2250	6.1	456	12	20.27
2020*	4988	4	2940	5.5	920	14	30%

*2015 年、2020 年为预测值

根据 2005 年以来的历史数据，原液着色涤纶长丝的平均年增速近 15%，而涤纶长丝的平均增速为 6%。按此推算预测到 2020 年，我国涤纶长丝产量将达 2940 万吨，原液着色涤纶长丝的产量将会达到 878 万吨，占比将接近 30%。

由于涤纶长丝的应用领域已从日常生活领域的服用纺织品转到了家纺、装饰和产业用纺织品等新兴产业领域，而纯化纤用于传统服装面料的比重不断下降，用于车辆内饰、箱包、窗帘、雨伞、篷布、沙发、地毯、绣品、毛绒玩具、家用纺织品等产业用的纺织材料迅速增加；而这些产品的 70%以上可以运用纺前着色新模式进行生产，传统服装中的里料、衬料、滑雪衫面料等也完全可以采用多色系纺前着色生产。因此，原液着色涤纶长丝市场前景非常广阔，其未来发展趋势将体现以下特点：

一是大规模、多品种、柔性化直纺技术得到大规模发展，突出低能耗、高品质。

二是产品向细旦、超细旦方向发展。

三是原液着色与差别化技术相融合，生产各类异形长丝及多功能（阻燃、抗菌、抗紫外等）长丝品种。

四是色母粒及添加物技术将在产业链互动中迅速发展进步，并会向多元载体技术发展；使之与直接纺在线添加技术相适应，并注重节能环保、健康安全。

五是生产企业在基色采购、颜色复配技术方面将进入计算机管理新时代，颜色分批重现性误差控制技术给产品提供可靠保障。

六是生产工艺装备将普遍采用 DCS、产品物流管理运用计算机信息化技术，为规模化、超多品种经营模式提供基础。

七是行业将建立统一基础标准体系，如数字色标和实物样卡、电脑测色标准，对色彩进行数字化管理。

八是上下游战略联盟将得到鼓励和发展，在量多面广的化纤纺织品领域和免染色纤维的优势领域将建立上下游互动的战略联盟，在联盟内部统筹原料—纤维—织物—终端纺织品的研发及生产资源，真正打造低碳纺织品。

九是推进品牌建设，打造知名品牌，提高行业的运行质量，促进行业的可持续发展。

六、原液着色涤纶长丝存在的主要问题

原液着色涤纶长丝生产是一项系统工程，从所面临的挑战和对产业链联动的要求来看，主要存在以下问题：

（一）低水平盲目扩张、重复建设引发产能过剩

目前不少企业出现盲目低水平扩张和重复建设，很容易造成资源和资金浪费，不利于我国有色涤纶长丝的长远发展。原液着色涤纶长丝制造企业要理智发展，规模上关注与下游应用和市场拓展相适应，防止“一哄而上”盲目发展。

（二）企业规模小、装备水平差

大多数涤纶色丝生产企业采用切片纺丝法，多数企业规模小，产品档次低，技术装备水平差，生产工艺落后。

（三）国产色母粒来源、质量不够稳定

在色母粒的生产过程中，对颜料、载体和分散剂等主要原料有着严格的质量要求。国内的色母粒生产设备基本能够符合色母粒生产的要求。双螺杆挤出机、往复式单螺杆挤出机、密炼机以及三螺杆挤出机等为色母粒生产提供了越来越好的分散手段，但高端的色母粒被科莱恩、美国 RTP 等公司所掌握。

（四）色卡标准尚不完善

目前，大多数切片纺色丝都是采用实物样品，比色生产，由于生产中反复调色，造成过渡色浪费或非标准色产品的积压。完善的色卡标准和不断的工艺技术开发，需要大量的资金、智力的投入和长时间的积累。

（五）替代小批量染色所面临的障碍

传统的染纱污水较多的原因，常是因为起染的批量小，一缸染纱可少至几

十公斤，污染和浪费很大，但却方便。而原液着色纤维生产则要至少 3～5 吨的生产批量，在满足同样用量时，就要形成一定的库存。另外，一部分时装用染色布的产品中（纯化纤用量不大），下游客户用白色的胚布灵活性较大，可根据订货颜色进行染色和印花，周期短；而采用色丝则需要根据订单选丝再织造，相对周期较长。

（六）生产技术难度大

原液着色涤纶长丝的颜色在整个加工生产过程中会发生变化，其颜色不仅受到着色剂配方、色母粒添加浓度的影响，而且纤维的细度、截面形态、不同的加工方式和过程均会使纤维的颜色产生变化。因此，着色涤纶长丝的颜色的控制应系统地综合考虑。

（七）生产过程的管理

彩色涤纶长丝有几千种颜色，上万个花色品种。生产过程复杂，从纺丝、物检测试、判色检验、成品检验、入库仓储、出厂销售等多个环节，对生产过程的管理必须有章可循，责任到人，严格把关。稍有疏漏就可能造成混色、混批、混次，从而造成严重的质量问题。

七、政策建议与措施

（一）国家政策扶持

原液着色涤纶长丝生产符合国家节能减排、清洁生产要求。国家应采取政策性保护措施，鼓励企业不断创新，在项目专项上给予资金和政策扶持。

（二）建设产业化示范基地

由国家政策扶持，国债基金支持，企业出资建立多色系环保纺织新材料生产基地。作为创新模式推广，为我国化纤产业结构优化作出示范。

（三）建立创新推广中心

建立“国家生态纺织化纤及节能减排技术研究推广中心”，由国家出资和企业共同建设。“中心”将承担具有国际先进水平的技术标准起草（如色卡及相关的产品标准等），由国家归口部门发布；参与同专项有关的建设项目的能源及排放审计，依照标准进行科学有序、规范有效地推广。国家按照推广项目真实、有效的经济和社会效益，给予中心相应的奖励。

（四）提高行业准入门槛

实施逐年提高纯化纤面料纺前着色比例，鼓励色织，逐步淘汰化纤布、纱的染色工艺。强制性执行行业结构调整优化政策，全面提高化纤印染准入门槛，如能源审计和排放限制，取水和耗能要达到国际先进水平等。坚决制止化纤面料印染高耗能高污染重复建设，改革现有考核模式，从源头抓节能减排。

（五）围绕产品的提升 满足不同市场的需要

企业可根据各自的市场定位和经济实力加快技术改造与产业升级，引进人才机制，延伸产业链，将原液着色涤纶长丝与差别化、功能化生产技术相融合，开发功能性有色纤维，努力开发市场，实现市场多元化，使企业获得最大的经济效益。

（六）创品牌，迎接新的机遇和挑战

产业品牌化表现为产业的优势资源愈发向拥有品牌经营能力的企业聚集，形成强者愈强的产业格局。对于原液着色涤纶长丝生产企业来说，重要的是对产品的创新、专利技术的掌控、从消费者角度设计品牌产品和服务，创造出真正意义的品牌，实现并放大品牌资产价值，为企业创造良好的经济效益。

参考资料：

[1] 2011—2015年中国化纤行业发展规划研究[M].化纤黄皮书

[2] 周全忠. 原液着色聚酯长丝的发展趋势及展望[J].纺织导报，2012（11）：55~56

[3] 赵江峰，钱樟宝. 免上浆原液着色彩色涤纶FDY产品开发及其经济社会效益[J]. 纺织科技进展，2012（5）：4~8

[4] 杨蕴敏，余晓华.聚酯纤维纺前着色技术的进展[J].合成纤维工业，2008.12（6）：53~56

[5] 曹欣羊，钱樟宝，段亚峰，赵江峰. 有色涤纶丝的色母粒测配色与纺丝技术[J].纺织学报，2007（6）：36~39

[6] 陈美玉，孙润军，郝新敏. 化纤不同加工方式对着色涤纶长丝颜色的影响[J].2004（5）：8~9

[7] 王革，杨为，张诚.POY色丝色差产生的原因及解决措施[J]. 聚酯工业，2001.10（5）36~37

[8] 瑞士山道士公司1975—1976年发展的分散染料新品种[J].染料工业 1978.01

国内外废旧纺织品高值化综合利用发展现状

谭亦武　林世东　赵向东　刘　青

一、概述

20世纪60年代后期，随着世界石油化工工业的迅猛发展，合成塑料及合成纤维也得到相应的发展，生产过程中和使用之后的废料处理则引起诸多问题，根本原因在于大多数高聚物不能自然降解。

全球每年废旧纺织品产生量巨大，2008年达4000万吨[7]，2011年中国纺织原料的消耗量达到4310万吨，其中，化纤占总消耗量的73%。在中国化纤工业高速增长的同时，特别是随着聚酯消费量的超常规增长，原料来源和废料处置成为棘手问题。为减少废弃纺织品对环境的污染压力，延长纺织品服装的使用寿命，如何高效化、无害化、密闭化、再循环、高值化回收利用纺织品成了世界一大课题。合成纤维原料主要基于不可再生的石油资源，中国原油进口依存度高，如何降低对石油资源的依赖就成为十分突出的现实问题。随着石油枯竭，人口急剧膨胀，粮棉争地等矛盾显现，纺织原材料短缺愈加突出。中国废旧纺织品年存量已达2400万吨，其中化纤占年存量的70%[6]。而再生纤维的生产正是把“废物”转换成为纺织基本原料，使“废物”成了中国陆地上新的“油田”。21世纪以来，发达国家纷纷着手开展废旧纺织品再生利用的研究开发，并制定、公布了有关法律，支持和鼓励包括废旧纺织品在内的固体废弃物的再生利用。

随着全球变暖的呼声此起彼伏，生态友好型纺织品日益受到青睐，经过多年的发展，纺织品回收不仅已成为商业化经济活动，而且属于环境友好型生态工业。纺织工业大量回收使用废旧纺织品，这一趋势与原生材料的加工生产相比，明显减少了对二氧化碳的排放。由此，国际回收局（BIR）号召人们：不要浪费废旧纺织纤维，如今它已成为可持续发展的真正价值所在，再利用或回收废旧纺织品有利于建设我们子孙后代所需的环境。

二、国内外废旧纺织品回收利用现状

（一）主要发达国家废旧纺织品回收利用情况

废旧纺织品回收利用效果好的国家，政府的宏观政策设计与推动起到了关键作用。

1. 主要发达国家循环经济相关政策

（1）德国

德国在循环经济方面走在世界前列，早在 1972 年德国就制定和颁布了《废弃物处理法》，1996 年又颁布《循环经济和废物管理法》，确立产生废弃物最小法、污染者承担治理义务以及政府与公民合作三原则。家庭废弃物利用率从 1996 年的 35%上升到 2003 年的 60%。目前，废弃物处理成为德国经济支柱产业，年均营业额约 410 亿欧元，并创造 20 多万个就业机会。

（2）日本

日本政府从 20 世纪 80 年代前后开始，制定了一系列的法律法规，大力推行循环经济。2000 年，日本政府颁布了《促进循环型社会形成基本法》，此外，还制定了一系列配套的法律法规，如《废弃物处理法》、《再生资源利用促进法》、《建筑资材循环利用法》、《食品循环利用法》、《容器和包装材料循环利用法》、《家用电器循环利用法》和《汽车循环利用法》等。出台的措施包括：政府部门率先使用再生品，对循环型社会公共设施的完善提供财政支持；企业有义务提高制品和容器的耐久性，完善维修体制，在设计阶段考虑产品的循环利用；国民在使用再生品和回收循环资源方面有义务进行合作，有义务遵守建设循环型社会的规定，当制品成为循环资源时有义务协助企业收集。

（3）英国

英国的环境保护和可持续发展由环境、食品和城市事务部（DEFRA）负责，目前，该部门已经开始一项可持续服装路线图的项目，整个项目包括绿色设计、清洁生产、有机认证等内容，其中特别包括："新使用、回收和丢弃服装的管理达到最大化"。

（4）法国

法国生态和可持续发展部于 2007 年颁布了《关于新纺织服装产品、鞋及家用亚麻布产生的废物再循环与处理法令草案（G/TBT/N/FRA/66 号通报）》，该草案制定了关于纺织废物延伸生产者责任及计划的组织程序。

（5）美国

美国发展循环经济年代较早。1976 年，美国联邦政府就制定了专门的《固体垃圾处理法案》，到目前为止，已有十几个州制定了废弃瓶子的处理办法规定，20 多个州制定了禁止在庭院内处理废弃物的法规，近一半的州对固体废弃物的循环处理率超过了 30%。每年 11 月 15 日是美国的“回收利用日”。在美国，二手服装店是废旧纺织品服装的主要走向，市民将废弃服装干洗后捐献给慈善组织，慈善组织分拣后直接挂牌出售，市民对二手服装的接受程度高，二手服装的销售不受限制，也没有消毒等“卫生”要求。

2. 各国废旧纺织品回收数量（2010 年）[8]

2010 年德国的废旧纺织品回收数量为 190 万吨，英国的废旧纺织品回收数量为 110 万吨，美国的废旧纺织品回收数量为 113.3 万吨，日本的废旧纺织品回收数量为 100 万吨。

3. 美国不同类型废旧纺织品循环回收利用情况[5]

表 1　不同用途的废旧纺织品循环再利用情况

类别	占所有旧纺织品的比例*	估价*	再利用方式
旧服装再使用	约48%	1.1～1.65美元/kg	旧服装市场送慈善机构
转变为新产品	29%	产品有差异，按重量销售	产品拆散后重新加工旧服装的再设计
擦拭布和抛光布	17%	1.76～2.43美元/kg	对棉质或有优异吸油性能的废旧纺织品直接加工
被掩埋与焚烧	< 7%	根据地点，按重量销售	焚烧替代燃料，尽量避免掩埋
“钻石”	1%～2%	高价格/件	具有收藏价值的时装和附件具有文物收藏价值的二手服装

*各类纺织所占比例与价格始终根据当时市场的实际情况变化

（二）中国废旧纺织品回收利用发展现状

2011 年，中国废旧纺织品总量近 3000 万吨，综合利用率不到 10%。据中国资源综合利用协会预测，“十二五”期间，中国纺织品的消耗量将以 12%的速度增长，到“十二五”末，中国废旧纺织品累计产生量将超过1亿吨，其中化纤类7000万吨，天然纤维类3000万吨[7]。

作为人口世界第一的发展中国家，中国的经济发展正面临着生态资源匮乏、能源缺乏和环境污染加剧的问题，中国不仅是一个纺织生产大国也是一个消费大国。根据中国废旧处置委员会报告，中国政府一直都相当重视废旧物品的回收。2002年数据统计有5000多家回收企业，注册回收站有16030多家，没有登记的约有4万多家，处理公司3000多家[4]。但人们对于废旧纺织品回收利用的认识却是相当薄弱。从全球化视野来看，与国际先进的研究进程和成果相比，中国废旧纺织品的回收利用政策及相关研究显得尤为滞后。

1. 中国废旧纺织品综合利用总体现状

目前中国废旧纺织品存量达2400万吨/年，其中化学纤维1700万吨（涤纶1120万吨），天然纤维700万吨[8]。

2012年再生化学纤维产能830万吨，产量530万吨。由于服装出口下降，使用废旧衣物原料国内约有15%～20%下降，布泡料使用量80万吨；进口整瓶/瓶片205万吨（毛片按10%～12%损耗，整瓶按20%～22%损耗，折净瓶片170万吨）；废丝、僵料泡料25万吨；国内饮料瓶回收量280万吨（以扣除库存量）。

从产能分布区域分析来看，江苏地区再生产能占全国总产能的36%，浙江地区再生产能占全国总产能的30%，广东地区再生产能占全国总产能的8%，福建地区再生产能占全国总产能的6%，其他地区仅占全国总产能的20%。从近几年的发展来看，江浙的再生总量还在增加，但速度明显减慢，所占比例逐年下降，而广东、福建则呈现稳步上升趋势。

2. 废旧纺织品收储及交易量（2011年）[8]

据不完全统计，2011年中国北京（含天津及周边）地区废旧纺织品收储量为100万吨，上海（含周边）地区废旧纺织品收储量50万吨，浙江（含周边）地区废旧纺织品收储量80万吨，广东、福建地区废旧纺织品收储量收储量40万吨，全国其他地区废旧纺织品收储量50万吨，进口废旧纺织品量30万吨。

中国主要废旧纺织品交易市场分布：苍南废旧纺织品每年的交易量为200万吨，粤东（含普宁）废旧纺织品交易量为54万吨，山东周边废旧纺织品交易量为40万吨，福建周边废旧纺织品交易量为24万吨，江苏江阴周边废旧纺织品交易量为15万吨，河北周边废旧纺织品交易量为12万吨。

3. 废旧纺织品综合利用基本情况（2010 年）[3]

苍南，以棉织物为主，经开棉、纺纱、织布工序，终端应用在家具装饰、服装、家纺、玩具及汽车装饰；江苏无锡及江阴周边废旧纺织品主要以毛纺织物为主，经开毛、纺纱、织布，应用在低端毛料服装；浙江湖州及河北邯郸、石家庄地区废旧纺织品以纯涤纶织物为主，经处理后，主要用在袜子及无纺织物；山东临沂及安徽地区周边废旧纺织品主要是以破碎后的大片布头为主，产品以手套、抹布为主。

4. 废旧纺织品综合利用存在的主要问题

国内废旧纺织品综合利用行业存在的主要问题：再生回收行业企业规模普遍较小，产品档次不高，产品的附加值不高；企业善于单打独斗，骨干型企业少，再生行业的回收、处置、流通、运输等各环节无序；再生行业上下游产业链的结合还缺乏沟通，不能形成良性循环；行业长期游离于体系之外，遭受歧视，缺乏有效引导、宣传等问题。

中国与发达国家在综合利用方面存在一定差距：一是在原料回收流通体制方面的政策、法律、法规、税收、体系等顶层设计不够周全，可操作的难度大；二是在原料的高质化、高效处理方面，国外普遍采用光谱仪、色谱仪及金属探测仪等进行挑拣，而中国基本上采用人工挑拣；三是再生短纤维生产过程中，虽然设备、工艺、技术、管理已达到国际同类水平，但是在产品的开发和应用上与发达国家有一定的差距；四是在再生聚酯长丝方面化学法技术的研制和产业化推进还要加快步伐；五是再生纤维制品后道处理技术方面尚有一定差距；六是在产品的使用和宣传上尚缺乏强制手段及相关法律法规作为保证。

5. 中国化学纤维工业协会着力推动废塑料、废旧纺织品回收利用的再生联盟建设

经过 3 年多的筹备，2011 年 9 月 2 日以中国化学纤维工业协会作为对外责任主体单位，成立了由产、学、研、用、推的 42 家企事业单位的联合舰队——“化纤再生与循环经济产业技术创新战略联盟”，同时按照工信部消费品工业司的要求，编制了《化纤再生与循环产业（深度）应用专项实施方案》。其内容涵盖：

建立与发展废旧纺织品、塑料等回收与资源化体系，调整化纤再生与循环产业结构与原料构成，大幅度提高优质产能与再生专用纺织品比例，促进化纤再生与循环骨干企业发展。

总体科学推进再生与循环技术创新，建立以高品质、功能、低能耗为特征的新一代化纤循环产业体系。

提高节能减排能力，缓解再生化纤与纺织行业发展中积累的资源和环境矛盾。

制定行业标准，规范中国化纤循环产业。

进行品牌建设，提升企业信誉，推动化纤循环产品消费[15]

三、国内外废旧纺织品高附加值综合利用的发展方向

（一）废旧纺织品回收方法

1. 机械法

将废旧纺织品不经分离直接加工成可纺成纱线的再生纤维，然后织出具有穿着性或者一定使用功能的面料；或者直接将废旧布片经简单加工后直接使用。

2. 化学法

将天然纤维或化学纤维类的废旧纺织品中高分子聚合物解聚分解得到单体，再利用这些单体制造新的化学纤维。

3. 物理法

不破坏高聚物的化学结构，不改变其组成，通过将其收集，分类、净化、干燥，添加助剂进行加工处理并造粒，使其达到纺丝原料品质标准。

4. 热能法

将废旧纺织品中热值较高的化学纤维通过焚烧转化为热量，用于火力发电的回收再利用，热能法适合那些不能再循环利用的废旧纺织品。

5. 填埋法

将废旧纺织品放入垃圾填埋场处理。

（二）纤维废料的危害

不易腐烂，垃圾堆放增加和焚烧处理不当会给环境造成二次污染，埋入地下不易分解，使土质恶化。非回收利用带来的危害有：

1. 焚烧

资源的浪费，焚烧过程产生有毒物质（如二噁英），设备一次性投资大，运行成本高[1]。

2. 土地填埋

占据大量的填埋空间。很少高分子材料是可生物降解的，据粗略估计，部分高分子材料可能保存长达200年。二次污染，渗滤液会造成地下水、地表水污染，而对水质和土壤造成破坏。资源浪费，不利于可持续发展[5]。

3. 堆肥

投资较低，技术简单，有机物分解后可作为肥料再利用，从而达到资源的循环利用，实现废弃物的资源化转化。但是对垃圾分类要求高，且处理周期较长。

（三）目前广泛采用的废旧纺织品回收利用方法

1. 机械开松回收法[4]

机械回收方面，国外早在20世纪70年代就有研究，且有较为成熟的处理技术、装备和工艺。

（1）瑞士立达公司

流程为开棉机—单辊筒开棉机—刺辊打手棉箱开棉机—杂尘处理器排出尘杂。

（2）德国特吕茨勒公司

流程为六滚筒梯形开棉机—刺辊开棉机—重杂质分离器排除重杂质—梳针辊开棉机—锯齿辊开棉机。

（3）德国特马法公司

流程为棉箱给棉机—气流分离器—刺辊开棉机。

（4）法国拉罗奇公司

流程为采用 1—3 道回转切割机，让碎布和回丝经过金属探测器及重杂质分离器进入棉箱给棉机，均匀喂入多锡林撕碎机。多锡林撕碎机的开松滚筒均采用尘笼凝棉方式，附有排风滤尘系统，避免了棉尘喷出，保证了撕碎开松质量。

2. 物理法—废旧纺织品泡泡料及瓶片纺丝法（图 1）

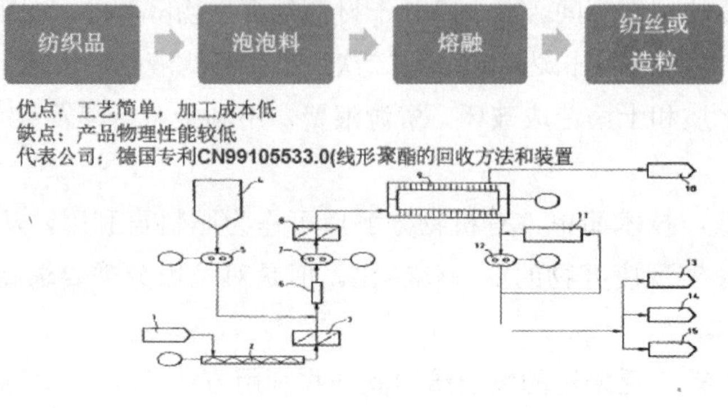

图 1　物理法—废旧纺织品泡泡料及瓶片纺丝法工艺流程图

3. 化学法回收利用

国外废弃聚酯的用化学法回收利用研究比较多，即通过水解法、醇解法、超临界流体法等各种化学方法，将废弃涤纶降解成低聚物或者单体，缺点是流程长，成本高。优点是产品附加值高。目前中国还处在中试阶段，没有大规模推广应用。

（四）先进的回收利用方法

涤纶类服装：脱气熔融及再聚合技术，如图 2 所示。

涤棉类服装：醇解、分离及再聚合技术，如图 3 所示。

涤纶含量 90%以上废旧纺织品的物理化学复合法回收技术，如图 4 所示[3]。

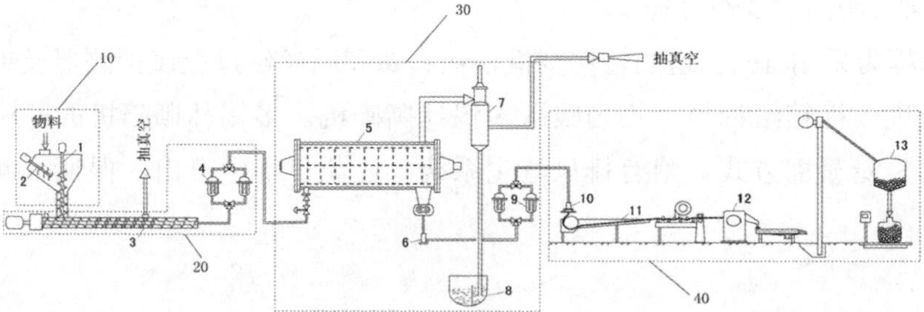

图 2　涤纶纺织品回收利用工艺流程[8]

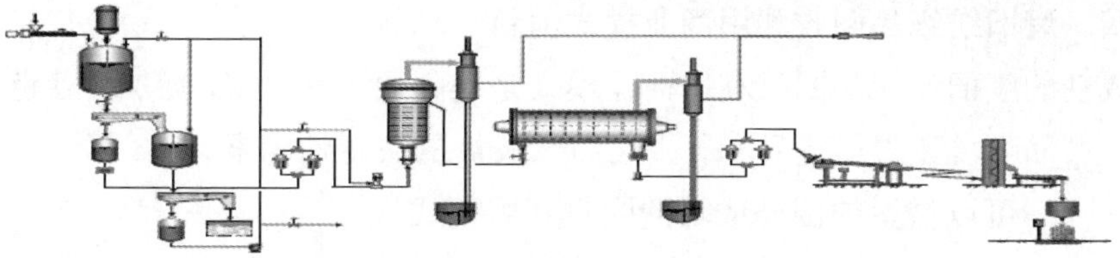

图 3　涤棉类服装回收利用工艺流程[8]

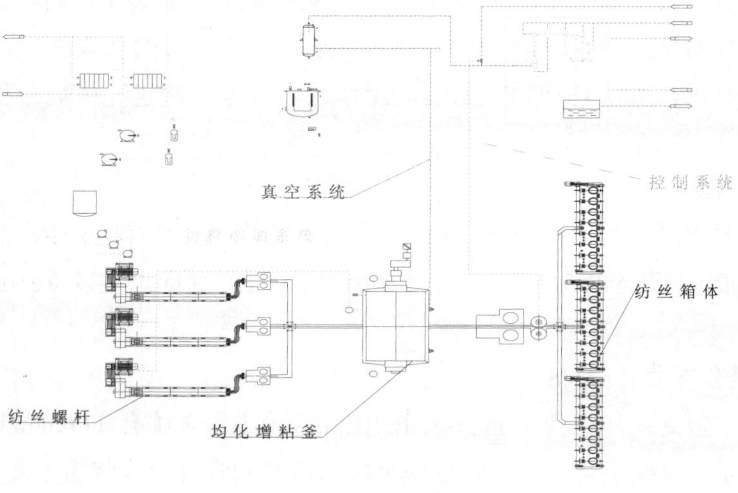

图 4　物理化学法复合废旧纺织品回收技术[14]

（五）国内外技术方案的对比（涤纶类）

国外：物理法利用——降等利用；化学法利用-成本高。

国内：物理法利用——技术水平不高，质量不高。

先进技术：物理化学复合法，产品品质高，成本低。

（六）国内外技术方案的对比（涤棉类）

国外：化学法，将棉生物酶溶解掉，使用不安全。

国内：物理化学复合法，产品品质高，成本低（仅限纯涤纶纺织品或涤纶为主的混纺纺织品）。

先进技术：

半醇解法，实现涤棉分离，聚酯和棉纤维都得到高值化利用。

物理化学复合法，产品品质高，成本低。

四、废旧纺织品回收利用商业模式创新

成功的废旧纺织品回收利用商业模式是提高回收利用率，增加产业链经济效益、产品环境正价值提升和行业可持续发展的决定性因素。

（一）可以借鉴的国外成功的回收利用模式：

1. 帝人（TEIJIN）

日本帝人公司开发了一套回收聚酯的Eco-Circle系统，用于回收聚酯纤维，瓶和薄膜。该系统目前拥有85家成员，包括全世界的服装生产商和零售商。各成员收集聚酯产品，运送到帝人公司位于日本松山市的回收工厂，加工成再生聚酯纤维，并成功应用在服装、工作服、毛毯、背包、擦洗布和地毯等产品。

2. UNIFI

美国UNIFI是复合聚酯纤维和尼龙纱生产和外委加工商，所生产的聚酯和尼龙都100%来源于再生原料，采用原料含EI可追溯标识并以Repreve品牌销售。

3. 玛莎百货（M&S）

英国零售商玛莎百货与位于英国的国际慈善组织乐施会（Oxfam）携手建立玛莎—乐施会交换计划。该计划鼓励民众通过回收废旧服装为乐施会募捐。按计划，捐出任何带有玛莎标签服装的顾客可以获得5英镑的优惠券以供在下次消费满35英镑时使用。

4. 优衣库（UNIQLO）

日本UNIQLO是便装连锁销售企业，拥有700余家商店和40余家海外商店。公司自2001年9月开始在日本实行其品牌织物的回收再生服务。即顾客可以将其废旧的UNIQLO品牌服装返还至任何一家UNIQLO商店以进行回收。回收后的衣物进行各种再生利用或二手服装销售。从2001年9月至2008年3月，UNIQLO累计回收了213万吨服装制品。

5. 沃尔玛（WAL-MART）

美国零售商沃尔玛公司在2005年筹划了一系列旨在推动企业未来可持续发展的环境目标。目标之一就是在各类产品中使用再生纤维。在2008年4月，沃尔玛与美国可口可乐公司合作，开始销售采用棉和PET瓶再生聚酯混纺的可口可乐T恤。这个新的商业模式名为“饮料到服装（Drink 2 Wear）”。除

此之外，每件 T 恤在衣领处有一标签写明多少个 PET 瓶已经被回收并再生制成 T 恤。1 件男士标准 T 恤由 4 个 PET 瓶制造，1 件女士的则需要 3 个。

（二）废旧纺织品回收利用的设计创新

目前，越来越多的设计师尝试在用简约的设计及材料来诠释环保的新概念。能够体现其环境正价值的废旧纺织品设计、品牌运作是废旧纺织品高附加值利用的重要创新模式。

1. 国外成功案例介绍

（1）日本“环保 X 设计”展

在日本的“环保 X 设计”展上有许多世界级的设计师也参与其中。这个设计展以环保手提袋、包袱布、扇子为主。主办方希望通过这个创意环保展览鼓励人们多使用环保型的工具。在日本，一些服装企业几年前曾经进入发展停滞期，近几年靠生产环保服装而逐渐露出繁荣景象。2008 年底，日本名古屋服装协会公布的一项调查结果表明，当地 75%的服装企业都推出了环保服装。

（2）英国酷派先行环保设计大赛

这个环保大赛中所有作品都由英国本土设计师设计，展品的选择标准是：节能，保护资源，废物利用。以此来引导消费者树立更理性、更环保的消费观，以个人的实际行动遏制全球变暖[1]。

2. 中国废旧纺织品回收利用再设计的创新思路

在纺织品制作之前和废旧纺织品回收利用之后，需要对其进行创新再设计，使产品可以被重新循环使用，同时也使其生命周期得到延伸。

（1）材料的循环再设计

循环再设计通过将艺术设计造型方法和创新的思想运用在这些废弃的材料上，重新定位它们的使用功能，利用拼接、打破、解构等手段赋予它们新的形态，为这些废弃纺织品带来二次生命，并激发起大众的环保意识。

（2）功能的循环再设计

在发挥服装原有的功能的基础上，运用它的造型对其进行再设计，发展出多样组合方式的变化，并构成可以适应各种形态的多样化的产品。

（3）道德的循环再设计

在设计的过程中以减量、再生、环保为主导思想。由于设计的问题与环境的矛盾日益突出。在面对经济发展的同时，也必须对传统设计观念提出新的思考和再认识。人与自然的关系也成了设计师们必须考虑的问题。因此在设计时除了考虑产品外观之外，我们还需要考虑到是否是以自然为本的设计。

（4）情感的循环再设计

可以对承载着浓厚情感的旧物品以及废弃的产品进行再创造，使人的情感得到延续。在强调功能及工艺的同时，通过形态、内涵的表达等多种手法的转换，强调了废弃产品再生利用与人本身情感间的联系。

在2009年，Levi's推出的再生环保球鞋。将收集回来的牛仔裤重新洗濯，令牛仔布的洗水色更为接近，再经人手剪裁，将不同部分重新拼合。包括表袋、撞钉、皮带扣等，以原装色线缝合，成为一双独一无二的环保球鞋。同时每对环保鞋在款式上略有不同，并突显独特个性。这项活动因此吸引了大量的消费者竞相购买。既发挥了品牌效应也达到了环保的目的。这让许多喜欢Levi's的消费者更加有亲切感。这一设计可谓非常的成功，使废弃的牛仔裤延续了新的生命和新的情感[1]。

（三）废旧纺织品回收利用的标准、认证与吊牌模式

健全中国废旧纺织品行业回收、材料、检测、生产过程管理及原材料追溯等标准体系，完善配套的生态安全、环境价值和节能环保效果认证体系设计。推出依据“化纤再生与循环经济产业技术创新战略联盟”为基础的系列再生产品吊牌商业模式，建成中国废旧纺织品回收利用高附加值创新商业模式。

（四）新型废旧纺织品回收利用营销渠道的创新探索

充分利用新型商业模式，如大型连锁超市、著名品牌连锁店和电子商务平台，搭建废旧纺织品回收网络、废旧纺织品再生利用产品推广、销售渠道。追随年轻人时尚行为，推广宣传废旧纺织品回收利用低碳环保、简约时尚的理念。

五、国外废旧纺织品回收管理体系借鉴与中国模式探索

废旧纺织品的回收体系建设是实现废旧纺织品真正高效循环利用的关键所在，这需要政府、行业协会、NGO和慈善团体等多层面协同努力才能够实现。

（一）国外成功案例介绍

1. 英国废旧纺织品服装回收渠道

在英国，作为废旧纺织品服装而回收的范围较广，包括家庭织物，如衣物、袜子、床单、枕头、床垫、地毯和鞋等。

（1）按照回收渠道划分

废旧纺织品服装按照回收渠道分类，包括慈善商店、织物回收银行、上门回收、当地回收机构、家庭垃圾回收中心、学校、地毯回收、直接再利用。

目前，英国慈善商店协会大约拥有 6800 多家回收废旧织物的慈善商店。慈善商店是英国回收和销售旧织物的主要渠道。慈善商店协会还拥有织物回收银行，在英国大约有 6500 多家回收银行，每年回收织物的数量在 6 万吨左右。2008 年通过慈善商店处理的织物达到 25 万吨（表 2），包括捐赠给慈善商店的织物、从公众那里回收的织物、上门回收的织物和织物回收银行的回收。

表 2　2008 年慈善机构处理的废旧织物数量[10]

最终用途	数量（万吨）	占总量比重（%）
商店二次销售的织物	6.2～7.25	25～29
卖给循环利用机构的织物	17.5～18.5	70～74
作为垃圾填埋的织物	0.25	1
合计	25.0	100

（2）按照纺织品服装再利用方式划分

通常大众淘汰衣服的主要原因是家里空间不足，再利用方式多种多样，主要分为直接再利用和间接再利用两种。

直接再利用方式包括：将旧衣物继续在家中再利用，如用作抹布等；有的家庭将旧衣服捐赠、卖掉，或者与他人交换（包括在 eBay 上出售）。目前，许多居民通过互联网进行个人间的服装交易和赠予，在英国，每年通过互联网销售给二手市场的服装大约为 1000 吨。

间接再利用包括：捐赠给第三方，如慈善商店；各类回收机构，如回收企业、回收银行等。在英国，通过学校集中回收织物已越来越普遍，包括书包、校服，每年回收量在 2 万吨规模。英国大约有 1.1 万家工业回收银行，每年每个工业回收银行平均回收织物量达 9.23 吨。

表 3 显示，2005 年和 2008 年英国回收的废旧织物，按照在英国国内和海外最终用途划分为：再（二次）销售、用作抹布、循环利用（作为再生纤维生

产原料循环利用）和作为垃圾填埋等4类。

表3　2005年和2008年英国废旧织物最终用途[10]

最终用途	2005年		2008年	
	数量（万吨）	占比（%）	数量（万吨）	占比（%）
英国再销售	4.1	12.7	10.6	20.2
用作抹布（英国）	2.8	8.6	1.7	3.3
循环利用（英国）	3.4	10.5	1.0	1.3
垃圾	2.1	6.5	2.5	4.7
海外再销售	17.4	53.7	31.6	60.5
海外用作抹布	0.6	1.9	2.1	4.0
海外循环利用	2.0	6.2	2.8	5.9
总计	32.4	100	52.3	100

图5显示，2008年英国纺织品服装消费量与英国废旧织物各类回收渠道、再利用、循环利用和作为垃圾处理的数量。

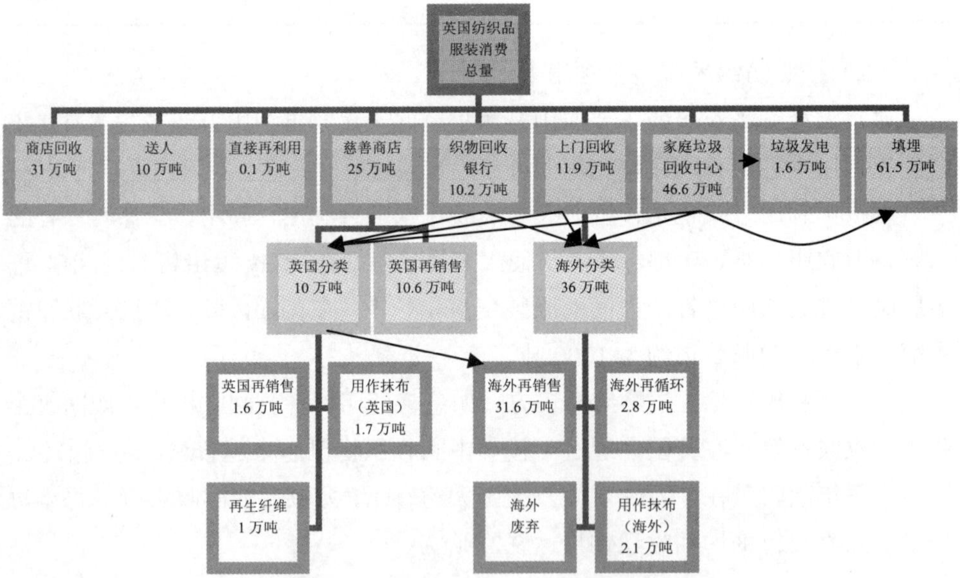

图5　2008年英国纺织品服装消费量与废旧织物回收渠道及再利用率

2. 欧盟垃圾减量采取的有效措施

2010 年 12 月生效的欧盟 WFD（2008/98/EC）不仅修改了对垃圾概念的界定，还包括一系列垃圾减量和最大限度地再利用、循环利用的垃圾分层管理措施，这些管理措施也同样适用于废旧织物的处置及再利用。

WFD 第 4 条所涉及的垃圾分层管理，是指欧盟及其成员国在实施垃圾管理措施时，优先遵循分层管理步骤。垃圾分层管理步骤包括：预防、准备再利用、循环利用、废物（能源化）利用、废弃。预防措施—预防是指物质、原材料、产品成为垃圾前所采取的措施，即垃圾减量措施。物质、原材料、产品成为垃圾前所采取的措施，包括：①从数量上减少，如通过产品再利用或延长产品使用寿命；②减少垃圾对环境和人类健康产生的不利影响；③减少原材料和产品中有害物质的含量。

预防垃圾行动是由 10 个欧洲国家发起的，欧洲区域发展基金资助的预防垃圾宣传行动。欧盟委员会提出，截至 2011 年底为期 3 年的垃圾减量周活动，目的是有组织地在垃圾减量周中，在欧洲范围内采取多项措施提高大众对垃圾减量的意识。

再利用和准备再利用仅仅是法律上的不同，而不是技术和环保上的不同。欧盟 WFD 在预防措施中，使用了再利用的概念，即通过产品再利用或延长产品使用寿命。而再利用定义是指产品或零部件如果是为同样目的被再次使用，就不是垃圾。从技术角度解释，再利用是指：被他人以不同的方式直接利用；被清洗、抛光整修后的再利用；作为部件再开发利用；加工制造后的再利用。WFD 对成为垃圾后的再利用，则被称为准备再利用。

循环利用着眼于在产品已成为垃圾或不能再被利用时，所采取的再生物质的循环利用措施。废物（能源化）利用是指将垃圾焚烧发电。

废弃是指不能被能源化二次利用的废物，只能填埋、倾倒在海洋、作为肥料用于土壤中等。WFD 提出到 2020 年循环利用和废物利用目标为：来自家庭某些垃圾原料的准备再利用和循环利用量至少达到 50%，包括纸、塑料、玻璃、金属等；建筑垃圾准备再利用和其他原材料循环利用量至少达到 70%。

3. 关于 ECOLOG 的案例介绍

ECOLOG 是一家废旧纺织品的回收网络有限公司，公司位于德国康斯坦茨湖的泰特南。1994 年，生产运动服装及户外装备的两家德国成衣制造商

VauDe 和 Satex 建立了该回收网络。具有不同的参与者，如生产商、零售商、消费者，以及回收聚酯纺织品的公司。这项合作的目标是为纺织业引进一个同质聚酯的循环链。这包括同质聚酯纺织品的开发和供应，零售商独立登记的消费后产品，以及这些产品被回收后再次被用作初级聚酯材料。虽然，最初只是计划用于回收服装纺织品，但后来，该系统扩大到整个德国的纺织业。这个网络为同质聚酯纺织品行业提供了一个标签，从面料到拉链，乃至防渗膜。这些产品使用期满后，将加入 ECOLOG 回收，并开始循环利用。ECOLOG 的特点是作为一个单独的“传送带”系统而存在，这个系统是由一个专门的公司负责组织和回收纺织品，并确保其实现环境友好型的循环再利用。

从商品到消费者（传统供应链），该系统的设计初衷是作为一个整体，然后再开放给纺织品生产商使用的。如果制造商有兴趣参与，他们需要向 ECOLOG 提供一个产品样本，以及一份证明他们的纺织品为同质性的聚酯结构的证书。证书由独立的研究机构签发。在支付许可证使用费后，制造商获准使用 ECOLOG 标签，并为他们的服装得到足够数量的担保标签。然后，通过标签通知消费者关于采取回收的选项。携带 ECOLOG 标签的纺织品会采用传统的方式进行销售。

ECOLOG 回收使用过的产品（实现供应链的闭合），在产品过了使用期后，消费者可以直接将废旧纺织品送回 ECOLOG 公司，或者选择将废旧纺织品送到分布在全国的 500 个收集点。这些回收点一般都是专业的零售商，当然，也包括其他不同类型的商店。在 2002 年，有 380 多家零售商自愿参加这个回收网络[11]。

生产者通过生产同质纺织品以承担远期成本。ECOLOG 公司提供许可执照，以监督使用同质化聚酯，同时，组织纺织品的收集和再利用。许可费主要取决于纺织品的重量。对于这项收费，ECOLOG 可以保证足够的可重新利用的货物。ECOLOG 网络和协调单位的经费主要来自于许可证收费。

（二）中国废旧纺织品回收管理体系的建设思考

中国目前还是发展中国家，我们需要考虑中国地区发展差异大、民众环保意识严重不均衡、已经存在的现有回收利益群体等多方面因素，做好废旧纺织品回收管理体系的建设。

1. 需要对中国废旧纺织品回收体系做好顶层设计

政府和行业协会应该在这个过程中扮演领导角色。在目前情况下，可以充分发挥“化纤再生与循环经济产业技术创新战略联盟”的作用，按照工信部消费品工业司的要求，扎实开展《化纤再生与循环产业（深度）应用专项实施方案》，尽快出台顶层设计方案。

2. 充分调动基层社区组织，国有、民营企业，NGO、学校和慈善组织参与回收网络建设

废旧纺织品回收利用涉及多层次利用、多形态利用、多方面利用的问题，因此在做好顶层设计后，需要调动全社会各方面力量，共同参与才能够实现废旧纺织品大循环、大闭环利用目标。要充分鼓励参与方根据各地区实际情况，创新回收利用体系和业态。

3. 政府需要出台对该行业有可操作的鼓励政策

虽然我国已经有了一些政府优惠政策，但是还是缺少真正能够落地的可操作性措施。

（1）科技部有关废旧纺织品回收政策

列入“十二五”废弃物资源化科技发展专项规划，已经列入资源环境领域国家 863 计划。

（2）纺织工业协会有关废旧纺织品回收政策[16]

纳入纺织工业十二五科技进步纲要，这项工作已经纳入国家行为。

（3）发改委有关废旧纺织品回收政策[17]

正式列入“十二五”资源综合利用指导意见，具体实施方案正在编制。

“十二五”国家“双百工程”计划，下一步需要对以上政策尽快制定具体、可操作的实施方案、法律或规则。

六、废旧纺织品高附加值终端产品利用

废旧纺织品高附加值回收利用主要取决于高品质再生原材料技术、制品加工技术和终端消费产品设计创新等方面。

（一）国外典型案例介绍：

1. 巴塔哥尼亚（PATAGONIA）

美国巴塔哥尼亚公司自 1993 年发明来源于再生饮料瓶的起绒织物以来，已经成为生产环境友好型户外服装的先驱。至今已累计使用 920 万个塑料瓶来制造起绒服装。在 2005 年 9 月，巴塔哥尼亚建立了纱线再循环项目，鼓励消费者将穿旧的衣服交给巴塔哥尼亚以回收再生新的服装。目前，该公司所有产品都采用循环再生材料生产，并且这些产品都可以被再次回收再生。

2. POLARTEC公司

美国Polartec公司是以其Polarfleece起绒面料最为知名。Polarfleece是具有高保暖性和排汗功能的双面聚酯面料。Polartec宣布其总产量的20%以上是由循环再生原料制造，目前其40余种服装都是采用至少50%的再生材料。

3. Shaw公司的绿色尼龙再生利用

美国Shaw公司的尼龙回收机构，通过全国回收网络收集废旧尼龙6地毯。从地毯中分离尼龙6纤维，使它解聚成无色原料单体——已内酰胺，然后再聚合成新的尼龙6，品质与原生尼龙6基本一样。Shaw公司用混合再生尼龙6与原生尼龙6做出新的地毯纤维包括Eco Solution Q®品牌的商业地毯产品和Anso®品牌的家用地毯。以上两款产品已经获得Cradle to Cradle®银级认证，而且Anso®品牌有25% PC（Post consumer）含量已获得科学认证体系认可[13]。

4. Circle LLC公司

Circle LLC公司已经获得几个PI（Post-industrial）废物转化技术专利，其中twist™在优质再生棉纤维纱生产服装中应用，altfab™在短纤维无纺布中应用，如婴儿湿纸巾、抹布、化妆品，工业、医疗和个人护理产品；flip™在短纤维湿法制品和纸的生产中应用。这些技术比传统的纤维回收工艺产生出来的产品质量要高[13]。

5. JIMTEX纱厂

位于美国，该公司利用生产过程中收集的废弃棉纤维、纱和织物来生产高质量的再生棉纤维和纱。纱线的品牌为“Eco2cotton”。

（二）中国目前废旧纺织品的高附加值利用情况

中国再生涤纶纤维已经在以下方面开始了高附加值应用，它们包括：

运动服装——耐克、阿迪达斯和李宁等知名品牌（以再生涤纶长丝为主要原料的针织面料运动衫）。

床上用品——富安娜、雅兰和Spring等（以中空再生涤纶短纤维为填充材料的床上用品）。沙发——纳图兹（Naduci意大利最著名沙发品牌）、Ashily（美国知名家纺品牌，以中空再生涤纶短纤维为填充材料的沙发）。

毛绒玩具产品——迪士尼、乐高（Lego）、NICI（德国）和美泰等知名品牌（以中空再生涤纶短纤维为填充材料的毛绒玩具）。

（三）废旧纺织品高附加值利用发展方向

1. 高品质废旧纺织品原料回收技术的突破方向

物理化学复合法回收技术的改进，通过液相增粘釜的创新设计，使用混纺废旧纺织品非涤纶材料比率超过 15%的泡泡料，生产出高质量涤纶长丝、短纤维。

开发低投资成本和低运行成本的化学法回收利用及除色技术（解聚、BHET 阶段活性炭吸附技术），使得有色废旧纺织品化学法回收利用率提高到 85%以上。

开发利用再生 PP 原料生产丙纶纺粘、熔喷及 SMS 复合无纺布生产技术及装备。

开发再生 PP 短纤维生产技术及装备。

废旧地毯中尼龙 6、尼龙 66 回收利用技术及装备。

废旧纺织品纯棉纤维回收利用技术与装备。

2. 废旧纺织品回收利用高附加值终端产品发展方向

利用再生废旧纺织品制作时尚服装，休闲服装，比如 Polo、开拓者、Kimland 和 Colombia 等知名品牌（都有部分再生涤纶短纤维的纱线织成的面料制作各种休闲服装、鞋材、革基布）。

利用再生废旧纺织品生产一次性卫生护理产品，如婴儿纸尿裤、妇女卫生巾、成人失禁裤和各种面巾、擦布等（用再生涤纶纤维做辅材、用再生涤纶短纤维生产的水刺无纺布为面料基材）。

利用废旧纺织品原料制作的尼龙和涤纶 BCF 纱，生产高端地毯产品。

利用再生废旧纺织品为原料生产针刺无纺布及复合材料作为汽车各种内饰和保温材料。

利用再生 PP、PET 熔喷、纺粘和 SMS 复合材料，生产在空调、汽车、污水处理和空气净化等领域应用的各种高性能过滤材料。

利用再生 PPS 为原料生产针刺无纺布及复合材料作为发电厂、水泥厂、炼钢厂耐高温过滤材料。

利用纯棉废旧纺织品回收纯棉纤维，制备再生纯棉纱生产如婴儿湿纸巾、抹布、化妆品，工业、医疗和一次性个人护理产品。

参考资料：

[1]《初探国外废弃服装的回收及再设计现状》，张峥、王小雷，天津纺织科技，总第 191 期

[2]《国内外废旧纺织品综合利用发展现状》，唐世君，纺织导报，2012 年第 7 期

[3]《废旧纺织品的再利用》，史晟、戴晋明、牛梅、蔡智锋、侯文生，纺织学报，第 32 卷第 11 期

[4]《废旧纺织品回收利用的探讨》，严涛海、李金水，山东纺织科技，2012 年第 2 期

[5]《国内外纺织品回收与利用现状》，张卓（天津工业大学），国外纺织技术，2001 年第 2 期

[6]《2012 年中国废旧纺织品回收产业发展状况分析》，全球纺织网，发布时间 2012 年 10 月 9 日

[7]《废旧纺织品再利用调研报告》，百度文库，http：//wenku.baidu.com/view/27981959be23482fb4da4c41.html

[8]《国外废旧纺织品回收利用发展现状简析》，徐寰、唐世君，纺织导报，2012 年第 7 期

[9]《欧美纺织品服装零售商采购趋势分析》，王建平、黄文辉，上海天祥质量技术服务有限公司 纺织导报 2008 年第 3 期

[10]《英国纺织品服装再利用和循环利用现状》，郭燕，纺织导报，2012 年第 6 期

[11]《关于 ECOLOG 的案例分析》，中研国际官方网站，发布时间 2012 年 08 月 17 日，http：//wenku.baidu.com/view/be9f900ccc1755270722086c.html

[13]《From Waste To Worth》，Janet Bealer Rodie，http：//www.extension.org/pages/63747/from-waste-to-worth：-spreading-science-and-solutions

[14]《Recycled Fiber—From virgin to eternity》，谷歌网站

[15]《化纤再生与循环产业（深度）应用专项实施方案》，中国化学纤维工业协会

[16]《纺织工业“十二五”发展规划》，工业和信息化部

[17]《中国化纤“十二五”发展规划》，工业和信息化部

[18]《中国产业用纺织品“十二五”发展规划》，工业和信息化部、国家发展和改革委员会、国家质量监督检验检疫总局

我国丙纶再生纤维的开发与应用

李增俊　沈来勇

一、概述

近年来，随着化纤工业的迅猛发展，丙纶纤维以其密度小，熔点低、吸湿率低，结晶度高，耐化学性好，力学性能优良，生产工艺路线短，原料消耗和能耗低，生产过程无污染等优势，成为合成纤维中发展潜力较大的品种，近几年规模以上企业年均增长率达到了 15%～20%。聚丙烯具有良包容性良好和分散性，可纺性好，可生产各种功能性纤维，如磁性保健纤维、抗菌纤维、荧光变色纤维等。丙纶与人体皮肤接触无刺激、干爽透气、越来越被人们所认可。

随着我国经济的快速发展和人民生活水平的日益提高，各种资源的消耗量逐年增大，资源供给不足已成为制约我国可持续发展的重要因素，再生资源的开发和利用迫在眉睫，面对生态建设和环境保护形势的日益严峻，再生资源利用对发展循环经济、建设循环型社会有重要的意义。我国丙纶行业，企业在不断地研究和发掘过程中，开发出了以废旧聚丙烯塑料为原料，生产丙纶纤维的生产方法，通过特殊的工艺，生产再生丙纶纤维。

废塑料资源被现代经济学家称之为“人类的第二矿藏”、“城市里的宝藏”。2012 年我国聚丙烯表观需求量 1490 万吨，按 30%回收再利用，年回收量达 450 万吨聚丙烯废旧塑料，相当于节约 1500 多万吨原油。废塑料的回收和再生不仅实现了资源再生，弥补了资源不足，而且还解决了白色污染问题。

再生丙纶的生产，这一研究打破了传统的以石油为原料提取聚丙烯，再进一步制成丙纶纤维的技术，通过对社会上大量废弃的聚丙烯塑料进行回收利用，不仅降低了丙纶生产的成本，同时更好地维护了人类赖以生存的生态环境，具有广阔的市场前景。

二、我国再生丙纶的发展现状

根据国家统计局统计，2012 年全国化纤产量 3792.16 万吨，同比增长 11.2%。丙纶产量为 36.86 万吨，同比增长 20.96%。近几年丙纶纤维规模以上企业统计，在合成纤维中是增长较快的品种，在国家统计局统计样本中，丙纶企业只统计了规模以上56家企业，但根据中国化纤工业协会调研统计，我国丙纶生产企业有200多家，产能125万吨，实际产量达80多万吨，大多是生产能力在1万吨以下的小企业，生产装备比较落后，产品类同，生产较为集中的地区为浙江慈溪、江苏常州、福建泉州、广东汕头、山东淄博等。

使用再生原料的企业主要集中在广东、福建。福建三宏再生资源科技有限公司是我国再生丙纶行业的龙头企业，100%使用再生聚丙烯原料，2012年生产能力达7.2万吨、非织造布2.4万吨、织带6000吨。其他使用再生料的企业，大多是在原生料中混掺再生料，掺用比例一般为20%～50%（见表1）。由于废旧聚丙烯塑料来源杂，渠道不固定，质量不稳定，大多企业不愿使用。用原生料纺丝的丙纶企业，所产生的废丝、下脚料经再造粒后，在本企业自用。

表1　国内再生丙纶纤维生产企业情况

单位：吨/年

	企业名称	产能	再生料使用比例
1	福建三宏再生资源科技有限公司	72000	100%
2	泉州市东翔化纤织造有限公司	50000	40%～50%
3	揭阳市粤海化纤有限公司	30000	30%～40%
4	绍兴超特合纤有限公司	15000	20%～30%
5	浙江固德塑胶有限公司	15000	100%
6	福建腾茂轻工有限公司	12000	30%～40%
7	广州恒通纺纤有限公司	12000	5%～10%
8	福建泉州市汇源化纤织造有限公司	3000	30%～40%

资料来源：中国化纤工业协会

三、再生丙纶行业的特点

（一）技术特点及装备水平

目前，国内生产再生丙纶纤维的生产主要的两种情况，一是用原生料生产的丙纶企业，其废丝、下脚料由本企业造粒回用；二是部分或全部外购废旧聚丙烯原料生产。以福建三宏再生资源科技有限公司（以下简称：三宏科技）为代表的再生丙纶生产企业、采用自有专利技术“用100%废旧聚丙烯生产聚丙烯纤维的方法”和“一种再生丙纶直纺工艺”这两项核心技术。其生产装备为再生丙纶直纺设备或FDY一步法。

1. 用100%废旧聚丙烯生产丙纶

在废旧塑料循环利用产业发展的早期，大多数公司只能通过在原料中添加10%～30%的废旧塑料用于生产丙纶纤维，从而为企业降低一定的生产成本，但生产能力并未上规模，回收和再利用废旧塑料的数量较少，经济和社会效益不明显。

三宏科技于2006年就已掌握了这项核心技术，不依赖于其他成本较高的原料，全部以废旧的PP塑料为原料，生产PP纤维及PP织带。经过几年的试验与应用，目前已经达到非常成熟的产业化水平，在再生资源循环利用产业中，处于行业领先水平。

2. 再生丙纶直纺工艺

三宏科技自主研发的“一种再生丙纶直纺工艺”，优化了生产丙纶纤维的生产工序，将原来的造粒工序和纺丝工序完美地结合在一起，减少了生产过程中的12道工序。该直纺工艺预计可节约用电4041万kwh/年，单纯生产能力从3.5吨/天提升到20吨/天，可以增加废旧塑料处理量达30000吨/年，经济和社会效益显著。

该公司10.5万吨/年再生资源技改项目，在引进全新先进设备的基础上，依托“用100%废旧聚丙烯生产聚丙烯纤维的方法”、“一种再生丙纶直纺工艺”两项核心技术，生产出的再生丙纶产品，具有色牢度好、性能稳定，且具有环保、成本低等特点，在市场竞争中，占有绝对的领先优势。

（二）企业经营模式

国内再生丙纶行业主要采取自主品牌经营模式。其中技术实力较强、品牌优势较大的企业，采用100%废旧聚丙烯塑料为原料；而一些技术水平落后、品牌知名度差或无品牌的企业则部分采用再生料，模仿式经营；在产品品种上，以常规中粗旦、深色丝为主；在销售模式上，大多企业以国内客户为主，有优势品牌的大企业产品以出口为主“立足国内、辐射全球”。

原料采购：扩大使用PP废料种类。

产品生产：改进生产工艺，提高效率。

成品销售：扩大下游再循环丙纶环保产品。

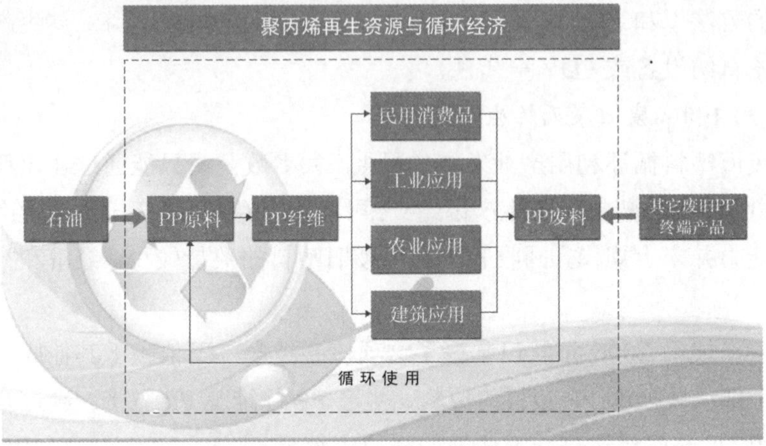

图1　丙纶再生资源与循环经济示意图

四、丙纶再生纺生产工艺流程简介

（一）丙纶长丝生产工艺流程

1. 工序

再生丙纶纤维的生产包括以下几个工序：拌料工序、投料工序、纺丝工序、牵伸工序、卷绕工序、包装工序。

辅助的生产单元包括原料放置区、配色房、控制室、机修房、组件房、成品纱放置区等。

2. 丙纶直纺生产工艺流程

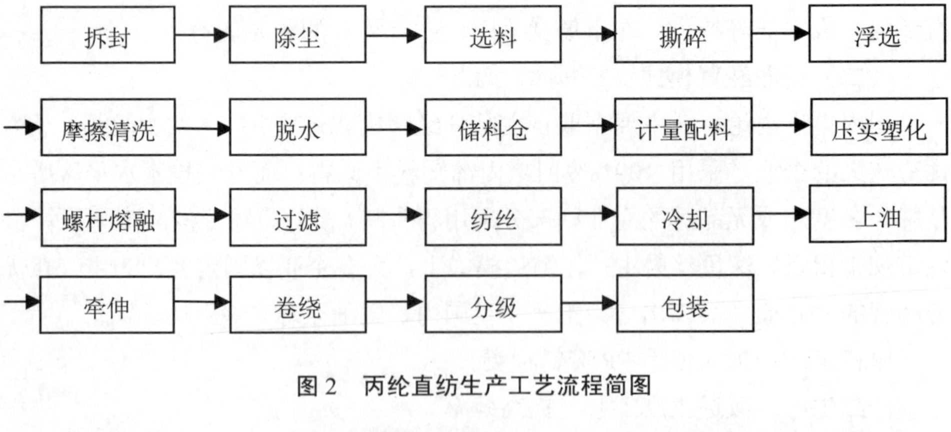

图2　丙纶直纺生产工艺流程简图

根据配色要求，在再生料粒料中添加色元素，按照比例进行搅拌，混合均匀，经干燥后投入纺丝机，经熔融纺丝、牵伸、卷绕制得再生丙纶纤维。

（二）丙纶织带生产工艺流程

1. 工序

丙纶织带包括以下几个工序：整经工序、织造工序、卷带工序、包装工序。

辅助的生产单元包括丙纶纱放置区、机修房、盘头放置处、成品织带放置区等。

2. 丙纶织带生产工艺（在该段工序上三宏科技是采用新式的设备，取消了整经工序，直接把丙纶纱挂到织带机上进行生产）

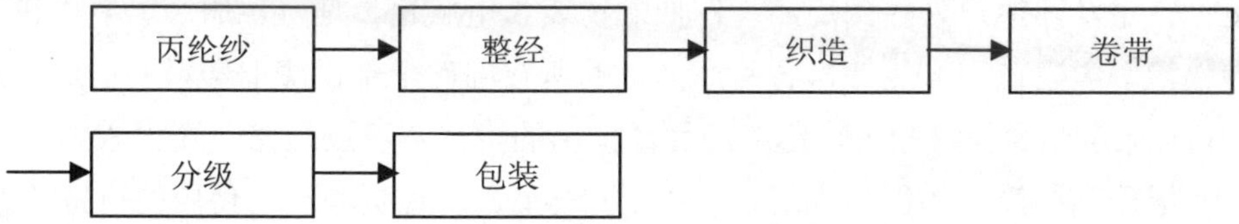

图 3　丙纶织带生产工艺流程简图

根据丙纶织带的生产要求将丙纶纱分为经纱和纬纱，按比例进行整经，再经织造、卷带工序制得丙纶织带。

五、再生丙纶纤维生产与应用

（一）品种开发

目前，国内再生丙纶以中粗旦为主，主要规格有 300D、450D、600D、900D 等产品，以满足织带、箱包、帐篷等不同应用领域的需求。在生产中一般实行固定机台生产固定规格的产品，这就使得工艺参数相对固定，产品质量稳定，不会形成交叉、繁乱的情况，大大地提高了生产效率。再生丙纶纤维的研发方向：

1. 功能性纤维的开发

由于聚丙烯具有良好的包容性和分散性，通过加入特殊的添加剂（譬如阻燃剂等）生产各种高功能性丙纶纤维。赋予丙纶纤维抗老化、防火阻燃、抗菌除臭、远红外、抗静电、防污等特性。以满足在军工产品、农林渔牧、建筑水利、交通运输、体育运动以及其他工业领域中广泛的应用。

2. 超高强丝的技术研发

丙纶高强丝具有高抗张强度和抗冲击强力，使它成为在产业领域中极具竞争力的产品之一，其柔韧性、耐化学性和经济性也显示出它可应用于产业领域的较好前景。目前，再生丙纶丝的强力值在2～3 g/d左右，一般用于生产织带及丙纶布料等方面，如果用于船舶航运，其强力值还未能达到要求值。随着再生丙纶生产技术的进步，开发生产强力值达到 9g/d 以上的再生丙纶高强丝，进一步扩大再生丙纶的应用领域，这就成为了丙纶生产企业将来要进行攻克的课题。

（二）应用领域

利用废旧聚丙烯塑料生产的再生丙纶纤维及其制品，主要应用于生产箱包、鞋服及其他户外休闲用品，例如购物袋、电脑包、拖鞋、服装、登山包、储物箱、学生包、帐篷等，各类产品上的所有部件全部由废旧塑料制造而成，均可以 100%回收再利用，走资源循环使用的可持续发展之路，真正做到产品从“摇篮到摇篮”的循环利用（从摇篮到摇篮：一种资源循环使用的可持续发展概念，指产品从原料供给—形成成品，产生效用—老化废弃—回收利用，再造—形成新产品。区别于“从摇篮到坟墓”模式）。

1. 产品种类

箱包类			
			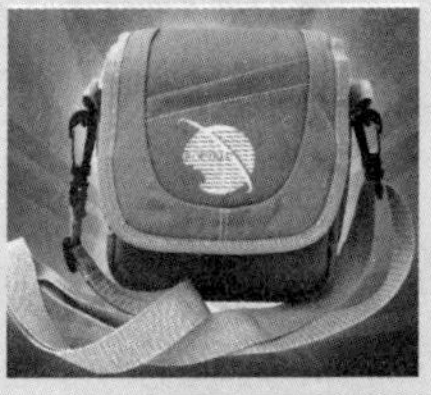
电脑包	旅行包	购物袋	腰包
鞋服类			
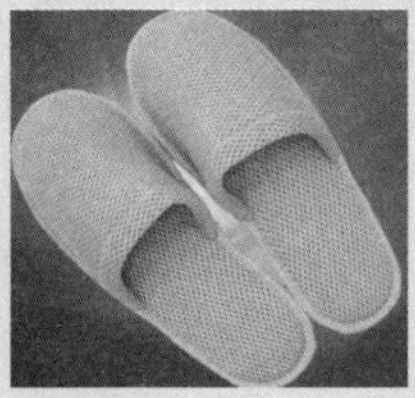	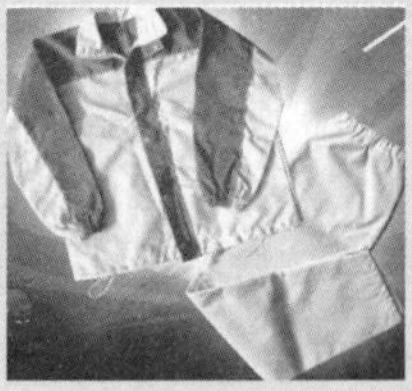		
拖鞋	工作服	围裙	救灾帐篷

图4　丙纶产品种类

表 2　国内再生丙纶纤维应用领域

序号	丙纶产品	应用领域
1	丙纶长丝	绳带、织带、圣诞树、 渔网等
2	丙纶织带	箱包、手袋、帐篷、沙滩椅、 健身器材、马具等
3	丙纶绳带	手袋、帐篷、鞋、服装等
4	丙纶再生颗粒	用于丙纶纤维及其他制品
5	丙纶布	箱包、手袋、帐篷、沙滩椅

2. 产品优势

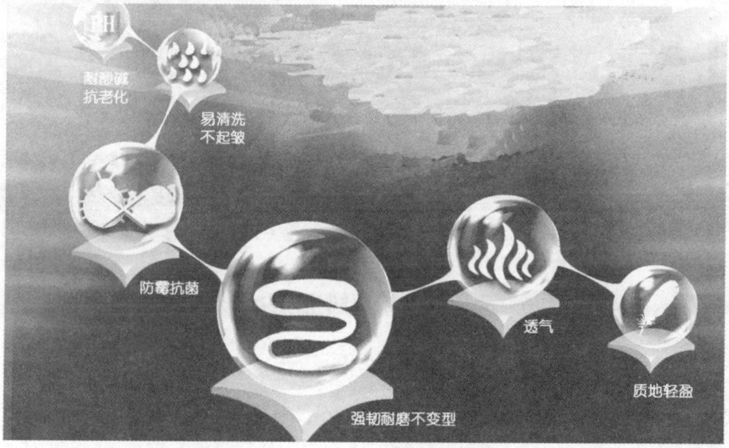

图 5　丙纶材质的优势

丙纶材质，可 100%回收，耐酸碱、防霉抗菌、舒适透气、质地轻盈。

六、再生丙纶原料与产品市场情况

再生丙纶原料主要有以下几种：废旧农业绳、废旧工程网、废旧无纺布、废旧打包带、废旧塑料片料等等。

（一）再生聚丙烯原料的来源

再生聚丙烯原料，其来源主要有两种：一是通过企业设立的环保服务站进行定点回收，集中使用，这种方式回收的废旧塑料比较零散，杂乱不纯，需要分拣；另一种是通过国内外的批量采购。集中采购原材料的地区主要分布在欧美及东南亚地区，国内主要集中在广东沿海及江浙一带，原料来源广、价格低。

表 3　国内再生丙纶原料来源

PP 再生料来自废弃 PP 制品		
CD 壳	无纺布	吸管
农业绳	码头吊绳	PP 纱
安全网	渔网	PP 织带
一次性口杯	打包带	水果箱
中空板	薄膜	农业篷
马草绳	文具盒	含 PP 废旧物
……将持续开发来源于更多不同 PP 废弃制品的 PP 再生料		

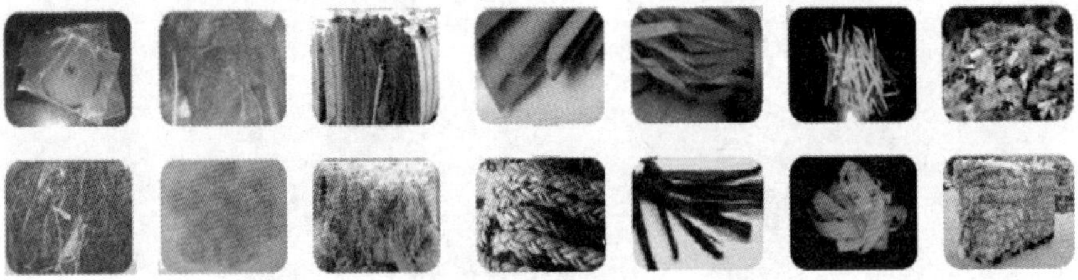

图 6　废旧聚丙烯原料直观来源示图

（二）再生料的鉴别与改性利用

1. 鉴别

由于塑料制品各类繁多，分类回收难度大，轻工业塑料加工应用研究所为此专门制作了按材质分类的“塑料回收标志”，它是由国家质量技术监督局批准发布使用的“塑料回收标志”，已与国际接轨，不久也将成为国家有关部委发布的法规中，为防治塑料污染环境而强制使用的“塑料回收标志”。

该标志是标注在塑料制品上用于回收利用的标志，它由图形、塑料代码与对应的缩写代号组成，其中图形为带三个箭头的等边三角形。0 代表材质类别为塑料，塑料代码为 0 与阿拉伯数字顺序号组合的号码，位于图形中央，分别代表不同的塑料，塑料缩写代号位于图形下方。

如塑料名称为聚丙烯的代码为 05，缩写代号为 PP。其表示方式既简易、又明了，解决了通常情况下人们识别塑料材质的困难。既可促进废弃塑料分类投放及分类收集，又可节约分选归类所需的大量人力、物力及资金。对减轻生活垃圾的处理，消除“白色污染”，保护环境、节约能源、资源综合利用具有深远意义。

“05”———PP（聚丙烯）常见用于豆浆瓶、优酪乳瓶、果汁饮料瓶、微波炉餐盒。

★提示：放入微波炉时，把盖子取下

使用注意：熔点高达 167℃，是唯一可以放进微波炉的塑料盒，可在小心清洁后重复使用。需要特别注意，一些微波炉餐盒，盒体的确以 05 号 PP 制造或，但盒盖却以 02 号 PE（高密度聚乙烯）或 06 号 PS（聚苯乙烯））制造制造，由于 PE、PS 不能抵受高温，故不能与盒体一并放进微波炉。为保险起见，容器放入微波炉前，先把盖子取下。

【特别提醒：只有聚丙烯材质塑料可进微波炉】

再生丙纶行业在采购原材料的过程中，对再生料的鉴别一般有两种方式：一种是截取小部分的样本，由公司实验室对其进行分析检测，对其是否是符合需要的丙纶材质，以及再生料的优劣，进行鉴别；另一种方式是在采购之前，由供应商出具相应材料的分析检测报告，通过权威机构的检测，确定材料成分以及品质优劣，然后再择优予以采购。一般企业选取的方式是第一种，这样更直接可靠。

2. 改性利用

聚丙烯制品在日常使用中，由于日晒、氧化等造成大分子降解，使废旧聚丙烯原料产生脆性，不能直接纺丝。再生料的改性利用，是用废旧聚丙烯塑料生产聚丙烯纤维的核心技术所涉及的关键环节，它是将两种或两种以上不同熔指的聚丙烯再生料混合进行共混改性，以分子量调节的方式控制聚合体流变性的可控流变性，所获得的共混物熔融指数控制在 12～20 克/10 分钟之间，造粒制得聚丙烯再生料颗粒，再用纺牵一步法纺丝。

（三）市场行情

由于聚丙烯生产与原油关联性很强，其价格直接受原油价格的影响。2012 年，聚丙烯紧随原油价格波动，年内 5 月、9 月两次大涨，波幅达每吨 2000 元。再生聚丙烯原料行情相对稳定，市场价格为 4900～5300 元/吨。经过造粒后的再生聚丙烯粒料市场价格为 7000～8500 元/吨。丙纶再生纤维与原生纤维一样，市场行情较为平稳，价格波动较小，以 900D 黑色再生丙纶长丝为例，售价 10500～10700 元/吨。

表 4　2012 年聚丙烯粒料、再生料，丙纶 FDY、再生 900D 市场行情

单位：元/吨

月份	PP T30S	丙纶 FDY 900D	再生聚丙烯原料	丙纶黑丝 900D
1	10375.38	14100.00	5200.00	10600.00
2	10604.29	14161.90	5100.00	10500.00
3	11180.87	14582.61	5300.00	10700.00
4	11375.56	14700.00	5300.00	10700.00
5	10761.43	14700.00	5100.00	10600.00
6	10643.50	14700.00	4900.00	10400.00
7	11065.45	14772.73	5200.00	10600.00
8	11300.00	14678.26	5200.00	10600.00
9	11813.81	14857.14	5300.00	10600.00
10	11390.00	14900.00	5300.00	10700.00
11	11204.09	14877.27	5100.00	10500.00
12	10884.76	14700.00	4900.00	10400.00

资料来源：中国化纤工业协会、三宏科技

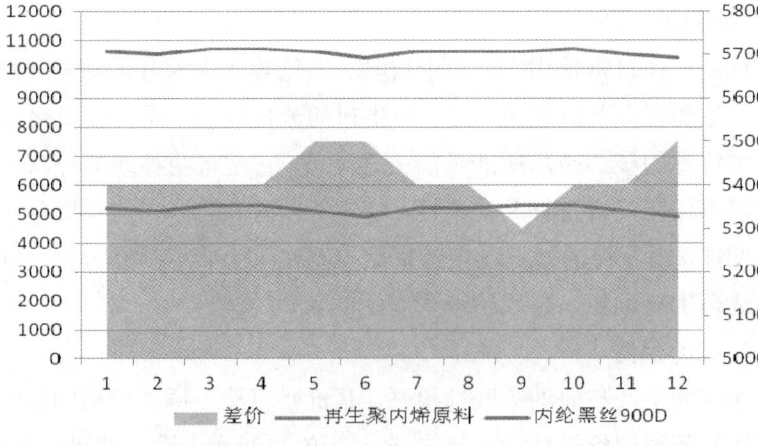

图 7　2012 年再生丙纶 900D 原料与产品差价图（元/吨）

根据上表分析，原生丙纶 FDY 900D 平均价格 14644 元/吨，原料 T30S 平均价格 11050 元/吨，纤维与原料差价 3594 元/吨；再生丙纶 900D 平均价格 10575 元/吨，再生聚丙烯原料平均价格 5158 元/吨，纤维与原料差价 5417 元/吨。这使得在单位加工成本差不多的情况下，生产再生丙纶纤维可获得较高的利润。如果生产 300D 再生丙纶长丝或再生功能性纤维，其市场售价将会更高，企业所形成的利润空间就更大。因此，以废旧聚丙烯塑料生产再生聚丙烯纤维，在工业生产中有明显的竞争优势。

七、当前行业存在的主要问题

（一）原料价格居高不下，企业操作难度大

近年来，国际原油价格总体态势一直居高不下，对丙纶原料的供应产生很大影响。从亚洲地区市场上看，丙纶上游原料聚丙烯的价格仍然比较坚挺，亚洲大部分地区聚丙烯价格仍然呈现出向上攀登的态势。国内丙纶售价难以跟进原料涨幅，差价越来越小，生产的成本居高不下，企业效益转差。

（二）技术装备水平低，创新研发能力弱

目前，国内丙纶企业新产品开发能力弱，缺乏自主技术创新，生产技术和装备落后，行业的有些小企业是 20 世纪 80 年代二步纺设备，生产规模较大的企业采用全自动卷绕头的丙纶一步纺设备，以生产常规品种为主，大部分丙纶小厂是模仿式生产，没有自己的核心技术，产品开发力度远远不够，仅靠使用回料、粉料降低成本。

（三）生产企业规模普遍偏小，抗风险能力薄弱

聚丙烯纤维行业在资金、技术、人员素质等方面的进入门槛较低。因此，聚丙烯纤维企业规模普遍较小，而且存在各自为战的局面。由于企业规模小，企业自主研发能力差，特别是对产品的终端应用研究少、品种单一，综合设计能力弱，产业链配套能力不足，而且大多是低水平重复建设。

（四）行业自律性差，企业间低价位竞争激烈

丙纶企业小而散，行业活动的参与性差，企业各自为战，产品类同，低价竞争，久而久之将形成恶性循环，对行业健康持续发展极其不利。

（五）聚丙烯制品多种多样，原料回收利用率低

近年来，国内塑料制品年增幅保持在 10%以上，2012 年国内的塑料制品累计总产量在 5781.8 万吨，同比增长 9.0%。这些塑料用品使用 1～2 年后需要

更换，显而易见，每年废弃旧塑料是一个相当庞大的数字。根据相关部门统计，我国每年大约有1400万吨废旧塑料没有得到回收利用，再生利用率只有20%～25%，70%～80%被填埋焚烧，是对资源的巨大浪费。

（六）回收渠道过于散乱，废旧塑料制品回收困难

废塑料的主要成分是聚丙烯（PP）、聚苯乙烯（PS）、聚氯乙烯（PVC）、ABS等，回收渠道过于散乱，回收分类等级制度不健全，分类标志不明显，低值废旧塑料制品回收困难，再生加工企业规模小、技术落后、污染严重，废弃塑料回收利用过程中存在二次污染。

八、相关产业政策建议及行业措施

（一）制定鼓励废旧塑料回收再利用的产业政策，引导行业健康发展

资源再生与循环经济是实践科学发展观的重要举措，当前的主要任务是发展循环经济、开展资源再生利用构建节约型社会和保护生态环境。建议国家制定鼓励废旧塑料再生利用的产业政策，建立和完善全社会的资源利用体系，推动行业健康可持续发展。尽快形成"废旧塑料—再生利用—消费制品"的新型消费观念，推动再生产品的市场发展。

（二）尽快在全国范围建立废旧塑料回收体系

针对目前国内废旧塑料回收渠道过于散乱，回收分类等级制度不健全，分类标志不明显等问题，建议国家设立国内回收渠道，形成完整的回收体系。回收、预处理、贮存、运输，配送给企业进行生产，这种方式不仅可以降低企业对进口原料的依赖度、降低成本的同时，还可以在更大程度上维护社会生态环境，达到政府与企业的互惠共赢。

（三）鼓励和支持技术创新，建立技术研发平台

鼓励再生丙纶行业内的优势企业，积极加入"中国化纤再生与循环与产业技术创新战略联盟"，设立专门的技术研发试验平台，通过联盟合作，研发攻克具有可操作性和实用性的产业化核心技术。再以这龙头企业为轴心，将这些先进技术推广到行业中的中小企业。

（四）加快丙纶企业落后产能淘汰，实现丙纶企业转型升级

丙纶企业生产规模普遍较小，生产技术与装备落后。建议国家在制定相关政策时，将淘汰落后产能与技改项目结合，通过国债专项或技改贴息贷款等方式给予企业一定支持，鼓励发展先进产能的同时淘汰落后产能，促进丙纶行业的转型发展。

（五）加大税收优惠力度，助力丙纶再生企业快步发展

制定税收优惠新政策，为 100%使用再生原料的生产企业减免各类税收。比如，减税率征收企业所得税，免征营业税，新办企业两年内免征房产税、土地使用税等。降低企业生产成本，为企业松绑减负，促进循环再生企业的良性发展。

BLUE BOOK 化纤蓝皮书

of China Chemical Fibers

行业运行篇

专题研究篇

产业政策篇

统计数据篇

宏观调控

投资购并

非公经济

现代物流

科技政策

2013年中国化纤经济形势分析与预测

Analysis and Forecast of China Chemical Fibers' Economy of 2013

国务院关于印发节能减排“十二五”规划的通知

国发〔2012〕40号

各省、自治区、直辖市人民政府，国务院各部委、各直属机构：

现将《节能减排“十二五”规划》印发给你们，请认真贯彻执行。

国务院

2012年8月6日

节能减排“十二五”规划

为确保实现“十二五”节能减排约束性目标，缓解资源环境约束，应对全球气候变化，促进经济发展方式转变，建设资源节约型、环境友好型社会，增强可持续发展能力，根据《中华人民共和国国民经济和社会发展第十二个五年规划纲要》，制定本规划。

一、现状与形势

（一）“十一五”节能减排取得显著成效。

“十一五”时期，国家把能源消耗强度降低和主要污染物排放总量减少确定为国民经济和社会发展的约束性指标，把节能减排作为调整经济结构、加快转变经济发展方式的重要抓手和突破口。各地区、各部门认真贯彻落实党中央、国务院的决策部署，采取有效措施，切实加大工作力度，基本实现了“十一五”规划纲要确定的节能减排约束性目标，节能减排工作取得了显著成效。

——为保持经济平稳较快发展提供了有力支撑。“十一五”期间，我国以能源消费年均6.6%的增速支撑了国民经济年均11.2%的增长，能源消费弹性系数由“十五”时期的1.04下降到0.59，节约能源6.3亿吨标准煤。

——扭转了我国工业化、城镇化快速发展阶段能源消耗强度和主要污染物排放量上升的趋势。“十一五”期间，我国单位国内生产总值能耗由“十五”后三年上升9.8%转为下降19.1%；二氧化硫和化学需氧量排放总量分别由“十五”后三年上升32.3%、3.5%转为下降14.29%、12.45%。

——促进了产业结构优化升级。2010年与2005年相比，电力行业300兆瓦以上火电机组占火电装机容量比重由50%上升到73%，钢铁行业1000立方米以上大型高炉产能比重由48%上升到61%，建材行业新型干法水泥熟料产量比重由39%上升到81%。

——推动了技术进步。2010年与2005年相比，钢铁行业干熄焦技术普及率由不足30%提高到80%以上，水泥行业低温余热回收发电技术普及率由开始起步提高到55%，烧碱行业离子膜法烧碱技术普及率由29%提高到84%。

——节能减排能力明显增强。“十一五”时期，通过实施节能减排重点工程，形成节能能力3.4亿吨标准煤；新增城镇污水日处理能力6500万吨，城市污水处理率达到77%；燃煤电厂投产运行脱硫机组容量达5.78亿千瓦，占全部火电机组容量的82.6%。

——能效水平大幅度提高。2010年与2005年相比，火电供电煤耗由370克标准煤/千瓦时降到333克标准煤/千瓦时，下降10.0%；吨钢综合能耗由688千克标准煤降到605千克标准煤，下降12.1%；水泥综合能耗下降28.6%；乙烯综合能耗下降11.3%；合成氨综合能耗下降14.3%。

——环境质量有所改善。2010年与2005年相比，环保重点城市二氧化硫年均浓度下降26.3%，地表水国控断面劣五类水质比例由27.4%下降到20.8%，七大水系国控断面好于三类水质比例由41%上升到59.9%。

——为应对全球气候变化作出了重要贡献。“十一五”期间，我国通过节能降耗减少二氧化碳排放14.6亿吨，得到国际社会的广泛赞誉，展示了我负责任大国的良好形象。

“十一五”时期，我国节能法规标准体系、政策支持体系、技术支撑体系、监督管理体系初步形成，重点污染源在线监控与环保执法监察相结合的减排监督管理体系初步建立，全社会节能环保意识进一步增强。

（二）存在的主要问题。

一是一些地方对节能减排的紧迫性和艰巨性认识不足，片面追求经济增长，对调结构、转方式重视不够，不能正确处理经济发展与节能减排的关系，节能减排工作还存在思想认识不深入、政策措施不落实、监督检查不力、激励约束不强等问题。

二是产业结构调整进展缓慢。“十一五”期间，第三产业增加值占国内生产总值的比重低于预期目标，重工业占工业总产值比重由68.1%上升到70.9%，高耗能、高排放产业增长过快，结构节能目标没有实现。

三是能源利用效率总体偏低。我国国内生产总值约占世界的 8.6%，但能源消耗占世界的19.3%，单位国内生产总值能耗仍是世界平均水平的2倍以上。2010 年全国钢铁、建材、化工等行业单位产品能耗比国际先进水平高出10%—20%。

四是政策机制不完善。有利于节能减排的价格、财税、金融等经济政策还不完善，基于市场的激励和约束机制不健全，创新驱动不足，企业缺乏节能减排内生动力。

五是基础工作薄弱。节能减排标准不完善，能源消费和污染物排放计量、统计体系建设滞后，监测、监察能力亟待加强，节能减排管理能力还不能适应工作需要。

（三）面临的形势。

“十二五”时期如未能采取更加有效的应对措施，我国面临的资源环境约束将日益强化。从国内看，随着工业化、城镇化进程加快和消费结构升级，我国能源需求呈刚性增长，受国内资源保障能力和环境容量制约，我国经济社会发展面临的资源环境瓶颈约束更加突出，节能减排工作难度不断加大。从国际看，围绕能源安全和气候变化的博弈更加激烈。一方面，贸易保护主义抬头，部分发达国家凭借技术优势开征碳税并计划实施碳关税，绿色贸易壁垒日益突出。另一方面，全球范围内绿色经济、低碳技术正在兴起，不少发达国家大幅增加投入，支持节能环保、新能源和低碳技术等领域创新发展，抢占未来发展制高点的竞争日趋激烈。

虽然我国节能减排面临巨大挑战，但也面临难得的历史机遇。科学发展观深入人心，全民节能环保意识不断提高，各方面对节能减排的重视程度明显增强，产业结构调整力度不断加大，科技创新能力不断提升，节能减排激励约束机制不断完善，这些都为“十二五”推进节能减排创造了有利条件。要充分认识节能减排的极端重要性和紧迫性，增强忧患意识和危机意识，抓住机遇，大力推进节能减排，促进经济社会发展与资源环境相协调，切实增强可持续发展能力。

二、指导思想、基本原则和主要目标

（一）指导思想。

以邓小平理论和“三个代表”重要思想为指导，深入贯彻落实科学发展观，坚持大幅降低能源消耗强度、显著减少主要污染物排放总量、合理控制能源消费总量相结合，形成加快转变经济发展方式的倒逼机制；坚持强化责任、健全法制、完善政策、加强监管相结合，建立健全有效的激励和约束机制；坚持优化产业结构、推动技术进步、强化工程措施、加强管理引导相结合，大幅度提高能源利用效率，显著减少污染物排放；加快构建政府为主导、企业为主体、市场有效驱动、全社会共同参与的推进节能减排工作格局，确保实现“十二五”节能减排约束性目标，加快建设资源节约型、环境友好型社会。

（二）基本原则。

强化约束，推动转型。通过逐级分解目标任务，加强评价考核，强化节能减排目标的约束性作用，加快转变经济发展方式，调整优化产业结构，增强可持续发展能力。

控制增量，优化存量。进一步完善和落实相关产业政策，提高产业准入门槛，严格能评、环评审查，抑制高耗能、高排放行业过快增长，合理控制能源消费总量和污染物排放增量。加快淘汰落后产能，实施节能减排重点工程，改造提升传统产业。

完善机制，创新驱动。健全节能环保法律、法规和标准，完善有利于节能减排的价格、财税、金融等经济政策，充分发挥市场配置资源的基础性作用，形成有效的激励和约束机制，增强用能、排污单位和公民自觉节能减排的内生动力。加快节能减排技术创新、管理创新和制度创新，建立长效机制，实现节能减排效益最大化。

分类指导，突出重点。根据各地区、各有关行业特点，实施有针对性的政策措施。突出抓好工业、建筑、交通、公共机构等重点领域和重点用能单位节能，大幅提高能源利用效率。加强环境基础设施建设，推动重点行业、重点流域、农业源和机动车污染防治，有效减少主要污染物排放总量。

（三）总体目标。

到 2015 年，全国万元国内生产总值能耗下降到 0.869 吨标准煤（按 2005 年价格计算），比 2010 年的 1.034 吨标准煤下降 16%（比 2005 年的 1.276 吨标准煤下降 32%）。“十二五”期间，实现节约能源 6.7 亿吨标准煤。

2015 年，全国化学需氧量和二氧化硫排放总量分别控制在 2347.6 万吨、2086.4 万吨，比 2010 年的 2551.7 万吨、2267.8 万吨各减少 8%，分别新增削减能力 601 万吨、654 万吨；全国氨氮和氮氧化物排放总量分别控制在 238 万吨、2046.2 万吨，比 2010 年的 264.4 万吨、2273.6 万吨各减少 10%，分别新增削减能力 69 万吨、794 万吨。

（四）具体目标。

到 2015 年，单位工业增加值（规模以上）能耗比 2010 年下降 21%左右，建筑、交通运输、公共机构等重点领域能耗增幅得到有效控制，主要产品（工作量）单位能耗指标达到先进节能标准的比例大幅提高，部分行业和大中型企业节能指标达到世界先进水平（见表 1）。风机、水泵、空压机、变压器等新增主要耗能设备能效指标达到国内或国际先进水平，空调、电冰箱、洗衣机等国产家用电器和一些类型的电动机能效指标达到国际领先水平。工业重点行业、农业主要污染物排放总量大幅降低（见表 2）。

表 1　“十二五”时期主要节能指标

指　标	单　位	2010 年	2015 年	变化幅度/变化率
工业				
单位工业增加值（规模以上）能耗	%			〔-21%左右〕
火电供电煤耗	克标准煤/千瓦时	333	325	-8
火电厂厂用电率	%	6.33	6.2	-0.13
电网综合线损率	%	6.53	6.3	-0.23
吨钢综合能耗	千克标准煤	605	580	-25
铝锭综合交流电耗	千瓦时/吨	14013	13300	-713
铜冶炼综合能耗	千克标准煤/吨	350	300	-50

续表

指　标	单　位	2010年	2015年	变化幅度/变化率
原油加工综合能耗	千克标准煤/吨	99	86	-13
乙烯综合能耗	千克标准煤/吨	886	857	-29
合成氨综合能耗	千克标准煤/吨	1402	1350	-52
烧碱（离子膜）综合能耗	千克标准煤/吨	351	330	-21
水泥熟料综合能耗	千克标准煤/吨	115	112	-3
平板玻璃综合能耗	千克标准煤/重量箱	17	15	-2
纸及纸板综合能耗	千克标准煤/吨	680	530	-150
纸浆综合能耗	千克标准煤/吨	450	370	-80
日用陶瓷综合能耗	千克标准煤/吨	1190	1110	-80
建筑				
北方采暖地区既有居住建筑改造面积	亿平方米	1.8	5.8	4
城镇新建绿色建筑标准执行率	%	1	15	14
交通运输				
铁路单位运输工作量综合能耗	吨标准煤/百万换算吨公里	5.01	4.76	〔-5%〕
营运车辆单位运输周转量能耗	千克标准煤/百吨公里	7.9	7.5	〔-5%〕
营运船舶单位运输周转量能耗	千克标准煤/千吨公里	6.99	6.29	〔-10%〕
民航业单位运输周转量能耗	千克标准煤/吨公里	0.450	0.428	〔-5%〕
公共机构				
公共机构单位建筑面积能耗	千克标准煤/平方米	23.9	21	〔-12%〕
公共机构人均能耗	千克标准煤/人	447.4	380	〔15%〕
终端用能设备能效				
燃煤工业锅炉（运行）	%	65	70～75	5～10
三相异步电动机（设计）	%	90	92～94	2～4
容积式空气压缩机输入比功率	千瓦/（立方米·分$^{-1}$）	10.7	8.5～9.3	-1.4～-2.2
电力变压器损耗	千瓦	空载:43 负载:170	空载:30～33 负载:151～153	-10～-13 -17～-19

续表

指　标	单　位	2010年	2015年	变化幅度/变化率
汽车（乘用车）平均油耗	升/百公里	8	6.9	-1.1
房间空调器（能效比）	-	3.3	3.5～4.5	0.2～1.2
电冰箱（能效指数）	%	49	40～46	-3～-9
家用燃气热水器（热效率）	%	87～90	93～97	3～10

注：〔　〕内为变化率。

表2　“十二五”时期主要减排指标

指　标	单位	2010年	2015年	变化幅度/变化率
工业				
工业化学需氧量排放量	万吨	355	319	〔-10%〕
工业二氧化硫排放量	万吨	2073	1866	〔-10%〕
工业氨氮排放量	万吨	28.5	24.2	〔-15%〕
工业氮氧化物排放量	万吨	1637	1391	〔-15%〕
火电行业二氧化硫排放量	万吨	956	800	〔-16%〕
火电行业氮氧化物排放量	万吨	1055	750	〔-29%〕
钢铁行业二氧化硫排放量	万吨	248	180	〔-27%〕
水泥行业氮氧化物排放量	万吨	170	150	〔-12%〕
造纸行业化学需氧量排放量	万吨	72	64.8	〔-10%〕
造纸行业氨氮排放量	万吨	2.14	1.93	〔-10%〕
纺织印染行业化学需氧量排放量	万吨	29.9	26.9	〔-10%〕
纺织印染行业氨氮排放量	万吨	1.99	1.75	〔-12%〕
农业				
农业化学需氧量排放量	万吨	1204	1108	〔-8%〕
农业氨氮排放量	万吨	82.9	74.6	〔-10%〕
城市				
城市污水处理率	%	77	85	8

注：〔　〕内为变化率。

三、主要任务

（一）调整优化产业结构。

——抑制高耗能、高排放行业过快增长。合理控制固定资产投资增速和火电、钢铁、水泥、造纸、印染等重点行业发展规模，提高新建项目节能、环保、土地、安全等准入门槛，严格固定资产投资项目节能评估审查、环境影响评价和建设项目用地预审，完善新开工项目管理部门联动机制和项目审批问责制。对违规在建的高耗能、高排放项目，有关部门要责令停止建设，金融机构一律不得发放贷款。对违规建成的项目，要责令停止生产，金融机构一律不得发放流动资金贷款，有关部门要停止供电供水。严格控制高耗能、高排放和资源性产品出口。把能源消费总量、污染物排放总量作为能评和环评审批的重要依据，对电力、钢铁、造纸、印染行业实行主要污染物排放总量控制，对新建、扩建项目实施排污量等量或减量置换。优化电力、钢铁、水泥、玻璃、陶瓷、造纸等重点行业区域空间布局。中西部地区承接产业转移必须坚持高标准，严禁高污染产业和落后生产能力转入。

——淘汰落后产能。严格落实《产业结构调整指导目录（2011 年本）》和《部分工业行业淘汰落后生产工艺装备和产品指导目录（2010 年本）》，重点淘汰小火电 2000 万千瓦、炼铁产能 4800 万吨、炼钢产能 4800 万吨、水泥产能 3.7 亿吨、焦炭产能 4200 万吨、造纸产能 1500 万吨等（见表 3）。制定年度淘汰计划，并逐级分解落实。对稀土行业实施更严格的节能环保准入标准，加快淘汰落后生产工艺和生产线，推进形成合理开发、有序生产、高效利用、技术先进、集约发展的稀土行业持续健康发展格局。完善落后产能退出机制，对未完成淘汰任务的地区和企业，依法落实惩罚措施。鼓励各地区制定更严格的能耗和排放标准，加大淘汰落后产能力度。

表 3 “十二五”时期淘汰落后产能一览表

行 业	主要内容	单位	产能
电力	大电网覆盖范围内，单机容量在 10 万千瓦及以下的常规燃煤火电机组，单机容量在 5 万千瓦及以下的常规小火电机组，以发电为主的燃油锅炉及发电机组（5 万千瓦及以下）；大电网覆盖范围内，设计寿命期满的单机容量在 20 万千瓦及以下的常规燃煤火电机组	万千瓦	2000
炼铁	400 立方米及以下炼铁高炉等	万吨	4800
炼钢	30 吨及以下转炉、电炉等	万吨	4800
铁合金	6300 千伏安以下铁合金矿热电炉，3000 千伏安以下铁合金半封闭直流电炉、铁合金精炼电炉等	万吨	740
电石	单台炉容量小于 12500 千伏安电石炉及开放式电石炉	万吨	380

续表

行　业	主要内容	单位	产能
铜（含再生铜）冶炼	鼓风炉、电炉、反射炉炼铜工艺及设备等	万吨	80
电解铝	100千安及以下预焙槽等	万吨	90
铅（含再生铅）冶炼	采用烧结锅、烧结盘、简易高炉等落后方式炼铅工艺及设备，未配套建设制酸及尾气吸收系统的烧结机炼铅工艺等	万吨	130
锌（含再生锌）冶炼	采用马弗炉、马槽炉、横罐、小竖罐等进行焙烧、简易冷凝设施进行收尘等落后方式炼锌或生产氧化锌工艺装备等	万吨	65
焦炭	土法炼焦（含改良焦炉），单炉产能7.5万吨/年以下的半焦（兰炭）生产装置，炭化室高度小于4.3米焦炉（3.8米及以上捣固焦炉除外）	万吨	4200
水泥（含熟料及磨机）	立窑，干法中空窑，直径3米以下水泥粉磨设备等	万吨	37000
平板玻璃	平拉工艺平板玻璃生产线（含格法）	万重量箱	9000
造纸	无碱回收的碱法（硫酸盐法）制浆生产线，单条产能小于3.4万吨的非木浆生产线，单条产能小于1万吨的废纸浆生产线，年生产能力5.1万吨以下的化学木浆生产线等	万吨	1500
化纤	2万吨/年及以下粘胶常规短纤维生产线，湿法氨纶工艺生产线，二甲基酰胺溶剂法氨纶及腈纶工艺生产线，硝酸法腈纶常规纤维生产线等	万吨	59
印染	未经改造的74型染整生产线，使用年限超过15年的国产和使用年限超过20年的进口前处理设备、拉幅和定形设备、圆网和平网印花机、连续染色机，使用年限超过15年的浴比大于1∶10的棉及化纤间歇式染色设备等	亿米	55.8
制革	年加工生皮能力5万标张牛皮、年加工蓝湿皮能力3万标张牛皮以下的制革生产线	万标张	1100
酒精	3万吨/年以下酒精生产线（废糖蜜制酒精除外）	万吨	100
味精	3万吨/年以下味精生产线	万吨	18.2
柠檬酸	2万吨/年及以下柠檬酸生产线	万吨	4.75
铅蓄电池（含极板及组装）	开口式普通铅蓄电池生产线，含镉高于0.002%的铅蓄电池生产线，20万千伏安时/年规模以下的铅蓄电池生产线	万千伏安时	746
白炽灯	60瓦以上普通照明用白炽灯	亿只	6

——促进传统产业优化升级。运用高新技术和先进适用技术改造提升传统产业，促进信息化和工业化深度融合。加大企业技术改造力度，重点支持对产业升级带动作用大的重点项目和重污染企业搬迁改造。调整加工贸易禁止类商品目录，提高加工贸易准入门槛。提升产品节能环保性能，打造绿色低碳品牌。合理引导企业兼并重组，提高产业集中度，培育具有自主创新能力和核心竞争力的企业。

——调整能源消费结构。促进天然气产量快速增长，推进煤层气、页岩气等非常规油气资源开发利用，加强油气战略进口通道、国内主干管网、城市配网和储备库建设。结合产业布局调整，有序引导高耗能企业向能源产地适度集中，减少长距离输煤输电。在做好生态保护和移民安置的前提下积极发展水电，在确保安全的基础上有序发展核电。加快风能、太阳能、地热能、生物质能、煤层气等清洁能源商业化利用，加快分布式能源发展，提高电网对非化石能源和清洁能源发电的接纳能力。到 2015 年，非化石能源消费总量占一次能源消费比重达到 11.4%。

——推动服务业和战略性新兴产业发展。加快发展生产性服务业和生活性服务业，推进规模化、品牌化、网络化经营。到 2015 年，服务业增加值占国内生产总值比重比 2010 年提高 4 个百分点。推动节能环保、新一代信息技术、生物、高端装备制造、新能源、新材料、新能源汽车等战略性新兴产业发展。到 2015 年，战略性新兴产业增加值占国内生产总值比重达到 8%左右。

（二）推动能效水平提高。

——加强工业节能。坚持走新型工业化道路，通过明确目标任务、加强行业指导、推动技术进步、强化监督管理，推进工业重点行业节能。

电力。鼓励建设高效燃气—蒸汽联合循环电站，加强示范整体煤气化联合循环技术（IGCC）和以煤气化为龙头的多联产技术。发展热电联产，加快智能电网建设。加快现役机组和电网技术改造，降低厂用电率和输配电线损。

煤炭。推广年产 400 万吨选煤系统成套技术与装备，到 2015 年原煤入洗率达到 60%以上，鼓励高硫、高灰动力煤入洗，灰分大于 25%的商品煤就近销售。积极发展动力配煤，合理选择具有区位和市场优势的矿区、港口等煤炭集散地建设煤炭储配基地。发展煤炭地下气化、脱硫、水煤浆、型煤等洁净煤技术。实施煤矿节能技术改造。加强煤矸石综合利用。

钢铁。优化高炉炼铁炉料结构，降低铁钢比。推广连铸坯热送热装和直接轧制技术。推动干熄焦、高炉煤气、转炉煤气和焦炉煤气等二次能源高效回收利用，鼓励烧结机余热发电，到 2015 年重点大中型企业余热余压利用率达到50%以上。支持大中型钢铁企业建设能源管理中心。

有色金属。重点推广新型阴极结构铝电解槽、低温高效铝电解等先进节能生产工艺技术。推进氧气底吹熔炼技术、闪速技术等广泛应用。加快短流程连续炼铅冶金技术、连续铸轧短流程有色金属深加工工艺、液态铅渣直接还原炼铅工艺与装备产业化技术开发和推广应用。加强有色金属资源回收利用。提高能源管理信息化水平。

石油石化。原油开采行业要全面实施抽油机驱动电机节能改造，推广不加热集油技术和油田采出水余热回收利用技术，提高油田伴生气回收水平。鼓励符合条件的新建炼油项目发展炼化一体化。原油加工行业重点推广高效换热器并优化换热流程、优化中段回流取热比例、降低汽化率、塔顶循环回流换热等节能技术。

化工。合成氨行业重点推广先进煤气化技术、节能高效脱硫脱碳、低位能余热吸收制冷等技术，实施综合节能改造。烧碱行业提高离子膜法烧碱比例，加快零极距、氧阴极等先进节能技术的开发应用。纯碱行业重点推广蒸汽多级利用、变换气制碱、新型盐析结晶器及高效节能循环泵等节能技术。电石行业加快采用密闭式电石炉，全面推行电石炉炉气综合利用，积极推进新型电石生产技术研发和应用。

建材。推广大型新型干法水泥生产线。普及纯低温余热发电技术，到 2015 年水泥纯低温余热发电比例提高到 70%以上。推进水泥粉磨、熟料生产等节能改造。推进玻璃生产线余热发电，到 2015 年余热发电比例提高到 30%以上。加快开发推广高效阻燃保温材料、低辐射节能玻璃等新型节能产品。推进墙体材料革新，城市城区限制使用黏土制品，县城禁止使用实心黏土砖。加快新型墙体材料发展，到 2015 年新型墙体材料比重达到 65%以上。

——强化建筑节能。开展绿色建筑行动，从规划、法规、技术、标准、设计等方面全面推进建筑节能，提高建筑能效水平。

强化新建建筑节能。严把设计关口，加强施工图审查，城镇建筑设计阶段100%达到节能标准要求。加强施工阶段监管和稽查，施工阶段节能标准执行率达到95%以上。严格建筑节能专项验收，对达不到节能标准要求的不得通过竣工验收。鼓励有条件的地区适当提高建筑节能标准。加强新区绿色规划，重点推动各级机关、学校和医院建筑，以及影剧院、博物馆、科技馆、体育馆等执行绿色建筑标准；在商业房地产、工业厂房中推广绿色建筑。

加大既有建筑节能改造力度。以围护结构、供热计量、管网热平衡改造为重点，大力推进北方采暖地区既有居住建筑供热计量及节能改造，加快实施“节能暖房”工程。开展大型公共建筑采暖、空调、通风、照明等节能改造，推行用电分项计量。以建筑门窗、外遮阳、自然通风等为重点，在夏热冬冷地区和夏热冬暖地区开展居住建筑节能改造试点。在具备条件的情况下，鼓励在旧城区综合改造、城市市容整治、既有建筑抗震加固中，采用加层、扩容等方式开展节能改造。

——推进交通运输节能。加快构建便捷、安全、高效的综合交通运输体系，不断优化运输结构，推进科技和管理创新，进一步提升运输工具能源效率。

铁路运输。大力发展电气化铁路，进一步提高铁路运输能力。加强运输组织管理。加快淘汰老旧机车机型，推广铁路机车节油、节电技术，对铁路运输设备实施节能改造。积极推进货运重载化。推进客运站节能优化设计，加强大型客运站能耗综合管理。

公路运输。全面实施营运车辆燃料消耗量限值标准。建立物流公共信息平台，优化货运组织。推行高速公路不停车收费，继续开展公路甩挂运输试点。实施城乡道路客运一体化试点。推广节能驾驶和绿色维修。

水路运输。建设以国家高等级航道网为主体的内河航道网，推进航电枢纽建设，优化港口布局。推进船舶大型化、专业化，淘汰老旧船舶，加快实施内河船型标准化。发展大宗散货专业化运输和多式联运等现代运输组织方式。推进港口码头节能设计和改造。加快港口物流信息平台建设。

航空运输。优化航线网络和运力配备，改善机队结构，加强联盟合作，提高运输效率。优化空域结构，提高空域资源配置使用效率。开发应用航空器飞行及地面运行节油相关实用技术，推进航空生物燃油研发与应用。加强机场建设和运营中的节能管理，推进高耗能设施、设备的节油节电改造。

城市交通。合理规划城市布局，优化配置交通资源，建立以公共交通为重点的城市交通发展模式。优先发展公共交通，有序推进轨道交通建设，加快发展快速公交。探索城市调控机动车保有总量。开展低碳交通运输体系建设城市试点。推行节能驾驶，倡导绿色出行。积极推广节能与新能源汽车，加快加气站、充电站等配套设施规划和建设。抓好城市步行、自行车交通系统建设。发展智能交通，建立公众出行信息服务系统，加大交通疏堵力度。

——推进农业和农村节能。完善农业机械节能标准体系。依法加强大型农机年检、年审，加快老旧农业机械和渔船淘汰更新。鼓励农民购买高效节能农业机械。推广节能新产品、新技术，加快农业机电设备节能改造，加强用能设备定期维修保养。推进节能型农宅建设，结合农村危房改造加大建筑节能示范力度。推动省柴节煤灶更新换代。开展农村水电增效扩容改造。推进农业节水增效，推广高效节水灌溉技术。因地制宜、多能互补发展小水电、风能、太阳能和秸秆综合利用。科学规划农村沼气建设布局，完善服务机制，加强沼气设施的运行管理和维护。

——强化商用和民用节能。开展零售业等流通领域节能减排行动。商业、旅游业、餐饮等行业建立并完善能源管理制度，开展能源审计，加快用能设施节能改造。宾馆、商厦、写字楼、机场、车站严格执行公共建筑空调温度控制标准，优化空调运行管理。鼓励消费者购买节能环保型汽车和节能型住宅，推广高效节能家用电器、办公设备和高效照明产品。减少待机能耗，减少使用一次性用品，严格执行限制商品过度包装和超薄塑料购物袋生产、销售和使用的相关规定。

——实施公共机构节能。新建公共建筑严格实施建筑节能标准。实施供热计量改造，国家机关率先实行按热量收费。推进公共机构办公区节能改造，推广应用可再生能源。全面推进公务用车制度改革，严格油耗定额管理，推广节能和新能源汽车。在各级机关和教科文卫体等系统开展节约型公共机构示范单位建设，创建 2000 家节约型公共机构。健全公共机构能源管理、统计监测考核和培训体系，建立完善公共机构能源审计、能效公示、能源计量和能耗定额管理制度，加强能耗监测平台和节能监管体系建设。

（三）强化主要污染物减排。

——加强城镇生活污水处理设施建设。加强城镇环境基础设施建设，以城镇污水处理设施及配套管网建设、现有设施升级改造、污泥处理处置设施建设为重点，提升脱氮除磷能力。到 2015 年，城市污水处理率和污泥无害化处置率分别达到85%和70%，县城污水处理率达到70%，基本实现每个县和重点建制镇建成污水集中处理设施，全国城镇污水处理厂再生水利用率达到15%以上。

——加强重点行业污染物减排。

加强重点行业污染预防。以钢铁、水泥、氮肥、造纸、印染行业为重点，大力推行清洁生产，加快重大、共性技术的示范和推广，完善清洁生产评价指标体系，开展工业产品生态设计、农业和服务业清洁生产试点。以汞、铬、铅等重金属污染防治为重点，在重点行业实施技术改造。示范和推广一批无毒无害或低毒低害原料（产品），对高耗能、高排放企业及排放有毒有害废物的重点企业开展强制性清洁生产审核。

加大工业废水治理力度。以制浆造纸、印染、食品加工、农副产品加工等行业为重点，继续加大水污染深度治理和工艺技术改造。制浆造纸企业加快建设碱回收装置；纺织印染行业推行废水集中处理和实施综合治理，大中型造纸企业、有脱墨的废纸造纸企业和采用碱减量工艺的化纤布印染企业实施废水三级深度处理；发酵行业推广高浓度废液综合利用技术、废醪液制备生物有机肥及液态肥技术；制糖行业推广闭合循环用水技术；氮肥行业推广稀氨水浓缩回收利用技术、尿素工艺冷凝液深度水解技术，加大生化处理设施建设力度；农药行业推广清污分流和高浓度废水预处理技术。

推进电力行业脱硫脱硝。新建燃煤机组全面实施脱硫脱硝，实现达标排放。尚未安装脱硫设施的现役燃煤机组要配套建设烟气脱硫设施，不能稳定达标排放的燃煤机组要实施脱硫改造。加快燃煤机组低氮燃烧技术改造和烟气脱硝设施建设，对单机容量30万千瓦及以上的燃煤机组、东部地区和其他省会城市单机容量20万千瓦及以上的燃煤机组，均要实行脱硝改造，综合脱硝效率达到75%以上。

加强非电行业脱硫脱硝。实施钢铁烧结机烟气脱硫，到2015年，所有烧结机和位于城市建成区的球团生产设备烟气脱硫效率达到95%以上。有色金属行业冶炼烟气中二氧化硫含量大于3.5%的冶炼设施，要安装硫回收装置。石油炼制行业新建催化裂化装置要配套建设烟气脱硫设施，现有硫黄回收装置硫回收率达到99%。建材行业建筑陶瓷规模大于70万平方米/年且燃料含硫率大于0.5%的窑炉，应安装脱硫设施或改用清洁能源，浮法玻璃生产线要实施烟气脱硫或改用天然气。焦化行业炼焦炉荒煤气硫化氢脱除效率达到95%。水泥行业实施新型干法窑降氮脱硝，新建、改扩建水泥生产线综合脱硝效率不低于60%。燃煤锅炉蒸汽量大于35吨/小时且二氧化硫超标排放的，要实施烟气脱硫改造，改造后脱硫效率应达到70%以上。

——开展农业源污染防治。

加强农村污染治理。推进农村生态示范建设标准化、规范化、制度化。因地制宜建设农村生活污水处理设施，分散居住地区采用低能耗小型分散式污水处理方式，人口密集、污水排放相对集中地区采用集中处理方式。实施农村清洁工程，开展农村环境综合整治，推行农业清洁生产，鼓励生活垃圾分类收集和就地减量无害化处理。选择经济、适用、安全的处理处置技术，提高垃圾无害化处理水平，城镇周边和环境敏感区的农村逐步推广城乡一体化垃圾处理模式。推广测土配方施肥，发展有机肥采集利用技术，减少不合理的化肥施用。

推进畜禽清洁养殖。结合土地消纳能力，推进畜禽养殖适度规模化，合理优化养殖布局，鼓励采取种养结合养殖方式。以规模化养殖场和养殖小区为重点，因地制宜推行干清粪收集方法，养殖场区实施雨污分流，发展废物循环利用，鼓励粪污、沼渣等废弃物发酵生产有机肥料。在散养密集区推行粪污集中处理。

推行水产健康养殖。规范水产养殖行为，优化水产养殖区域布局，国家重点流域以及各地确定的重点保护水体要合理减少网箱、围网养殖规模。加快养殖池塘改造和循环水设施配套建设，推广水质调控技术与环保设备。鼓励发展人工生态环境、多品种立体、开放式流水或微流水、全封闭循环水工厂化、水产品与农作物共生互利等水产生态养殖方式。

——控制机动车污染物排放。提高机动车污染物排放准入门槛。加强机动车排放对环境影响的评估审查。加快淘汰老旧车辆，基本淘汰2005年以前注册的用于运营的“黄标车”。推进报废农用车换购载货汽车工作。全面推行机动车环保标志管理，严格实施机动车一致性检查制度，不符合国家机动车排放标准的车辆禁止生产、销售和注册登记。实施第四阶段机动车排放标准，在有条件的重点城市和地区逐步推动实施第五阶段排放标准。“十二五”末实现低速车与载货汽车实施同一排放标准。全面提升车用燃油品质。研究制定国家第四、第五阶段车用燃油标准，推动落实标准实施条件，强化车用燃油监管。全面供应符合国家第四阶段标准的车用燃油，部分重点城市供应国家第五阶段标准车用燃油。大型炼化项目应以国家第五阶段车用燃油标准作为设计目标，加快成品油生产技术改造。

——推进大气中细颗粒污染物（$PM_{2.5}$）治理。促进煤炭清洁利用，建设低硫、低灰配煤场，提高煤炭洗选比例，重点区域淘汰低效燃煤锅炉。推广使用天然气、煤制气、生物质成型燃料等清洁能源。加大工业烟粉尘污染防治力度，对火电、钢铁、水泥等高排放行业以及燃煤工业锅炉实施高效除尘改造。大力削减石油石化、化工等行业挥发性有机物的排放。推动柴油车尿素加注基础设施建设。实施大气联防联控重点区域城区内重污染企业搬迁改造。加强建设施工、植被破坏等因素造成的扬尘污染防治。

四、节能减排重点工程

（一）节能改造工程。

——锅炉（窑炉）改造和热电联产。实施燃煤锅炉和锅炉房系统节能改造，提高锅炉热效率和运行管理水平；在部分地区开展锅炉专用煤集中加工，提高锅炉燃煤质量；推动老旧供热管网、换热站改造。推广四通道喷煤燃烧、并流蓄热石灰窑煅烧等高效窑炉节能技术。到2015年工业锅炉、窑炉平均运行效率分别比2010年提高5个和2个百分点。东北、华北、西北地区大城市居民采暖除有条件采用可再生能源外基本实行集中供热，中小城市因地制宜发展背压式热电或集中供热改造，提高热电联产在集中供热中的比重。“十二五”时期形成7500万吨标准煤的节能能力。

——电机系统节能。采用高效节能电动机、风机、水泵、变压器等更新淘汰落后耗电设备。对电机系统实施变频调速、永磁调速、无功补偿等节能改造，优化系统运行和控制，提高系统整体运行效率。开展大型水利排灌设备、电机总容量10万千瓦以上电机系统示范改造。2015年电机系统运行效率比2010年提高2～3个百分点，“十二五”时期形成800亿千瓦时的节电能力。

——能量系统优化。加强电力、钢铁、有色金属、合成氨、炼油、乙烯等行业企业能量梯级利用和能源系统整体优化改造，开展发电机组通流改造、冷却塔循环水系统优化、冷凝水回收利用等，优化蒸汽、热水等载能介质的管网配置，实施输配电设备节能改造，深入挖掘系统节能潜力，大幅度提升系统能源效率。“十二五”时期形成4600万吨标准煤的节能能力。

——余热余压利用。能源行业实施煤矿低浓度瓦斯、油田伴生气回收利用；钢铁行业推广干熄焦、干式炉顶压差发电、高炉和转炉煤气回收发电、烧结机余热发电；有色金属行业推广冶金炉窑余热回收；建材行业推行新型干法水泥纯低温余热发电、玻璃熔窑余热发电；化工行业推行炭黑余热利用、硫酸生产低品位热能利用；积极利用工业低品位余热作为城市供热热源。到2015年新增余热余压发电能力2000万千瓦，“十二五”时期形成5700万吨标准煤的节能能力。

——节约和替代石油。推广燃煤机组无油和微油点火、内燃机系统节能、玻璃窑炉全氧燃烧和富氧燃烧、炼油含氢尾气膜法回收等技术。开展交通运输节油技术改造，鼓励以洁净煤、石油焦、天然气替代燃料油。在有条件的城市公交客车、出租车、城际客货运输车辆等推广使用天然气和煤层气。因地制宜推广醇醚燃料、生物柴油等车用替代燃料。实施乘用车制造企业平均油耗管理制度。“十二五”时期节约和替代石油800万吨，相当于1120万吨标准煤。

——建筑节能。到2015年，累计完成北方采暖地区既有居住建筑供热计量和节能改造4亿平方米以上，夏热冬冷地区既有居住建筑节能改造5000万平方米，公共建筑节能改造6000万平方米，公共机构办公建筑节能改造6000万平方米。“十二五”时期形成600万吨标准煤的节能能力。

——交通运输节能。铁路运输实施内燃机车、电力机车和空调发电车节油节电、动态无功补偿以及谐波负序治理等技术改造；公路运输实施电子不停车收费技术改造；水运推广港口轮胎式集装箱门式起重机油改电、靠港船舶使用岸电、港区运输车辆和装卸机械节能改造、油码头油气回收等；民航实施机场和地面服务设备节能改造，推广地面电源系统代替辅助动力装置等措施；加快信息技术在城市交通中的应用。深入开展“车船路港”千家企业低碳交通运输专项行动。“十二五”时期形成100万吨标准煤的节能能力。

——绿色照明。实施“中国逐步淘汰白炽灯路线图”，分阶段淘汰普通照明用白炽灯等低效照明产品。推动白炽灯生产企业转型改造，支持荧光灯生产企业实施低汞、固汞技术改造。积极发展半导体照明节能产业，加快半导体照明关键设备、核心材料和共性关键技术研发，支持技术成熟的半导体通用照明产品在宾馆、商厦、道路、隧道、机场等领域的应用。推动标准检测平台建设。加快城市道路照明系统改造，控制过度装饰和亮化。“十二五”时期形成2100

万吨标准煤的节能能力。

（二）节能产品惠民工程。

加大高效节能产品推广力度。民用领域重点推广高效照明产品、节能家用电器、节能与新能源汽车等，商用领域重点推广单元式空调器等，工业领域重点推广高效电动机等，产品能效水平提高10%以上，市场占有率提高到50%以上。完善节能产品惠民工程实施机制，扩大实施范围，健全组织管理体系，强化监督检查。“十二五”时期形成1000亿千瓦时的节电能力。

（三）合同能源管理推广工程。

扎实推进《国务院办公厅转发发展改革委等部门关于加快推行合同能源管理促进节能服务产业发展意见的通知》（国办发〔2010〕25号）的贯彻落实，引导节能服务公司加强技术研发、服务创新、人才培养和品牌建设，提高融资能力，不断探索和完善商业模式。鼓励大型重点用能单位利用自身技术优势和管理经验，组建专业化节能服务公司。支持重点用能单位采用合同能源管理方式实施节能改造。公共机构实施节能改造要优先采用合同能源管理方式。加强对合同能源管理项目的融资扶持，鼓励银行等金融机构为合同能源管理项目提供灵活多样的金融服务。积极培育第三方认证、评估机构。到2015年，建立比较完善的节能服务体系，节能服务公司发展到2000多家，其中龙头骨干企业达到20家；节能服务产业总产值达到3000亿元，从业人员达到50万人。“十二五”时期形成6000万吨标准煤的节能能力。

（四）节能技术产业化示范工程。

示范推广低品位余能利用、高效环保煤粉工业锅炉、稀土永磁电机、新能源汽车、半导体照明、太阳能光伏发电、零排放和产业链接等一批重大、关键节能技术。建立节能技术评价认定体系，形成节能技术分类遴选、示范和推广的动态管理机制。对节能效果好、应用前景广阔的关键产品或核心部件组织规模化生产，提高研发、制造、系统集成和产业化能力。“十二五”时期产业化推广30项以上重大节能技术，培育一批拥有自主知识产权和自主品牌、具有核心竞争力、世界领先的节能产品制造企业，形成1500万吨标准煤的节能能力。

（五）城镇生活污水处理设施建设工程。

加大城镇污水处理设施和配套管网建设力度。“十二五”时期新建配套管网16万公里，新增污水日处理能力4200万吨，升级改造污水日处理能力2600万吨，新增再生水利用能力2700万吨/日。加快城镇生活垃圾处理处置设施建设，强化垃圾渗滤液处置。“十二五”时期分别新增化学需氧量和氨氮削减能力280万吨、30万吨。

（六）重点流域水污染防治工程。

加强“三河三湖”、松花江、三峡库区及上游、丹江口库区及上游、黄河中上游等重点流域和城镇饮用水水源地的综合治理，加大长江中下游和珠江流域水污染防治力度，加强湖泊生态环境保护，推进渤海等重点海域综合治理。实施一批水污染综合治理项目。推动受污染场地、土壤及其周边地下水污染治理，重点推进湘江流域重金属污染治理。大力推进重点行业污水处理设施建设，“十二五”时期造纸、纺织、食品加工、农副产品加工、化工、石化等行业分别新增污水日处理能力300万吨、60万吨、60万吨、600万吨、200万吨、300万吨。

（七）脱硫脱硝工程。

完成5056万千瓦现役燃煤机组脱硫设施配套建设，对已安装脱硫设施但不能稳定达标的4267万千瓦燃煤机组实施脱硫改造；完成4亿千瓦现役燃煤机组脱硝设施建设，对7000万千瓦燃煤机组实施低氮燃烧技术改造。到2015年燃煤机组脱硫效率达到95%，脱硝效率达到75%以上。钢铁烧结机、有色金属窑炉、建材新型干法水泥窑、石化催化裂化装置、焦化炼焦炉配套实施低氮燃烧改造或安装脱硫脱硝设施，高速公路沿线逐步建设柴油车脱硝尿素加注站。“十二五”时期新增二氧化硫和氮氧化物削减能力277万吨、358万吨。

（八）规模化畜禽养殖污染防治工程。

以规模化养殖场和养殖小区为重点，鼓励废弃物统一收集，集中治理。建设雨污分离污水收集系统和厌氧发酵处理设施，配套建设分布式粪污贮存及处理设施。加强规模化养殖场沼气预处理设施、发酵装置、沼气和沼肥利用设施建设，实现畜禽养殖场废弃物的资源化利用。到2015年，50%以上规模化养殖场和养殖小区配套建设废弃物处理设施，分别新增化学需氧量和氨氮削减能力140万吨、10万吨。

（九）循环经济示范推广工程。

开展资源综合利用、废旧商品回收体系示范、“城市矿产”示范基地、再制造产业化、餐厨废弃物资源化、产业园区循环化改造、资源循环利用技术示范推广等循环经济重点工程建设，实现减量化、再利用、资源化。在农业、工业、建筑、商贸服务等重点领域，以及重点行业、重点流域、中西部产业承接园区实施清洁生产示范工程，加大清洁生产技术改造实施力度。加快共性、关键清洁生产技术示范和推广，培育一批清洁生产企业和工业园区。

（十）节能减排能力建设工程。

推进节能监测平台建设，建立能源消耗数据库和数据交换系统，强化数据收集、数据分类汇总、预测预警和信息交流能力。开展重点用能单位能源消耗在线监测体系建设试点和城市能源计量示范建设。建设县级污染源监控中心，加强污染源监督性监测，完善区域污染源在线监控网络，建立减排监测数据库并实现数据共享。加强氨氮、氮氧化物统计监测，提高农业源污染监测和机动车污染监控能力。推进节能减排监管机构标准化和执法能力建设，加强省、市、县节能减排监测取证设备、能耗和污染物排放测试分析仪器配备。

初步测算，“十二五”时期实施节能减排重点工程需投资约23660亿元，可形成节能能力3亿吨标准煤，新增化学需氧量、二氧化硫、氨氮、氮氧化物削减能力分别为420万吨、277万吨、40万吨、358万吨（见表4）。

表4　“十二五”节能减排规划投资需求

工程名称	投资需求（亿元）	节能减排能力（万吨）
节能重点工程	9820	30000（标准煤）
减排重点工程	8160	420（化学需氧量）、277（二氧化硫）、40（氨氮）、358（氮氧化物）
循环经济重点工程	5680	支撑实现上述节能减排能力
总计	23660	

五、保障措施

（一）坚持绿色低碳发展。

深入贯彻节约资源和保护环境基本国策，坚持绿色发展和低碳发展。坚持把节能减排作为落实科学发展观、加快转变经济发展方式的重要着力点，加快构建资源节约、环境友好的生产方式和消费模式，增强可持续发展能力。在制定实施国家有关发展战略、专项规划、产业政策以及财政、税收、金融、价格和土地等政策过程中，要体现节能减排要求，发展目标要与节能减排约束性指标衔接，政策措施要有利于推进节能减排。

（二）强化目标责任评价考核。

综合考虑经济发展水平、产业结构、节能潜力、环境容量及国家产业布局等因素，合理确定各地区、各行业节能减排目标。进一步完善节能减排统计、监测、考核体系，健全节能减排预警机制，建立健全行业节能减排工作评价制度。各地区要将国家下达的节能减排目标分解落实到下一级政府、有关部门和重点单位。国务院每年组织开展省级人民政府节能减排目标责任评价考核，考核结果作为领导班子和领导干部综合考核评价的重要内容，纳入政府绩效管理，实行问责制，并按照有关规定对作出突出成绩的地区、单位和个人给予表彰奖励。地方各级人民政府要切实抓好本地区节能减排目标责任评价考核。

（三）加强用能节能管理。

明确总量控制目标和分解落实机制，实行目标责任管理。建立能源消费总量预测预警机制，对能源消费总量增长过快的地区及时预警调控。在工业、建筑、交通运输、公共机构以及城乡建设和消费领域全面加强用能管理，切实改变敞开供应能源、无约束使用能源的现象。依法加强年耗能万吨标准煤以上用能单位节能管理，开展万家企业节能低碳行动，落实目标责任，实行能源审计，开展能效水平对标活动，建立能源管理师制度，提高企业能源管理水平。在大气联防联控重点区域开展煤炭消费总量控制试点，从严控制京津唐、长三角、珠三角地区新建燃煤火电机组。

（四）健全节能环保法律、法规和标准。

完善节能环保法律、法规和标准体系。推动加快制修订大气污染防治法、排污许可证管理条例、畜禽养殖污染防治条例、重点用能单位节能管理办法、节能产品认证管理办法等。加快节能环保标准体系建设，扩大标准覆盖面，提高准入门槛。组织制修订粗钢、铁合金、焦炭、多晶硅、纯碱等 50 余项高耗能产品强制性能耗限额标准，高压三相异步电动机、平板电视机等 40 余项终端用能产品强制性能效标准，制定钢铁、水泥等行业能源管理体系标准等。健全节能和环保产品及装备标准。完善环境质量标准。加快重点行业污染物排放标准的制修订工作，根据氨氮、氮氧化物控制目标要求制定实施排放标准，加强标准实施的后评估工作。

（五）完善节能减排投入机制。

加大中央预算内投资和中央节能减排专项资金对节能减排重点工程和能力建设的支持力度，继续安排国有资本经营预算支出支持企业实施节能减排项目。完善“以奖代补”、“以奖促治”以及采用财政补贴方式推广高效节能产品和合同能源管理等支持机制，强化财政资金的引导作用。支持军队重点用能设施设备节能改造。地方各级人民政府要进一步加大对节能减排的投入，创新投入机制，发挥多层次资本市场融资功能，多渠道引导企业、社会资金积极投入节能减排。完善财政补贴方式和资金管理办法，强化财政资金的安全性和有效性，提高财政资金使用效率。

（六）完善促进节能减排的经济政策。

深化资源性产品价格改革，理顺煤、电、油、气、水、矿产等资源类产品价格关系，建立充分反映市场供求、资源稀缺程度以及环境损害成本的价格形成机制。完善差别电价、峰谷电价、惩罚性电价，尽快出台鼓励余热余压发电和煤层气发电的上网政策，全面推行居民用电阶梯价格。严格落实脱硫电价，研究完善燃煤电厂烟气脱硝电价政策。完善矿业权有偿取得制度。加快供热体制改革，全面实施热计量收费制度。完善污水处理费政策。改革垃圾处理收费方式，提高收缴率，降低征收成本。完善节能产品政府采购制度。扩大环境标志产品政府采购范围，完善促进节能环保服务的政府采购政策。落实国家支持节能减排的税收优惠政策，改革资源税，加快推进环境保护税立法工作，调整进出口税收政策，合理调整消费税范围和税率结构。推进金融产品和服务方式创新，积极改进和完善节能环保领域的金融服务，建立企业节能环保水平与企业信用等级评定、贷款联动机制，探索建立绿色银行评级制度。推行重点区域涉重金属企业环境污染责任保险。

（七）推广节能减排市场化机制。

加大能效标识和节能环保产品认证实施力度，扩大能效标识和节能产品认证实施范围。建立高耗能产品（工序）和主要终端用能产品能效“领跑者”制度，明确实施时限。推进节能发电调度。强化电力需求侧管理，开展城市综合试点。加快建立电能管理服务平台，充分运用电力负荷管理系统，完善鼓励电网企业积极参与电力需求侧管理的考核与奖惩机制。加强政策落实和引导，鼓励采用合同能源管理实施节能改造，推动城镇污水、垃圾处理以及企业污染治理等环保设施社会化、专业化运营。深化排污权有偿使用和交易制度改革，建立完善排污权有偿使用和交易政策体系，研究制定排污权交易初始价格和交易价格政策。开展碳排放交易试点。推进资源型经济转型改革试验。健全污染者付费制度，完善矿产资源补偿制度，加快建立生态补偿机制。

（八）推动节能减排技术创新和推广应用。

深入实施节能减排科技专项行动，通过国家科技重大专项和国家科技计划（专项）等对节能减排相关科研工作给予支持。完善节能环保技术创新体系，加强基础性、前沿性和共性技术研发，在节能环保关键技术领域取得突破。加强政府指导，推动建立以企业为主体、市场为导向、多种形式的产学研战略联盟，鼓励企业加大研发投入。重点支持成熟的节能减排关键、共性技术与装备产业化示范和应用，加快产业化基地建设。发布节能环保技术推广目录，加快推广先进、成熟的新技术、新工艺、新设备和新材料。加强节能环保领域国际交流合作，加快国外先进适用节能减排技术的引进吸收和推广应用。

（九）强化节能减排监督检查和能力建设。

加强节能减排执法监督，依法从严惩处各类违反节能减排法律法规的行为，实行执法责任制。强化重点用能单位、重点污染源和治理设施运行监管，推动污染源自动监控数据联网共享。完善工业能源消费统计，建立建筑、交通运输、公共机构能源消费统计制度、地区单位生产总值能耗指标季度统计制度，强化统计核算与监测。健全节能管理、监察、服务“三位一体”节能管理体系，形成覆盖全国的省、市、县三级节能监察体系。突出抓好重点用能单位能源利用状况报告、能源计量管理、能耗限额标准执行情况等监督检查。

（十）开展节能减排全民行动。

深入开展节能减排全民行动，抓好家庭社区、青少年、企业、学校、军营、农村、政府机构、科技、科普和媒体等十个专项行动。把节能减排纳入社会主义核心价值观宣传教育以及基础教育、文化教育、职业教育体系，增强危机意识。充分发挥广播影视、文化教育等部门以及新闻媒体和相关社会团体的作用，组织好节能宣传周、世界环境日等主题宣传活动。加强日常宣传和舆论监督，宣传先进、曝光落后、普及知识，崇尚勤俭节约、反对奢侈浪费，推动节能、节水、节地、节材、节粮，倡导与我国国情相适应的文明、节约、绿色、低碳生产方式和消费模式，积极营造良好的节能减排社会氛围。

六、规划实施

节约资源和保护环境是我国的基本国策，推进节能减排工作，加快建设资源节约型、环境友好型社会是我国经济社会发展的重大战略任务。各级人民政府和有关部门要切实履行职责，扎实工作，进一步强化目标责任评价考核，加强监督检查，保障规划目标和任务的完成。地方各级人民政府要对本地区节能减排工作负总责，切实加强组织领导和统筹协调，做好本地区节能减排规划与本规划主要目标、重点任务的协调，特别要加强约束性指标的衔接，抓好各项目标任务的分解落实，强化政策统筹协调，做好相关规划实施的跟踪分析。发展改革委、环境保护部要会同有关部门加强对本规划执行的支持和指导，认真做好规划实施的监督评估，重视研究新情况，解决新问题，总结新经验，重大问题及时向国务院报告。

关于大力实施促进中部地区崛起战略的若干意见

国发〔2012〕43号

各省、自治区、直辖市人民政府，国务院各部委、各直属机构：

《中共中央国务院关于促进中部地区崛起的若干意见》（中发〔2006〕10号）印发实施以来，中部地区经济社会发展取得了重大成就。当前和今后一个时期是中部地区巩固成果、发挥优势、加快崛起的关键时期，为大力实施促进中部地区崛起战略，推动中部地区经济社会又好又快发展，现提出以下意见：

一、促进中部地区崛起面临的新形势和新任务

（一）主要成就。促进中部地区崛起战略实施以来，在党中央、国务院正确领导下，中部地区抢抓机遇、开拓进取，经济实现较快增长，总体实力大幅提升，经济总量占全国的比重逐步提高；粮食生产基地、能源原材料基地、现代装备制造及高技术产业基地和综合交通运输枢纽（以下称“三基地、一枢纽”）建设加快，产业结构调整取得积极进展，资源节约型和环境友好型社会建设成效显著；重点领域和关键环节改革稳步推进，区域合作交流不断深入，全方位开放格局初步形成；城乡居民收入持续增加，社会事业全面发展，人民生活明显改善。经过不懈努力，中部地区已经步入了加快发展、全面崛起的新阶段。

（二）机遇与挑战。随着工业化、城镇化深入发展和扩大内需战略全面实施，中部地区广阔的市场潜力和承东启西的区位优势将进一步得到发挥；国际国内产业分工加快调整，为中部地区有序承接国内外产业转移、推动产业结构优化升级创造了良好机遇；我国改革开放深入推进，综合国力不断增强，为中部地区加快发展提供了强大动力和有力保障。但也应看到，中部地区经济结构不尽合理、城镇化水平偏低、资源环境约束强化、对外开放程度不高等矛盾和问题仍然突出，转变发展方式任务依然艰巨，促进中部地区崛起任重道远。

（三）重大意义。中部地区是全国“三农”问题最为突出的区域，是推进新一轮工业化和城镇化的重点区域，是内需增长极具潜力的区域，在新时期国家区域发展格局中占有举足轻重的战略地位。在新形势下大力促进中部地区崛起，是推动中部地区转变经济发展方式，提升整体实力和竞争力，缩小与东部地区发展差距的客观需要；是发挥中部地区区位优势，构筑承东启西、连南接北的战略枢纽，加快形成协调互动的区域发展新格局的现实选择；是激发中部地区内需潜能，拓展发展空间，支撑全国经济长期平稳较快发展的重大举措；是破解城乡二元结构，加快推进基本公共服务均等化，实现全面建设小康社会目标的迫切要求。

（四）总体要求。大力实施促进中部地区崛起战略，必须深入贯彻落实科学发展观，坚持以科学发展为主题，以加快转变发展方式为主线，以扩大内需为战略基点，以深化改革开放为动力，更加注重转型发展，加快经济结构优化升级，提高发展质量和水平；更加注重创新发展，加强区域创新体系建设，更多依靠科技创新驱动经济社会发展；更加注重协调发展，在工业化、城镇化深入发展中同步推进农业现代化，加快形成城乡经济社会一体化发展新格局；更加注重可持续发展，加快建设资源节约型和环境友好型社会，促进经济发展与人口资源环境相协调；更加注重和谐发展，大力保障和改善民生，使广大人民群众进一步共享改革发展成果。

（五）发展目标。到2020年，中部地区经济发展方式转变取得明显成效，年均经济增长速度继续快于全国平均水平，整体实力和竞争力显著增强，经济总量占全国的比重进一步提高，区域主体功能定位更加清晰，“三基地、一枢纽”地位更加巩固，城乡区域更加协调，人与自然更加和谐，体制机制更加完善，城乡居民收入与经济同步增长，城镇化率力争达到全国平均水平，基本公共服务主要指标接近东部地区水平，努力实现全面崛起，在支撑全国发展中发挥更大作用。

二、稳步提升“三基地、一枢纽”地位，增强发展的整体实力和竞争力

（六）巩固粮食生产基地地位。毫不松懈抓好粮食生产，结合实施全国新增1000亿斤粮食生产能力规划，稳定粮食播种面积，充分挖掘增产潜力，到2020年中部地区粮食生产能力达到3600亿斤以上，占全国粮食总产量的比重进一步提高，提升在全国粮食生产中的重要地位。加大对中部地区农业基础设

施建设和农业科技推广的支持力度。统筹实施粮食生产重大工程，加快农田水利建设，大规模改造中低产田，建设高标准基本农田。加大农作物优良品种选育和推广力度，提高农业生产科技含量。不断完善粮食直补和农资综合补贴政策，继续实施良种补贴，加大农机具购置补贴力度，建立农业关键技术补贴制度。全面推进农业机械化。加快农业结构调整，推进农业产业化经营，积极发展现代农业。在黄淮海平原、江汉平原、鄱阳湖和洞庭湖地区、山西中南部等农产品优势产区规划建设一批现代农业示范区，着力发展高产、优质、高效、生态、安全农业，力争使中部地区走在全国农业现代化前列。

（七）提高能源原材料基地发展水平。继续推进晋北、晋东、晋中、淮南、淮北和河南大型煤炭基地建设，积极淘汰煤炭落后产能，加快实施煤炭资源整合和兼并重组，培育大型煤炭企业集团。支持在长江沿岸规划建设大型煤炭储备中心。加强煤层气资源开发利用，鼓励采气采煤一体化。加快大型火电基地建设，合理规划建设水电站，支持发展太阳能光伏发电和风力发电，因地制宜推广分布式新能源发电，稳步推进水电新农村电气化县、小水电代燃料和农村水电扩容增效等项目建设，提高可再生能源在能源结构中的比例。制定中部地区矿产资源勘查开发指导目录，加大重点成矿区带的地质调查和矿产资源勘查投入力度，建立重要矿产资源的矿产地储备，推进绿色矿山建设，保护矿山地质环境。推进钢铁、石化、有色、建材等优势产业结构调整，延伸产业链，提高产品附加值和竞争力，实现原材料工业由大变强，推动建设布局合理、优势突出、体系完整、安全环保的原材料精深加工基地。

（八）壮大现代装备制造及高技术产业基地实力。依托骨干企业，加强技术改造和关键技术研发，推动汽车、大型机械、特高压输变电设备、轨道交通设备、船舶等装备制造业升级和发展。以掌握核心技术为突破口，培育发展电子信息、生物医药、新能源、新材料等战略性新兴产业，大力实施重大产业发展创新工程和战略性新兴产业创新成果应用示范工程。充分发挥武汉、长株潭地区综合性国家高技术产业基地和武汉信息、郑州生物、南昌航空、合肥电子信息等专业性国家高技术产业基地的辐射带动作用，形成一批具有核心竞争力的新兴产业集群，逐步使战略性新兴产业成为推动中部地区经济发展的主导力量。充分发挥劳动力、资源等优势，有序承接国内外产业转移，重点发展家用电器、纺织服装、农产品加工、能源资源开发与加工等劳动密集型产业，以高新技术和先进适用技术改造提升传统制造业，促进产业结构优化升级，推进新型工业化进程。

（九）加快发展服务业。积极发展现代物流业，加强重点物流园区的规划与建设，支持有条件的地方建设内陆无水港。规范文化产业园区建设，发展壮大演艺娱乐、出版发行、影视制作、文化创意等产业，促进文化产业大发展大繁荣。加快发展金融、研发设计、电子商务、信息服务等生产性服务业，促进生产性服务业与制造业融合发展。大力发展商贸服务、休闲娱乐、旅游等生活性服务业，扶持发展社区服务、养老服务等新型服务业态。

（十）强化综合交通运输枢纽地位。统筹发展各种运输方式，加强与东部沿海和西部地区的交通通道建设，强化中部六省之间的互联互通，全面提升综合交通运输能力，进一步巩固中部地区在全国综合运输大通道中的战略地位。加快完善铁路网，尽快贯通“四纵四横”客运专线中部段，有序推进城际轨道交通建设，继续实施既有线路扩能改造，加强煤运通道建设，提高运输能力。加强普通国省干线公路建设，完成国家高速公路网中部路段建设，加快构建沿长江快速通道，推进高速公路拥挤路段扩容改造，打通省际“断头路”，基本实现所有县通高等级公路。加快长江、淮河干流及重要支流高等级航道建设，统筹岸线资源开发，加强武汉长江中游航运中心和重点内河港口建设。加强武汉、郑州、长沙等枢纽机场建设，支持与其他国内枢纽机场合作开通中转联程国际航线，新建和扩建一批支线机场，鼓励发展通用航空。建设郑州、武汉等全国性综合交通枢纽，实现各交通方式之间以及与城市交通的无缝衔接。

三、推动重点地区加快发展，不断拓展经济发展空间

（十一）支持重点经济区发展。按照全国主体功能区规划要求，依托长江黄金水道和重大交通干线，加快构建沿陇海、沿京广、沿京九和沿长江经济带，引导人口和产业集聚发展，促进经济合理布局。重点推进太原城市群、皖江城市带、鄱阳湖生态经济区、中原经济区、武汉城市圈、环长株潭城市群等重点区域发展，形成带动中部地区崛起的核心地带和全国重要的经济增长极。推动晋中南、皖北、赣南、湘南地区开发开放，加快汉江流域综合开发，打造湘西、鄂西生态文化旅游圈和皖南国际文化旅游示范区，培育新的经济增长带。

（十二）发挥城市群辐射带动作用。实施中心城市带动战略，支持省会等中心城市完善功能、增强实力，培育壮大辐射带动作用强的城市群，促进城镇化健康发展。科学规划城市群内各城市功能定位和产业布局，推动大中小城市与周边小城镇进一步加强要素流动和功能联系，实现协调发展。全面加强城镇公用基础设施建设，提高综合服务功能，增强城镇承载能力。推进武汉城市圈、环长株潭城市群、中原城市群城际快速轨道交通网络建设。支持郑（州）汴（开封）新区发展，建设内陆开发开放高地，打造工业化、城镇化和农业现代化协调发展先导区。根据城市群发展需要，适时推进行政区划调整。

（十三）大力促进县域经济发展。因地制宜发展县域特色优势产业，形成一批特色产业集群，不断增强县域经济实力。把县城和中心镇作为承接城市辐射、服务农村发展的重要节点，全面加强基础设施和公共服务设施建设，逐步提高建设标准，培育形成一批中小城市，强化对周边农村的生产生活服务功能。深入推进省直管县财政管理方式改革，稳步推进省直管县改革试点。

（十四）扶持欠发达地区加快发展。增加扶贫资金投入，加大工作力度，推进秦巴山区、武陵山区、燕山—太行山区、吕梁山区、大别山区、罗霄山区等集中连片特困地区扶贫开发攻坚工程，到2020年稳定实现扶贫对象不愁吃、不愁穿，保障其义务教育、基本医疗和住房，扭转贫困地区与其他地区发展差距扩大趋势。推动在武陵山区率先开展区域发展与扶贫攻坚试点。支持赣南等原中央苏区振兴发展，促进大别山革命老区加快发展。积极开展丹江口库区及上游地区对口协作（帮扶）工作。加大对低洼易涝区、行蓄洪区、南水北调工程渠首区的支持力度。

（十五）支持老工业基地调整改造和资源型城市转型。加大对中部地区老工业基地调整改造项目和企业技术改造的支持力度。深入推进厂办大集体改革和国有企业改革重组。组织实施好资源型城市吸纳就业、资源综合利用和发展接续替代产业专项，扶持引导资源型城市尽快形成新的支柱产业，促进资源型城市可持续发展。大力支持老工业基地和资源型城市民生工程建设，继续做好城市和国有工矿棚户区改造工作。

四、大力发展社会事业，切实保障和改善民生

（十六）加快发展教育、卫生、文化事业。坚持教育优先发展，深化教育体制改革，优化教育布局和结构。推动义务教育均衡发展，巩固提高九年义务教育水平，基本普及学前教育和高中阶段教育，确保进城务工人员随迁子女在流入地平等接受义务教育。大力发展职业教育，加强职业教育基础能力建设，

鼓励发展民办职业教育，落实好中等职业教育学生资助和免学费政策。实施中西部高等教育振兴计划，支持中部地区有特色高水平地方高校发展，推进高水平大学和重点学科建设，提升高等教育水平，推进产学研结合，服务区域经济发展。深化医药卫生体制改革，加快农村三级卫生服务网络和城市社区卫生服务体系建设，积极稳妥推进公立医院改革和基层医疗卫生机构综合改革。加强疾病预防体系建设，加大地方病、传染病防治力度。推进人口计生服务体系建设，稳定低生育水平，促进人口长期均衡发展。发挥中部地区历史文化资源优势，加强文化遗产保护与传承，促进文化与旅游融合发展。深入推进各项文化惠民工程，加强公共文化基础设施建设。

（十七）千方百计扩大就业。实施更加积极的就业政策，通过项目带动、产业发展、开发公益性岗位等多种途径，重点解决高校毕业生、农民工和就业困难人员的就业问题。大力发展劳动密集型产业和小型微型企业，加大对自主创业的扶持力度，培育一批创业孵化示范基地，促进以创业带动就业。扶持发展农产品加工业、休闲农业和乡村旅游，带动农民就地就近就业。继续实施“阳光工程”、“雨露计划”等就业推进工程，加大对农民工职业技能培训力度，培养新型农民和农村实用人才。对未能升学的应届初高中毕业生普遍实行劳动预备制培训。健全最低工资和工资指导线制度。完善就业公共服务体系。支持中部地区开展对外劳务合作。

（十八）健全社会保障体系。加快实现新型农村和城镇居民社会养老保险制度全覆盖，做好城镇职工基本养老保险关系转移接续工作，支持社会养老服务体系建设，推进城乡养老保险制度有效衔接。完善城乡最低生活保障制度，实现应保尽保，合理提高低保标准。完善社会救助和保障标准与物价上涨挂钩联动机制。提高新农合人均筹资标准和保障水平，支持有条件的地方探索建立城乡统筹的居民基本医疗保险制度。加快建立预防、补偿、康复三位一体的工伤保险制度。完善福利机构基础设施，逐步拓展社会福利保障范围，推动社会福利服务社会化。加强以公共租赁住房为重点的保障性安居工程建设，开展利用住房公积金贷款支持保障性住房建设试点。

五、加强资源节约和环境保护，坚定不移走可持续发展道路

（十九）推进资源节约型和环境友好型社会建设试点。深入实施武汉城市圈、长株潭城市群资源节约型和环境友好型社会建设综合配套改革试验总体方

案。大力支持山西资源型经济转型综合配套改革试验区建设。扎实推进湖北省国家低碳省试点和江西南昌国家低碳城市试点，适当扩大中部地区低碳省份和低碳城市试点范围。支持湖北省开展碳排放权交易试点，合理确定碳排放初始交易价格。推动绿色低碳小城镇建设。推动洞庭湖生态经济区建设。支持丹江口库区开展生态保护综合改革试验，建设渠首水源地高效生态经济示范区，探索经济与生态环境协调发展的新模式。

（二十）**加大环境保护和生态建设力度。**加大三峡库区、丹江口库区及上游和淮河、黄河、海河、巢湖等重点流域水污染防治力度，建立健全联防联控机制。加快推进城市和重点建制镇污水、垃圾处理，推进重金属污染防治、农村环境综合整治、土壤污染治理与修复试点示范，加强重点领域环境风险防控。推动湘江流域污染综合整治，深入开展重金属污染治理。实施大气污染物综合控制，改善重点城市空气环境质量。继续实施水土保持重点工程和重大生态修复工程，加强鄱阳湖、洞庭湖、洪湖、梁子湖、巢湖等重点湖泊和湿地保护与修复，加快三峡库区及上游、丹江口库区及上游、鄱阳湖和洞庭湖湖区防护林建设，加强汉江中下游生态建设，推进武汉大东湖生态水网构建。加大京津风沙源治理力度，继续推进石漠化综合治理和崩岗治理试点。积极推进矿山地质环境治理和生态修复，加大矿区塌陷治理力度。强化重点生态功能区保护和管理。加大对外来入侵物种的防控力度，加强生物多样性保护。

（二十一）**大力推进节能减排。**加大工业、建筑、交通等领域节能工作力度，推进重点节能工程建设。坚决淘汰落后产能，限制高耗能、高排放行业低水平重复建设，严禁污染产业和落后生产能力转入。加大惩罚性电价、差别电价实施力度和范围。加快推行合同能源管理，大力发展节能环保产业。深入推进粉煤灰、煤矸石等大宗固体废物综合利用。落实最严格的水资源管理制度，全力推进节水型社会建设。加大对重点用水行业节水技术改造的支持力度。对城镇污水再生利用设施建设投资，中央给予补助。加快山西、河南循环经济试点省建设，大力推进清洁生产，支持建设一批循环经济重点工程和示范城市、园区、企业。加快“城市矿产”示范基地、矿产资源综合利用示范基地和再制造示范基地（集聚区）建设。落实国家适应气候变化总体战略，加强适应气候变化能力建设。

（二十二）**加强水利和防灾减灾体系建设。**进一步治理淮河，加强黄河下游治理和长江中下游河势控制，推进长江、黄河、淮河干流及主要支流防洪工程和水资源配置工程建设。加强洞庭湖、鄱阳湖、巢湖综合治理，推进长江、淮河流域蓄滞洪区建设和黄河滩区治理，加快南水北调中线及配套工程建设。完成病险水库除险加固任务，加强病险水闸除险加固，推进灌区续建配套与节水改造，加大大型灌排泵站更新改造力度。加快中小河流治理，协调推进山洪地质灾害防治，做好三峡库区等重大地质灾害隐患点的工程治理和避让搬迁。完善防灾应急体系，加强重点时段、重点地区灾害防治和综合治理。

六、大力推进改革创新，增强发展的活力和动力

（二十三）推进重点领域改革。深化行政管理体制改革，加快转变政府职能，减少和规范行政审批事项，提高服务质量和办事效率，建设服务型政府。整顿和规范市场秩序，打破行政垄断和地区封锁，加快建设统一开放的市场体系，培育发展土地、资本、产权、技术和劳动力等市场。推动国有经济战略性调整，支持国有企业完善法人治理结构，加快建立现代企业制度，妥善解决国有企业历史遗留问题。认真落实促进非公有制经济和中小企业发展的各项政策措施，营造公平竞争的市场环境，引导中小企业改善经营管理、增强发展活力。支持民间资本进入资源开发、基础设施、公用事业和金融服务等领域。健全财力与事权相匹配的公共财政体制，探索建立符合区域主体功能定位的财政政策导向机制。按照依法、自愿、有偿的原则，引导土地承包经营权规范有序流转。加快集体林权制度改革。鼓励和支持中部地区在城乡土地管理、农村人口向城镇有序转移、行政管理体制等方面先行先试，破解体制机制难题。

（二十四）促进城乡一体化发展。打破城乡分割的制度障碍，推动城乡之间公共资源均衡配置和生产要素自由流动，加大城市支持农村的力度，促进城乡协调发展。完善覆盖城乡的公共财政体系，创新城乡基础设施共建共享机制，推动城市基础设施和公共服务向农村延伸。加强城乡规划统筹协调，提高以城带乡发展水平。积极稳妥推进户籍管理制度改革，把有合法稳定职业和稳定住所的农村人口逐步转为城镇居民，逐步将符合条件的进城稳定就业人员纳入城镇保障性住房供应范围。健全城乡统一的人力资源市场，形成城乡劳动者平等就业制度。改革集体建设用地使用制度，完善征地补偿机制，及时足额安排被征地农民社会保障资金，确保农民在土地增值中的收益权。统筹村庄布局，在充分尊重农民意愿的前提下，合理引导农民住宅和居民点建设，稳步开展多种形式的城乡一体化试点。大力支持农村饮水安全、农村电网、农村公路、农村沼气、农村危房改造等工程建设。

（二十五）**完善自主创新体制机制**。深化科技体制改革，大力提升区域创新能力和科技服务能力。完善激励企业自主创新机制，引导企业加大研发投入，推动企业成为创新主体，推进建立产业技术创新联盟。加强政策引导，提高中小企业创新能力。加强科技基础条件平台建设，促进科技资源开放共享，增强科研院所和高等院校创新活力，发挥科技领军人才作用，加快科技成果转化。加大对重大科技专项的支持，加强国家重点实验室、工程（技术）研究中心和工程实验室建设。实施创新人才推进计划，支持源头创新，加强创新型人才示范基地和海外高层次人才创新创业基地建设。集聚创新要素，优化创新环境，落实自主创新优惠政策，加强知识产权保护。支持武汉东湖国家自主创新示范区、合芜蚌自主创新综合试验区加快发展，推进安徽国家技术创新工程试点省和合肥、郑州、武汉、长沙等国家创新型城市建设。

（二十六）**加强和创新社会管理**。坚持面向基层、面向群众完善政府服务，强化政府在社会管理中的主导地位，发挥各类社会组织和企事业单位的协同作用，推进社会管理规范化、专业化和社会化。强化乡镇政府的社会管理和公共服务职能，健全村民自治机制。加强城乡结合部、城中村等社区居民委员会建设，延伸基本公共服务职能，推进多种形式的社会组织建设。建立和完善政府向社会组织购买服务的制度。加强和创新流动人口动态服务管理制度，做好对外出农民工的服务和管理工作。建立和完善矛盾排查、信息预警、应急处置和责任追究制度，建立重大事项社会稳定风险评估机制。

七、全方位扩大开放，加快形成互利共赢开放新格局

（二十七）**大力发展内陆开放型经济**。实施开放带动战略，完善开放政策，优化开放环境，推动形成全方位、多层次、宽领域的对外开放新格局。重点支持省会等中心城市深化涉外经济体制改革，推动航空口岸建设，打造内陆开放高地。加快长江流域开发开放，探索建立沿长江大通关模式，实现长江水运通关便利化。推动重点口岸建设，加强与沿海港口口岸战略合作。支持符合条件的省级开发区升级为国家级开发区，支持具备条件的地方申请设立海关特殊监管区域。大力发展服务外包，推动武汉、合肥、南昌等服务外包示范城市依托本地产业基础和要素优势，不断提高服务外包水平。大力发展对外贸易，推动

加工贸易转型升级，支持有条件的城市建设沿海加工贸易梯度转移重点承接地。加快皖江城市带承接产业转移示范区建设，支持在湖南湘南、湖北荆州、晋陕豫黄河金三角、江西赣南等地区设立承接产业转移示范区。鼓励中部地区企业“走出去”。

（二十八）**不断深化区域合作**。健全合作机制，创新合作形式，在更大范围、更广领域、更高水平上实现资源要素优化配置。密切与长江三角洲、珠江三角洲、京津冀和海峡西岸经济区等东部沿海地区的合作，进一步提升合作层次和水平。鼓励与东部地区通过委托管理、投资合作等形式合作共建产业园区，探索建立合作发展、互利共赢新机制。加强与西部地区在资源开发利用、基础设施共建共享、生态环境保护、防灾减灾等方面的互动合作，以国内区域合作支撑西部地区全方位扩大向西开放和参与国际次区域合作。研究加快跨省交界地区合作发展问题，大力支持晋陕豫黄河金三角地区开展区域协调发展试验。支持办好中国中部投资贸易博览会，广泛开展各类经贸活动。

（二十九）**加快区域一体化发展**。建立中部六省行政首长定期协商机制，鼓励中部六省在基础设施、信息平台、旅游开发、生态保护等重点领域开展合作，加强在科技要素、人力资源、信用体系、市场准入、质量互认和政府服务等方面的对接，实现商品和生产要素自由流动。推动太（原）榆（次）、合（肥）淮（南）、郑（州）汴（开封）、（南）昌九（江）等重点区域一体化发展。鼓励和支持武汉城市圈、长株潭城市群和环鄱阳湖城市群开展战略合作，促进长江中游城市群一体化发展。

八、加强政策支持

（三十）**扶持粮食主产区经济发展**。加大中央财政转移支付力度，支持粮食主产区提高财政保障能力，逐步缩小地方标准财政收支缺口，加快改变“粮食大县、财政穷县”状况。国家扶持农业生产的各类补贴，重点向粮食主产区倾斜。进一步完善奖励政策，逐步增加中央财政对粮食主产区和产粮大县的奖励。加大对粮食主产区的投入和利益补偿，中央预算内投资对主产区基础设施和民生工程建设给予重点支持，优先安排农产品加工等农业发展项目，支持在主产区中心城市和县城布局对地方财力具有支撑作用的重大产业发展项目。引导粮食主销区参与主产区粮食生产基地、仓储设施等建设，鼓励采取多种形式建立稳固的产销协作关系。

（三十一）**落实节约集约用地政策。**实行最严格的耕地保护制度，严守耕地红线，严格基本农田保护，建立耕地保护补偿激励机制。加快推进节约集约用地制度建设，大力实施农村土地整治，严格规范城乡建设用地增减挂钩试点。加快旧城区、城中村和煤矿沉陷区改造，积极盘活闲置和空闲土地。提高土地利用效率，支持多层标准厂房建设，探索工业用地弹性出让和年租制度。建立健全节约集约用地考核评价机制。在节约集约用地前提下，新增建设用地年度计划指标和城乡建设用地增减挂钩试点规模适当向中部地区倾斜，保障工业化和城镇化用地需求。

（三十二）**加大财税金融政策支持力度。**加大中央财政对中部地区均衡性转移支付的力度，重点支持中部地区改善民生和促进基本公共服务均等化。积极推动将煤炭、部分金属矿产品等纳入资源税改革试点。支持武汉、郑州、长沙、合肥等地区加快金融改革和金融创新。鼓励符合条件的金融机构在中部地区设立分支机构，支持地方性金融机构发展。规范地方政府融资平台建设。支持符合条件的中小企业上市融资和发行债券，支持中小企业融资担保机构规范发展。深化农村金融机构改革，扶持村镇银行、贷款公司等新型农村金融机构发展。支持农村信用社进一步深化改革，落实涉农贷款税收优惠、农村金融机构定向费用补贴、县域金融机构涉农贷款增量奖励等优惠政策。支持郑州商品交易所增加期货品种。

（三十三）**加强投资、产业政策支持与引导。**加大中央预算内投资和专项建设资金投入，在重大项目规划布局、审批核准、资金安排等方面对中部地区给予适当倾斜。鼓励中部六省设立战略性新兴产业创业投资引导基金，规范发展私募股权投资。根据中部地区产业发展实际，研究制定差别化产业政策。按照国家产业政策，修订《中西部地区外商投资优势产业目录》，增加特色产业条目。对符合国家产业政策的产业转移项目，根据权限优先予以核准或备案。

（三十四）**完善生态补偿相关政策。**加大中央财政对三峡库区、丹江口库区、神农架林区等重点生态功能区的均衡性转移支付力度。支持在丹江口库区及上游地区、淮河源头、东江源头、鄱阳湖湿地等开展生态补偿试点。鼓励新安江、东江流域上下游生态保护与受益区之间开展横向生态环境补偿。逐步提高国家级公益林森林生态效益补偿标准。对资源型企业依照法律、行政法规有关规定提取用于环境保护、生态恢复等方面的专项资金，准予税前扣除。

（三十五）**完善并落实好“两个比照”政策**。进一步加大中部地区“两个比照”（中部六省中26个城市比照实施振兴东北地区等老工业基地有关政策，243个县市区比照实施西部大开发有关政策）政策实施力度，完善实施细则，确保各项政策落到实处。

（三十六）**强化组织实施和监督检查**。进一步发挥促进中部地区崛起工作部际联席会议制度的作用，明确部门职责，密切分工合作，加强在规划编制、政策制定、项目安排、改革试点等方面的沟通协商，充分调动企业和社会各方面力量广泛参与，推动形成促进中部地区崛起工作整体合力。中部六省要认真组织实施，明确工作责任，制定工作方案，全面落实各项任务。国务院有关部门要按照职能分工，加强工作指导，细化政策措施，发展改革委要加强综合协调、跟踪分析和督促检查，研究解决新情况、新问题，重大事项及时向国务院报告。

促进中部地区崛起是一项长期艰巨的历史任务。中部六省和国务院有关部门要进一步解放思想、提高认识、周密部署、通力协作，切实把促进中部地区崛起各项政策措施落到实处，不断开创促进中部地区崛起工作新局面。

国务院

2012年8月27日

关于促进外贸稳定增长的若干意见

国办发〔2012〕49号

各省、自治区、直辖市人民政府，国务院各部委、各直属机构：

外贸稳定增长，关乎扩大就业、改善民生，关乎稳增长目标的实现。为促进今年外贸稳定增长，经国务院同意，现提出如下意见：

一、做好出口退税和金融服务

（一）加快出口退税进度。在货物贸易外汇管理制度改革的基础上，进一步加快出口退税进度，确保准确及时退税。

（二）扩大贸易融资规模。改善对进出口的金融服务，引导金融机构增加汇率避险产品。拓宽出口企业融资渠道，支持商业银行按照“风险可控、商业可持续”原则，增加对有订单、有效益、符合审慎信贷条件的出口企业贷款。鼓励商业银行开展进口信贷业务以及人民币贸易融资业务。

（三）降低贸易融资成本。深入落实银行业金融机构不规范经营专项治理工作的各项要求，严禁银行业金融机构发放贷款时附加不合理条件，严禁违规收取服务费用。努力为小微企业提供融资便利。

（四）加大出口信用保险支持力度。认真落实大型成套设备出口融资保险专项安排。扩大出口信用保险规模，提高出口信用保险覆盖面。发展对小微企业的信用保险，支持中小企业开拓国际市场。

二、提高贸易便利化水平

（五）提高通关效率。进一步改进海关、质检等部门的监管服务，简化审批手续，提高通关效率，降低企业通关成本。调整AA级企业评定标准。全面推开海关分类通关改革，加快无纸化通关改革。在保障有效监管的前提下，放宽“属地申报、口岸验放”的适用范围。

（六）落实外汇管理制度改革措施。认真落实货物贸易外汇管理制度改革的各项措施，进一步提高服务水平，促进贸易便利化，为外贸企业提供良好的政策支持和业务指导。

（七）调减法定检验检疫目录。认真落实2012年8月1日起实施的取消部分商品进出口检验检疫的规定，在确保出口质量安全的前提下，研究进一步调减法定检验检疫目录。

（八）规范和减少进出口环节收费。继续清理规范进出口环节行政事业性收费和经营服务性收费，取消不合理收费项目，减少收费环节，降低收费标准，减轻企业负担。认真落实取消出口收汇核销单、进口付汇单、出口报关单退税联打印费用的规定，取消海关监管手续费。自2012年10月1日起至2012年12月31日，对所有出入境货物、运输工具、集装箱及其他法定检验检疫物免收出入境检验检疫费。2013年1月1日起，执行新的降低后的检验检疫收费标准。

三、改善贸易环境

（九）积极应对贸易摩擦。做好贸易摩擦应对和世界贸易组织争端解决工作，引导企业和行业协会有效应对贸易摩擦，维护我出口企业合法权益。依法实施进口贸易救济，保护国内产业安全。

（十）深化多双边关系。深入参与二十国集团、上海合作组织等多边和区域、次区域合作机制，鼓励企业用好区域、次区域合作机制和已经生效的自由贸易协定。充分利用高层对话和双边经贸联（混）委会等平台，加强与主要贸易伙伴的经贸合作。加快推进与有关国家和地区的自由贸易协定谈判。

四、优化贸易结构

（十一）增加进口，促进贸易平衡。认真落实《国务院关于加强进口促进对外贸易平衡发展的指导意见》（国发〔2012〕15号）精神，促进进出口协调发展。积极扩大进口，重点增加进口先进技术设备、关键零部件以及与人民群众密切相关的生活用品。

（十二）优化外贸国际市场布局和国内区域布局。支持企业开拓非洲、拉美、东南亚、中东欧等新兴市场。鼓励地方、行业、企业到新兴市场参展办展，开展贸易促进活动。扩大中西部地区对外开放，支持中西部地区发展开放型经济，推动边境省区加强与周边国家的经贸合作。

（十三）加快建设外贸基地、贸易平台和国际营销网络。依托特色产业集聚区，培育外贸生产基地。培育一批基础条件好辐射能力强的会展平台、内外贸结合的商品市场平台、电子商务平台和进口促进平台，鼓励企业建立国际营销网络。

（十四）**优化出口商品结构。**深入实施科技兴贸和以质取胜战略，扩大技术和资金密集型的机电产品、高技术高附加值产品和节能环保产品出口。支持企业技术改造，提高劳动密集型产品出口质量、档次和附加值。控制高耗能、高污染产品出口。

（十五）**优化贸易方式结构。**逐步扩大一般贸易比重。引导加工贸易从沿海向内陆地区转移和向海关特殊监管区域集中，鼓励加工贸易企业延伸产业链、增值链，提高本地增值和本地配套的比重。积极发展边境贸易。

五、加强组织领导

（十六）**增强工作的针对性和主动性。**各地区各部门要加强对外贸形势的分析，加强对进出口企业经营情况的监测，及时掌握企业经营成本、订单转移、产能转移、市场份额变化情况，增强工作的针对性和主动性。有关部门要改进作风，深入基层，强化对进出口企业特别是小微企业的服务，为企业抓订单、拓市场提供及时有效的支持。

国务院办公厅
2012年9月16日

国务院关于印发循环经济发展战略及近期行动计划的通知

国发〔2013〕5号

各省、自治区、直辖市人民政府，国务院各部委、各直属机构：

现将《循环经济发展战略及近期行动计划》印发给你们，请认真贯彻执行。

国务院

2013年1月23日

循环经济发展战略及近期行动计划

（摘录）

前　言

发展循环经济是我国的一项重大战略决策，是落实党的十八大推进生态文明建设战略部署的重大举措，是加快转变经济发展方式，建设资源节约型、环境友好型社会，实现可持续发展的必然选择。

近年来，各地区、各部门大力推动循环经济发展，循环经济理念进一步确立，产业体系逐步完善，发展水平不断提高，经济、社会和环境效益进一步显现。当前，我国已进入全面建成小康社会的决定性阶段，随着工业化、城镇化和农业现代化持续推进，我国能源资源需求将呈刚性增长，废弃物产生量将不断增加，经济增长与资源环境之间的矛盾更加突出，发展循环经济的要求更为迫切。

为指导和推动循环经济加快发展，实现“十二五”规划纲要提出的资源产出率提高15%的目标，国家编制了《循环经济发展战略及近期行动计划》，对发展循环经济作出战略规划，对今后一个时期的工作进行具体部署。各地区、各部门要从战略和全局的高度，充分认识加快发展循环经济的重要意义，落实工作责任，完善工作机制，加强协调配合，进一步加大工作力度，采取切实有效的措施，确保完成各项目标任务，全面提高生态文明水平。

第一章　现状与形势

第一节　“十一五”循环经济发展取得的主要成效

循环经济理念逐步树立。国家把发展循环经济作为一项重大任务纳入国民经济和社会发展规划，要求按照减量化、再利用、资源化，减量化优先的原则，推进生产、流通、消费各环节循环经济发展。一些地方将发展循环经济作为实现转型发展的基本路径。

循环经济试点取得明显成效。经国务院批准，在重点行业、重点领域、产业园区和省市开展了两批国家循环经济试点，各地区结合实际开展了本地循环经济试点。通过试点，总结凝练出60个发展循环经济的模式案例，涌现出一大批循环经济先进典型，探索了符合我国国情的循环经济发展道路。

法规标准体系初步建立。循环经济促进法于2009年1月1日起施行，标志着我国循环经济进入法制化管理轨道。公布实施了《废弃电器电子产品回收处理管理条例》、《再生资源回收管理办法》等法规规章，发布了200多项循环经济相关国家标准。一些地区制定了地方循环经济促进条例。

政策机制逐渐完善。深化资源性产品价格改革，实行了差别电价、惩罚性电价、阶梯水价和燃煤发电脱硫加价政策。实施成品油价格和税费改革，提高了成品油消费税单位税额，逐步理顺成品油价格。中央财政设立了专项资金支持实施循环经济重点项目和开展示范试点。开展资源税改革试点，制定了鼓励生产和购买使用节能节水专用设备、小排量汽车、资源综合利用产品和劳务等的税收优惠政策。完善了环保收费政策。出台了支持循环经济发展的投融资政策。

技术支撑不断增强。将循环经济技术列入国家中长期科技发展规划，支持了一批关键共性技术研发。实施了一批循环经济技术产业化示范项目，推广应用了一大批先进适用的循环经济技术。汽车零部件再制造技术已达到国际领先水平，废旧家电和报废汽车回收拆解、废电池资源化利用、共伴生矿和尾矿资源回收利用等一大批技术和装备取得突破。

产业体系日趋完善。产业废物综合利用已形成较大规模，产业循环链接不断深化，再生资源回收体系逐步完善，垃圾分类回收制度逐步建立，“城市矿产”资源利用水平得到提升，再制造产业化稳步推进，餐厨废弃物资源化利用开始起步。

“十一五”以来，通过发展循环经济，我国单位国内生产总值能耗、物耗、水耗大幅度降低，资源循环利用产业规模不断扩大，资源产出率有所提高，初步扭转了工业化、城镇化加快发展阶段资源消耗强度大幅上升的势头，促进了结构优化升级和发展方式转变，为保持经济平稳较快发展提供了有力支撑，为改变“大量生产、大量消费、大量废弃”的传统增长方式和消费模式探索出了可行路径。

表1　“十一五”时期循环经济发展情况

指标名称	单位	2005年	2010年	2010年比2005年提高（%）
能源产出率	万元/吨标准煤	1	1.24	24
水资源产出率	元/立方米	41.9	66.7	59
矿产资源总回收率	%	30	35	〔5〕
共伴生矿综合利用率	%	35	40	〔5〕
工业固体废物综合利用量	亿吨	7.70	16.18	110.1
工业固体废物综合利用率	%	55.8	69	〔13.2〕
主要再生资源回收利用总量	亿吨	0.84	1.49	77.4
主要再生有色金属产量占有色金属总产量比重	%	19.3	26.7	〔7.4〕
农业灌溉用水有效利用系数	-	0.45	0.5	11.1
工业用水重复利用率	%	75.1	85.7	〔10.6〕
秸秆综合利用率	%		70.6	

注：1. 能源产出率、水资源产出率按2010年可比价计算。

2. 主要再生资源包括废金属、废纸、废塑料、报废汽车、废轮胎、废弃电器电子产品、废玻璃、废铅酸电池等。（下同）

3. 主要再生有色金属包括再生铜、再生铝、再生铅三种。（下同）

4. 〔 〕内为提高的百分点。（下同）

同时必须清醒地看到，我国循环经济发展规模还有待扩大、发展水平有待提高，主要表现在：循环经济理念尚未在全社会得到普及，一些地方和企业对发展循环经济的认识还不到位；循环经济促进法配套法规规章尚不健全，生产者责任延伸等制度尚未全面建立；部分资源性产品价格形成机制尚未理顺，有利于循环经济发展的产业、投资、财税、金融等政策有待完善；循环经济技术创新体系和先进适用技术推广机制不健全，技术创新能力亟需加强；统计基础工作比较薄弱，评价制度不健全，循环经济能力建设、服务体系、宣传教育等有待加强。这些矛盾和问题已严重制约循环经济的发展，必须尽快加以研究解决。

第二节　循环经济发展面临的形势

资源约束强化。我国主要资源人均占有量远低于世界平均水平，加上增长方式仍较粗放，国内资源供给难以保障经济社会发展需要，能源、重要矿产、水、土地等资源短缺矛盾将进一步加剧，重要资源对外依存度将进一步攀升，可持续发展面临能源资源瓶颈约束的严峻挑战。

环境污染严重。我国环境状况总体恶化的趋势尚未得到根本遏制，重点流域水污染严重，一些地区大气污染问题突出，“垃圾围城”现象较为普遍，农业面源污染、重金属和土壤污染问题严重，重大环境事件时有发生，给人民群众身体健康带来危害。

应对气候变化压力加大。我国是最易受气候变化影响的国家之一，气候变化导致农业生产不稳定性增加，局部地区干旱高温危害严重，生物多样性减少，生态系统脆弱性增加。近年来，我国温室气体排放快速增长，人均排放量不断攀升，减排压力不断加大。

绿色发展成为国际潮流。近年来，为应对国际金融危机和全球气候变化的挑战，发达国家纷纷加快发展绿色产业，将其作为推进经济增长和转型的重要途径，一些国家利用技术优势，在国际贸易中制造绿色壁垒。在新一轮经济科技的竞争中，走绿色低碳循环的发展道路是必然的选择。

无论是从国内能源资源供给和生态环境承载能力看，还是从全球发展趋势和温室气体排放空间看，我国都无法继续靠粗放型的增长方式推进现代化进程。当前我国已进入全面建成小康社会的关键时期，也是发展循环经济的重要机遇期，必须积极创造有利条件，着力解决突出矛盾和问题，加快推进循环经济发展，从源头减少能源资源消耗和废弃物排放，实现资源高效利用和循环利用，改变“先污染、后治理”的传统模式，推动产业升级提升和发展方式转变，促进经济社会持续健康发展。

第二章　指导思想、基本原则和主要目标

第一节　指导思想

以邓小平理论、“三个代表”重要思想、科学发展观为指导，落实节约资源和保护环境的基本国策，围绕提高资源产出率，遵循“减量化、再利用、资源化，减量化优先”的原则，坚持统筹规划、重点突破、全面推进相结合，因地制宜、示范引领、推广普及相结合，制度创新、技术创新、管理创新相结合，政府推动、企业实施、公众参与相结合，健全激励约束机制，积极构建循环型产业体系，推动资源再生利用产业化，推行绿色消费，形成覆盖全社会的资源循环利用体系，加快转变经济发展方式，推进资源节约型、环境友好型社会建设，提高生态文明水平。

第二节　基本原则

强化理念，减量优先。推动全社会树立减量化、再利用、资源化的循环经济理念，坚持减量化优先，从源头上减少生产、流通、消费各环节能源资源消耗和废弃物产生，大力推进再利用和资源化，促进资源永续利用。

完善机制，创新驱动。健全法规标准，完善经济政策，充分发挥市场配置资源的基础性作用，形成有效的激励和约束机制，增强发展循环经济的内生动力。加强制度创新、技术创新、管理创新，提升循环经济发展水平。

改造存量，优化增量。对现有各类产业园区、重点企业进行循环化改造，提高资源产出率。产业园区、企业和项目要从规划、设计、施工、运行、管理等各环节贯彻循环经济的要求。按照自然资源开发利用和产品生产制造产业即动脉产业的特点，统筹对废弃物资源化利用相关产业即静脉产业进行合理布局，推动动脉产业与静脉产业协同发展。

示范引领，全面推进。在农业、工业、服务业各产业，城市、园区、企业

各层面，生产、流通、消费各环节培育一批循环经济示范典型，全面推广循环经济典型模式，推动循环经济形成较大规模。

因地制宜，突出特色。根据主体功能定位、区域经济特点、资源禀赋和环境承载力等状况，科学确定各地区循环经济发展重点，合理规划布局，发挥区域优势，突出地方特色，切实发挥循环经济促进经济转型升级的作用。

高效利用，安全循环。提高资源利用效率，推动资源由低值利用向高值利用转变，提高再生利用产品附加值，避免资源低水平利用和“只循环不经济”。强化监管，防止资源循环利用过程中产生二次污染，确保再生产品质量安全，实现经济效益与环境效益、社会效益相统一。

第三节　主要目标

循环经济发展的中长期目标是：循环型生产方式广泛推行，绿色消费模式普及推广，覆盖全社会的资源循环利用体系初步建立，资源产出率大幅提高，可持续发展能力显著增强。到“十二五”末的目标（近期目标）是：主要资源产出率比“十一五”末提高15%，资源循环利用产业总产值达到1.8万亿元。

表2　“十二五”时期循环经济发展主要指标

指标名称	单位	2010年	2015年	2015年比2010年提高（%）
主要资源产出率提高	%			15
能源产出率	万元/吨标准煤	1.24	1.47	18.5
水资源产出率	元/立方米	66.7	95.2	43
建设用地土地产出率提高	%			43
资源循环利用产业总产值	万亿元	1.0	1.8	80
矿产资源总回收率	%	35	40	〔5〕
共伴生矿综合利用率	%	40	45	〔5〕
工业固体废物综合利用量	亿吨	16.18	31.26	93.2
工业固体废物综合利用率	%	69	72	〔3〕
主要再生资源回收利用总量	亿吨	1.49	2.14	43.6
主要再生资源回收率	%	65	70	〔5〕
主要再生有色金属产量占有色金属总产量比重	%	26.7	30	〔3.3〕

续表

指标名称	单位	2010 年	2015 年	2015 年比 2010 年提高（%）
农业灌溉水有效利用系数	-	0.5	0.53	6
工业用水重复利用率	%	85.7	＞90	〔＞4.3〕
城镇污水处理设施再生水利用率	%	<10	＞15	〔＞5〕
城市生活垃圾资源化利用比例	%		30	
秸秆综合利用率	%	70.6	80	〔9.4〕
综合利用发电装机容量	万千瓦	2600	7600	192.3

注：1．主要资源产出率的资源核算品种包括：3 种能源资源（煤炭、石油、天然气），9 种矿产资源（铁矿、铜矿、铝土矿、铅矿、锌矿、镍矿，石灰石、磷矿、硫铁矿），木材和工业用粮。

2．主要资源产出率、能源产出率、水资源产出率、资源循环利用产业总产值按 2010 年可比价计算。

3．综合利用发电指煤矸石、煤泥、油母页岩等低热值燃料发电。

第三章　构建循环型工业体系

在工业领域全面推行循环型生产方式，实施清洁生产，促进源头减量；推进企业间、行业间、产业间共生耦合，形成循环链接的产业体系；鼓励产业集聚发展，实施园区循环化改造，实现能源梯级利用、水资源循环利用、废物交换利用、土地节约集约利用，促进企业循环式生产、园区循环式发展、产业循环式组合，构建循环型工业体系。到 2015 年，单位工业增加值能耗、用水量分别比 2010 年降低 21%、30%，工业固体废物综合利用率达到 72%，50%以上的国家级园区和 30%以上的省级园区实施了循环化改造。

第一节　煤炭工业（略）

第二节　电力工业（略）

第三节　钢铁工业（略）

第四节　有色金属工业（略）

第五节　石油石化工业（略）

第六节　化学工业（略）

第七节　建材工业（略）

第八节　造纸工业（略）

第九节　食品工业（略）

第十节　纺织工业

推进节能降耗。加快淘汰落后产能，加大工艺设备节能节水改造力度。推广应用高效节能电机和空调自动控制技术，优化能源系统。推广使用可生物降解浆料和清洁型气相导热油，从源头减少有毒有害物质的使用。印染行业全面推广高效短流程前处理工艺，以及冷轧堆染色、气流染色、数码喷印等印染加工技术。加快开发替代石油的生物质纺织纤维材料，鼓励利用废聚酯瓶、废旧丙纶等生产高附加值再生纤维，减少原生资源消耗。

加强废弃物资源化利用。鼓励进行废水循环利用和废水、废气热能回收利用。推动从印染废水中回收染化料、助剂，从印染废碱液中回收碱。鼓励利用化纤生产废气制酸。加强对生产废料、边角料的再利用。

推动废旧纺织品再生利用规范化发展。以废旧职业装再生利用为突破口，完善社会化废旧纺织品回收再利用体系。选择经济合理的废旧纺织品再生利用技术路线，推动废旧纺织品分类与安全环保加工处理，鼓励利用废旧纺织品生产建筑保温材料等产品。

构建纺织行业循环经济产业链。构建印染—废液—碱，化纤生产—废气—制酸，纺织—废水、废气—热能—纺织，纺织—边角料—纺织，纺织品—废旧纺织品—再利用产成品—纺织品，纺织品—废旧纺织品—保温材料，废弃聚酯—化纤—纺织品等产业链。

到 2015 年，纺织行业单位工业增加值能耗、取水量比 2010 年分别下降 20%、30%，纺织纤维再利用总量达到 800 万吨。

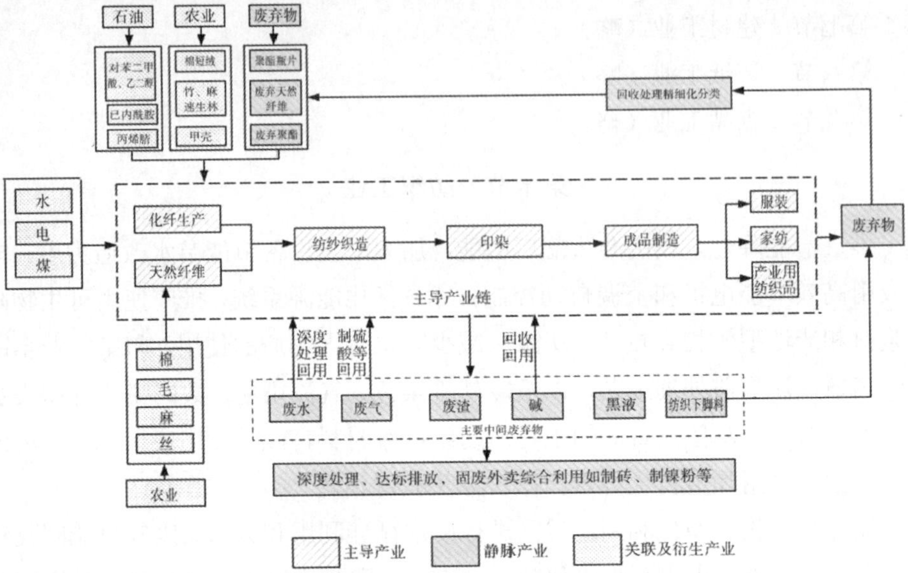

图 10　纺织工业发展循环经济基本模式图

第十一节　产业园区

按照“布局优化、企业集群、产业成链、物质循环、集约发展”的要求，推进新建、搬迁企业和项目园区化、集聚化发展，推动各类产业园区实施循环化改造，构建循环经济产业链，实现企业、产业间的循环链接，提高产业关联度和循环化程度，促进园区绿色低碳循环发展。到 2015 年，50%以上的国家级园区和 30%以上的省级园区实施循环化改造。

构建园区循环经济产业链。根据物质流和产业关联性，对园区进行功能分区，合理布局企业、产业、基础设施及生活区。推进园区改造提升传统产业，培育发展战略性新兴产业，促进产业结构优化升级。重化工业要实现园区化发展，按照“横向耦合、纵向延伸、循环链接”的原则构建产业链,形成园区企业之间原料（产品）互供、资源共享的一体化。专业性产业园区要纵向延伸产业链。综合性产业园区要“补链”招商，促进产业横向耦合。工农业复合型产业园区要推进农副产品深加工利用，延长产业链，提高附加值。提高新建和搬迁改造园区的产业关联度和循环化程度。

推进园区资源高效循环利用。实施清洁生产，促进源头减量。推动园区内企业废物交换利用、废水循环利用、能源梯级利用、土地节约集约利用。推进园区生活污水再生利用，建设雨水收集利用设施，鼓励有条件的地区发展海水淡化产业。大力发展清洁能源和可再生能源。鼓励专业化服务公司为园区废物管理提供“嵌入式”服务。

推行园区基础设施绿色化。对园区内供水、供电、供热、道路、通信等公共基础设施实施绿色化改造，促进共建共享、集成优化。加快园区污染物集中治理设施建设及升级改造，鼓励园区创新环境服务模式，积极推进污水、垃圾处理设施建设和运行专业化、社会化。

第四章　构建循环型农业体系（略）

第五章　构建循环型服务业体系（略）

第六章　推进社会层面循环经济发展（略）

第七章　实施循环经济“十百千”示范行动

通过实施循环经济“十百千”示范行动，实现技术突破和管理创新，推动循环经济形成较大规模。

第一节　实施循环经济十大示范工程

资源综合利用示范工程。推动共伴生矿及尾矿、工业固体废物、道路和建筑废物综合利用以及非常规水源利用。建设60个矿产资源综合利用示范基地。建设8个煤系共伴生高岭土、铝矾土综合利用工程和30个煤层气、煤矸石、矿井水综合利用工程。建设30个黑色和有色金属共伴生矿及尾矿有价组分提取和综合利用工程。建设2—3个赤泥综合利用示范基地，3—5个高铝粉煤灰综合利用基地，实施一批冶炼废渣、化工废渣、脱硫石膏和磷石膏等工业副产石膏综合利用工程。建设6个建筑和道路废物资源化利用示范工程。建设20个海水淡化示范项目，20个雨水收集利用和再生水利用示范工程。

产业园区循环化改造示范工程。选择100家基础条件好、改造潜力大的国家级和省级开发区开展循环化改造示范。支持改造30个化工、纺织、制革等单一产业园区，推动延伸产业链；支持改造60个综合性园区和重化工集中的园区，推动产业间横向耦合、纵向延伸、循环链接；支持改造10个工农业复合型产业园区，推动农林产品及副产物深加工利用。通过示范，凝练和推广一批适合我国国情的园区循环化改造范式，提高园区主要资源产出率、土地产出率、资源循环利用率，基本实现“零排放”。

再生资源回收体系示范工程。建设80个左右网点布局合理、管理规范、回收方式多元化、重点品种回收率高的再生资源回收体系示范城市，规范建设100个废旧商品回收分拣集聚区，培育100个组织化规模化程度高、技术先进的龙头企业，推动一批商贸流通企业参与回收体系，促进再生资源交易和流通，提高再生资源回收率。

“城市矿产”基地建设示范工程。建设50个技术先进、环保达标、管理规范、利用规模化、辐射作用强的国家“城市矿产”示范基地，推动废钢铁、废有色金属、废塑料、废橡胶等再生资源集中拆解处理、集中治理污染、合理延伸产业链，促进“城市矿产”资源高值化利用和集聚化发展，切实解决再生资源利用中存在的经营分散、技术落后、利用水平低和二次污染等问题。

再制造产业化示范试点工程。建设5—10个国家级再制造产业示范基地，推动再制造业集聚发展。选择30家左右具有一定基础的汽车零部件再制造企业开展示范，重点支持建立发动机、变速箱等旧件回收、再制造加工、检测和质量控制体系。选择一批企业开展机床、工程机械、农业机械、矿山机械、办公用品等再制造试点。培育20家左右再制造专业化服务机构。

餐厨废弃物资源化利用和无害处理示范试点工程。选择100个城市开展餐厨废弃物资源化利用和无害化处理示范试点，支持回收利用体系和能力建设。通过示范试点，建立符合我国国情的覆盖餐厨废弃物产生、收集、运输、处理全过程的管理制度，健全标准和规范，完善工艺技术路线，实现餐厨废弃物安全、高效利用和无害化处理。

生产过程协同资源化处理废弃物示范工程。发挥建材、钢铁、电力等行业消纳废弃物的功能，培育60家左右协同资源化处理废弃物示范企业，消纳铬渣、污泥、生活垃圾、危险废物等。通过示范，推动建立相关技术标准和规范，探索建立企业与政府在协同资源化处理废弃物方面的合作机制。

农业循环经济示范工程。在13个粮食主产区、棉秆等单一品种秸秆集中度高的地区以及交通干道、机场、高速公路沿线等重点地区，实施秸秆综合利用试点示范工程。支持建设一批农产品加工副产物资源化利用、稻田综合种养植（殖）、畜禽粪便能源化利用、工厂化循环水养殖节水示范工程。结合富营养化江河湖泊综合治理，支持建设水上经济植物规模化种植示范工程。实施以农村生活、生产废弃物处理利用和村级环境服务设施建设为重点的农村清洁工程。

循环型服务业示范工程。选择100家左右管理水平较高的餐饮住宿企业开展绿色化改造示范工程。培育1000家零售业节能环保示范企业。选择一批物流企业开展绿色物流示范试点。选择一批旅游景区实施旅游业循环经济示范工程。通过实施示范工程，推动服务行业实行清洁生产，推行绿色服务模式，引导消费者建立绿色消费方式。

资源循环利用技术产业化示范推广工程。选择基础较好、技术力量较强的科研单位或大型企业，支持建设一批循环经济重点工程实验室、技术中心、工程研究中心和质量检测中心。加强源头减量、循环利用、再制造、零排放、产业链接等循环经济关键共性技术研发。构建产学研对接平台和科研成果产业化机制，建设一批资源循环利用技术产业化示范基地和示范项目，加大先进适用技术的推广应用力度。

第二节　创建百个循环经济示范城市（县）

选择100个左右城市（县），创建国家循环经济示范城市（县）。示范城市（县）要全面推行循环型生产方式和绿色消费模式，率先构建起覆盖全社会的资源循环利用体系，资源产出率提高幅度超出全国平均水平，通过发展循环经济探索实现转型发展的道路。

第三节　培育千家循环经济示范企业（园区）

选择1000家骨干企业或园区，树立循环经济典型。示范企业（园区）的资源产出率、土地产出率、单位产值能耗、物耗、水耗、产业废弃物综合利用率、工业用水重复利用率等指标达到国内领先水平和国际先进水平。

实施循环经济“十百千”示范行动，以企业自主投资为主，国家和地方政府通过现有政策和资金渠道给予必要的资金支持。中央补助资金重点支持相关公益性基础设施、公共服务平台、重点项目、能力建设及关键共性技术产业化示范和推广应用。鼓励金融机构和社会主体将资金投向循环经济重大工程。鼓励企业通过自有资本、银行贷款、上市融资、发行债券等方式实施循环经济重大工程。

第八章 保障措施

第一节 完善经济政策

产业政策。落实《产业结构调整指导目录》、《外商投资产业指导目录》、《限制用地项目目录》和《禁止用地项目目录》。进一步提高高耗能、高耗水、高耗地、高排放行业准入门槛，严格节能、环保、土地、安全方面的约束。发布国家鼓励、限制和淘汰的技术、工艺、设备、材料和产品名录，再制造产品目录和限制生产、销售的一次性产品名录及管理办法。鼓励煤矸石、余热余压、垃圾和沼气等发电上网。研究制定在脱硫石膏产生量大的地区限制开采天然石膏的政策。保障符合国家产业政策和投资管理规定的循环经济项目用地。

投资政策。各级政府要将循环经济项目列为重点投资领域。加强固定资产投资项目资源循环利用管理，项目申请报告和可行性研究报告应包含循环经济相关内容。发挥政府投资的引导作用，吸引社会各类资金投向循环经济。

价格和收费政策。深化资源性产品价格改革，进一步发挥市场机制在资源性产品价格形成中的作用。推行城市居民生活用水阶梯式价格和非居民用水超定额累进加价制度。试行居民用电阶梯电价制度，完善电力峰谷分时电价政策，加大差别电价、惩罚性电价实施力度，完善鼓励煤矸石、余热余压、垃圾和沼气等发电的价格政策，试行脱硝价格政策。对污泥处理处置费用，研究实行纳入污水处理收费和财政补贴共同承担的政策。研究减征实现废水“零排放”企业和园区污水处理费的政策，严格执行对实现废水“零排放”的企业免征排污费的政策。研究鼓励生产过程协同资源化处理废弃物的价格政策。研究建立建筑垃圾排放收费制度，改革生活垃圾处理收费方式，提高征收率。研究建立餐厨废弃物处理收费制度。

财政政策。中央和省级人民政府依法设立循环经济发展专项资金，支持循环经济重大工程、重点项目及能力建设。创新循环经济发展专项资金支持方式，扩大财政资金的杠杆效应。落实并完善废弃电器电子产品处理基金征收补贴政策。研究鼓励再制造产品推广应用和强制回收产品、包装物的专项政策。加大新型墙体材料专项基金对发展新型墙体材料的支持力度。研究制定激励流通企业采购节能环保产品的政策。对已报废老旧农机并取得回收拆解证明的农民，优先给予农机购置补贴。对属排污费资金支持范围的循环经济类项目给予优先支持。国有资本经营预算要支持企业发展循环经济项目。建立对国家认定再生产品的推广机制。加大政府采购支持力度，优先采购节能节水环保产品和再生利用产品。

税收政策。继续落实和完善资源综合利用税收优惠政策。研究制定并完善促进再生资源回收体系建设的税收政策。研究完善减少使用一次性消费品的税收政策。对国内不能生产、国家鼓励引进的循环经济技术装备，在规定范围内减免进口关税。研究完善鼓励资源性产品进口的关税政策。积极推进环境税费改革。

金融政策。鼓励银行业金融机构对循环经济重点项目和循环经济“十百千”示范工程给予包括信用贷款在内的多元化信贷支持，创新信贷产品，拓宽抵押担保范围，完善担保方式。支持循环经济示范试点企业发行企业（公司）债券、项目收益债券、可转换债券和短期融资券、中期票据等直接融资工具。探索循环经济示范试点园区内的中小企业发行集合债券、集合票据。支持符合条件的资源循环利用企业申请境内外上市和再融资。鼓励设立循环经济创业投资基金，研究设立循环经济产业投资基金。各地要根据国家有关政策制定支持循环经济发展的配套投融资政策和实施方案。

第二节　健全法规和标准

加快法规建设。完善循环经济促进法相关配套法规规章，研究制定限制商品过度包装条例、循环经济发展专项资金管理办法、汽车零部件再制造管理办法、再制造旧件和再制造产品进出口管理目录及管理办法、强制回收的产品和包装物名录及管理办法、餐厨废弃物管理及资源化利用条例、农业机械报废回收办法等法规规章。加快修订报废汽车回收管理办法、商品零售场所塑料袋有偿使用管理办法。

建立健全标准和计量体系。加快制定可降解产品、再生利用产品、餐厨废弃物资源化产品、利废建材等产品标准和农业机械禁用及报废标准，完善节能、节水、资源综合利用产品标准。健全过度包装商品标准。制定生产过程协同资源化处理废弃物，再生资源回收、拆解、利用和再制造质量控制等相关规范。深化循环经济标准化试点工作。建立完善循环经济计量检测体系。

第三节　加强管理监督

实行生产者责任延伸制度。完善相关法律法规，建立生产者责任延伸制度，推动生产者落实废弃产品回收、处理等责任。落实废弃电器电子产品处理基金管理办法。研究建立强制回收产品和包装物、汽车、轮胎、手机、充电器生产者责任制。

加强循环经济管理。继续开展资源综合利用企业（产品）和资源综合利用电厂认定。开展循环经济项目、企业、园区认定试点。强化再生资源回收企业备案管理。对报废汽车、废弃电器电子产品拆解企业依法实行严格的资质管理。对资源消耗量和废物排放量大的重点企业实施动态跟踪管理。继续巩固“限塑”成果，适时研究扩大“限塑”范围。深入推进禁止生产和使用实心黏土砖工作。建立低效用地评价机制，规范推进农村建设用地和工矿废弃土地复垦利用。研究制定管理措施，在有条件使用再生水的地区限制将城市自来水作为城市道路清扫、城市绿化和景观用水。鼓励建设静脉产业园，对生活垃圾、餐厨废弃物、建筑废弃物、“城市矿产”等资源化利用和无害化处理实行园区化管理。

探索市场化管理机制。研究建立强制回收产品和包装物、重点再生利用产品、汽车零部件等再制造产品的标识管理制度。研究建立循环经济认证认可体系。鼓励专业化服务公司采用市场化模式对企业和园区进行循环化改造。研究试行手机、充电器、饮料瓶等废旧产品押金回收制度。

加强监督检查。组织开展循环经济促进法、清洁生产促进法、节约能源法等法律法规的执法监督行动。加强对地方政府、各类产业园区、企业落实循环经济政策措施情况的监督检查。组织开展国家循环经济相关名录执行情况的监督检查。加大对生产、销售过度包装商品行为的查处力度。严厉查处资源综合利用、再生资源拆解处理造成二次污染的企业。加强对再制造产品标识使用的监督检查，强化产品质量监管。

第四节　强化技术和服务支撑

加快共性关键技术开发。制定循环经济科技发展规划，在国家、地方科技计划（专项）中，加大对循环经济共性关键技术研发的支持力度。支持建立各类循环经济技术支撑机构。推动组建重点领域循环经济产业联盟，加强产学研用结合，共同研究解决循环经济关键和共性技术问题。引进、消化、吸收和再创新循环经济关键技术和装备。

加强技术装备产业化示范。实施循环经济技术产业化示范工程，重点支持共伴生矿和尾矿综合开发和回收利用、废物资源化利用、可回收利用材料、有毒有害原材料替代、再制造、再生资源高值利用、延长产业链和相关产业链接、“零排放”等关键技术和装备产业化示范。

加快先进适用技术推广应用。加强循环经济技术推广体系建设。建立循环经济技术遴选、评定及推广机制。发布国家鼓励的循环经济技术、工艺、设备名录。探索通过政府买断的方式对先进适用技术进行推广应用。实施循环经济“走出去”战略，加快具有竞争力的循环经济关键技术装备的出口。

健全循环经济服务体系。培育和扶持一批为发展循环经济提供规划、设计、建设、改造、运营的专业化服务公司。鼓励发展循环经济信息服务业。鼓励科研院所、行业协会等为企业提供循环经济技术、管理等咨询服务。鼓励构建全国性、区域性、行业性的废弃物逆向物流交易平台、交易中心或交易市场。鼓励建立循环经济产品、技术、装备等的展示、展览、交易平台。

第五节　建立循环经济统计评价制度

完善循环经济统计制度。健全循环经济统计指标体系，完善统计核算方法，建立统计核算制度和数据发布制度。建立健全循环经济统计调查制度，做好数据采集和分析工作。开展区域层面资源产出率统计试点。发布国家层面资源产出率指标。

建立循环经济评价体系。制定循环经济评价指标体系，把资源产出率作为评价循环经济发展成效的综合性指标。研究制定循环经济示范城市（县）、园区、企业评价指标体系。研究建立区域循环经济发展成效评价机制，对发展循环经济成绩显著的单位和个人依法给予表彰和奖励。

加强统计能力建设。加强循环经济统计基础工作，各级统计部门要有人员负责循环经济统计，保障必要的工作经费。推动企业健全计量器具，完善统计台账，提高统计的准确性和及时性。

第六节 强化宣传教育和人才培养

加大宣传力度。组织开展形式多样的宣传培训活动，通过广播电视、报刊杂志、互联网、手机等多种途径普及循环经济知识，宣传典型案例，推广示范经验。新闻单位要加大循环经济公益宣传力度，在重要版面、重要频道、重要时段增加报道频次。鼓励开展各种形式的循环文化创意活动。在全国建设一批技术先进、管理规范、特征显著、教育示范作用强的循环经济教育示范基地。开展“反食品浪费行动”，推动餐饮企业、机关和企事业单位食堂、公务宴请、家庭等各方面节约粮食。

强化教育和人才培养。把循环经济理念和知识纳入基础教育、职业教育、高等教育相关课程，研究在高等学校、职业学校设置循环经济类专业。制定循环经济培训纲要，编制循环经济培训教材，实施循环经济培训计划。鼓励教材重复使用，降低循环利用成本。利用各级党校、行政学院和高等学校的培训力量，加强对各级领导干部、政府及企业管理人员的循环经济培训。

第七节 积极开展交流合作

积极开展国际交流与合作。加强与有关国际组织、政府在循环经济领域的交流与合作，研究和借鉴国际先进经验，鼓励从海外引进循环经济技术和管理等方面的高层次人才。将循环经济作为中国对外援助培训的重要内容，利用各种国际交流平台，宣传循环经济理念和模式。建设中日韩循环经济示范基地。

积极开展两岸三地交流与合作。加强与香港、澳门、台湾在循环经济领域的交流，开展人才、技术、项目的深度合作，不断拓展合作内容，创新合作方式，共同推动绿色发展。

第八节 加强组织领导

国务院建立健全发展循环经济组织协调机制，研究有关重大问题，部署重大任务，把握实施进度和效果，进行定期监督检查。各级人民政府和有关部门要切实履行职责，扎实开展工作，确保完成各项目标任务。

地方各级人民政府对本地区发展循环经济工作负总责，切实加强组织领导和统筹协调，建立相应的工作机制，抓紧编制实施本地区循环经济发展规划和年度推进计划，出台配套政策，明确任务分工，做到层层有责任，逐级抓落实。

国务院有关部门要按照职责分工做好相关工作，出台配套政策措施，加强协调配合，形成工作合力。充分发挥发展循环经济部际联席会议的作用，发展改革委要会同有关部门加强对计划实施的指导、支持以及监督和评估，制定实施全国循环经济年度推进计划，针对计划实施中出现的新情况新问题，适时提出解决办法，重大问题及时向国务院报告。

关于推进园区循环化改造的意见

发改环资〔2012〕765号

各省、自治区、直辖市及计划单列市、新疆生产建设兵团发展改革委（经信委、经贸委）、财政厅（局）：

园区是我国经济发展的重要支撑，也是我国发展循环经济的重点领域。为贯彻落实《循环经济促进法》、国家“十二五”规划纲要和中央经济工作会议精神，加快转变经济发展方式，推进园区绿色低碳循环发展，提升产业园区综合竞争力和可持续发展能力，现就推进园区循环化改造提出如下意见：

一、充分认识园区循环化改造的重要意义

《循环经济促进法》提出，“各类产业园区应当组织区内企业进行资源综合利用，促进循环经济发展”；国家“十二五”规划纲要将园区循环化改造列为循环经济重点工程；中央经济工作会议提出，加快重点企业和各类园区的循环经济改造。推进园区循环化改造，就是推进现有的各类园区（包括经济技术开发区、高新技术产业开发区、保税区、出口加工区以及各类专业园区等）按照循环经济减量化、再利用、资源化，减量化优先原则，优化空间布局，调整产业结构，突破循环经济关键链接技术，合理延伸产业链并循环链接，搭建基础设施和公共服务平台，创新组织形式和管理机制，实现园区资源高效、循环利用和废物“零排放”，不断增强园区可持续发展能力。

（一）推进园区循环化改造是转变经济发展方式，实现园区可持续发展的内在要求

园区是我国产业发展的集聚区，也是国民经济和地区经济发展的重要载体。但目前很多园区受到土地、资源、环境等因素的制约，可持续发展面临挑战，迫切需要加快转变发展方式，为经济持续快速发展提供有效支撑。推进园区循环化改造，用循环经济理念改造存量、构建增量，有效引导园区调整产业结构，推进产业集聚发展，培育战略性新兴产业和新的经济增长点，促进园区迈入创新驱动、自主增长的发展轨道，可实现经济快速发展、资源高效利用、生态环境改善的有机统一。

（二）推进园区循环化改造是提高资源产出率，提升园区综合竞争力的有效途径

园区是能源资源消耗的集中区域，也是节约潜力较大的区域。推进园区循环化改造，通过推进节能、节水、节地、节材，构建企业内部、企业之间的循环经济产业链，实现生产过程耦合和多联产，物尽其用，变废为宝，可以最大限度地降低园区的物耗、水耗和能耗，改变粗放的能源资源利用方式，切实提高园区的资源产出率，降低企业运行成本，对于提高园区资源产出率，提升综合竞争力具有重要意义。

（三）推进园区循环化改造是加强环境保护，改善区域生态环境的重要措施

产业园区是生产的集中区域，也是各类污染物集中产生或排放的区域。由于多方面的原因，目前一些地方的产业园区成为污染物集中排放场所，对所在区域的生态环境造成很大压力，有的甚至已对当地生态环境乃至群众的健康产生不利影响。推进园区循环化改造，变末端治理为源头减量、全过程控制，实现园区废物“零排放”，可以最大限度地减少企业入园后集中生产的环境负荷，改善生态环境质量，降低区域环境风险，减少园区与周边居民的环境纠纷，促进当地社会和谐稳定。

二、总体要求、原则和目标

（一）总体要求

全面贯彻落实科学发展观，把循环化改造作为各类园区加快转变经济发展方式、调整经济结构的有效实现形式，以提高资源产出率为目标，按照“布局优化、产业成链、企业集群、物质循环、创新管理、集约发展”的要求，统筹规划园区空间布局，调整产业结构，优化资源配置，推进园区土地集约利用，大力推行清洁生产，推进企业间废物交换利用、能量梯级利用、废水循环利用，共享资源，共同使用基础设施，形成低消耗、低排放、高效率、能循环的现代产业体系，把园区改造成为“经济快速发展、资源高效利用、环境优美清洁、生态良性循环”的循环经济示范园区。

（二）原则

1．坚持发展循环经济与提高园区竞争力相结合。依据园区现有产业结构和资源环境禀赋，发挥产业集聚带来的各种优势，把循环经济减量化、再利用、资源化贯穿于循环化改造的全过程，提高资源利用效率，降低成本，构建具有特色的循环经济产业链，培育新的增长点，提高园区的核心竞争力。

2．坚持总体规划与重点突破相结合。整体规划园区循环化改造，统筹考虑循环化改造的各项任务；同时要针对园区发展中面临的突出问题和薄弱环节，明确阶段性的改造方向、重点和目标，对提高园区资源产出率，关键补链和公共服务平台建设项目进行重点设计，力争短期内取得明显成效。

3．坚持技术进步与强化管理相结合。依靠科技进步，把高新技术和先进实用技术作为园区循环化改造的重要支撑，推进产业循环链接的关键技术突破，实现资源由低值利用向高值利用转变，由难循环向易循环转变，同时要创新机制，强化管理，提高园区循环经济发展的公共管理和公共服务水平，实现资源优化配置和关键技术、信息的共享。

4．坚持产业发展与环境保护相结合。基于区域环境容量调整对现有产业结构进行优化，大力发展节能环保等战略性新兴产业，严格节能、环保、安全、质量等标准，严把新上项目准入关，强化污染物总量控制，使园区内的产业发展与资源环境相协调，发展速度与环境容量相适应，实现经济效益、社会效益和环境效益的有机统一。

5．坚持市场引导与政府推动相结合。充分发挥市场配置资源的基础性作用，以企业为园区循环化改造的实施主体。政府通过编制规划，完善政策，健全法规标准，加强监督检查，形成有效的激励和约束机制，引导企业自觉参与循环化改造。

（三）工作目标

到2015年，50%以上的国家级园区和30%以上的省级园区实施循环化改造。通过循环化改造，实现园区的主要资源产出率、土地产出率大幅度上升，固体废物资源化利用率、水循环利用率、生活垃圾资源化利用率显著提高，主要污染物排放量大幅度降低，基本实现“零排放”。同时培育百个国家循环化改造示范园区，示范、推广一批适合我国国情的园区循环化改造范式、管理模式，为各类产业园区通过发展循环经济，实现转型发展提供示范。

三、主要任务

要从空间布局优化、产业结构调整、企业清洁生产、公共基础设施建设、环境保护、组织管理创新等方面，推进现有各类园区进行循环化改造。

（一）空间布局合理化

根据物质流和产业关联性，开展园区布局总体设计或进行布局优化，改造园区内的企业、产业和基础设施的空间布局，体现产业集聚和循环链接效应，实现土地的节约集约高效利用。

（二）产业结构最优化

结合本区域的产业和资源的比较优势，考虑园区环境承载力和地方发展需求，围绕提高资源产出率和提高园区综合竞争力，加大传统产业改造升级力度，培育和发展战略性新兴产业，不断调整和优化园区的产业结构。

（三）产业链接循环化

按照“横向耦合、纵向延伸、循环链接”原则，实行产业链招商、补链招商，建设和引进产业链接或延伸的关键项目，合理延伸产业链，实现项目间、企业间、产业间首尾相连、环环相扣、物料闭路循环，物尽其用，促进原料投入和废物排放的减量化、再利用和资源化，以及危险废物的资源化和无害化处理。

（四）资源利用高效化

按照循环经济减量化优先的原则，推行清洁生产，促进源头减量；开发能源资源的清洁高效利用技术，开展清洁能源替代改造，提高可再生能源利用比例；推动余热余压利用、企业间废物交换利用和水的循环利用；推进水资源替代，沿海地区的园区适当开展海水淡化，减少淡水的使用。

（五）污染治理集中化

加强污染集中治理设施建设及升级改造。培育专业化废弃物处理服务公司，实行园区污染集中治理。强化园区的环境综合管理，开展企业环境管理体系认证，构建园区、企业和产品等不同层次的环境治理和管理体系，最大限度地降低污染物排放水平。

（六）基础设施绿色化

对园区内运输、供水、供电、照明、通信、建筑和环保等基础设施进行绿色化、循环化改造，促进各类基础设施的共建共享、集成优化，降低基础设施建设和运行成本，提高运行效率，使园区生态环境优美。

（七）运行管理规范化

建立园区循环化改造指导协调机制；建设园区废物交换平台，以及循环经济技术研发及孵化中心等公共服务设施；制定并实施循环经济相关技术研发和应用的激励政策；制定入园企业、项目的准入标准和招商引资指导目录，实行产业链招商、补链招商；强化对园区内企业资源节约、环境保护的执法监管；开展宣传教育，促进公众参与，形成优美、清洁、和谐的环境和氛围。

四、组织实施

（一）加强统筹规划

各地要高度重视，把园区循环化改造作为转变发展方式、实现园区绿色低碳循环发展的重要抓手，统筹规划，全面推进。各地方循环经济发展综合管理部门、财政部门要加强统筹协调，会同有关部门制定本地区园区循环化改造的推进工作方案，确定改造的目标、重点任务和推进措施，并推动、指导各类园区制定循环化改造实施方案。国家发展改革委、财政部将会同有关部门编制印发园区循环化改造指导指南。

（二）完善支持政策

中央财政资金将加大对园区循环化改造重点项目的支持力度。各地要按照国家发展改革委、人民银行、银监会、证监会《关于支持循环经济发展的投融资政策措施意见的通知》（发改环资〔2010〕801 号）要求，制定实施方案，用足用好有关政策，加大对循环经济发展的投融资支持力度。各地要研究完善促进园区循环化改造的综合配套政策措施。

（三）创新改造模式

鼓励园区引进或培育专业化公司为园区废物管理提供“嵌入式”服务。鼓励园区采取合同能源管理方式推进园区及企业节能改造。鼓励园区创新环境服务模式，积极推进污水、垃圾处理等基础设施建设和运行的专业化、社会化。推动技术创新、管理模式和商业模式创新，促进企业内部“小循环”、园区（企业间）“中循环”与社会“大循环”的有机衔接，发挥循环经济整体效益。国家发展改革委将会同有关部门组织成立园区循环化改造专家组，对各园区开展循环化改造提供技术服务指导。

（四）实施示范工程

国家发展改革委、财政部将组织开展园区循环化改造示范工程，选择一些基础条件好、改造潜力大的园区进行循环化改造示范试点，并给予必要的资金支持。各地方循环经济发展综合管理部门、财政部门要结合本地区实际，支持推动一批重点园区进行循环化改造示范。

（五）强化监督检查

各地循环经济发展综合管理部门要依据《循环经济促进法》，督促各类园区组织区内企业进行资源化利用，促进循环经济发展。国家发展改革委、财政部将会同有关部门对各地推进园区循环化改造工作进行督导，对园区循环化改造成效开展评估。对工作开展较好的地区在园区循环化改造示范工程、重点项目安排等方面优先考虑，对循环化改造成效明显的园区，国家发展改革委、财政部将其优先确定为“国家循环经济示范园区”，并加强宣传推广。

加快园区循环化改造，是发展循环经济的重要阵地，要抓紧抓好，切实抓出成效。各地循环经济发展综合管理部门、财政部门要加强调研，认真总结园区循环化改造的经验，推广好的做法，对出现的新情况、新问题要认真研究解决，并及时向国家发展改革委（环资司）、财政部（经建司）提出意见和建议。

国家发展改革委
财　　政　　部
二〇一二年三月二十一日

关于印发鼓励和引导民营企业积极开展境外投资的实施意见的通知

发改外资〔2012〕1905号

国务院有关部门、直属机构，全国工商联，各省、自治区、直辖市及计划单列市、副省级省会城市、新疆生产建设兵团发展改革委、外事办公室、工业和信息化厅（局）、财政厅（局）、商务厅（局）、人民银行分行、各地海关、工商行政管理局（市场监督管理局）、质检局、银监局、证监局、保监局、外汇局：

为贯彻落实《国务院关于鼓励和引导民间投资健康发展的若干意见》（国发〔2010〕13号），充分发挥民营企业在境外投资中的重要作用，鼓励和引导民营企业积极开展境外投资，我们研究制定了《关于鼓励和引导民营企业积极开展境外投资的实施意见》，现印发你们，请在工作中认真贯彻执行。

附件：《关于鼓励和引导民营企业积极开展境外投资的实施意见》

国家发展改革委　外交部
工业和信息化部　财政部
商务部　人民银行
海关总署　工商总局
质检总局　银监会
证监会　保监会
外汇局

二〇一二年六月二十九日

附件：

关于鼓励和引导民营企业积极开展境外投资的实施意见

当前我国正处于民营企业境外投资加快发展的重要阶段。为贯彻落实《国务院关于鼓励和引导民间投资健康发展的若干意见》（国发〔2010〕13号），充分发挥民营企业在境外投资中的重要作用，引导民营企业更好地利用“两个市场、两种资源”，加快提升国际化经营水平，推进形成我国民间资本参与国际合作竞争的新优势，推动民营企业境外投资又好又快发展，现提出以下实施意见：

一、大力加强对民营企业境外投资的宏观指导

（一）加强规划指导和统筹协调。充分发挥民营企业在境外投资中的重要作用，结合贯彻落实“十二五”规划和国务院办公厅转发发展改革委等部门关于加快培育国际合作竞争新优势的指导意见，引导民营企业有重点、有步骤地开展境外投资。加强跨部门的沟通协调，对民营企业开展境外投资进行专题研究，协调解决民营企业开展境外投资的重大问题。

（二）做好境外投资的投向引导。完善境外投资产业和国别导向政策，支持国内有条件的民营企业通过多种方式到具备条件的国家和地区开展境外能源资源开发，加强民营企业境外高新技术和先进制造业投资，促进国内战略性新兴产业发展，推动国内产业转型升级和结构调整。支持有实力的民营企业积极开展境外基础设施、农业和服务业投资合作。支持有条件的民营企业“走出去”建立海外分销中心、展示中心等营销网络和物流服务网络，鼓励和引导民营企业利用国际营销网络、使用自有品牌加快开拓国际市场。

（三）促进企业提高自主决策水平。引导民营企业根据国家经济发展需要和自身发展战略，按照商业原则和国际通行规则开展优势互补、互利共赢的境外投资活动。指导民营企业认真做好境外投资风险防范工作，积极稳妥开展境外投资。

（四）指导民营企业规范境外经营行为。加强民营企业境外投资企业文化建设，引导境外投资企业遵守当地法律法规，注重环境资源保护，尊重当地社

会习俗，保障当地员工的合法权益，履行必要的社会责任。鼓励民营企业积极开展公共外交活动，加强对外沟通交流，树立中国企业依法经营、重信守诺、服务社会的良好形象。引导企业加强境外投资的协调合作，避免无序竞争和恶意竞争。

二、切实完善对民营企业境外投资的政策支持

（五）落实和完善财税支持政策。充分发挥现行专项政策的作用，加大对民营企业的支持力度。积极落实好企业境外缴纳所得税税额抵免政策，鼓励民营企业开展境外投资。

（六）加大金融保险支持力度。鼓励国内银行为民营企业境外投资提供流动资金贷款、银团贷款、出口信贷、并购贷款等多种方式信贷支持，积极探索以境外股权、资产等为抵（质）押提供项目融资。推动保险机构积极为民营企业境外投资项目提供保险服务，创新业务品种，提高服务水平。拓展民营企业境外投资的融资渠道，支持重点企业在境外发行人民币和外币债券，鼓励符合条件的企业在境内外资本市场上市融资，指导和推动有条件的企业和机构成立涉外股权投资基金，发挥股权投资基金对促进企业境外投资的积极作用。

（七）深化海关通关制度改革。推动建立以企业分类管理和风险处置为基础的通关作业新模式，对符合条件的高资信民营企业的货物办理快速验放手续。深入推进区域通关一体化建设，研究扩大“属地申报，口岸验放”通关模式适用范围。调整海关相关作业制度和作业流程，推动监管证件联网核查，逐步建立起口岸部门间信息共享、联合监管的合作机制，启动通关作业无纸化改革试点工作。

三、简化和规范对民营企业境外投资的管理

（八）健全境外投资法规制度。根据境外投资形势需要，抓紧研究制定境外投资领域专门法规，完善现行有关境外投资管理的部门规章，加强部门规章的统筹与协调，积极引导民营企业开展境外投资，继续扩大人民币在企业境外投资中的使用。

（九）简化和改善境外投资管理。根据国务院关于投资体制改革的精神，结合民营企业境外投资发展新情况、新形势，简化审核程序， 进一步推进境外投资便利化。

（十）改进和完善外汇管理政策。采取综合措施提升境外投资外汇汇出便利化水平。取消境外放款购付汇核准，企业办理相关登记手续后直接在银行办理资金购付汇。实行境外直接投资中债权投资与股权投资分类登记，为民营企业债权投资资金回流提供方便。为便于民营企业的境外关联公司获得融资，在境内机构提供对外担保时，允许与担保当事人存在直接利益关系的境内个人为该笔担保项下债务提供共同担保。

四、全面做好民营企业境外投资的服务保障

（十一）提升经济外交服务水平。加强外交工作为民营企业境外投资的服务和保障，积极利用多双边高层交往和对话磋商机制，创造民营企业境外投资有利的政治环境。驻外机构要加强与国内主管部门的沟通与配合，加强对当地中资企业的信息服务、风险预警和领事保护，积极帮助企业解决境外投资中遇到的困难和问题。继续推进与有关国家的领事磋商和领事条约谈判，进一步商签便利企业人员往来的签证协定，促进民营企业境外投资相关人员出入境便利化。

（十二）健全多双边投资保障机制。充分发挥好目前我国与有关国家和地区已签署的双边投资保护协定、避免双重征税协定以及其他投资促进和保障协定作用，进一步扩大商签双边投资保护协定和避免双重征税协定的国家范围，为民营企业境外投资合作营造稳定、透明的外部环境。加强与有关重点国家的投资合作和对话机制建设，积极为民营企业境外投资创造有利条件和解决实际问题。指导民营企业应对海外反垄断审查和诉讼。

（十三）提高境外投资通关服务水平。研究引入专业担保公司、机构参与提供海关税费担保，减轻民营企业融资困难。积极推广和优化全国海关税费电子支付系统，为民营企业提供准确、快捷、方便的税费网上缴纳和纳税期限内 14 天的银行担保服务。继续加大出口绿色通道和直通放行制度推广力度，使更多的民营企业享受绿色通道和直通放行制度带来的便利。全面推进检验检疫信息化建设和检验检疫窗口标准化建设，进一步提高办事效率和服务水平。

（十四）全面提升信息和中介等服务。有关部门定期发布对外投资合作国别（地区）投资环境和产业指引，帮助民营企业了解投资目标国的政治、经济、法律、社会和人文环境及相关政策。以现有各类工业园区、产业集聚区和国家新型工业化产业示范基地等为依托，充分发挥现有各类公共服务平台的作用，强化为民营企业境外投资合作的综合服务。支持行业商（协）会积极发挥境外投资服务和促进作用。积极发挥境外中介机构作用，大力培育和支持国内中介机构。鼓励国内各类勘测、设计、施工、装备企业和认证认可机构为民营企业境外投资提供技术服务和支持。

（十五）**引导民营企业实施商标国际化战略。**引导民营企业通过品牌培育争创驰名商标、著名商标，切实加强对商标专用权的保护。加强对民营企业马德里国际商标注册的指导、宣传和培训，引导民营企业增强商标国际注册和保护意识，开展国际认证。建立健全海外商标维权机制，畅通海外维权投诉和救助渠道。加强商标国际注册统计工作，建立商标国际注册和维权数据库。

五、加强风险防范，保障境外人员和资产安全

（十六）**健全境外企业管理机制。**境内投资主体要加强对境外投资企业的监督和管理，健全内部风险防控制度，加强对境外企业在资金调拨、融资、股权和其他权益转让、再投资及担保等方面的约束和监督，加强对境外员工的安全教育和所在国法律法规、文化风俗等知识培训，防范境外经营和安全风险。

（十七）**完善重大风险防范机制。**有关部门进一步建立健全国别重大风险评估和预警机制，加强动态信息收集和反馈，及时警示和通报有关国家政治、经济和社会重大风险，提出应对预案，采取有效措施化解风险。在境外民营企业遭受重大损失时，通过法律、经济、外交等手段切实维护合法权益。

（十八）**强化境外人员和财产安全保障。**发挥境外中国公民和机构安全保护工作部际联席会议机制的作用，完善境外安全风险预警机制和突发安全事件应急处理机制，及时妥善解决和处置各类安全问题。提高民营企业安全意识和保障能力。加强境外安全生产监管工作。

以上实施意见自发布之日起施行。

中华人民共和国国家发展和改革委员会令

第 21 号

为更好地适应转变经济发展方式的需要，根据《国务院关于发布实施〈促进产业结构调整暂行规定〉的决定》（国发〔2005〕40 号），我委会同国务院有关部门对《产业结构调整指导目录（2011 年本）》有关条目进行了调整，形成了《国家发展改革委关于修改〈产业结构调整指导目录（2011 年本）〉有关条款的决定》，现予公布，自 2013 年 5 月 1 日起施行。法律、行政法规和国务院文件对产业结构调整另有规定的，从其规定。

主任：张　平

2013 年 2 月 16 日

关于修改《产业结构调整指导目录（2011 年本）》有关条款的决定
（摘录）

六、鼓励类“二十、纺织”第 1 项“差别化、功能性聚酯（PET）的连续共聚改性〔阳离子染料可染聚酯（CDP、ECDP）、碱溶性聚酯（COPET）、高收缩聚酯（HSPET）、阻燃聚酯、低熔点聚酯等〕；熔体直纺在线添加等连续化工艺生产差别化、功能性纤维（抗静电、抗紫外、有色纤维等）；智能化、超仿真等差别化、功能性聚酯（PET）及纤维生产；腈纶、锦纶、氨纶、粘胶纤维等其他化学纤维品种的差别化、功能性改性纤维生产”修改为“差别化、功能性聚酯（PET）的连续共聚改性〔阳离子染料可染聚酯（CDP、ECDP）、碱溶性聚酯（COPET）、高收缩聚酯（HSPET）、阻燃聚酯、低熔点聚酯等〕；

熔体直纺在线添加等连续化工艺生产差别化、功能性纤维（抗静电、抗紫外、有色纤维等）；智能化、超仿真等差别化、功能性聚酯（PET）及纤维生产（东部地区限于技术改造）

腈纶、锦纶、氨纶、粘胶纤维等其他化学纤维品种的差别化、功能性改性纤维生产”

七、鼓励类“二十、纺织”第6项“采用紧密纺、低扭矩纺、赛络纺、嵌入式纺纱等高速、新型纺纱技术生产多品种纤维混纺纱线及采用自动络筒、细络联、集体落纱等自动化设备生产高品质纱线”修改为“采用紧密纺、低扭矩纺、赛络纺、嵌入式纺纱等高速、新型纺纱技术生产多品种纤维混纺纱线及采用自动络筒、细络联、集体落纱等自动化设备生产高品质纱线（东部地区限于技术改造，新建和扩建除外）”。

二十二、限制类“十三、纺织”第1项“单线产能小于10万吨/年的常规聚酯（PET）连续聚合生产装置”修改为“单线产能小于20万吨/年的常规聚酯（PET）连续聚合生产装置”。

产业结构调整指导目录（2011年本）（修正）
（摘录）

（2011年3月27日国家发展改革委第9号令公布，根据2013年2月16日国家发展改革委第21号令公布的《国家发展改革委关于修改〈产业结构调整指导目录（2011年本）〉有关条款的决定》修正）

第一类　鼓励类

十九、轻工

1. 单条化学木浆30万吨/年及以上、化学机械木浆10万吨/年及以上、化学竹浆10万吨/年及以上的林纸一体化生产线及相应配套的纸及纸板生产线（新闻纸、铜版纸除外）建设；采用清洁生产工艺、以非木纤维为原料、单条

10万吨/年及以上的纸浆生产线建设

二十、纺织

1．差别化、功能性聚酯（PET）的连续共聚改性〔阳离子染料可染聚酯（CDP、ECDP）、碱溶性聚酯（COPET）、高收缩聚酯（HSPET）、阻燃聚酯、低熔点聚酯等〕；熔体直纺在线添加等连续化工艺生产差别化、功能性纤维（抗静电、抗紫外、有色纤维等）；智能化、超仿真等差别化、功能性聚酯（PET）及纤维生产（东部地区限于技术改造）

腈纶、锦纶、氨纶、粘胶纤维等其他化学纤维品种的差别化、功能性改性纤维生产

2．聚对苯二甲酸丙二醇酯（PTT）、聚萘二甲酸乙二醇酯（PEN）、聚对苯二甲酸丁二醇酯（PBT）、聚丁二酸丁二酯（PBS）、聚对苯二甲酸环己烷二甲醇酯（PCT）等新型聚酯和纤维的开发、生产与应用

3．采用绿色、环保工艺与装备生产新溶剂法纤维素纤维（Lyocell）、细菌纤维素纤维、以竹、麻等新型可再生资源为原料的再生纤维素纤维、聚乳酸纤维（PLA）、海藻纤维、甲壳素纤维、聚羟基脂肪酸酯纤维（PHA）、动植物蛋白纤维等生物质纤维

4．有机和无机高性能纤维及制品的开发与生产（碳纤维（CF）（拉伸强度≥4,200MPa，弹性模量≥240GPa）、芳纶（AF）、芳砜纶（PSA）、高强高模聚乙烯（超高分子量聚乙烯）纤维（UHMWPE）（纺丝生产装置单线能力≥300 吨/年）、聚苯硫醚纤维（PPS）、聚酰亚胺纤维（PI）、聚四氟乙烯纤维（PTFE）、聚苯并双噁唑纤维（PBO）、聚芳噁二唑纤维（POD）、玄武岩纤维（BF）、碳化硅纤维（SiCF）、高强型玻璃纤维（HT-AR）等）

5．符合生态、资源综合利用与环保要求的特种动物纤维、麻纤维、竹原纤维、桑柞茧丝、彩色棉花、彩色桑茧丝类天然纤维的加工技术与产品

6．采用紧密纺、低扭矩纺、赛络纺、嵌入式纺纱等高速、新型纺纱技术生产多品种纤维混纺纱线及采用自动络筒、细络联、集体落纱等自动化设备生产高品质纱线（东部地区限于技术改造，新建和扩建除外）

7．采用高速机电一体化无梭织机、细针距大园机等先进工艺和装备生产高支、高密、提花等高档机织、针织纺织品

8．采用酶处理、高效短流程前处理、冷轧堆前处理及染色、短流程湿蒸

轧染、气流染色、小浴比染色、涂料印染、数码喷墨印花、泡沫整理等染整清洁生产技术和防水防油防污、阻燃、抗静电及多功能复合等功能性整理技术生产高档纺织面料

9．采用编织、非织造布复合、多层在线复合、长效多功能整理等高新技术，生产满足国民经济各领域需求的产业用纺织品

10．新型高技术纺织机械、关键专用基础件和计量、检测、试验仪器的开发与制造

11．高档地毯、抽纱、刺绣产品生产

12．服装企业计算机集成制造及数字化、信息化、自动化技术和装备的应用

13．纺织行业生物脱胶、无聚乙烯醇（PVA）浆料上浆、少水无水节能印染加工、“三废”高效治理与资源回收再利用技术的推广与应用

14．废旧纺织品回收再利用技术与产品生产，聚酯回收材料生产涤纶工业丝、差别化和功能性涤纶长丝等高附加价值产品

第二类　限制类

十二、轻工

22．新建单条化学木浆 30 万吨/年以下、化学机械木浆 10 万吨/年以下、化学竹浆 10 万吨/年以下的生产线；新闻纸、铜版纸生产线

十三、纺织

1．单线产能小于 20 万吨/年的常规聚酯（PET）连续聚合生产装置

2．常规聚酯的对苯二甲酸二甲酯（DMT）法生产工艺

3．半连续纺粘胶长丝生产线

4．间歇式氨纶聚合生产装置

5．常规化纤长丝用锭轴长 1200 毫米及以下的半自动卷绕设备

6．粘胶板框式过滤机

7．单线产能≤1000 吨/年、幅宽≤2 米的常规丙纶纺粘法非织造布生产线

8．25 公斤/小时以下梳棉机

9．200 钳次/分钟以下的棉精梳机

10．5万转/分钟以下自排杂气流纺设备

11．FA502、FA503细纱机

12．入纬率小于600米/分钟的剑杆织机，入纬率小于700米/分钟的喷气织机，入纬率小于900米/分钟的喷水织机

13．采用聚乙烯醇浆料（PVA）上浆工艺及产品（涤棉产品，纯棉的高支高密产品除外）

14．吨原毛洗毛用水超过20吨的洗毛工艺与设备

15．双宫丝和柞蚕丝的立式缫丝工艺与设备

16．绞纱染色工艺

17．亚氯酸钠漂白设备

第三类　淘汰类

注：条目后括号内年份为淘汰期限，淘汰期限为2011年是指应于2011年底前淘汰，其余类推；有淘汰计划的条目，根据计划进行淘汰；未标淘汰期限或淘汰计划的条目为国家产业政策已明令淘汰或立即淘汰。

一、落后生产工艺装备

（十二）轻工

9．5.1万吨/年以下的化学木浆生产线

10．单条3.4万吨/年以下的非木浆生产线

11．单条1万吨/年及以下、以废纸为原料的制浆生产线

（十三）纺织

1．“1”字头成卷、梳棉、清花、并条、粗纱、细纱设备，1332系列络筒机，1511型有梭织机，“1”字头整经、浆纱机等全部“1”字头的纺纱织造设备

2．A512、A513系列细纱机

3．B581、B582型精纺细纱机，BC581、BC582型粗纺细纱机，B591绒线细纱机，B601、B601A型毛捻线机，BC272、BC272B型粗梳毛纺梳毛机，B751型绒线成球机，B701A型绒线摇绞机，B250、B311、B311C、B311C（CZ）、B311C（DJ）型精梳机，H112、H112A型毛分条整经机、H212型毛织机等毛

纺织设备

4．90年以前生产、未经技术改造的各类国产毛纺细纱机

5．辊长1000毫米以下的皮辊轧花机，锯片片数在80以下的锯齿轧花机，压力吨位在400吨以下的皮棉打包机（不含160吨、200吨短绒棉花打包机）

6．ZD647、ZD721型自动缫丝机，D101A型自动缫丝机，ZD681型立缫机，DJ561型绢精纺机，K251、K251A型丝织机等丝绸加工设备

7．Z114型小提花机

8．GE186型提花毛圈机

9．Z261型人造毛皮机

10．未经改造的74型染整设备

11．蒸汽加热敞开无密闭的印染平洗槽

12．R531型酸性粘胶纺丝机

13．2万吨/年及以下粘胶常规短纤维生产线

14．湿法氨纶生产工艺

15．二甲基甲酰胺（DMF）溶剂法氨纶及腈纶生产工艺

16．硝酸法腈纶常规纤维生产工艺及装置

17．常规聚酯（PET）间歇法聚合生产工艺及设备

18．常规涤纶长丝锭轴长900毫米及以下的半自动卷绕设备

19．使用年限超过15年的国产和使用年限超过20年的进口印染前处理设备、拉幅和定形设备、圆网和平网印花机、连续染色机

20．使用年限超过15年的浴比大于1∶10的棉及化纤间歇式染色设备

21．使用直流电机驱动的印染生产线

22．印染用铸铁结构的蒸箱和水洗设备，铸铁墙板无底蒸化机，汽蒸预热区短的L型退煮漂履带汽蒸箱

23．螺杆挤出机直径小于或等于90mm，2000吨/年以下的涤纶再生纺短纤维生产装置

二、落后产品（略）

关于印发鼓励民间投资发展实施细则文件汇编的通知

发改办投资〔2012〕2069 号

各省、自治区、直辖市及计划单列市、新疆生产建设兵团发展改革委，国务院各部门、各直属机构、各办事机构、各直属事业单位办公厅（室），各中央管理企业：

按照国务院要求，我们对国务院有关部门出台的 42 项民间投资实施细则进行了汇编，现印送你们。

各地方要进一步增强改革创新意识，结合这些实施细则，抓紧出台和完善相应的具体实施办法，做好有关政策的衔接落实工作。

各有关部门要及时跟踪政策措施的实施效果，密切关注和深入研究相关行业领域出现的新情况、新问题，不断健全完善相关政策措施。在此过程中，要充分发挥民间商会协会的作用，更加重视听取民营企业的意见和建议。

附：鼓励民间投资发展实施细则文件汇编（详见国家发改委网站）

国家发展改革委办公厅

2012 年 7 月 27 日

《工业节能“十二五”规划》发布

为贯彻落实《中华人民共和国国民经济和社会发展第十二个五年规划纲要》、《工业转型升级规划（2011—2015 年）》、《国务院“十二五”节能减排综合性工作方案》和《节能减排规划（2011—2015 年）》，确立绿色发展的理念，提升工业节能发展水平，工业和信息化部制定了《工业节能“十二五”规划》。

附件：工业节能“十二五”规划（全文见工业和信息化部网站）

工业和信息化部

2012 年 2 月 27 日

关于印发《废物资源化科技工程“十二五”专项规划》的通知

各省、自治区、直辖市及新疆生产建设兵团科技、发展改革、工业和信息化、环境保护、住房城乡建设、商务厅（委、局），中科院各分院，各有关单位：

为贯彻落实《国家中长期科学和技术发展规划纲要（2006—2020年）》、《国民经济和社会发展第十二个五年规划纲要》和《国家“十二五”科学和技术发展规划》，指导和推进全国废物资源化科技创新，支撑资源节约型和环境友好型社会建设，科技部、发展改革委、工业和信息化部、环境保护部、住房城乡建设部、商业部、中国科学院等联合制定了《废物资源化科技工程“十二五”专项规划》，现印发给你们，请结合本地区（行业）的实际情况贯彻落实。

附件：废物资源化科技工程“十二五”专项规划

科　技　部
发展改革委
工业和信息化部
环境保护部
住房城乡建设部
商　务　部
中国科学院
二〇一二年四月十三日

附件：

废物资源化科技工程“十二五”专项规划

一、面临的形势与需求

废物资源化通常指退出生产环节或消费领域的固体物质，通过技术、经济手段与管理措施，在实现无害化处置和减少污染物排放的同时，回收大量有价物质，提高废物综合利用率，具有公益性和经济性双重特性。加强废物资源化科技创新，是深入实施节能减排，加快发展循环经济、绿色产业、低碳技术的要求，对生态文明建设和可持续发展具有重要意义。

（一）废物资源化是深入实施节能减排的要求

改革开放以来，我国经济快速发展，取得显著成就，但也付出了资源和环境的代价。“十一五”期间，我国二氧化硫（SO_2）、化学需氧量（COD）等主要污染物排放虽呈下降趋势，但固体废物产生量居高不下，以年均10%速度增长。其中，废旧金属与电子电器、工业固体废物、建筑垃圾、生活垃圾与污泥、农林剩余物等大宗废物年产生量超过40 亿吨，综合利用率平均不到40%，且堆存量巨大。长期堆存的废物不仅对周边大气、水体、土壤及生态系统带来了一定程度的破坏，甚至还将对堆放地区的地下水源形成潜在危害，废物的环境问题已经引起社会的广泛关注。

加快废物资源化可有效降低废物堆存引发的环境污染问题，并将显著降低对原生矿产资源开发的需求，对实现节能减排目标贡献巨大。如，2010 年我国回收废旧金属、废塑料、废旧电子电器等八类社会消费品废物，总量达到了1.49 亿吨，与直接利用原生矿产资源相比，相当于节能1.79 亿吨标准煤（占当年全国能源消耗的5%以上），减排二氧化硫393.1 万吨（占当年全国排放总量的17.9%）、废水102.5 亿吨、固体废物10 亿吨以上。“十二五”时期，是我国加快转变经济发展方式、全面建设小康社会的关键时期，节能减排的任务仍十分艰巨，迫切需要加快废物资源化科技创新，提高废物清洁化处置能力与消纳规模。

（二）废物资源化是缓解资源短缺瓶颈的要求

大力发展循环经济是转变经济发展方式的有效途径。《国民经济和社会发展第十二个五年规划纲要》提出了资源产出率提高15%的预期性要求，《全国循环经济发展总体规划》将在"十二五"期间颁布实施。废物资源化作为发展循环经济的三大原则之一，也是参与国际资源大循环的基本要求，将为保障国家战略资源安全提供新的选择。

当前，我国优质资源短缺，重要战略资源对外依存度日益加大。据测算未来5—10年，我国45种主要矿产中，有19种矿产将出现不同程度的短缺，铁、铜、钾等战略金属资源仍将保持较高的对外依存度。废物资源化已经成为有效缓解战略资源短缺矛盾的重要途径。2010年，我国铜、铝、铅等主要金属再生利用量占有色金属总产量的24.8%，相当于降低矿产资源对外依存度的20%—30%，发达国家主要金属再生产量已占到总消费量的50%以上。据预测到2015年，我国主要金属再生产量将突破1200万吨，相当于进一步降低对外依存度10%—15%。但与世界主要发达国家相比，我国废物资源化仍处于国际资源大循环产业链的低端，且再利用产品附加值低，利用规模与水平仍有很大的提升空间，迫切需要通过技术创新大幅提升废物综合利用率与资源产出水平，支撑循环经济较大规模发展战略目标的实现，保障国家战略资源供给安全。

（三）废物资源化是发展节能环保战略性新兴产业的要求

废物资源化是节能环保战略性新兴产业的重要组成部分。加快提高废物资源化的规模与水平，积极培育和发展节能环保产业，已成为世界各国推动绿色发展的战略选择之一。近年来，我国废物资源化产值以每年10%—20%的速度增长，2010年实现产值超过1万亿元，约占节能环保产业总产值的60%以上，预计到2015年我国废物资源化产值将达到2万亿元。与国际先进水平比较，我国废物资源化的效率还有很大的提升空间，如美国每年回收利用社会废物再生资源达到1.25亿吨，规模与我国基本相同，但单位废物资源化产值是我国的4倍。

2009年，国务院颁布了《关于加快培育和发展战略性新兴产业的决定》，提出到2020年节能环保产业成为支柱性产业之一，废物资源化将进入更快速和更高效的发展阶段，迫切需要提高废物资源化技术水平，提升循环利用产品品质，推动废物资源化又好又快发展。

（四）支撑废物资源化是"十二五"科技发展的重要任务

提高废物资源化水平的关键是依靠科技进步与创新。"十一五"期间，我国废物资源化技术创新取得了较好的成绩，在废旧金属再生利用、生活垃圾资源化等核心技术与装备研发方面取得了一批具有重要影响的成果，如，研制的500 吨/日大型垃圾炉排焚烧炉成套装备已实现国产化，市场占有率接近20%。但我国废物资源化总体技术水平仍滞后于产业发展与资源供给的需求，普遍存在废物资源化产品附加值低、消纳量有限、再生产品市场效益小、专业人才与创新型企业缺乏等问题。

《国家中长期科学和技术发展规划纲要（2006—2020 年）》指明了环境科技发展思路，提出了“综合治污与废物循环利用”优先主题。《国民经济和社会发展第十二个五年规划纲要》明确了推进典型废物资源化利用与构筑链接循环产业体系的任务要求。《国家“十二五”科学和技术发展规划》要求实施“废物资源化科技工程”。按照各种规划部署及相关要求，以科技进步与创新为支撑，完善废物资源化产业创新链，推进废物资源化利用，已成为“十二五”科技发展的重要任务。

二、国内外科技发展状况

（一）再生资源利用技术现状与趋势

——废旧金属再生利用技术。加快废旧金属预处理和利用专用技术研发，支撑废旧金属保级或升级利用，是国内外开展废旧金属再生科学研究的主要方向。目前，废旧金属低能耗清洁工艺已在发达国家普遍应用。意大利开发的COS-MELT 倾动炉火法技术，可直接利用废杂铜精炼生产高品质的低氧光亮铜杆，显著提高再生铜利用水平和质量。“十一五”期间，我国在消费领域累积的废旧金属资源超过 2 亿吨，但废旧金属再生利用技术研究仅处于起步阶段，在消化、吸收国外引进先进技术的基础上，再生铜低能耗精炼除杂、再生铝反射炉低烧损熔炼、再生铅低温连续熔炼等技术和装备实现了产业化。随着再生金属所占比例在我国有色金属消费结构中的大幅提升，迫切需要突破废旧金属低能耗清洁生产技术与配套装备，开发高品质再生金属产品及二次污染控制技术，提高废旧金属再生利用品质与利用效率。

——废旧电子电器拆解利用技术。随着社会废旧电子电器产品回收体系的完善，废旧电子电器智能分选与清洁提取技术已在欧美国家和日本的再生资源企业中大规模应用。我国已进入电子电器产品的快速更新与淘汰期，2010 年废旧电子电器产品年产生量已达 300 万吨，预计到 2015 年废旧电子电器产生量将超过 600 万吨。相对而言，我国废旧电子电器产品拆解利用技术与装备研究刚刚起步，迫切需要突破大型废旧家电低成本破碎与高效分选一体化装备、小型废旧电子产品贵重金属清洁分离与提取技术、非金属材料高值化利用技术及二次污染控制技术等关键技术与装备，支撑废旧电子电器拆解产业升级。

——废旧机电产品再制造技术。通过实施生产者责任延伸制度，欧美国家正在积极推动将淘汰或达到使用寿命的零部件使用到新产品上去，高温喷射清洗、堆焊、热喷涂、激光等技术已广泛用于汽车、工程机械等废旧机电产品主要零部件再制造。美国卡特彼勒公司利用这些技术，已大规模开展军用坦克、工程机械、重型汽车等废旧机电零部件的再制造，形成年再制造零部件 220 万件、回收利用废旧材料 6.1 万吨。目前，我国汽车、工程机械、大型机电设备等进入报废高峰期，2010 年报废汽车超过 300 万辆，工程机械报废量达 43 万台。近年来，我国一些科研单位在汽车零部件、工程机械、机床等再制造技术研发方面取得了显著进展，汽车发动机、变速箱、电机等再制造技术已经初步满足产业化需求。“十二五”期间，发展改革委、工业信息化部等门将进一步推进再制造试点工作，对工程机械、大型机床、工业机电设备、矿采机械、办公信息设备等主要零部件再制造技术研发和转化应用，提出了更高的要求。

——废旧高分子材料高值利用技术。废旧高分子材料一般指塑料、橡胶、纺织品等废旧物品，开发清洁高效的梯级利用技术和高附加值产品，实现废旧高分子材料全生命周期利用是国内外废物资源化技术的研究热点。2010 年，我国废橡胶、废塑料、废纤维等废旧高分子材料年产生量达 3000 多万吨，预计到 2015 年我国废旧高分子材料产生量超过 4000 万吨，对废旧高分子材料高值利用技术提出了迫切的需求。目前，我国废橡胶粉碎改性、废塑料回收利用等技术研发取得了一定进展，在广东、山东、河北等地形成了一批废旧高分子材料回收加工集聚区，利用废旧轮胎生产的精细胶粉已推广应用到北京奥运会、上海世博会、天津滨海新区等标志性工程建设，巨型工程机械轮胎翻新技术在上海、新加坡等 20 余个港口推广应用。“十二五”期间，加快废旧橡胶超细胶粉制备与改性利用、废旧塑料制备高端材料、废旧纺织品分离与综合利用等技术和装备的研发及产业化，将是提高我国废旧高分子材料处理水平的重要保障。

（二）工业固废资源化技术现状与趋势

——粉煤灰和煤矸石资源化利用技术。粉煤灰和煤矸石是煤炭资源开发利用产生的主要废物，2010年我国粉煤灰和煤矸石产生量约10.7亿吨，预计到2015年将达13亿吨。近年来，我国资源化利用技术研发得到了高度重视，已在建材建工、矿井充填、低热值发电等技术研发与应用方面取得了一定成效，高铝粉煤灰提取氧化铝和铝硅合金技术已在局部地区实现产业化生产。但总体上，我国粉煤灰和煤矸石资源化技术仍以低端建工建材利用为主，市场效益不显著，迫切需要加快粉煤灰和煤矸石资源化基础理论和技术研发，推动利用方式由传统建工建材利用为主向多组分协同提取、制备复合材料、控制污染与生态利用等技术方向发展。

——金属废渣综合处置技术。国外主要矿产资源品位较高，清洁选冶工艺得到普遍应用，所产生的选冶废渣有害成分含量较低，其资源化方式主要是瞄准有价成分的高值利用。我国金属废渣主要来源于有色金属选冶、黑色金属冶炼过程，因原生资源品位较低和选冶工艺落后，废渣排放量大、成分复杂、有害成分含量高，主要以解毒堆存和生产建筑材料等处置方式为主。2010年，我国仅钢铁和有色冶炼废渣产生量就达到3.15亿吨，综合利用率仅为55%。由于现有处理方式规模效益不佳、二次污染严重、产品附加值低，产业化推广不理想，选冶废渣规模化处置已成为制约资源可持续开发利用的瓶颈。“十二五”期间，围绕赤泥、钢渣、铅锌渣等大宗金属矿产资源选冶废渣，开发经济可行、规模消纳的无害化与资源化技术，将是推进金属废渣资源化科技创新的首要任务。

——工业副产石膏综合利用技术。工业副产石膏主要包括磷石膏、脱硫石膏、盐石膏、氟石膏等副产石膏。发达国家工业副产石膏产生量较小，且天然石膏价格较高，资源化方式主要是替代天然石膏生产建材，基本已经形成成熟、稳定的综合利用技术体系。目前，我国利用工业副产石膏生产建材的技术水平与国外先进水平差距不大，已突破脱硫石膏和磷石膏制备水泥缓凝剂、纸面石膏板等核心技术，实现了工业化应用。由于我国天然石膏价格低，工业副产石膏年产生量高达1.37亿吨。现有工业副产石膏利用技术模式仍以生产低端建筑材料为主，受市场容量和产品销售半径的限制，很难实现大规模消纳，工业副产石膏综合利用率仅为42%（以2010年计）。强化政策调控，加快发展低成本、高附加值资源化技术，提高资源化产品市场效益，将是进一步提高工业副产石膏综合利用效率的重要途径。

——工业生物质废物资源化利用技术。我国工业生物质废物占整个工业固废的11%，食品加工、酿造、纺织等行业是主要来源。工业生物质废物资源化方式主要以生产饲料和肥料为主，综合利用率不到10%。近年来，我国对工业生物质废物提取高蛋白、热解燃气利用等技术开发给予了支持，特别是在酿造和中医药生物质废物集中式燃气利用技术研发与工程示范方面加大了支持力度，养殖园区生物质废物生产燃气技术已经规模化推广应用。“十二五”期间，加快集中式工业生物质废物燃气利用技术开发，发展标准化、系列化和成套化装备，已成为提高工业生物质废物综合利用率、发展生物质能源的重点任务。

（三）垃圾与污泥资源化技术现状与趋势

——城市生活垃圾资源化利用技术。城市生活垃圾主要包括生活垃圾、餐厨垃圾和果蔬垃圾等，潜含着大量生物质，可以被有效地转化成多种能源形式。近年来，城市生活垃圾制备燃气技术已成为第二代生物质能源发展的重点，在欧洲得到快速推广。德国已建有55个城市生活垃圾处理与生物质燃气利用工程，不仅满足工程自身能源供给，而且正逐步形成对交通车辆和居民小区燃气利用的供给能力。2010年，我国城市生活垃圾年产生量近1.6亿吨，垃圾处理以焚烧、卫生填埋等技术为主，分别占垃圾处理总量的3%和60%左右。随着我国清洁能源战略的实施，城市生活垃圾制备燃气技术开发与工程示范得到了高度重视，但在混合垃圾分选技术、生活垃圾湿式和干法厌氧消化技术、沼气提纯和高值利用技术等方面仍缺乏系统化研究，标准化和系列化的成套装备主要依赖进口，亟需研制符合我国实际情况的标准化、系列化、智能化的城市生活垃圾处理与能源化装备及安全控制系统。

——建筑垃圾资源化利用技术。我国正处于高速城镇化时期，每年新建和拆迁改造等产生大量建筑垃圾。2010年，我国建筑垃圾产生量（含渣土）约为15.5亿吨，占到城市垃圾总量的30%—40%，且有逐年增加的趋势。建筑垃圾可制成再生骨料，生产建筑制品，或直接用于道路基层和底基层等。目前，我国建筑垃圾大多以填埋或堆放处置为主，资源化利用率尚不足10%，欧盟国家每年的建筑垃圾资源化利用率达到50%，韩国、日本已经达到了97%左右。根据我国建筑垃圾和建筑形式的特点，研发资源化利用技术，实现科学规划、管理，有95%以上的建筑垃圾可回收再利用。

——污泥处置与资源化利用技术。城镇污水处理厂污泥及工业污泥中含有大量的有机质及氮、磷、钾等营养成分，以及重金属、病原微生物等有毒有害物质。2010年，我国城镇污水处理厂污泥产生量约3000万吨，主要处理方式为堆肥、干化焚烧、生产建材等。欧美国家污泥厌氧消化制生物质燃气技术及成套设备已相当成熟，并大规模应用。近年来，我国开展了一些污泥厌氧发酵生产生物质燃气、水泥窑和电厂协同处置污泥等技术研发与工程示范，亟需突破污泥低成本干化预处理、多产业协同处理、二次污染控制等技术与设备，强化技术集成，建立完整的污泥处置与能源化技术创新链。

（四）废物资源化全过程控制支撑技术现状与趋势

——废物资源化标准标识。建立废物资源化标准及标识是实现废物资源化技术推广应用的重要保障。自上世纪80年代以来，国际标准化组织从全生命周期角度开展了生态设计、环境管理、废物回收、废物再利用和再制造等共性技术标准和产品标识的研究，制定了一批废物资源化国际标准，基本形成了较完善的环境管理体系和废物资源化标准体系，对推动国际废物大循环及废物资源化利用产生了重要影响。目前，我国已发布废物资源化标准90余项，制定了再制造产品通用标识和汽车零部件再制造标识，但废物资源化技术标准与再生产品标识体系尚不完善，废物资源化标准覆盖率不足10%，迫切需要加强废物资源化技术标准研究，制订资源化产品和再制造产品的标识认证标准及管理办法。

——废物资源化全过程监控技术。废物资源化全过程监测是指在废物产生、分类、回收、运输、处置和利用等过程进行废物自动识别、实时监控和风险控制，是建立废物收运体系的重要手段。德国利用射频识别（RFID）技术，建立了区域层面垃圾清运及计量系统，显著提高了垃圾回收、运输与处置效率。“十一五”期间，我国已开始探索RFID技术在垃圾计量监测的应用，但废物回收网络尚未形成有利于资源化的体系，环境风险控制薄弱，需要通过智能监测和管理控制等进行完善升级，亟需研发基于物联网的废物收运系统监测技术和传感识别装备，推动区域性废物交换平台的建设，实现废物回收、加工、再利用各环节的控制和监督，提高废物回收、监测、交易的效率和环境风险控制能力。

三、发展思路、基本原则及目标

（一）发展思路

深入贯彻落实科学发展观，努力提升生态文明水平，围绕资源节约型和环境友好型社会建设，以创新发展为主线，以实现废物资源化综合效益为目标，统筹技术开发、设备研制、应用示范、基地建设、人才培养、市场培育等关键环节，协调和指导全国相关领域科技力量集中攻关，建立废物资源化科技创新体系，完善废物资源化技术创新链，推动废物利用的全过程清洁化，提高废物资源化利用效率，为大力发展循环经济、加快转变经济发展方式提供有效支撑。

（二）基本原则

——立足节能减排、着眼产业发展。要将节能减排与培育战略性新兴产业有机结合，最大限度利用废物中的有价资源，加快废物无害化和规模化消纳，实现废物处置环境效益与经济效益的双赢，培育发展新产业。

——着力自主创新、完善创新链条。要以打造产业技术创新链为着力点，促进多学科交叉融合，加快高新技术原始创新和集成创新，增强自主创新能力，解决制约废物资源化产业化的技术瓶颈，提高高端产品比例与技术竞争力。

——依托示范工程、培育市场需求。要以示范工程为依托，带动废物资源化技术创新，优化设备工艺，验证工程成效，加快成果快速转化，形成对新技术、新设备的直接市场需求，带动产业快速发展。

——优化创新环境、推动持续发展。要以实施科技项目为牵引，推进创新基地、创新人才与中介服务体系建设，优化自主创新环境，提高技术服务水平，增强废物资源化技术的持续创新能力。

（三）总体目标

“十二五”期间，重点选择再生资源、工业固废、垃圾与污泥等量大面广和污染严重的废物，以废物资源化全过程清洁控制为基本前提，加强废物循环利用理论研究，大力推进废物资源化全过程污染控制技术研发，发展废物预处理专用技术，加快废物资源化利用技术研发，形成100项左右重大核心技术，开发100项左右市场前景好、附加值高的废物资源化产品。选择特色鲜明的城市（区域），推进100项左右示范工程建设；统筹技术研发、创新基地、创新团队、中介服务、公共平台等建设，完善技术标准规范与产品认证体系，健全有利于废物资源化技术研发、成果转化和产业发展的创新环境，加快先进适用技术的推广普及，提高科技进步对废物资源化的贡献。

四、优先领域与重点任务

（一）再生资源利用技术

1. 废旧金属再利用技术

（1）发展目标

针对铜铅锌等大宗废旧金属及废稀贵金属再生利用，重点突破废旧金属专业化分选拆解、保（升）级利用、清洁冶炼、二次污染控制等重大技术与装备，提高废旧金属回收率与再生产品质量，支撑再生金属产业转型升级。

（2）技术重点

——废铜废铝保级再生利用技术：重点研发废旧金属高效分选拆解等预处理技术与装备，低能耗冶炼与产品保级（升级）利用技术与装备，低品位废旧金属清洁冶炼与二次污染控制技术，开发再生铜导体、泡沫铝合金和汽车航空用铝合金等再生金属产品。

——废旧铅锌清洁生产技术：重点研发废铅酸蓄电池专用运输车辆，废铅酸蓄电池机械化破碎分选技术与装备，低温强化熔炼及提取技术与装备，余热梯级利用与二次污染控制技术及装备，开发高纯铅锭、铅基合金等再生铅锌系列产品。

——稀贵金属再生利用技术：重点研发废旧硬质合金、废催化剂、废旧磁性材料等废物中金属与基体拆解分离技术，钯、铂、镓、锂等稀贵金属低成本清洁提取技术与装备。

——稀土资源再生利用技术：重点针对稀土永磁材料、稀土储氢材料、稀土催化剂、稀土发光材料等废旧稀土功能材料，研发镧、铈、镨等稀土元素的选择性浸出与高效萃取分离技术，以及伴生元素的综合利用与污染控制技术。

2. 废旧电子电器产品综合利用技术

（1）发展目标

针对废旧电视、冰箱、电脑等大型废旧家电，以及小型消费类废旧电子电器产品的综合利用，重点突破低成本和成套化拆解分选、分离提纯和产品高值利用关键技术和设备，支撑废旧电子电器综合利用率达90%以上。

（2）技术重点

——大型废旧家电高效拆解装备：重点研发大型废旧家电专用成套化复合

式拆解装备，超细超微粉碎机和干式分选筛分设备，烟气和粉尘捕集污染控制技术等。

——消费类废旧电子产品金属提取技术：针对报废手机、锂电池、荧光灯管、数码产品等小型消费类废旧电子产品，重点研发精细拆分和改性预处理技术与设备，高值金属分离和提取技术，铅镉汞等重金属和有机污染物的分离与去除技术及设备等。

——非金属拆解产物高值利用技术：重点研发废阴极射线管（CRT）显示器玻璃铅的提取及全组分利用技术，非金属材料和发泡塑料共混改性与生产新型功能材料工艺及技术等。

3. 废旧机电产品再制造技术

（1）发展目标

针对大型装备、汽车与工程机械等废旧机电产品及零部件的再制造，将重点突破废旧机电产品核心零部件再制造技术和设备，支撑核心零部件再制造率提高到80%以上，关键技术达到国际先进水平。

（2）技术重点

——大功率废旧发动机再制造技术：重点研发废旧发动机解体技术，绿色清洗技术，先进表面预处理技术，缺陷和应力无损测评技术，自动化纳米电刷镀、等离子熔覆和热喷涂等再制造关键技术，研制企业生产者责任延伸制度。

——大型机械贵重核心部件再制造技术：重点研发特殊大型轴、传动和液压系统核心零部件的表面清洗与预处理一体化技术，疲劳和损伤部件的测定与评估技术，损伤磨损部件的激光、等离子熔覆等先进表面工程技术及后加工技术。

4. 废旧高分子材料资源化利用技术

（1）发展目标

针对废旧塑料、废旧橡胶、废旧纤维等废旧高分子材料资源化利用，将重点突破废旧高分子材料高效分离、复合改性、高端材料制备关键技术与装备，提高清洁利用水平与再生产品品质，支撑综合利用率超过95%，再生产品附加值同比提升30%以上。

（2）技术重点

——废旧橡胶复合改性利用技术：重点研发废旧橡胶常温全封闭超细粉碎

技术，胶粉改性高掺和比沥青利用技术，胶粉与塑料共混制备高性能热塑性弹性体技术等。

——废塑料制备高端材料技术：重点研发废旧塑料自动化分选分离技术与装备，废塑料瓶智能化自动回收装备，废旧塑料超净化处理改性再生技术与装备，废旧塑料催化裂解技术，再生塑料生产聚丙烯腈工业碳纤维技术，工程塑料回收再利用整体设计技术等。

——废旧纤维识别分选与深加工技术：重点研发废旧纺织品纤维智能识别与连续分拣技术及装备，废旧化学纤维再熔融纺丝生产高品质纤维技术及装备，废旧纤维素纤维制备浆粕及高档造纸用浆技术，再生纺织纤维制增强复合材料技术，废旧碳纤维复合材料制品的拆解、回收与再利用技术等。

（二）工业固废资源化技术

1. 粉煤灰和煤矸石综合利用技术

（1）发展目标

针对粉煤灰、煤矸石等煤炭大宗废物综合利用，将重点突破废物中铝硅镓等多种组分梯级提取与高值利用以及建材中规模化消纳关键技术，废物多产业循环利用技术模式，支撑大型煤炭基地粉煤灰、煤矸石资源化利用率提高到50%以上。

（2）技术重点

——粉煤灰综合利用技术：重点研发粉煤灰空心微珠分级提取技术，高铝粉煤灰/煤矸石低能耗提取氧化铝技术，硅镓伴生组分协同提取产业链接技术，粉煤灰性能综合优化及大掺量粉煤灰制备建材关键技术等。

——煤矸石综合利用技术：重点研发煤矸石低温活化矿井填充技术，煤矸石/粉煤灰生态治理技术，煤矸石/粉煤灰制造岩面保温材料及提取超细纤维造纸技术，煤矸石制备环保材料技术及尾渣资源化利用技术等。

——大型煤炭基地废物多产业循环利用技术：针对大型煤炭基地，开展煤炭采掘废物原位利用、废水/废气梯级利用、废物用于生态修复等多产业衔接技术，形成园区废物多产业循环利用技术模式。

2. 冶炼废渣规模化消纳技术

（1）发展目标

针对钢铁冶金废渣、有色冶金废渣等典型金属冶炼废渣，将重点突破有价组分清洁提取、毒害性物质控制等共性技术与装备，形成规模化消纳与资源化利用集成技术体系，支撑典型选冶废渣综合利用率提高30%以上。

（2）技术重点

——赤泥低成本脱碱与规模消纳技术：重点研发氧化铝赤泥低成本脱碱技术与装备，高铁赤泥及赤泥铁精矿深度选铁技术，综合回收赤泥多种有价组分技术，有害组分污染控制技术，脱碱赤泥制环保建材及环境修复材料技术，脱碱赤泥规模化处置技术等。

——钢铁废渣与尘泥升值利用技术：重点研发废渣熔态在线改质与余热回收技术，钢渣高效细磨与深度选铁装备，钢铁废渣制备环保建材升值利用技术，冶金尘泥多金属协同提取技术，铁合金废渣锰铬硅资源梯级利用技术等。

——典型重金属废渣清洁利用技术：重点研发典型重金属废渣中有价金属清洁分离提取与高值利用技术，利用尾渣制备铁精矿技术，重金属无害化处理技术，贫化渣多产业协同消纳技术等。

——铁、铜选矿尾矿利用技术：重点研发尾矿金属梯级提取技术，伴生非金属资源制备高强度结构材料技术，新型尾矿充填胶结材料制备及采空区充填技术，尾矿制备耐火和保温材料技术等。

——大型资源基地废物多产业循环利用技术与示范：针对大型钢铁联合企业、有色金属资源基地、稀土加工基地等大型资源基地，开展特色废物资源原位协同利用技术、多产业链接共生利用技术等研发，形成大型资源基地废物多产业循环利用技术集成示范与模式。

3. 工业副产石膏综合利用技术

（1）发展目标

针对磷石膏、脱硫石膏、氟石膏、钛白石膏等工业副产石膏，重点突破副产石膏规模化制备高端建材、硫钙元素循环利用等关键技术，开发具有较好市场前景的产品，为工业副产石膏大规模消纳提供新途径。

（2）技术重点

——脱硫石膏制备高端建材技术：重点研发脱硫石膏免煅烧制干混砂浆技术，大比例掺和制备新型建材技术，低能耗煅烧制备高强型半水石膏技术等。

——磷石膏资源化利用技术：重点研发利用磷石膏大规模化生产石膏板技术、磷石膏杂质预分离与低能耗煅烧技术，连续分解制酸及尾渣利用技术，磷石膏制硫酸钾、硫铵、碳酸钙等化工原料多联产技术等。

——氟石膏无害化处置与资源化利用技术：重点研发氟石膏脱碱与有害杂质分离处置技术，专用含氟新型改性剂制备与固化技术，制备环境功能材料技术，大比例掺和制备新型建材技术等。

4. 工业生物质废物转化及燃气化利用技术

（1）发展目标

针对食品、纺织、中医药残渣等典型工业生物质废物资源化利用，重点突破生物质废物燃气化利用、化学生物转化利用等关键技术与设备，支撑工业生物质废物综合利用率达到90%以上。

（2）技术重点

——工业生物质废物燃气利用技术：重点研发集中式工业生物质废物和工农复合生物质废物热解气化技术，干法生物发酵技术，热解气化与生物发酵联合燃气化技术，燃气净化与存储技术，燃气分离和协同利用技术，沼液浓缩和腐植酸制备技术等。

——工业生物质废物化学生物转化利用技术：重点研发工业生物质废物生物化学水解与胶原蛋白提取及衍生利用技术，酿造废渣分级分离与微生物定向转化利用技术等。

——食品加工废物多元转化技术：重点研发食品加工废物蛋白提取和再利用技术，制取高活性生物制剂等高值产品技术，以及基于资源化产品生产、流通和利用全过程的健康风险控制技术等。

——工农复合基地废物循环利用技术：重点针对典型工农复合基地，研发农业秸秆便捷处理配套设施，耗能低、寿命长的秸秆固化和炭化生产装备，林业采伐、造材和加工剩余物制备高端材料技术与装备。

（三）垃圾与污泥能源化资源化技术

1. 城市生活垃圾能源化资源化利用技术

（1）发展目标

针对城市生活垃圾（包括餐厨垃圾），重点突破城市垃圾分类回收、均质预处理、有机垃圾厌氧消化、填埋气体提纯与燃气利用、垃圾高效能源转化及二次污染控制等关键技术与装备，形成适合我国城市垃圾特点的能源化资源化利用技术体系。

（2）技术重点

——垃圾生产生物质燃气技术：重点研究城市生活垃圾分类、回收和再利用管理体系，分选与均质预处理技术与装备，复杂物料联合消化及热化学转化技术与装备，粗燃气净化提纯与储存技术，在线监测与自动化控制仪器，发酵废渣废水无害化处理与资源化利用技术等。

——垃圾填埋气体回收利用技术：重点研发垃圾填埋气集中回收与低成本提纯利用技术，垃圾填埋气燃烧热能利用技术，垃圾填埋气高效燃烧发电优化运行技术，垃圾渗透液膜处理与浓缩液处理处置技术等。

——餐厨垃圾资源化技术：重点研发餐厨垃圾源头油水分离与在线监控技术、垃圾杂质分离技术，高效制沼气与提纯净化技术及装备，利用餐厨垃圾生产饲料无害化处理技术与装备，餐厨废油催化制备生物柴油深加工技术与装备。

2. 建筑垃圾资源化利用技术

（1）发展目标

针对废混凝土、废砖瓦、建筑渣土等建筑垃圾，重点突破建筑废物分类与再生、资源化利用，以及再生混凝土高性能化等关键技术，形成适合我国国情的建筑垃圾资源化利用技术体系和产业化平台。

（2）技术重点

——建筑垃圾资源化再生技术：重点研究建（构）筑物的拆除技术、建筑废物的分类与再生骨料处理技术、建筑废物资源化再生关键装备、建筑垃圾资源化再生产品高品质化技术，形成建筑废物资源化再生成套工艺与设备，建立和完善先进的建筑废物回收、再生和利用管理体系。

——建筑垃圾资源化利用技术：重点研究再生混凝土及其制品制备关键技术、再生混凝土及其制品施工关键技术、再生无机料在道路工程中的应用关键技术，以及新型再生建筑材料应用技术，形成有关产品标准、设计及施工规范等。

——再生混凝土高性能化与利用技术：重点研究再生混凝土高性能化制备技术、高性能再生混凝土应用技术；再生混凝土耐久性控制技术、再生混凝土的长期性能等。

3. 污泥处置与资源化技术

（1）发展目标

针对城镇污水处理厂污泥和工业污泥无害化处置与资源化利用，将重点突破污泥低成本干化脱水、高效厌氧消化、生物质能回收、有机质资源化利用、热解能源回收、污泥协同处置等关键技术与装备，形成适合我国国情的污泥资源化技术路线，大幅度提高污泥资源化利用率，合理降低建设运行成本。

（2）技术重点

——污水厂污泥厌氧消化技术：重点研发城镇污泥厌氧消化强化产甲烷定向调控技术，城镇有机废物与污泥协同厌氧消化调控技术与装备，高含固量高效厌氧消化技术与配套设备等。

——污水厂污泥好氧发酵技术：重点研发污泥好氧发酵制肥过程调控技术及工艺优化控制技术，研发污泥高低温热解技术、热解产物高值化控制与资源化利用技术及装备。

——污水厂污泥协同处置技术：重点研发节能高效污泥干化技术与设备，干化污泥高效焚烧技术与装备，干化污泥水泥窑协同处置技术，污泥制陶粒技术及装备，处置过程毒害气体及重金属等污染控制技术等。

——工业污泥资源化技术：重点研发工业污泥制备生物碳、高性能吸附材料等高值利用技术，污泥有毒重金属脱除技术，污泥制备复合轻质建筑材料技术与装备等。

（四）废物资源化全过程控制技术

1. 发展目标

重点突破废物资源化标准和再生产品标识构建技术，城市废旧物资再生资源物联网监测与信息化集成技术，支撑标准覆盖率提高到30%—50%，显著提升废物资源化管理和技术服务能力，实现全过程控制，支撑废物回收网络的完善与优化升级。

2. 技术重点

——废物资源化标准与标识构建技术：重点研发废物资源化标准与再生产品标识分类方法及体系构建技术，资源化技术与装备标准转化技术，资源化产品与再制造产品的质量安全控制与评估技术，资源化技术标准应用效果综合评价技术。

——废物资源化过程监控技术：重点研发废物追溯标识构建技术，废物传感识别技术与设备，基于物联网的城市废物收运系统构建技术，区域废物或副产品交换（交易）信息化技术，废物资源化环境安全评估和风险控制技术。

（五）废物清洁循环利用理论研究

1. 发展目标

重点研究废旧金属再生利用过程理论，废旧机电产品再制造的寿命评价与性能控制理论，工业固废多金属清洁提取与协同利用理论，可燃固体废物能源化高效清洁利用机理，形成废物清洁利用的重大基础理论体系，引领废物资源化重大技术与产品创新。

2. 研发重点

——废旧金属清洁熔炼理论：重点研发废旧金属多组分快速识别原理与分选电磁特性，多金属再生提取定向调控机理，冶炼过程杂质元素影响规律与二次污染控制机理。

——工业固废多金属协同利用理论：重点研究粉煤灰、冶金废渣等固废物相构效关系及调控规律，多金属短流程清洁提取新介质设计和分离原理，重金属及污染元素全过程迁移规律与控制理论。

——可燃固体废物能源化利用机理：重点研究可燃固体废物高值化预处理调质和源头控污机理，热转化过程中二噁英与重金属的全过程排放控制及关键污染物的协同脱除，可燃固体废物高效能源化、产物高值利用机制，以及近零排放系统集成与优化理论。

——废物资源化污染控制理论：重点研究矿物开采—转化加工—消费使用—废物再生的生命周期全过程物质流分析方法，废物资源化全过程经济效益与节能减排效益评价理论，国际废物大循环稳定运行风险识别与污染转移控制理论，废物资源化产品的生态化设计与标准化方法。

（六）创新能力与人才队伍建设

——产业技术创新战略联盟：创新产学研合作机制，统筹推进废物资源化领域产业技术创新联盟建设，完善再生资源产业技术创新战略联盟、城市生物质燃气产业技术创新战略联盟等运行机制，加快重大技术联合攻关，提升废物资源化企业创新发展能力。

——创新团队与领军人才：推动废物资源化领域创新型人才培养基地建设，大力培养青年创新人才和工程技术人员，培养一批废物资源化技术创新团队。

——技术创新服务平台：以废物资源化技术转化和成果应用为重点，建立开放式、多层面、网络化、综合性的废物资源化技术创新服务平台，为推动企业废物资源化的技术创新与产业发展提供技术服务。

——公共检测平台：以产业化技术前期研发与再生产品质量检测及评估服务为重点，推进废物资源化开放式的公共检测平台建设。

五、废物资源化技术示范工程

（一）发展目标

落实专项规划各优先领域的重点任务，充分利用现有支持渠道，优化国家科技资源配置，创新组织管理机制，发挥大型骨干企业优势，联合高校与科研院所，实施100项左右废物资源化技术示范工程，重点突破废旧电子电器产品再制造技术、废旧高分子材料能源化利用技术、冶金固废有价元素协同提取技术、生物质废物制备生物质燃气技术等重大技术，推动技术、装备、产品、人才、基地、市场和管理等融合发展，完善废物资源化技术创新链，有效提高技术创新对废物资源化的支撑引领作用。

（二）重点任务与布局

针对再生资源、工业固废、垃圾与污泥等大宗废物，以科技项目为牵引，开展废物资源化技术研发与产业化集成示范，建立和完善产业技术创新链，形成一批技术创新基地。

——再生资源回收利用技术示范工程：围绕废旧稀贵金属及稀土产品、废旧电子电器与机电产品、废旧高分子材料等大宗社会消费类废弃物，充分利用市场配置作用，发挥专业化企业和园区技术创新的主体作用，重点突破废旧稀土和贵重金属分离提纯利用、废旧特种装备零部件表面检测与尺寸修复等核心技术，开发一批高品质资源化产品。

——大宗工业固废资源化技术示范工程：围绕粉煤灰、工业副产石膏、选冶废渣、工业生物质废物等大宗工业废物，以大型骨干企业为主体，强化产学研结合与多学科融合，注重多产业协同链接，形成工业固废多金属选择性强化分离、工业生物质热解气化等核心技术，推进工业固废清洁化与规模化消纳。

——垃圾与污泥能源化资源化技术示范工程：围绕城市生活垃圾、餐厨垃圾、建筑垃圾、城市污泥等城市固废，发挥政府主导作用，推进废物资源化第三方技术与运营服务，重点突破生物质厌氧消化、生物质燃气利用、残渣无害化处置等核心技术，开发成套设备，推进城市垃圾与污泥处置及能源化利用。

六、实施保障

（一）加强组织领导与协调

落实《循环经济促进法》，组织实施废物资源化科技工程“十二五”专项规划。建立由国家科技主管部门会同联合发布部门组成的废物资源化科技工作协调小组，推进技术创新与产业政策、管理措施的协调，共同推进规划实施。组建由多学科、多领域高层专家参与的国家废物资源化科技创新专家委员会，为规划实施提供战略决策与技术咨询。推动区域废物资源化创新体系建设，鼓励各省（直辖市、自治区）将废物资源化研究纳入省级科技发展规划，将废物资源化列入科技部与有关地方、部门的工作会商议题，协调推进废物资源化技术研发、示范、推广与能力建设。

（二）拓展和创新科技投入机制

实施废物资源化技术示范工程，建立国家废物资源化科技项目库，充分利用现有渠道支持废物资源化相关基础研究、技术研发、工程示范与技改推广等技术创新链的关键环节，提高废物资源化技术支撑水平。加强科技和金融结合，建立企业贷款风险补偿机制，推进知识产权与高新技术企业股权抵押融资工作，充分利用保险工具和科技风险投资支持废物资源化高新技术企业，鼓励支持废物资源化高新技术企业进入多层次资本市场融资。完善废物资源化技术创新产品认定体系，纳入相关鼓励政策范围。

（三）充分发挥企业创新主体作用

转变政府科技服务功能，加快以企业为主体、市场为导向、产学研相结合的技术创新体系建设。支持大型骨干企业牵头承担国家及地方科技项目，引导资金、人才、技术等创新要素向企业聚集，加大鼓励自主创新政策的落实力度，重点扶持专业化企业创新发展。实施“百千科研人员进企业”鼓励科技人才在企业、科研单位之间交流，引导科技人才向企业聚集，推动研发平台、技术转化平台、科技公共服务机构为企业技术创新服务，促进国家重点实验室、工程技术研究中心、检测平台向企业开放，提升企业持续创新能力。

（四）强化管理，提高效率

建立科技项目研究任务和经费使用的第三方监理机制，加强对计划任务目标、时间节点、成果产出的管理和考核，加强对科技项目实施环境效应监测评估，提高管理效率。建立专项规划中期评估与实施成效评估机制，建立科技项目、技术转化与扶持产业化的综合绩效评估机制，推动废物资源化技术创新产业化基地与创新团队建设，统筹项目、人才、基地建设。

（五）健全技术创新服务体系

加强废物资源化重点领域的产业技术创新战略联盟、技术创新服务平台等建设，发挥政府引导作用。支持废物排放控制标准、废物回收机制及废物资源化标准体系研究，编制废物资源化先进技术目录与技术标准目录，推动社会化废物资源化技术评估与转化服务体系建设，加快先进技术推广与产业化应用。

（六）加强国际合作与宣传

广泛开展废物资源化科技合作与交流，将废物资源化科技创新纳入多边、双边国际合作渠道，加大国际科技合作计划等对废物资源化的支持；营造良好的废物资源化国际合作氛围，积极引进、消化和再创新国际先进技术，鼓励和支持国内废物资源化先进技术在国外推广应用，积极稳妥地参与国际废物资源大循环体系建设，促进废物资源化创新跨越发展。

（七）加强科技宣传普及

加强废物资源化科技宣传普及工作，大力宣传废物资源化科技创新先进人物与实践，将国家推动低碳、绿色发展的目标要求，转变为每个公民自觉行动，积极参与废物资源化活动，树立可持续生产与可持续消费的社会风气。

七、废物资源化技术发展路线图

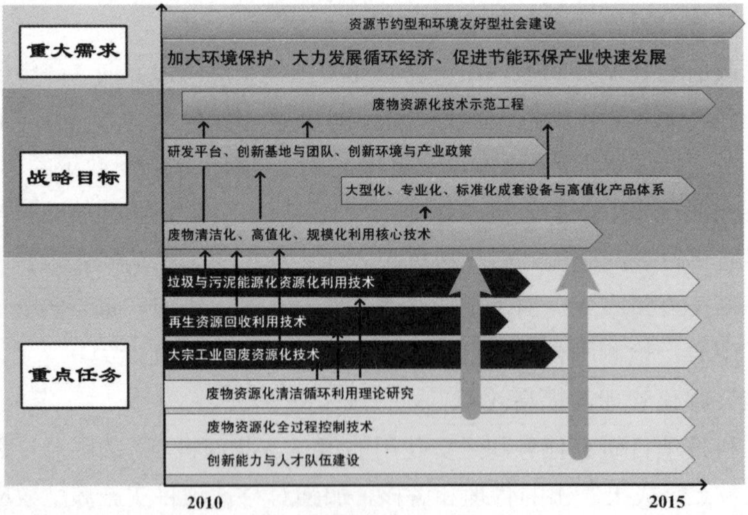

专业名词与术语解释

再生资源：主要指可从中回收钢铁、有色金属、稀贵金属、稀土、塑料、橡胶等再生资源的废旧机电、报废汽车、废旧电子电器产品、报废铅锌电池、废旧高分子产品等社会消费领域废物。

工业固废：主要指排放量大、环境污染重、资源化潜力突出的粉煤灰、煤矸石、氧化铝赤泥、脱硫石膏、钢铁废渣、重金属冶炼废渣、工业生物质废物等工业固体废物。

垃圾与污泥：主要指城市生活垃圾、市政污泥等有机质含量丰富、能源化资源化潜力大的量大面广的生物质废物；同时也包括产生量巨大的建筑垃圾。

再制造技术：废旧机电与电子电器产品再制造是指将淘汰或达到使用寿命的产品零部件利用高新表面工程技术、快速成形技术等先进制造技术改造，使其应用到新产品上去，实现再制造产品质量达到或超过新品。与原生产品制造相比，再制造技术可大幅度节约资源、能源，降低环境污染。

烟化挥发法：属金属火法冶金领域，指将固体冷料连续地投入将熔炼挥发区和烟化挥发区连为一体的烟化炉，空气和煤粉连续进入烟化炉，炉内的物料经烟化炉的熔炼挥发区和烟化挥发区后连续完成熔炼、吹炼、挥发工艺过程。

缺陷和应力无损测评技术：主要指发动机曲轴等关键部件表面和亚表面在长期使用后会出现缺陷、应力集中等，再制造过程需要对缺陷点、应力集中点进行检测与评价，同时不能损坏部件表面，即无损检测技术。

中华人民共和国工业和信息化部
公　告

2012年　第31号

为贯彻落实《中华人民共和国国民经济和社会发展第十二个五年规划纲要》（以下简称国家“十二五”规划纲要）和《全国主体功能区规划》的精神，推动产业合理有序转移，优化工业生产力布局，促进区域协调可持续发展，根据《国务院关于印发工业转型升级规划（2011—2015年）的通知》（国发〔2011〕47号）以及《国务院关于中西部地区承接产业转移的指导意见》（国发〔2010〕28号）要求，工业和信息化部组织制定了《产业转移指导目录（2012年本）》（以下简称《转移目录》）。

《转移目录》结合各地区产业基础、资源禀赋、环境容量和相关生产要素保障条件，通过分类指导，推动各地区积极承接发展特色优势产业。各级工业和信息化主管部门在制定行业发展规划、承接产业转移、推进园区建设等工作中，应围绕《转移目录》提出的方向，积极承接发展特色优势产业，推动产业集聚，形成区域产业竞争优势。有关部门和金融机构在制定财税、投资、规划、土地、环保、信贷以及其他政策时，可根据《转移目录》提出的重点地区和重点产业，在政策上予以重点支持，共同促进区域协调发展。

各省（区、市）工业和信息化主管部门可根据工作需要，在《转移目录》框架下，提出进一步细化落实的政策措施。

《转移目录》自发布之日起实施，由工业和信息化部负责解释。

附件：产业转移指导目录（2012年本）（全文见工业和信息化部网站）

工业和信息化部

2012年7月26日

中华人民共和国工业和信息化部
公 告

2012 年 第 71 号

根据《粘胶纤维行业准入条件》和《粘胶纤维生产企业准入公告管理暂行办法》，经企业申报、省级工业和信息化主管部门核实推荐，行业协会、专家组复核，网上公示等程序，并征得环境保护部同意，确定了符产业转移指导目录（2012 年本）合《粘胶纤维行业准入条件》企业名单（第一批），现予以公告。

附件：符合《粘胶纤维行业准入条件》企业名单（第一批）

2012 年 12 月 31 日

符合《粘胶纤维行业准入条件》企业名单（第一批）

序号	企业名称	所在地区
1	山东海龙股份有限公司	山东省
2	赛得利（江西）化纤有限公司	江西省
3	唐山三友集团兴达化纤有限公司	河北省
4	阜宁澳洋科技有限责任公司	江苏省
5	新乡化纤股份有限公司	河南省
6	山东雅美科技有限公司	山东省
7	浙江富丽达股份有限公司	浙江省
8	龙达（江西）差别化化学纤维有限公司	江西省

续表

序号	企业名称	所在地区
9	宜宾丝丽雅纤维股份有限公司	四川省
10	南京法伯耳纺织有限公司	江苏省
11	兰精（南京）纤维有限公司	江苏省
12	保定天鹅股份有限公司	河北省
13	江苏翔盛粘胶纤维股份有限公司	江苏省
14	山东银鹰化纤有限公司	山东省
15	湖北金环股份有限公司	湖北省
16	吉林化纤股份有限公司	吉林省

关于印发《工业领域应对气候变化行动方案（2012—2020 年）》的通知

工信部联节〔2012〕621 号

各省、自治区、直辖市及计划单列市、新疆生产建设兵团工业和信息化、发展改革、科技、财政主管部门，有关行业协会，相关单位：

为贯彻落实《中华人民共和国国民经济和社会发展第十二个五年规划纲要》、国务院《工业转型升级规划（2011—2015 年）》和《“十二五”控制温室气体排放工作方案》，明确工业领域应对气候变化目标和任务，全面提升应对气候变化能力，推动工业低碳发展，工业和信息化部、发展改革委、科技部、财政部制定了《工业领域应对气候变化行动方案（2012—2020 年）》。各相关部门应按照《国务院关于印发“十二五”控制温室气体排放工作方案的通知》和《国务院办公厅关于印发“十二五”控制温室气体排放工作方案工作部门分工的通知》确定的工作职责积极推进相关工作。现将《工业领域应对气候变化行动方案（2012—2020 年）》印发你们，请结合实际，认真贯彻落实。

工业和信息化部
国家发展和改革委员会
科技部
财政部
2012 年 12 月 31 日

工业领域应对气候变化行动方案（2012—2020 年）

前 言

应对气候变化是当今人类社会面临的严峻挑战。中国作为一个负责任的发展中国家，高度重视气候变化问题，把应对气候变化作为国家经济社会发展的重大战略，提出了到 2020 年我国单位国内生产总值二氧化碳排放比 2005 年下降 40%～45%，并作为约束性指标纳入国民经济和社会发展中长期规划。工业作为应对气候变化的重要领域，为贯彻落实《国民经济和社会发展第十二个五年规划纲要》、国务院《“十二五”工业转型规划》和《“十二五”控制温室气体排放工作方案》，统筹协调工业领域应对气候变化工作，明确应对气候变化的思路、目标和任务，全面提升应对气候变化能力，推动工业低碳发展，促进发展方式转变，特制订《工业领域应对气候变化行动方案（2012—2020 年）》。

一、现状与形势

（一）现状

“十一五”以来，我国工业快速发展，2010 年工业增加值占国内生产总值 40%，工业是国民经济的重要组成部分，是推动经济增长的主要动力。工业也是我国能源消耗及温室气体排放主要领域，2010 年，工业能源消耗达到 21 亿吨标准煤，占全社会总能源消耗的 65%，占全国化石能源燃烧排放二氧化碳的 65%左右。重化工业是工业能源消耗和温室气体排放的重点领域，钢铁、有色金属、建材、石化、化工和电力六大高耗能行业占工业化石能源燃烧二氧化碳的 71%左右。工业温室气体排放除了能源相关的排放之外，工业生产过程温室气体排放也占一定比例，工业生产过程二氧化碳、氧化亚氮、含氟气体等温室气体排放占全国非化石能源燃烧温室气体排放的 60%以上，工业生产过程二氧化碳排放占全国二氧化碳排放的 10%左右。

“十一五”期间，工业领域把应对气候变化与转变工业发展方式相结合，采取多种措施，大力推进节能减排，减少温室气体排放成效显著。

产业结构不断优化。“十一五”期间，大力推进淘汰落后产能，累计淘汰炼铁、炼钢、焦炭、水泥和造纸等落后产能分别为12000万吨、7200万吨、10700万吨、34000万吨和1130万吨。六大高耗能行业增加值占全部工业增加值的比重由2005年的32.7%下降至2010年的30.3%，产业结构不断改善。重点产业生产力布局趋于优化，钢铁、汽车、船舶、水泥等行业集中度明显提高。

工业节能成效显著。“十一五”期间，全国规模以上万元工业增加值能源消耗累计下降超过26%，实现节能量6.3亿吨标准煤，减少二氧化碳排放14.6亿吨。钢铁、有色金属、石化和化工、建材等重点用能行业增加值能源消耗分别下降23.4%、15.1%、35.8%、52%，吨钢、水泥熟料、乙烯、合成氨综合能源消耗分别下降了12.8%、12%、11.6%、14.3%，部分产品单位能耗达到国际先进水平，重点行业先进产能比重明显提高。

资源综合利用和清洁生产水平不断提高。“十一五”期间，单位工业增加值用水量下降36.7%，工业固体废物综合利用率由56%增加到69%。据统计，通过实施清洁生产，2003年至2010年累计消减二氧化硫产生量93.9万吨、化学需氧量245.6万吨，节能约5614万吨标准煤，减少二氧化碳排放1.3亿吨。

节能产品推广应用取得明显成效。“十一五”期间，高效照明产品、节能家用电器、节能汽车、高效电机和新型节能墙材等节能设备和产品得到大力推广。高效节能空调的市场占有率从5%上升到70%以上，行业整体能效水平提高24%，达到世界先进水平。

但仍存在一些突出问题：一是产业结构调整缓慢，工业能源消耗和二氧化碳排放增速过快；二是工业技术装备水平参差不齐，先进与落后并存，能效水平整体上与国外存在较大差距；三是工业应对气候变化管理体制和机制不够健全，政策不够完善；四是工业企业应对气候变化的意识、管理和能力薄弱，企业主体作用和市场机制作用没有充分发挥。

（二）形势

气候变化是当今人类社会面临的重大问题，积极应对气候变化，走低碳发展道路，已经成为国际社会的广泛共识。我国是温室气体排放大国，工业是应对气候变化的重要领域，控制工业领域温室气体排放，发展绿色低碳工业，既是我国应对气候变化的必然要求，也是中国工业可持续发展的必然选择。

从国际看，控制全球温室气体排放总量是大势所趋，全球温室气体排放空间已成为稀缺资源，世界各国在国际谈判中围绕发展权和排放空间的争夺日趋激烈，我们面临严峻的减排压力。同时，绿色低碳发展已成为全球大潮流、大趋势，各主要国家加紧制定和实施绿色低碳发展战略，加快在新能源、新材料、信息、节能环保、生命科学等新兴科技和产业领域的前瞻布局，力图抢占未来产业发展的战略制高点。在全球应对气候变化的背景下，各国围绕市场、资源和技术等方面的竞争更趋激烈，将对我国工业未来发展产生重要影响。

从国内看，一方面，我国正处于工业化、城镇化快速发展阶段。由于城镇化快速发展，基础设施建设、住房建设等对原材料的需求增加，导致高耗能行业仍呈增长趋势，工业能源消耗和温室气体排放必然增加。另一方面，我国能源结构以煤炭和石油等化石能源为主，特别是煤炭消费占能源的比重达70%左右。资源禀赋和能源结构决定了我国工业领域的能源消费也以煤炭为主，单位工业产品的二氧化碳排放量较高，这种状况短期内难以改变。因此，控制工业领域温室气体排放面临巨大挑战。

从工业自身发展来看，我国工业发展方式粗放，过于依赖物质资源和能源的大量投入，污染物排放增长过快，支撑发展付出的资源、环境代价过大。我国虽然是世界第一制造业大国，但制造业总体上处于全球产业价值链中低端，产品资源能源消耗高、附加值低，应对国际市场冲击的能力弱，出口面临巨大压力。我国工业要实现绿色和可持续发展，突破资源能源的瓶颈制约，必须加快转变工业发展方式，走低碳发展道路。

面对当前国内外发展的新形势，我们必须从战略和全局的高度，抓住机遇，积极探索中国特色的工业低碳发展道路，把应对气候变化、推动低碳发展落实到节能减排、提高能源效率上，落实到改造和提升传统产业上，落实到调整和升级产业结构上，落实到提高工业产品的国际竞争力上，努力建设以低碳排放为特征的工业体系，促进工业低碳转型，实现我国工业持续发展和应对气候变化双赢。

二、指导思想、基本原则和主要目标

（一）指导思想

全面贯彻落实科学发展观，牢固树立绿色低碳发展理念，把积极应对气候变化作为推动工业发展方式转变的重要途径，以提高能源资源利用效率、控制工业温室气体排放为目标，以产业结构调整和优化升级为主线，以科技创新和技术进步为支撑，以体制机制创新为保障，强化重点行业、重点企业应对气候变化行动，大力推动低碳技术改造传统产业，发展战略性新兴产业，开展低碳试点示范，加强能力建设，形成政府引导、市场驱动、企业主体的与国情相适应的工业低碳发展机制，为我国应对气候变化战略目标的实现做出贡献。

（二）基本原则

坚持把应对气候变化作为实现工业转型升级的重要着力点。推动产业结构调整和工业转型升级是落实科学发展观的根本要求，要把应对气候变化作为推动工业转型升级的历史机遇和倒逼机制，适应全球低碳发展的趋势与要求，加快淘汰落后产能，发展战略性新兴产业，改造传统产业，着力提升工业整体素质和国际竞争力，促使产业结构向低消耗、高效益方向转变，构建以低碳排放为特征的工业体系。

坚持把提高能源利用效率作为应对气候变化的中心任务。工业领域温室气体排放主要源自化石能源消耗，控制温室气体排放的重点在节能，潜力和成本优势也在节能。工业领域应对气候变化要以提高能效为核心，优化用能结构，大力提升工业能效水平，降低工业能源强度和温室气体排放强度。

坚持把技术进步作为应对气候变化的重要支撑。低碳技术创新和推广应用是工业应对气候变化和产业转型升级的重要手段。要着力推动低碳技术创新，提高核心技术和关键技术水平，加强先进适用低碳技术的推广应用，引导企业把低碳技术改造同产品升级结合起来，利用新技术、新工艺、新设备、新材料改造提升传统产业，提升工业整体技术水平。

坚持把体制机制创新作为应对气候变化的重要保障。体制机制创新是我国工业低碳发展的关键保障因素，要制定和落实控制温室气体排放的目标机制，完善政策体系，健全激励和约束机制，充分发挥企业主体作用和市场机制作用，引导和激励企业走低碳发展道路。

（三）主要目标

到2015年，全面落实国家温室气体排放控制目标，单位工业增加值二氧化碳排放量比2010年下降21%以上，钢铁、有色金属、石化、化工、建材、机械、轻工、纺织、电子信息等重点行业单位工业增加值二氧化碳排放量分别比2010年下降18%、18%、18%、17%、18%、22%、20%、20%、18%以上，主要工业品单位二氧化碳排放量稳步下降，工业碳生产力大幅提高。工业过程二氧化碳和氧化亚氮、氢氟碳化物、全氟化碳、六氟化硫等温室气体排放得到有效控制。产业结构进一步优化，战略性新兴产业快速发展，建设一批低碳产业示范园区和低碳工业示范企业，推广一批具有重大减排潜力的低碳技术和产品。重点用能企业温室气体排放计量监测体系基本建立，工业应对气候变化的体制机制与政策进一步完善。

到2020年，单位工业增加值二氧化碳排放量比2005年下降50%左右，基本形成以低碳排放为特征的工业体系。

三、主要任务

（一）积极构建以低碳排放为特征的工业体系

以提高碳生产率为目标，调整优化产业结构和用能结构，强化从生产源头、生产过程到产品的碳排放管理，形成低能耗、低污染、低排放的工业体系，促进工业低碳发展。

加快调整优化产业结构，严格控制高耗能产业过快增长。加强能耗、环保等指标约束作用，探索利用强制性物耗标准、清洁生产水平作为落后产能界定依据，加大淘汰落后产能力度。进一步提高高耗能、高排放行业准入门槛。促进信息化和工业化深度融合，大力培育发展高端装备制造、新一代信息技术、节能环保、新能源汽车等战略性新兴产业，大力发展生产性服务业。积极推动以产业链为纽带、产业资源要素集聚的产业集群建设，提高产业集中度。

大力发展循环经济，推进工业清洁生产。以工业园区、产业集聚区为重点，开发应用源头减量、循环利用、再制造、零排放技术，通过上下游产业优化整合，实现资源集约利用、废物交换利用、废水循环利用、能量梯级利用，构筑链接循环的产业链条。以高能耗、高排放、污染重和资源消耗型行业为重点，集中力量开发一批重大关键共性清洁生产工艺技术和绿色环保原材料（产品），加快建立清洁生产方式，推动工业转型升级。

（二）大力提升工业能效水平

围绕工业生产源头、过程和产品三个重点，实施工业能效提升计划，推动重点节能技术、设备和产品的推广和应用，提高工业能效利用水平。以钢铁、建材、石化和化工、有色等高耗能行业为重点，加强对行业节能减碳的政策指导和规划引导，加快工业节能标准制定，强化重点用能企业节能管理，鼓励工业企业建立能源管理体系，鼓励重化工业延伸产业链，降低单位工业增加值能源消耗。

组织实施工业锅炉窑炉节能改造、内燃机系统节能、电机系统节能改造、余热余压回收利用、热电联产、工业副产煤气回收利用、企业能源管控中心建设、两化融合促进节能减排、节能产业培育等 9 大重点节能工程，提高企业能源利用效率。健全节能市场化机制，完善能效标识、节能产品认证和节能产品政府强制采购制度，加快节能服务业发展，加快推行合同能源管理和电力需求侧管理。

（三）控制工业过程温室气体排放

通过原料替代、改善生产工艺、改进设备使用等措施减少工业过程温室气体排放。推广利用电石渣、造纸污泥、脱硫石膏、粉煤灰、矿渣等固体工业废渣和火山灰等非碳酸盐原料生产水泥，加快发展新型低碳水泥，鼓励采用电炉炼钢—热轧短流程生产工艺，推广有色金属冶炼短流程生产工艺技术，改进电石、石灰生产工艺，减少生产过程二氧化碳排放。改进化肥、己二酸、硝酸、己内酰胺等行业的生产工艺，采用控排技术，减少工业生产过程氧化亚氮的排放。实施高温室效应潜能值气体替代，通过采用合理防护性气体、创新操作工艺、开展替代品研发、改进设备使用等措施，大幅度降低工业生产过程含氟气体排放。

（四）加快工业低碳技术开发和推广应用

以先进适用技术和关键共性技术为重点，制定重大低碳技术推广实施方案，促进先进适用低碳新技术、新工艺、新设备和新材料的推广应用，带动重点行业碳排放强度大幅度下降。加快推动新一代核能、太阳能、风能、生物质能等能源装备技术的研发与制造，增加工业生产中可再生能源的利用，改善工业用能结构。加快传统生产设备的大型化、数字化、智能化、网络化改造，推进以低碳技术为核心的企业技术改造。推动建立以企业为主体、产学研相结合的技术创新体系，推动建立以市场为导向、多种形式相结合的低碳技术与装备产业联盟。

鼓励重点行业推广应用低碳技术，包括：钢铁工业的煤粉催化强化燃烧、余热、余能等二次能源回收利用等减排关键技术；有色金属工业的高效节能采选设备、冶炼过程中节能降耗的控制与优化技术等；石油与化工工业中的二氧化碳回收与利用技术、新型化工过程强化技术、工业排放气高效利用技术等；

建材工业中碳排放减缓技术和装备、低碳排放的凝胶材料等；先进制造工业的低能耗低排放制造工艺及装备技术、制造系统的资源循环利用关键技术等。

（五）促进低碳工业产品生产和消费

完善主要耗能产品能耗限额和产品能效标准，加大高效节能家电、汽车、电机、照明产品等推广力度。推动实施低碳产品标准、标识和认证制度，加快低碳工业标识标准体系建设，优先选择使用量大、普及面广的终端消费产品开展低碳产品标识试点，促进企业开发低碳产品，加快向低碳生产模式转变。采取综合性调控措施，抑制高消耗、高排放产品市场需求，鼓励企业采购绿色低碳产品，刺激低碳产品需求，提高低碳产品社会认知度，倡导低碳消费。

四、重点工程

以实施六大重点工程为抓手，提高工业单位碳排放生产效率，提升碳管理水平，有效控制工业温室气体排放。

（一）工业重大低碳技术示范工程

在钢铁、建材、有色、石化和化工等重点行业，选择一批减排潜力大、成熟度高、先进适用的重大低碳技术示范推广，推进传统产业的工艺和装备改进，带动工业行业碳排放强度大幅度下降。以新能源装备制造、新能源汽车等高端装备制造业为重点，选择一批市场前景广阔、对产业发展具有深远影响的关键与核心技术试点示范，培育战略性新兴产业发展。

（二）工业过程温室气体排放控制示范工程

以控制工业过程二氧化碳、氧化亚氮、氢氟碳化物、全氟化碳、六氟化硫等温室气体排放为目标，以水泥、钢铁、石灰、电石、己二酸、硝酸、化肥、制冷剂生产等为重点，推广示范一批原料替代、生产工艺改善、设备使用改进等温室气体排放控制技术，提高排放控制水平。

（三）高排放工业产品替代示范工程

在水泥、钢铁、化肥、石灰、电石等高排放产品中，选择具有重要推广价值的替代产品或工艺进行推广示范，引导使用新型低碳水泥替代传统水泥、新型钢铁材料或可再生材料替代传统钢材、有机肥或缓释肥产品替代传统化肥，减少高排放产品消费，减少温室气体排放量。

（四）工业碳捕集、利用与封存示范工程

在化工、水泥、钢铁等行业中实施碳捕集、利用与封存一体化示范工程，加快推进拥有自主知识产权的碳捕集与封存技术的示范应用，研发二氧化碳资源化利用的技术和方法，探索适合我国国情的碳捕集、利用与封存技术路线图，不断加强工业碳捕集、利用与封存能力建设。

（五）低碳产业园区建设试点示范工程

选择一批基础好、有特色、代表性强、依法设立的工业产业园区，纳入国家低碳产业试验园区试点，开展工业领域低碳产业园区试点示范。通过低碳产业园区试点建设，加快钢铁、建材、有色、石化和化工等重点用能行业低碳化改造，积聚一批低碳型战略性新兴产业，推广一批适合我国国情的产业园区低碳管理模式，试点园区碳排放强度达到国内行业先进水平，引导和带动工业低碳发展。“十二五”期间，在工业领域力争培育和形成80个国家低碳产业示范园区。

（六）低碳企业试点示范工程

在钢铁、有色、建材、石化和化工、装备制造等重点行业，选择一批在本行业技术领先、有较大影响、减排潜力大的工业企业开展低碳企业试点示范工程。通过低碳工业企业试点示范，培育行业低碳标杆企业，建立低碳企业评价标准、指标体系和激励约束机制，引导工业企业自愿减排。“十二五”期间培育500家示范企业。

五、保障措施

（一）建立健全工业应对气候变化管理体制

各级工业和信息化主管部门，应加强应对气候变化的组织领导，制定工业应对气候变化工作方案，建立有效的工作管理机制。把应对气候变化、推动工业低碳发展作为编制工业行业发展规划、专项规划、区域规划的重要内容，将碳排放下降指标纳入各类规划计划中。加强应对气候变化工作与工业节能、资源综合利用、清洁生产等工作的协调配合，发挥协同效应。

（二）完善工业应对气候变化政策法规

把控制工业温室气体排放和促进工业低碳发展作为制定产业政策的重要目标和主要内容，健全促进低碳发展相关产业政策落实的保障措施。对高消耗、高污染行业制定更为严格的节能低碳准入标准，制订高能耗工业产品能耗限额强制性、超前性国家行业标准。加强财税、金融等政策支持，加大财政资金支持力度，积极探索绿色信贷融资等新模式，引导企业进行设备引进、改造升级以及产业链整合。积极应对低碳贸易障碍，进一步调整进出口贸易政策，鼓励低碳工业产品出口。

（三）建立工业温室气体排放监测体系

完善现有工业企业能源统计报表制度，明确不同用途能源消费量，建立温室气体排放数据信息系统，加强工业企业温室气体排放管理。建立重点用能企业温室气体排放定期报告制度，重点用能企业在编制能源利用状况报告基础上，加强收集、整理、汇总温室气体排放数据，分析温室气体排放状况。建立工业温室气体排放监测体系，分步推进国家、省、市（县）三级工业温室气体排放监测体系建设。

（四）建立工业碳排放评价标准体系

充分借鉴国际研究成果，加快研究建立符合我国工业发展水平的碳排放测算体系，构建工业产品碳排放评价数据库。研究制订粗钢、水泥、烧碱、铝等高耗能产品的碳排放强制性标准，加紧制订重点用能企业碳排放评价通则，指导和规范企业降低排放。研究制订低碳工业产品标准，推动实施低碳工业产品认证和碳标识。

（五）建立健全促进工业低碳发展的市场机制

以政府为主导，以企业为主体，完善工业应对气候变化的市场机制，发挥碳价格的市场信号和激励作用，降低控制温室气体排放成本。探索建立碳排放自愿协议制度，在钢铁、建材等行业开展减碳自愿协议试点工作，制定减碳自愿协议管理办法和奖励措施，推动企业开展自愿减排行动。推动实施《温室气体自愿减排交易管理暂行办法》，鼓励工业企业参与自愿减排交易，支持钢铁、水泥、石化、化工等行业重点企业开展碳排放交易试点，为建立全国碳交易市场打好基础。

（六）加强工业应对气候变化宣传培训和国际合作

利用多种形式和手段，进行应对气候变化科学知识的普及和宣传，倡导低碳生产方式和消费模式。积极开展工业领域应对气候变化专题培训，加强人才培养，增强企业低碳发展的意识和能力。积极拓展应对气候变化国际合作渠道，建立资金、技术转让和人才引进等机制，构建国际合作平台，有效消化、吸收国外先进的低碳技术，增强工业应对气候变化能力。

关于印发《循环经济发展专项资金管理暂行办法》的通知

财建〔2012〕616号

各省、自治区、直辖市、计划单列市财政厅（局）、发展改革委（经贸委、经信委、工信厅）：

为规范循环经济发展专项资金管理，提高财政资金使用效益，根据《中华人民共和国循环经济促进法》、《中华人民共和国预算法》等法律法规，财政部、国家发展改革委联合制定了《循环经济发展专项资金管理暂行办法》。现予印发，请遵照执行。

附件：循环经济发展专项资金管理暂行办法

财政部　国家发展改革委

2012年7月20日

附件：

循环经济发展专项资金管理暂行办法

第一章　总　则

第一条　为规范循环经济发展专项资金管理，提高财政资金使用效益，根据《中华人民共和国循环经济促进法》、《中华人民共和国预算法》等法律法规，制定本办法。

第二条　本办法所称循环经济发展专项资金（以下简称专项资金），是指为促进循环经济发展，提高资源利用效率，保护和改善环境，实现可持续发展，由中央财政预算安排的，专项用于支持循环经济重点工程和项目的实施、循环经济技术和产品的示范与推广、循环经济基础能力建设等方面的财政专项资金。

第三条　专项资金由财政部会同国务院循环经济发展综合管理等有关主管部门按照职责分工共同管理，各司其职，各负其责。

第二章　专项资金使用安排原则

第四条　专项资金的使用和安排应当坚持以下原则：

（一）坚持充分发挥市场基础性作用与政府引导相结合。尊重市场经济规律，通过引导、示范、培育市场等方式，调动全社会的积极性。

（二）坚持创新财政资金支持方式。找准循环经济发展薄弱环节和突出问题，并根据每个环节的特点，分别采取不同的支持方式。

（三）坚持集中财力，重点突破。通过机制创新，将专项资金的使用和其他专项资金衔接起来，发挥财政资金合力作用。

（四）坚持“科学、公开、公正”，并接受社会监督。

第三章　专项资金支持范围

第五条　专项资金支持的重点工作和范围包括：

（一）国家“城市矿产”示范基地建设。本办法所称“城市矿产”是指工业化和城镇化过程中产生和蕴藏在废旧机电设备、电线电缆、通信工具、汽车、家电、电子产品、金属和塑料包装物以及废料中，可循环利用的钢铁、有色金属、稀贵金属、塑料、橡胶、玻璃等资源，其利用量相当于原生矿产资源。

1．示范基地的“城市矿产”资源新增加工处理能力（含改造）建设。

2．示范基地内的基础设施和公共服务平台建设。

3．示范基地“城市矿产”资源回收体系建设。

（二）餐厨废弃物资源化利用和无害化处理。

1．餐厨废弃物收运体系建设。

2．资源化利用和无害化处理项目建设。

3．能力建设。包括电子信息管理平台、监测系统等。

（三）园区循环化改造示范。

1．循环化改造的关键补链项目构建。

2．公共服务设施建设。

（四）再制造。本办法所称再制造是指对废旧汽车零部件、工程机械、机床等进行专业化修复的批量化生产过程，再制造产品达到与原有产品相同的质量和性能。

重点支持可再制造技术进步、旧件回收体系建设、再制造产品推广及产业化发展等。

（五）清洁生产技术示范推广。

1．技术推广应用。重点支持能够显著提升企业清洁生产水平的成熟、先进、适用清洁生产技术的推广应用。

2．技术应用示范。重点支持对行业整体清洁生产水平影响较大，具有推广应用前景，但尚未实现突破的共性、关键技术应用示范。

（六）循环经济（含清洁生产，下同）基础能力建设。

1．循环经济法规、规划及政策研究。

2．循环经济相关标准制定、目录编制。

3．循环经济发展宣传教育、组织动员等。

4．循环经济管理信息系统建设。

5．循环经济发展综合评价与统计体系和规划、方案、项目评审及考核、验收等。

（七）国务院循环经济发展综合管理部门、财政部协商确定的其他重点工作。

第六条 对中央基建投资、中央财政节能减排专项资金等已支持的重点工作（工程）或项目，专项资金不再予以支持。

第四章 专项资金的支持方式

第七条 对循环经济的重点工作，专项资金采取不同的方式予以支持。

第八条 支持国家“城市矿产”示范基地建设的专项资金，采取预拨与清算相结合的综合财政补助方式。

（一）地方政府根据国家发展改革委、财政部要求，以及当地“城市矿产”资源情况提出示范基地建设方案（实施期原则上不超过5年）。

（二）国家发展改革委、财政部按规定对地方政府提出的方案进行论证并批复。对已批复的方案，地方政府与两部委签订承诺书并具体组织实施。

（三）财政部、国家发展改革委根据方案，以新增“城市矿产”资源集聚利用量为依据，并参考再生资源利用成本及市场售价测算核定补助资金，总额不超过新增投资额的一定比例。补助资金由地方政府按照国家发展改革委、财政部批复的有关实施方案统筹使用，专项用于“城市矿产”示范基地建设，资金使用方案及其调整情况需报两部委备案。

（四）承诺书签订后，中央财政按补助资金的50%拨付启动资金，5年内再生资源利用量已超过建设方案中设定目标90%以上的，由地方政府提出考核和余款拨付申请，国家发展改革委、财政部组织考核，考核合格的拨付余款；不合格的不予拨付余款并扣回部分已拨付补助资金。3年内工作无实质进展的，将已拨付补助资金全部扣回。

第九条 支持餐厨废弃物资源化利用和无害化处理、园区循环化改造示范的专项资金，支持方式比照国家“城市矿产”示范基地支持方式执行。具体实施方案由国家发展改革委、财政部另行制定。

第十条 支持再制造的专项资金，在构建完善质量保证体系的前提下，主要采取补贴的方式支持旧件回收及再制造产品的推广及产业化发展。具体实施方案由国家发展改革委、财政部另行制定。

第十一条 支持清洁生产技术示范推广的专项资金，对于成熟的先进、适用清洁生产技术，在组织专家论证的基础上，通过政府购买技术的形式，在全行业免费推广。过渡期内，对中西部地区的企业或部分重点企业采用成熟先进的清洁生产技术进行的改造可给予适当奖励。

对于未实现突破的重大共性、关键性技术进行应用示范，并按照项目投资额的一定比例予以补助，应用示范项目成功后可按项目投资额一定倍数进行政府购买，并免费在全行业推广。

具体实施方案由国务院财政部门、清洁生产综合协调部门会同国务院有关部门另行制定。

第十二条 支持循环经济基础能力建设的专项资金，按照部门预算管理规定，纳入国务院有关部门的部门预算。

第十三条 其他重点工作的资金支持方式由财政部会同国务院循环经济发展综合管理等有关主管部门另行确定。

第五章　监督管理

第十四条 财政部会同国务院循环经济发展综合管理等有关主管部门按照职责分工对专项资金使用情况实施监督检查、追踪问效，对专项资金使用管理情况实施专项核查。对达不到要求的，责令限期整改，经整改仍达不到要求的，扣回已拨付资金。

第十五条 相关单位及省级财政部门、循环经济发展综合管理等有关部门对申报材料的合法性、真实性负责，并应加强对本单位、本地区专项资金使用和项目实施情况的监督检查。

第十六条 专项资金应当坚持专款专用，任何单位和个人不得以任何形式、任何理由截留、挤占和挪用。违反本办法规定的，国务院财政部门会同循环经济发展综合管理等有关主管部门将视情节分别给予通报批评、取消申报资格、停止资金拨付或收回已拨付补助资金，并按照《财政违法行为 处罚处分条例》（国务院令第 427 号）规定对有关单位和个人予以处罚。

第六章　附　则

第十七条　本办法由财政部、国家发展改革委负责解释。

第十八条　本办法自2012年9月1日施行。

关于印发《工业转型升级资金管理暂行办法》的通知

财建〔2012〕567号

各省、自治区、直辖市、计划单列市财政厅（局）、工业和信息化主管部门，新疆生产建设兵团财务局、工业和信息化主管部门：

为支持工业转型升级，我们在整合电子信息产业发展基金、集成电路产业研究与开发专项资金等专项的基础上，设立了工业转型升级资金。为规范工业转型升级资金的管理和使用，提高资金使用效益，财政部、工业和信息化部制定了《工业转型升级资金管理暂行办法》，现予印发，请遵照执行。

附件：工业转型升级资金管理暂行办法

财政部　工业和信息化部

2012年8月3日

附件：

工业转型升级资金管理暂行办法

第一章　总　则

第一条　为规范工业转型升级资金的管理和使用，提高资金使用效益，根据《中华人民共和国预算法》和国家有关法律法规的规定，制定本办法。

第二条　本办法所称工业转型升级资金是指中央财政安排的，用于支持转变工业发展方式、促进工业结构优化升级的资金。

第三条　工业转型升级资金由工业和信息化部、财政部按职责分工共同管理。

第二章　使用安排原则

第四条　工业转型升级资金的使用和安排应当坚持以下原则：

（一）统筹协调，集中财力，重点突破。通过协商机制，加强对工业转型升级资金的统筹管理，集中资金支持薄弱环节，并将工业转型升级资金的使用与其他相关资金相衔接，形成合力。

（二）市场基础性作用与政府引导相结合。尊重市场经济规律，通过体制机制创新，调动全社会的积极性，共同推进工业转型升级。

（三）创新财政资金支持方式。针对工业转型升级目前存在的薄弱环节和突出问题，并根据每个环节的特点，创新财政资金的支持方式，充分发挥财政资金使用效益。

（四）“科学、公开、公正”，并接受社会监督。

第三章　支持范围

第五条　工业转型升级资金支持范围包括：

（一）公共服务平台建设。支持符合国家宏观经济政策、产业政策和区域发展政策，为工业行业、领域或区域提供研发设计、检验检测、试验验证和质量认证服务、信息服务，以及提高资源综合利用水平等的公共服务平台建设。

（二）信息化和工业化深度融合。支持企业信息化综合集成创新、产品信息化和服务型制造、面向产业服务和行业管理的信息化服务等项目。

（三）提升工业产品质量及加强自主品牌培育。支持质量保障和安全管理体系建设、关键共性质量问题攻关、工业产品质量控制和技术评价能力建设、工业企业自主品牌培育等。

（四）工业领域自主创新。支持软件、集成电路产业，以及计算机、通信、网络、数字视听、测试仪器和专用设备、电子基础产品等电子信息产业核心领域技术与产品研究开发、产业化和加大电子信息技术推广应用。

（五）工业企业知识产权能力培养。支持工业企业知识产权创造与运用能力培育、产业知识产权风险评估与预警、工业行业知识产权综合数据服务平台建设等。

（六）中药材扶持。支持规范化、规模化、产业化中药材生产基地建设，中药材生产技术服务平台、生产信息服务平台、供应保障平台建设等。

（七）行业标准体系建设。支持工业和通信业行业标准制修订和复审、国际标准研制、行业标准管理。

（八）中小企业服务体系建设。支持各类社会服务机构为中小企业发展构建具有平台式公共服务功能的服务体系。

（九）工业和信息化部商财政部确定的工业转型升级的其他领域。

第四章　资金管理及项目申报审核程序

第六条　由工业和信息化部直接承担的工业转型升级任务，所需资金编入工业和信息化部部门预算，按照部门预算及相关规定执行。

第七条　由地方承担的工业转型升级项目，所需资金在中央对地方转移支付预算中安排。按本办法第九条至第十三条的规定办理。

第八条　工业和信息化部商财政部每年下半年发布工业转型升级资金下一年度项目申报指南。

第九条　省级（含计划单列市）工业和信息化主管部门负责按照本办法规定和项目申报指南要求将本地区符合条件的项目报工业和信息化部。

第十条 工业和信息化部组织专家对申报材料进行评审论证。

第十一条 工业和信息化部根据专家评审意见提出工业转型升级资金安排建议，报财政部批复。

第十二条 财政部根据工业和信息化部申报情况，结合年度预算安排，在与其他相关专项资金“对表”后，批复年度工业转型升级资金分配方案。

第十三条 项目单位收到工业转型升级资金后，按国家有关规定进行财务会计处理，规范资金使用。

第五章 监督和检查

第十四条 工业和信息化部会同财政部对工业转型升级资金的使用情况和项目的执行情况实施监督和检查。

第十五条 工业转型升级资金必须专款专用，严禁截留、挤占和挪用。对违反本办法规定的，除将工业转型升级资金全额收回外，按照《财政违法行为处罚处分条例》（国务院令第427号）等有关法律法规追究有关单位和人员的责任。

第十六条 对弄虚作假、骗取、套取工业转型升级资金的项目单位，财政部将扣回工业转型升级资金，并由工业和信息化部责令地方有关部门进行整改，同时该项目单位三年内不得申报工业转型升级资金。

第六章 附 则

第十七条 本办法由财政部、工业和信息化部负责解释。

第十八条 本办法自2012年8月10日起实施。

关于印发《战略性新兴产业发展专项资金管理暂行办法》的通知

财建〔2012〕1111 号

国务院有关部委、有关直属机构，各省、自治区、直辖市、计划单列市财政厅（局）、发展改革委，有关中央管理企业：

为规范战略性新兴产业发展专项资金管理，提高财政资金使用效益，根据《中华人民共和国预算法》等法律法规以及《国务院关于加快培育和发展战略性新兴产业的决定》（国发〔2010〕32 号）、《“十二五”国家战略性新兴产业发展规划》（国发〔2012〕28 号）等文件规定，财政部、国家发展改革委联合制定了《战略性新兴产业发展专项资金管理暂行办法》。现予印发，请遵照执行。

附件：战略性新兴产业发展专项资金管理暂行办法

财政部　国家发展改革委

2012 年 12 月 31 日

附件：

战略性新兴产业发展专项资金管理暂行办法

第一章　总　则

第一条　为了规范战略性新兴产业发展专项资金管理，提高资金使用效益，根据《国务院关于加快培育和发展战略性新兴产业的决定》（国发〔2010〕32 号，以下简称《决定》）和《“十二五”国家战略性新兴产业发展规划》（国发〔2012〕28 号，以下简称《规划》）以及预算管理规定，制定本办法。

第二条　本办法所称战略性新兴产业发展专项资金（以下简称专项资金），是指中央财政预算安排，用于支持战略性新兴产业重大关键技术突破、产业创新发展、重大应用示范以及区域集聚发展等工作的专项资金。

第三条　专项资金由财政部、国家发展改革委会同国务院有关部门根据职责分工共同管理，各司其职、各负其责。

第二章　资金使用安排原则

第四条　专项资金的使用和安排应当坚持以下原则：

（一）市场主导，政府推动。尊重市场经济规律，充分发挥市场基础性作用，调动企业主体的积极性，针对战略性新兴产业发展中的薄弱环节和关键瓶颈制约，政府适当给予扶持和引导，营造良好环境，激发创新活力。

（二）集中资金，扶持重点。围绕战略性新兴产业规划明确的重大工程、重点发展方向，选择战略性新兴产业的重点领域和关键环节，集中资金，综合扶持，促进重大关键技术突破和产业化，引导产业链协同创新和区域集聚发展，鼓励创新资源密集区域率先实现创新驱动发展。

（三）区别对象，创新方式。根据战略性新兴产业特点及阶段性特征，针对不同对象、不同阶段、不同问题，创新体制机制和支持方式，并做好与其他财政政策、金融政策、产业政策等的协调配合，促进战略性新兴产业发展。

第三章　资金支持范围

第五条　专项资金支持范围主要包括：

（一）支持新兴产业创业投资计划。采取中央财政资金与地方财政资金、社会资金参股，共同发起设立或增资现有创业投资基金等方式，支持具备原始创新、集成创新或消化吸收再创新属性、且处于初创期、早中期的创新型企业发展。

（二）支持产学研协同创新。选择受关键技术严重制约，关联性、基础性、公益性强的产业或技术，支持行业骨干企业整合产业链创新资源，加强产学研联合攻关、新一代技术储备、专利池集聚等，推动企业与高等学校、科研院所等构建技术创新联盟，提高协同创新能力，带动全产业链发展。

（三）支持技术创新平台。围绕战略性新兴产业重点领域，针对行业或技术领域特点，依托产业链优势单位联合相关科研机构、企业及投资者，建立涵盖全产业链的开放性技术创新平台，加强重大共性关键技术研发及产业化。

（四）支持区域集聚发展。选择技术路径清晰、产业发展方向明确、相关配套不完整或市场需求不足的产业或技术，支持地方政府加强资源统筹配置，引导上、中、下游相关产业自主跟进，推动创新要素向区域特色产业集聚，培育一批具有国际竞争力的产业集群。

（五）财政部、国家发展改革委会同有关部门根据《决定》和《规划》要求，以及行业或产业发展需要确定的其他战略性新兴产业重点工作。

第六条　对已通过中央基建投资、节能减排专项资金、可再生能源专项资金等中央财政资金支持的重点工作、工程或项目，专项资金原则上不再予以支持。

第四章　资金支持方式

第七条　专项资金一般采取拨款补助、参股创业投资基金等支持方式，并根据国际国内战略性新兴产业发展形势进行适当调整。

第八条　参股设立新兴产业创业投资基金的管理程序、资金拨付等按照《新兴产业创投计划参股创业投资基金管理暂行办法》（财建〔2011〕668 号）执行。

第五章　资金申报、审核与拨付

第九条　根据国民经济和社会发展需要、国家战略性新兴产业发展规划以及相关文件等要求，国家发展改革委等有关部门会同财政部制发申报指南，或确定试点示范的区域或承担单位。

第十条　符合条件的单位或地方按照申报指南要求编制实施方案并提出资金申请。对采取分年支持的，财政部、国家发展改革委及有关部门组织专家对以前年度实施情况考核后，确定后续资金支持方案。

第十一条　国家发展改革委等有关部门会同财政部组织专家对各单位或地方编制的实施方案进行评审，并根据专家评审情况予以批复。

第十二条　专项资金由财政部根据有关规定审核下达。

第六章　监督管理

第十三条　财政部会同国家发展改革委等有关部门按照职责分工对专项资金使用情况实施定期或不定期监督检查、追踪问效，组织有关机构对专项开展专项核查。

第十四条　中央有关部门和中央企业集团应加强对本部门、本单位专项资金使用和实施情况的监督考核；省级财政、发展改革等有关部门要加强专项资金的绩效评价，强化绩效目标考核，切实提高专项资金使用效益，确保实现政策目标。

第十五条　专项资金应当专款专用，任何单位和个人不得截留、挤占或挪用。违反本办法规定的，按照《财政违法行为处罚处分条例》（国务院令第427号）规定进行处理。

第七章　附　则

第十六条　本办法由财政部、国家发展改革委负责解释。

第十七条　本办法自印发之日起实施。

关于氨纶反倾销措施期终复审裁决的公告

商务部公告 2012 年第 62 号

2006 年 10 月 13 日，商务部发布年度第 74 号公告，决定对原产于日本、新加坡、韩国、台湾地区和美国的进口氨纶征收反倾销税，实施期限自 2006 年 10 月 13 日起 5 年。

2008 年 5 月 22 日，商务部发布年度第 39 号公告，决定自 2008 年 5 月 23 日起，由韩国 TK 化学株式会社（TK Chemical Corporation）继承东国贸易公司（Tongkook Corporation）所适用的 2.86%的反倾销税税率。

2008 年 9 月 19 日，商务部发布年度第 68 号公告，决定自 2008 年 9 月 22 日起，英威达（新加坡）的英文名称由 INVISTA （Singapore） Fibres Pte. Ltd. 改为 INVISTA SINGAPORE FIBRES PTE. LTD.。

2010 年 2 月 4 日，商务部发布年度第 6 号公告，决定自 2008 年 2 月 5 日起，由日本 Toray Opelontex 公司（Toray Opelontex Co., Ltd）继承日本 OPELONTEX 公司所适用的 12.87%的反倾销税税率。

2011 年 10 月 13 日，商务部发布年度第 58 公告，决定对原产于日本、新加坡、韩国、台湾地区和美国的进口氨纶所适用的反倾销措施进行期终复审调查。

复审产品范围是原反倾销措施所适用的产品，与商务部 2006 年第 74 号公告中的产品范围一致，该产品归在《中华人民共和国进出口税则》（2012 年版）税则号：54024410、54024990 和 54026920。

商务部对如果终止原反倾销措施，导致倾销和损害继续或再度发生的可能性进行了调查，并根据调查结果向国务院关税税则委员会提出维持原反倾销措施的建议。

根据《中华人民共和国反倾销条例》第五十条及国务院关税税则委员会的决定，现将有关事项公告如下：

一、裁定

商务部裁定，如果终止原反倾销措施，原产于日本、新加坡、韩国、台湾地区和美国的进口氨纶对中国大陆的倾销有可能继续或再度发生。如果终止原反倾销措施，原产于日本、新加坡、韩国、台湾地区和美国的进口氨纶对中国大陆产业造成的损害有可能再度发生。

二、反倾销措施

自2012年10月13日起，按照商务部2006年第74号公告、2008年第39号公告、2008年第68号公告、2010年第6号公告公布的征税范围和反倾销税税率征收反倾销税，实施期限5年。

三、征收反倾销税的方法

自2012年10月13日起，进口经营者在进口原产于日本、新加坡、韩国、台湾地区和美国的进口氨纶时，应向中华人民共和国海关缴纳相应的反倾销税。反倾销税以海关审定的完税价格从价计征，计算公式为：反倾销税税额＝海关完税价格×反倾销税税率。进口环节增值税以海关审定的完税价格加上关税和反倾销税作为计税价格从价计征。

四、行政复议和行政诉讼

根据《中华人民共和国反倾销条例》第五十三条，对本复审决定不服的，可以申请行政复议，也可以向人民法院提起诉讼。

五、本公告自2012年10月13日起执行。

附件：商务部关于原产于日本、新加坡、韩国、台湾地区和美国的进口氨纶所适用的反倾销措施的期终复审裁定 （全文见商务部网站）

中华人民共和国商务部

2012年10月12日

关于发布《2012 年国家先进污染防治示范技术名录》和《2012 年国家鼓励发展的环境保护技术目录》的公告

公告 2012 年 第 39 号

为贯彻落实《国务院关于加强环境保护重点工作的意见》（国发〔2011〕35 号），加快环保先进技术示范、应用和推广，我部组织编制了《2012 年国家先进污染防治示范技术名录》和《2012 年国家鼓励发展的环境保护技术目录》，现予发布。

《国家先进污染防治示范技术名录》所列的新技术、新工艺在技术方法上具有创新性，技术指标具有先进性，已基本达到实际工程应用水平。《国家鼓励发展的环境保护技术目录》所列的技术是已经工程实践证明的成熟技术。

2010 年发布的《国家先进污染防治示范技术名录》和《国家鼓励发展的环境保护技术目录》同时废止。

附件：1．2012 年国家先进污染防治示范技术名录

2．2012 年国家鼓励发展的环境保护技术目录

（附件全文见环保部网站）

环境保护部

二〇一二年七月五日

关于发布《废塑料加工利用污染防治管理规定》的公告

公告 2012年 第55号

为贯彻落实《国务院办公厅关于限制生产销售使用塑料购物袋的通知》（国办发〔2007〕72 号）、《国务院办公厅关于建立完整的先进的废旧商品回收体系的意见》（国办发〔2011〕49 号），加强废塑料加工利用的污染防治，保护人民群众身体健康，保障环境安全，促进循环经济健康发展，环境保护部、发展改革委、商务部联合制定《废塑料加工利用污染防治管理规定》。此规定自2012年10月1日起执行。

特此公告。

附件：废塑料加工利用污染防治管理规定

环境保护部　发展改革委　商务部

2012年8月24日

附件：

废塑料加工利用污染防治管理规定

第一条 为贯彻落实《国务院办公厅关于限制生产销售使用塑料购物袋的通知》（国办发〔2007〕72 号）、《国务院办公厅关于建立完整的先进的废旧商品回收体系的意见》（国办发〔2011〕49 号），加强废塑料加工利用的污染防治，保护人民群众身体健康，保障环境安全，促进循环经济健康发展，制定本规定。

第二条 在中华人民共和国境内废塑料加工利用活动必须遵守本规定要求。

本规定所称废塑料加工利用，是指将国内回收的废塑料（包括工业边角料、废弃塑料瓶、包装物及其他塑料制品、农膜等）及经批准从国外进口的各类废塑料等进行分类、清洗、拉丝、造粒的活动；以及将废塑料加工成塑料再生制品或成品的活动。

第三条 废塑料加工利用必须符合国家相关产业政策规定及《废塑料回收与再生利用污染控制技术规范》，防止二次污染。

禁止在居民区加工利用废塑料。禁止利用废塑料生产厚度小于 0.025mm 的超薄塑料购物袋和厚度小于 0.015mm 超薄塑料袋。禁止利用废塑料生产食品用塑料袋。禁止无危险废物经营许可证从事废塑料类危险废物的回收利用活动，包括被危险化学品、农药等污染的废弃塑料包装物，废弃的一次性医疗用塑料制品（如输液器、血袋）等。

无符合环保要求污水治理设施的，禁止从事废编织袋造粒、缸脚料淘洗、废塑料退镀（涂）、盐卤分拣等加工活动。

第四条 废塑料加工利用单位应当以环境无害化方式处理废塑料加工利用过程产生的残余垃圾、滤网；禁止交不符合环保要求的单位或个人处置。

禁止露天焚烧废塑料及加工利用过程产生的残余垃圾、滤网。

第五条 进口废塑料加工利用企业应当符合《固体废物进口管理办法》以及环境保护部关于进口可用作原料的固体废物和废塑料环境保护管理相关规定。

禁止进口未经清洗的使用过的废塑料。

禁止将进口的废塑料全部或者部分转让给进口许可证载明的利用企业以外的单位或者个人，包括将进口废塑料委托给其他企业代为清洗。

进口废塑料分拣或加工利用过程产生的残余废塑料应当进行无害化利用或者处置；禁止将上述残余废塑料未经清洗处理直接出售。

进口废纸加工利用企业应当对进口废纸中的废塑料进行无害化利用或者处置；禁止将进口废纸中的废塑料，未经清洗处理直接出售。

第六条　进口废塑料加工利用企业发现属于国家禁止进口类或者不符合环境保护控制标准的进口废塑料，应当立即向口岸海关、检验检疫部门和所在地环保部门报告并配合做好相关处理工作。

第七条　废塑料加工利用集散地应当建立废塑料加工利用散户产生的残余垃圾和滤网集中回收处理机制。鼓励废塑料加工利用集散地对废塑料加工利用散户实行集中园区化管理，集中处理废塑料加工利用产生的废水、废气和固体废物。

鼓励有条件的废塑料加工利用集散地申请开展国家“城市矿产”示范基地建设，申请开展废旧商品回收体系建设试点工作。

第八条　省级环保、商务主管部门应当组织核查并公布合格的废塑料加工利用企业名单；对核查发现问题的，应当依法处理并将处理结果向社会公布。

自2013年1月1日起，未经环保核查合格的企业，不予批准进口废塑料。

第九条　本规定自2012年10月1日起实行。

关于发布《进口废塑料环境保护管理规定》的公告

公告 2013 年 第 3 号

为进一步完善可用作原料的固体废物进口管理工作，依据《中华人民共和国固体废物污染环境防治法》，我部制定了《进口废塑料环境保护管理规定》。现予以公布，自 2013 年 4 月 1 日起施行。

附件：进口废塑料环境保护管理规定

环境保护部

2013 年 1 月 18 日

附件：

进口废塑料环境保护管理规定

一、适用范围

本规定适用于《限制进口类可用作原料的固体废物目录》中“塑料废碎料及下脚料”类进口废塑料的环境保护管理。特定种类进口废塑料有专门环境保护管理规定的，还应符合专门环境保护管理规定的要求。

二、加工利用企业类型

以下类型之一的企业可以申请进口废塑料加工利用：

（一）以 PET 为原料的化纤类生产企业；

（二）塑料制品类生产企业（包括使用废塑料为原料的其他制品类企业）；

（三）塑料再生造粒类企业（再生 PET 片生产企业除外）；

（四）同一加工场地设备年生产能力不小于 3 万吨的再生 PET 片生产企业（仅限于申请进口 PET 的废碎料及下脚料）。

上述企业不包括超薄型（厚度低于 0.025 毫米）塑料购物袋、超薄型（厚度低于 0.015 毫米）塑料袋生产企业，直接接触药品、饮料、食品以及食品添加剂的塑料制品生产企业。

三、加工利用企业环境保护要求

进口废塑料的加工利用企业应当符合以下环境保护要求：

（一）符合《固体废物进口管理办法》、《进口可用作原料的固体废物环境保护管理规定》、《废塑料加工利用污染防治管理规定》；

（二）符合《废塑料回收与再生利用污染控制技术规范（试行）》以及地方相关技术规范和要求;

（三）加工利用企业及其法定代表人或者所委托的代理进口企业及其法定代表人，近两年内没有以下违法行为的：

1．进口未经加工清洗等方式处理干净的使用过的废塑料，特别是未经加工清洗等方式处理干净的使用过的混合颜色膜状废塑料；

2．将进口的废塑料全部或者部分转让给进口许可证载明的利用企业以外的单位或者个人，包括将进口废塑料委托给其他企业代为清洗。

（四）近一年内没有以下污染环境行为的：

1．进口废塑料分拣或加工利用过程产生的残余废塑料未进行无害化利用或处置的，包括将上述残余废塑料未经加工清洗等方式处理干净直接出售，以及交由个人及不符合环境保护要求的企业进行利用或处置；

2．塑料挤出机过滤网片未进行无害化利用或处置的，包括自行在无燃烧设备和烟气净化装置的条件下焚烧处理，以及交由个人及不符合环境保护要求的企业利用或处置。

（五）具有附 1 所列的加工利用废塑料的设施、设备、场地及配套的污染防治设施和措施，并经所在地设区的市级以上环境保护主管部门组织考核合格。

四、其他规定

申请材料及相关证明材料要求、申请、审批和监督管理，变更、遗失和延期处理等程序，应当执行《进口可用作原料的固体废物环境保护管理规定》。此外，还应当提供以下证明材料：

（一）本规定实施后首次申请进口废塑料的加工利用企业，应当提交所在地设区的市级以上环境保护主管部门出具的考核表（见附 1），以及省级环境保护行政主管部门根据企业加工利用场地所在地县级以上地方环境保护行政主管部门的监督管理情况出具的监督管理情况及初审意见表（见附 2）。考核表有效期三年；有效期内加工企业有新、改、扩建项目的，应当重新考核。

再次申请进口废塑料的加工利用企业，应当提交省级环境保护行政主管部门根据企业加工利用场地所在地县级以上地方环境保护行政主管部门的监督管理情况出具的监督管理情况及初审意见表（见附 2）。考核表过期的，应当重新考核并提交。

（二）加工利用企业和代理进口企业的环境保护相关管理人员经省级以上环境保护部门培训合格的证明，如结业证复印件等。

附 1：进口废塑料加工利用企业环境保护考核表

附 2：关于对（填写企业名称）申请进口废塑料监督管理情况及初审意见表

（附表见环保部网站）

关于印发进一步鼓励和引导民间资本进入科技创新领域意见的通知

国科发财〔2012〕739 号

各省、自治区、直辖市、计划单列市、副省级城市科技厅（委、局），新疆生产建设兵团科技局，各国家高新区管委会：

根据《国务院关于鼓励和引导民间投资健康发展的若干意见》(国发〔2010〕13 号）的精神，为支持民营企业提高技术创新能力，鼓励和引导民间资本进入科技创新领域，促进民间投资健康发展，科技部制定了《科技部关于进一步鼓励和引导民间资本进入科技创新领域的意见》。现印发你们，请结合本地区实际情况，认真贯彻落实。如有意见和建议，请及时反馈至科研条件与财务司。

联系人：沈文京，电话：010—58881686

附件：科技部关于进一步鼓励和引导民间资本进入科技创新领域的意见

科 学 技 术 部

二○一二年六月十八日

附件：

科技部关于进一步鼓励和引导民间资本进入科技创新领域的意见

改革开放以来，我国民营企业快速发展，民间资本持续增长，在促进科技成果转化、培育发展战略性新兴产业、加快经济发展方式转变中发挥了重要作用。科技工作始终把支持和鼓励民间资本进入科技创新领域作为一项重要任务。目前，50%的国家科技重大专项、90%的国家科技支撑计划、35%的 863 计划项目都有企业（包括民营企业）参与实施。民间资本已经成为科技投入的重要来源，民营企业已经成为自主创新的重要力量。

为贯彻落实《国务院关于鼓励和引导民间投资健康发展的若干意见》（国发〔2010〕13 号），进一步鼓励和引导民间资本进入科技创新领域，提升民营企业技术创新能力，促进民间投资和民营企业健康发展，提出以下意见：

一、深化国家科技计划管理改革，进一步加大对民营企业技术创新的支持力度

（一）鼓励更多的民营企业参与国家科技计划。切实落实国家科技计划管理改革的各项政策措施，在计划管理的各个环节为民营企业提供便利，鼓励其通过平等竞争牵头承担或与高等院校、科研院所联合承担国家科技重大专项和 973 计划、863 计划、支撑计划、科技惠民计划等国家科技计划项目。支持有实力的民营企业联合高等院校、科研院所等组建产业技术创新战略联盟，组织实施产业带动力强、经济社会影响力大的国家重大科技攻关项目和科技成果产业化项目，依靠科技创新做强做大。经科技部审核的产业技术创新战略联盟，可作为项目组织单位参与国家科技计划项目的组织实施。

（二）大力扶持小型微型民营科技企业发展。星火计划、火炬计划、科技惠民计划、科技型中小企业技术创新基金、农业科技成果转化资金、科技富民强县专项等要进一步发挥对小型微型民营科技企业发展的扶育扶持作用，创新支持方式，扩大资助范围，加大支持力度，激发小型微型民营科技企业的技术创新活力。

（三）创新国家科技计划资助方式。综合运用科研资助、风险补偿、偿还性资助、创业投资、贷款贴息等方式，激励民营企业加大科技投入。继续探索

和实践国家科学基金与有实力的企业设立联合基金，以企业需求为导向资助研发活动。

（四）鼓励民营企业参与国家科技计划的制定和管理。在确定国家科技计划的重点领域和编制项目指南时，要充分听取民营企业的意见，反映民营企业的重大技术需求。吸收更多来自民营企业的技术、管理、经营等方面的专家参加国家科技计划的立项评审、结题验收等工作。鼓励民间资本对国有单位承担的国家科技计划项目进行前瞻性投入，参与过程管理，分担风险，共享收益。

（五）支持民营企业参与国际科技合作。发挥政府间科技合作机制和国际创新园、国际联合研发中心、国际技术转移中心的作用，推动国内优势民营企业与国外一流机构建立稳定互利的合作关系，以人才引进、技术引进、研发外包等方式开展国际科技合作与交流。

二、汇聚科技资源，进一步增强民营企业持续创新能力

（六）加快推进民营企业研发机构建设。在布局建设国家和地方工程（技术）研究中心、工程实验室、重点实验室等产业关键共性技术创新平台时，支持有条件的行业大型骨干民营企业发展综合性研发机构和海外研发机构，提高其利用全球创新资源和参与国际分工协作的能力。在实施创新人才推进计划等相关工作中，引导一批拥有核心技术或自主知识产权的优秀科技人才向民营企业流动和集聚。进一步加强民营企业工程技术人才的继续教育。积极探索设立专项资金，吸引和带动民间资本，鼓励和引导有条件的中小型民营科技企业自建或与科研院所、高等院校共建技术（开发）中心和中试示范基地。

（七）支持民办科研机构创新发展。完善政策法规，鼓励民间资本兴办科研机构，探索建立符合自身特点和发展需要的新型体制机制，面向市场和新兴产业发展需求开展技术研发、成果转化和技术服务。对瞄准国际前沿开展源头性技术创新的民办科研机构加大扶持力度，鼓励其牵头或参与承担国家科技计划项目，引进和培养优秀创新人才，创建国际一流研究开发条件和平台，在重大原创性技术方面取得突破，努力掌握新兴产业和行业发展话语权。符合条件的民办科研机构，可按照程序申请成为国家重点实验室或工程技术研究中心。研究制定民办科研机构进口科研仪器设备的税收优惠政策。

（八）促进公共创新资源向民营企业开放共享。推进工程技术研究中心、重点实验室、大型科学仪器设备中心、分析测试中心、实验动物中心等创新平台的资源共享，加大先进实验仪器设备和设施、科技文献、科学数据的开放力度，针对民营企业急需解决的技术问题，提供个性化的服务和分析测试方案，提高民营企业的科技创新效率。对公共创新资源实行开放共享运行的补贴政策。

（九）搭建民间资本与国家科技计划成果的信息对接平台。建立国家科技成果转化项目库，统筹国家财政性资金资助形成的科技成果信息资源，除涉及国家安全、重大社会公共利益和商业秘密外，科技成果的相关信息向社会公开，鼓励民间资本投资科技成果转化和产业化项目。

三、促进科技和金融结合，进一步拓宽民间资本进入科技创新领域的渠道

（十）大力引导民间资本开展科技创业投资。切实发挥科技型中小企业创业投资引导基金的杠杆带动作用，与地方规范设立和运作的创业投资引导基金形成上下联动的引导体系，运用阶段参股、风险补助和投资保障等方式，支持民间资本创办或参股科技创业投资机构，支持以民间资本为主体的科技创业投资健康发展。启动国家科技成果转化引导基金，鼓励地方参照设立相关基金，采取设立创业投资子基金、贷款风险补偿和绩效奖励等方式，支持和引导民间资本参与科技成果转化。

（十一）推动民营科技企业进入多层次资本市场融资。支持和指导民营科技企业进行股份制改造，建立现代企业制度，规范治理结构。完善科技管理部门和证券监管部门的信息沟通机制，支持符合条件的民营科技企业在主板、中小企业板和创业板上市。加快推进中关村非上市公司股权转让试点，为非上市民营科技企业的产权转让、融资提供服务。

（十二）支持民间资本通过发行债券产品和设立科技金融专营机构等方式开展科技投融资活动。鼓励地方科技管理部门和国家高新区组织发行中小型科技企业集合债券、集合票据、私募债券以及信托产品等债券产品，并引导民间资本合法合规投资。鼓励和支持民间资本与地方科技管理部门、国家高新区共同设立科技小额贷款公司、科技担保公司、科技融资租赁公司等专业机构。

（十三）加强和完善技术产权交易机构的融资服务功能。建立技术产权交易机构联盟和统一规范的交易标准流程，以技术产权交易机构为平台，为民营企业提供技术产权交易、股权转让、知识产权质押物流转等服务。

（十四）发挥民间资本在促进科技和金融结合试点中的重要作用。各试点地区要作为引导民间资本进入科技创新领域的先行区，制定出台政策措施，统筹协调科技资源、金融资源和民间资本，建设多层次、多元化、多渠道的科技投融资体系，支持小型微型民营科技企业发展。

四、落实和完善政策，进一步营造有利于民营企业创新创业的发展环境

（十五）为民营企业的科技创新落实各项扶持政策。经认定的民营高新技术企业享受所得税优惠政策。规范企业研发费用归集方法，对民营企业开发新技术、新产品、新工艺发生的研究开发费用，落实加计扣除政策。民营企业的技术转让所得，享受所得税优惠政策。

（十六）落实民间资本参与创业投资的税收政策。创业投资企业采取股权投资方式投资于未上市的中小高新技术企业2年以上的，可以按照其投资额的70%在股权持有满2年的当年抵扣该创业投资企业的应纳税所得额。

（十七）健全完善科技中介服务体系。加快发展生产力促进中心、科技企业孵化器、大学科技园、技术转移机构、科技金融服务中心等各类科技中介服务机构，逐步建立一批具有分析测试、创业孵化、评估咨询、法律、财务、投融资等功能的综合服务平台，实现组织网络化、功能社会化、服务产业化，为民营企业提供技术开发、创业辅导、信息咨询和融资支持等服务，为民间资本投资科技成果（项目）搭建对接平台，协助初创期的企业解决各种困难，提高科技创业和民间投资的成功率。继续实施国家对科技企业孵化器、大学科技园的税收扶持政策。

（十八）推进国家高新区建设。实施国家高新区创新发展战略提升行动，推动国家自主创新示范区加大先行先试力度并适时推广成功经验，在高新区聚焦具有明确优势的战略性新兴产业，积极打造具有国际竞争力的创新型产业集群，将高新区建设成为民营企业创新创业和民间资本进入科技创新领域的重要平台和基地。

（十九）各级科技管理部门、国家高新区要进一步解放思想、统一认识、创新工作方法，破除制约民间资本进入科技创新领域的思想观念和体制机制障碍，切实把民营企业作为技术创新的主体，把民间资本作为推动全社会科技进步的重要力量，努力营造良好的创新创业环境。要面向民营企业进一步加大科技工作大政方针、科技计划申报、科技经费管理和使用、科技资源开放共享、科技税收政策、科技和金融结合等方面的宣传、培训和服务，支持民营企业不断提高技术创新能力，促进民间资本健康发展，加快推进创新型国家建设。

中国证券监督管理委员会公告

证监会公告〔2012〕45号

现公布《关于股份有限公司境外发行股票和上市申报文件及审核程序的监管指引》，自2013年1月1日起施行。

中国证监会

2012年12月20日

关于股份有限公司境外发行股票和上市申报文件及审核程序的监管指引

为更好地适应境内企业特别是中小企业的融资需求，服务实体经济发展，中国证券监督管理委员会（以下简称中国证监会）将进一步放宽境内企业境外发行股票和上市的条件，简化审核程序，提高监管效率。依照《中华人民共和国公司法》设立的股份有限公司在符合境外上市地上市条件的基础上，可自主向中国证监会提出境外发行股票和上市申请。根据《中华人民共和国证券法》和《国务院关于股份有限公司境外募集股份及上市的特别规定》等法律法规，制定本指引。

一、申报文件

公司申请境外发行股票和上市应提交下列文件：

（一）申请报告，内容包括：公司演变及业务概况、股本结构、公司治理结构、财务状况与经营业绩、经营风险分析、发展战略、筹资用途、符合境外上市地上市条件的说明、发行上市方案；

（二）股东大会及董事会相关决议；

（三）公司章程；

（四）公司营业执照、特殊许可行业的业务许可证明（如适用）；

（五）行业监管部门出具的监管意见书（如适用）；

（六）国有资产管理部门关于国有股权设置以及国有股减（转）持的相关批复文件（如适用）；

（七）募集资金投资项目的审批、核准或备案文件（如适用）；

（八）纳税证明文件；

（九）环保证明文件；

（十）法律意见书；

（十一）财务报表及审计报告；

（十二）招股说明书（草稿）；

（十三）中国证监会规定的其他文件。

二、申请及审核程序

（一）公司申请境外发行股票和上市的，应向中国证监会报送本通知第一部分列明的行政许可申请文件。

（二）中国证监会依照《中国证券监督管理委员会行政许可实施程序规定》（证监会令第66号），对公司提交的行政许可申请文件进行受理、审查，作出行政许可决定。

（三）中国证监会在收到公司申请文件后，可就涉及的产业政策、利用外资政策和固定资产投资管理规定等事宜征求有关部门意见。

（四）公司收到中国证监会的受理通知后，可向境外证券监管机构或交易所提交发行上市初步申请；收到中国证监会行政许可核准文件后，可向境外证券监管机构或交易所提交发行上市正式申请。

（五）公司应在完成境外发行股票和上市后15个工作日内，就境外发行上市的有关情况向中国证监会提交书面报告。

（六）中国证监会关于公司境外发行股票和上市的核准文件有效期为12个月。

（七）境外上市公司在同一境外交易所转板上市的，应在完成转板上市后15个工作日内，就转板上市的有关情况向中国证监会提交书面报告。

本指引自2013年1月1日起施行。中国证监会1999年7月14日发布的《关于企业申请境外上市有关问题的通知》（证监发行字〔1999〕83号）同时废止。

BLUE BOOK 化纤蓝皮书
of China Chemical Fibers

行业运行篇

专题研究篇

产业政策篇

统计数据篇

经济数据

行业统计

经营参考

研究必需

2013年中国化纤
经济形势分析与预测

Analysis and Forecast of China Chemical Fibers' Economy of
2013

世界经济主要统计数据

表1　世界经济增长简况回顾与展望（1993～2016年）

单位：%

类　　别	1994～2003年	2009年	2010年	2011年	2012年	2013年	2017年
世界实际GDP增长率	3.4	-0.6	5.1	3.8	3.3	3.6	4.6
先进经济体	2.8	-3.5	3.0	1.6	1.3	1.5	2.6
美　国	3.3	-3.1	2.4	1.8	2.2	2.1	3.3
欧元区	2.2	-4.4	2.0	1.4	-0.4	0.2	1.7
日　本	0.9	-5.5	4.5	-0.8	2.2	1.2	1.1
其他先进经济体①	3.8	-2.1	4.5	2.5	1.5	2.4	3.2
新兴市场和发展中国家	4.4	2.7	7.4	6.2	5.3	5.6	6.2
按地区分组							
中东欧	3.4	-3.6	4.6	5.3	2.0	2.6	3.8
独联体②	0.6	-6.4	4.8	4.9	4.0	4.1	4.1
亚洲发展中国家和地区	7.0	7.0	9.5	7.8	6.7	7.2	7.7
拉美与加勒比地区	2.5	-1.5	6.2	4.5	3.2	3.9	4.0
中东欧与北非	4.0	2.6	5.0	3.3	5.3	3.6	4.5
撒哈拉以南	4.0	2.8	5.3	5.1	5.0	5.7	5.8
按出口收入来源分组							
燃料出口国和地区	2.4	-1.5	4.7	4.5	5.3	4.2	4.2
非燃料出口国和地区	5.0	3.7	8.0	6.5	5.3	5.9	6.6
初级产品出口国	4.6	2.1	6.7	5.6	4.6	5.3	5.7
按外债状况分组							
净债务国	3.6	0.8	6.7	5.1	3.6	4.4	5.2
官方融资型	3.4	5.2	5.5	7.2	5.7	6.1	6.2
人均实际GDP增长率							
先进经济体	2.1	-4.1	2.4	1.0	0.7	0.9	2.0
新兴市场和发展中国家和地区	3.1	1.5	6.3	5.2	4.3	4.6	5.2
世界GDP（10亿美元）							
基于市场汇率	31429	57846	63180	69899	71277	74149	92722
基于购买力平价	39240	70154	74684	78970	82762	86836	110405

注：①这里的“其他先进经济体”指除去美国、欧元区国家和日本以外的先进经济体。

②包括格鲁吉亚和蒙古。虽然二者不是独联体成员，但由于同独联体国家在地里和经济结构上类似，故在地区分组上将二者归入独联体。

资料来源：IMF，World Economic Outlook，2012年10月

表2 人均GDP前10位国家和地区（2011～2013年）

单位：美元

市场汇率计人均GDP（美元）					购买力平价计人均GDP（国际美元）				
2011年位次	国家和地区	2011年	2012年	2013年	2011年位次	国家和地区	2011年	2012年	2013年
1	卢森堡	115809	105720	104196	1	卡塔尔	98948	102769	105080
2	卡塔尔	98144	100378	99838	2	卢森堡	80559	80679	80985
3	挪　威	97607	99316	102249	3	新加坡	59710	60883	62400
4	瑞　士	83073	77840	76598	4	挪　威	53396	55264	56694
5	澳大利亚	66371	67983	69582	5	文　莱	49536	50526	50927
6	阿联酋	63626	65377	65755	6	香港地区	49417	50709	52721
7	丹　麦	59709	55448	55150	7	美　国	48328	49802	51056
8	瑞　典	57638	54879	55969	8	阿联酋	47729	48992	49429
9	加拿大	50496	50826	52088	9	瑞　士	44452	45286	46233
10	荷　兰	50216	45942	45635	10	荷　兰	42023	42322	42942
90	中　国	5417	6094	6644	93	中　国	8387	9146	9983

注：各国购买力平价（PPP）数据参见IMF，World Economic Outlook Database。IMF并不直接计算PPP数据，而是根据世界银行、OECD、Penn World Tables等国际组织的原始资料进行计算。

资料来源：IMF，World Economic Outlook Database，2012年10月

中国经济主要统计数据

中国国民经济主要统计数据表

年份	GDP 增长率（%）	第一产业增加值增长率（%）	第二产业增加值增长率（%）	重工业增加值增长率（%）	轻工业增加值增长率（%）	第三产业增加值增长率（%）	交通运输邮电业增加值增长率（%）	商业服务业增加值增长率（%）	全社会固定资产投资规模（亿元）	全社会固定资产投资名义增长率（%）	全社会固定资产投资实际增长率（%）
2003 年	10.0	2.5	12.7	14.4	11.0	9.5	6.1	9.9	55566.6	27.7	25.0
2004 年	10.1	6.3	11.1	13.1	9.7	10.1	14.5	6.6	70477.4	26.8	20.1
2005 年	11.3	5.2	12.1	12.5	10.5	12.2	11.2	13.0	88773.6	26.0	24.0
2006 年	12.7	5.0	13.4	14.5	10.9	14.1	10.0	19.5	109998.2	23.9	22.1
2007 年	14.2	3.7	15.1	16.0	13.6	16.0	11.8	20.2	137323.9	24.8	20.2
2008 年	9.6	5.4	9.9	10.6	9.5	10.4	7.3	15.8	172828.4	25.9	15.6
2009 年	9.2	4.2	9.9	9.0	7.6	9.6	4.2	12.1	224598.9	30.0	33.2
2010 年	10.4	4.3	12.3	13.4	10.7	9.8	9.8	14.3	278121.9	23.8	19.5
2011 年	9.3	4.3	10.3	10.9	9.7	9.4	9.4	12.6	311485.2	23.9	15.6
2012 年	7.7	4.3	7.9	8.0	7.4	7.9	8.1	9.8	375139.9	20.4	17.1
2013 年	8.2	4.4	8.5	8.5	7.9	8.5	8.6	10.3	449881.7	19.9	17.0

续表

年份	全社会固定资产投资占 GDP（%）	商品零售价格指数上涨率（%）	投资品价格指数上涨率（%）	居民消费价格指数上涨率（%）	城镇居民实际人均可支配收入增长率（%）	农村居民实际人均纯收入增长率（%）	城镇居民消费实际增长率（%）	农村居民消费实际增长率（%）	政府消费实际增长率（%）	社会消费品零售总额（亿元）	社会消费品零售总额名义增长率（%）	社会消费品零售总额实际增长率(%)
2003 年	40.9	-0.1	2.2	1.2	9.0	4.3	11.7	-1.4	5.5	52516.3	9.1	9.2
2004 年	44.1	2.8	5.6	3.9	7.7	6.8	11.2	2.5	7.3	59501.0	13.3	10.2
2005 年	48.0	0.8	1.6	1.8	9.6	6.2	8.7	9.1	16.1	68352.6	14.9	14.0
2006 年	50.9	1.0	1.5	1.5	10.4	7.4	11.9	6.4	13.9	79145.2	15.8	14.6
2007 年	51.7	3.8	3.9	4.8	12.2	9.5	13.9	4.7	12.2	93571.6	18.2	13.9
2008 年	55.0	5.9	8.9	5.9	8.4	8.0	10.6	6.5	9.8	114830.1	22.7	15.9
2009 年	65.9	-1.2	-2.4	-0.7	9.8	8.5	12.5	5.8	10.2	132678.4	15.5	16.9
2010 年	69.3	3.1	3.6	3.3	7.8	10.9	9.7	5.4	13.0	156998.4	18.3	14.8
2011 年	65.9	4.9	6.6	5.4	8.4	11.4	10.3	9.0	13.1	183918.6	17.1	11.7
2012 年	70.8	2.3	2.9	2.7	9.5	12.0	9.1	3.9	9.2	210490.9	14.4	11.9
2013 年	76.1	2.6	2.5	3.0	9.0	9.4	9.0	5.3	9.2	242647.4	15.3	12.3

续表

年份	财政收入（亿元）	财政收入增长率（%）	财政支出（亿元）	财政支出增长率（%）	财政收支差额（亿元）	城乡储蓄存款余额（亿元）	城乡储蓄存款余额增长率（%）	新增贷款（亿元）	进口总额（亿美元）	进口总额增长率（%）	出口总额（亿美元）	出口总额增长率（%）
2003 年	21715.3	14.9	24650.0	11.8	-2934.7	103617.3	19.2	27702.3	4127.6	39.8	4382.3	34.6
2004 年	26396.5	21.6	28486.9	15.6	-2090.4	119555.4	15.4	19201.6	5612.3	36.0	5933.2	35.4
2005 年	31649.3	19.9	33930.3	19.1	-2281.0	141051.0	18.0	16492.6	6599.5	17.6	7619.5	28.4
2006 年	38760.2	22.5	40422.7	19.1	-2162.5	161587.3	14.6	30656.8	7914.6	19.9	9689.8	27.2
2007 年	51321.8	32.4	49781.4	23.2	1540.4	172534.2	6.8	36343.7	9561.2	20.8	12204.6	26.0
2008 年	61330.4	19.5	62592.7	25.7	-1262.3	217885.4	26.3	41776.9	11325.7	18.5	14306.9	17.2
2009 年	68518.3	11.7	76299.9	21.9	-7781.7	260771.7	19.7	96217.2	10059.2	-11.2	12016.1	-16.0
2010 年	83101.5	21.3	89874.2	17.8	-6772.7	303302.2	16.3	79511.0	13962.4	38.8	15777.5	31.3
2011 年	103874.4	25.0	109247.8	21.6	-5373.4	343635.9	13.3	68749.6	17434.5	24.9	18983.8	20.3
2012 年	119085.5	14.6	127085.5	16.3	-8000.0	391969.9	14.1	77554.9	18483.5	6.0	20481.2	7.9
2013 年	137752.2	15.7	148352.5	16.7	-10600.3	446890.1	14.0	88681.2	20209.7	9.3	22304.1	8.9

注：新增贷款包括全部金融机构。2011 年以后固定资产投资不含农户。表中 2012 年、2013 年为预测数。

资料来源：《2013 年中国经济形势分析与预测》

世界化纤行业主要统计数据

表 1　世界化学纤维分品种生产量

单位：千吨

年份	合成纤维							人造纤维				合计		
	锦纶		涤纶		腈纶	其他合纤		人造丝		醋酸人造丝		长丝	短纤	合计
	长丝	短纤	长丝	短纤	短纤	长丝	短纤	长丝	短纤	长丝	短纤			
1960 年	359	48	36	87	109	22	42	937	1431	195	46	1548	1762	3310
1970 年	1682	221	638	1007	999	39	110	991	2018	402	25	3756	4381	8137
1975 年	2083	405	1641	1726	1388	37	71	821	1815	315	9	4899	5413	10312
1980 年	2595	556	2094	3033	2057	40	98	828	2077	333	4	5894	7824	13718
1985 年	2771	671	2763	3739	2378	41	123	690	2007	233	—	6502	8918	15420
1986 年	2798	702	2844	3998	2441	37	103	682	1935	242	—	6607	9179	15786
1987 年	2903	735	3096	4342	2517	37	107	679	1914	232	—	6951	9616	16567
1988 年	3025	700	3508	4594	2448	35	103	695	1946	257	—	7522	9791	17313
1989 年	3069	726	3734	4725	2337	40	112	—	2012	—	—	7778	9912	17690
1990 年	3010	728	3978	4700	2316	43	115	—	1873	—	—	7920	9732	17652
1991 年	2958	647	4234	4882	2381	45	122	—	1629	—	—	8045	9662	17706
1992 年	3063	660	4853	5063	2362	52	103	—	1631	—	—	8668	9819	18487
1993 年	3023	661	5287	5124	2310	89	93	—	1623	—	—	9105	9811	18916
1994 年	3052	655	5923	5545	2539	112	114	—	1653	—	—	9741	10505	20246
1995 年	3138	601	6406	5501	2441	159	118	—	1765	—	—	10374	10426	20800

续表

年份	合成纤维							人造纤维				合计		
	锦纶		涤纶		腈纶	其他合纤		人造丝		醋酸人造丝		长丝	短纤	合计
	长丝	短纤	长丝	短纤	短纤	长丝	短纤	长丝	短纤	长丝	短纤			
1996 年	3266	593	7115	5932	2600	149	111	433	1621	216	—	11178	10857	22035
1997 年	3472	555	8459	6947	2701	161	100	403	1689	222	—	12718	11992	24710
1998 年	3235	557	9541	6998	2651	183	89	397	1628	201	—	13557	11923	25481
1999 年	3268	532	10194	7684	2508	198	101	353	1557	164	—	14177	12382	26559
2000 年	3604	513	10953	8201	2629	214	105	347	1712	156	—	15274	13160	28433
2001 年	3358	425	11375	8187	2557	234	106	354	1588	140	—	15461	12864	28325
2002 年	3454	451	12258	8790	2708	244	110	366	1661	98	—	16421	13719	30140
2003 年	3495	450	13087	9312	2693	291	139	393	1768	93	—	17359	14362	31721
2004 年	3554	439	14086	10060	2815	344	153	394	1987	91	—	18469	15456	33925
2005 年	3497	397	15441	10969	2693	355	159	390	2006	86	—	19769	16224	35994
2006 年	3585	367	16704	11496	2520	423	165	377	2177	81	—	21170	16725	37895
2007 年	3618	352	18957	12449	2402	415	188	378	2674	69	—	23437	18065	41502
2008 年	3404	273	18658	11916	1872	389	193	339	2366	60	—	22849	16620	39469
2009 年	3373	224	20258	12640	1980	469	198	317	2615	44	—	24462	17658	42120
2010 年	3637	186	22905	13461	1987	578	239	345	2872	48	—	27513	18745	46258
2011 年	3708	170	24297	14359	2019	618	251	348	3260	49	—	29020	20058	49077

资料来源：日本化纤手册 2013

表2　世界主要地区合成纤维分品种产量

单位：千吨

		2005年			2006年			2007年			2008年			2009年			2010年			2011年		
		长丝	短纤	合计	长丝	短纤	合计	长丝	短纤	合计	长丝	短纤	合计	长丝	短纤	合计	长丝	短纤	合计	长丝	短纤	合计
腈纶	日本	5	261	266	5	243	248	—	236	241	—	145	145	—	124	124	—	142	142	—	152	152
	中国	—	784	784	—	816	816	—	801	801	—	585	585	—	692	692	—	666	666	—	687	687
	韩国	—	94	94	—	47	47	—	52	52	—	43	43	—	41	41	—	49	49	—	47	47
	台湾地区	—	140	140	—	149	149	—	137	137	—	84	84	—	112	112	—	102	102	—	94	94
	印度	—	111	111	—	102	102	—	79	79	—	81	81	—	93	93	—	75	75	—	75	75
	亚洲其他	—	96	96	—	102	102	—	111	111	—	84	84	—	90	90	—	92	92	—	98	98
	西欧	—	788	788	—	759	759	—	695	695	—	578	578	—	561	561	—	577	577	—	589	589
	东欧	—	106	106	—	108	108	—	98	98	—	88	88	—	82	82	—	81	81	—	76	76
	美洲	—	251	251	—	121	121	—	123	123	—	109	109	—	109	109	—	118	118	—	118	118
	其他	—	62	62	—	71	71	—	70	70	—	74	74	—	78	78	—	86	86	—	85	85
	世界	5	2693	2698	5	2520	2525	—	2402	2402	—	1872	1872	—	1980	1980	—	1987	1987	—	2019	2019
锦纶	日本	118	6	124	118	6	123	117	5	122	112	2	114	74	2	76	93	2	95	95	2	97
	中国	697	30	727	816	44	860	966	58	1024	1078	66	1144	1372	76	1448	1392	78	1470	1510	81	1591
	韩国	174	—	174	155	—	155	145	7	152	131	6	137	129	6	135	135	5	140	136	7	143
	台湾地区	419	1	420	421	1	422	407	7	414	395	7	402	352	6	358	395	6	401	362	6	368
	印度	84	—	84	90	—	90	95	—	95	90	—	90	87	—	87	97	—	97	97	-	97
	亚洲其他	161	—	161	150	—	150	140	—	140	128	—	128	119	—	119	146	2	148	161	2	163
	西欧	459	84	543	456	79	534	445	77	522	378	68	445	313	51	364	362	47	409	353	37	390
	东欧	183	3	187	205	4	209	196	3	199	180	3	183	128	3	130	151	3	154	147	2	149
	美洲	1130	271	1401	1103	234	1337	1031	195	1226	850	121	971	745	81	825	798	43	841	777	33	811
	其他	72	1	73	72	1	74	75	1	76	64	—	64	68	—	68	68	—	68	69	-	69
	世界	3497	397	3893	3585	367	3953	3618	352	3970	3404	273	3677	3385	224	3609	3637	186	3822	3708	170	3877

续表

		2005年			2006年			2007年			2008年			2009年			2010年			2011年		
		长丝	短纤	合计	长丝	短纤	合计	长丝	短纤	合计	长丝	短纤	合计	长丝	短纤	合计	长丝	短纤	合计	长丝	短纤	合计
涤纶	日本	282	214	496	270	213	483	262	204	465	244	191	435	163	146	309	189	158	347	181	157	338
	中国	8903	5509	14411	10294	6164	16459	12224	7026	19250	12354	6930	19283	14045	7561	21607	16121	7996	24117	17329	8786	26115
	韩国	857	522	1379	737	506	1243	765	544	1308	716	477	1192	682	501	1184	761	588	1349	747	587	1334
	台湾地区	1275	732	2007	1085	613	1698	1212	563	1775	1011	476	1487	987	570	1557	1101	613	1714	1038	558	1596
	印度	1040	615	1654	1347	725	2072	1576	902	2477	1679	819	2498	1865	939	2803	1957	975	2932	2160	1022	3182
	亚洲其他	1404	1352	2756	1404	1365	2769	1410	1358	2768	1415	1375	2790	1477	1407	2884	1529	1480	3009	1567	1583	3150
	西欧	649	519	1168	581	549	1130	577	530	1107	449	464	913	330	396	726	397	522	919	416	534	950
	东欧	99	170	269	100	162	263	82	189	271	77	194	271	55	187	242	59	198	255	59	201	260
	美洲	770	1134	1904	743	1042	1785	705	983	1688	606	844	1450	561	707	1268	688	799	1487	693	786	1478
	其他	63	201	365	142	157	299	146	149	295	108	147	255	104	130	233	104	132	235	108	145	253
	世界	15441	10969	26410	16704	11496	28200	18957	12449	31405	18658	11916	30574	20269	12544	32812	22905	13461	36367	24297	14359	38656
合计	日本	437	519	955	425	499	924	378	486	864	356	378	734	237	305	542	282	342	623	276	349	625
	中国	9708	6390	16098	11287	7096	18383	13384	7973	21356	13626	7680	21306	15679	8446	24125	17834	8878	26712	19191	9706	28898
	韩国	1080	617	1697	932	553	1485	945	602	1547	869	526	1395	835	548	1383	922	642	1563	909	642	1551
	台湾地区	1708	880	2588	1523	770	2292	1637	713	2350	1421	572	1993	1355	693	2048	1514	728	2242	1420	666	2086
	印度	1124	725	1849	1437	827	2264	1672	981	2653	1769	900	2669	1952	1031	2983	2056	1050	3105	2261	1096	3357
	亚洲其他	1571	1451	3023	1560	1470	3029	1557	1473	3030	1549	1463	3012	1609	1500	3109	1692	1577	3269	1745	1685	3430
	西欧	1149	1403	2552	1079	1398	2477	1071	1315	2386	879	1121	2000	694	1016	1710	827	1161	1988	842	1175	2018
	东欧	286	282	568	309	274	583	281	290	572	260	285	545	186	272	457	213	283	496	210	279	489
	美洲	1995	1687	3682	1947	1432	3379	1845	1338	3182	1550	1107	2658	1405	927	2332	1610	997	2607	1592	970	2562
	其他	235	264	500	214	229	444	221	220	441	172	222	393	172	208	379	172	217	389	177	230	407
	世界	19293	14218	33511	20712	14548	35260	22990	15391	38381	22451	14254	36705	24123	14947	39069	27121	15873	42994	28622	16798	45420

资料来源：日本化纤手册 2013

表 3　世界主要国家（地区）合成纤维分品种产量

单位：千吨

国家（地区）	锦纶				涤纶								腈纶				合计			
					长丝				短纤											
	2008	2009	2010	2011	2008	2009	2010	2011	2008	2009	2010	2011	2008	2009	2010	2011	2008	2009	2010	2011
日　本	114	75	93	95	244	163	188	181	191	146	158	157	145	124	142	152	694	508	581	584
韩　国	131	132	135	135	680	671	747	761	477	501	532	532	43	41	49	47	1330	1346	1463	1475
台湾地区	302	287	359	310	1012	1010	1111	1033	476	540	578	536	84	111	102	94	1874	1949	2150	1973
中　国	1144	1448	1470	1591	12354	14045	16121	17329	6930	7561	7996	8786	585	692	666	687	21012	23747	26253	28394
印度尼西亚	48	44	50	47	613	612	622	655	420	426	439	467	-	-	-	-	1081	1082	1110	1169
泰　国	41	40	41	39	328	360	358	273	312	338	312	268	88	92	92	90	769	831	803	670
马来西亚	5	5	5	6	253	244	247	263	81	80	103	109	-	-	-	-	339	329	356	377
越　南	-	-	13	19	64	80	111	139	81	88	105	147	-	-	-	-	146	168	230	304
印　度	90	87	97	97	1337	1440	1446	1387	746	863	885	859	81	93	75	78	2254	2482	2503	2420
巴基斯担	1	1	1	1	70	73	73	78	409	413	421	432	10	-	-	-	490	486	495	511
孟加拉国	-	-	-	-	23	37	50	55	-	30	52	91	-	-	-	-	23	67	102	146
伊　朗	10	10	9	9	71	69	72	77	55	56	68	69	62	63	62	57	198	198	211	212
以色列	29	29	31	31	-	-	-	-	-	-	-	-	-	-	-	-	29	29	31	31
沙特阿拉伯	18	18	14	14	1	1	-	1	21	21	19	18	-	-	-	-	40	39	33	33
美　国	730	591	618	588	415	376	494	506	645	527	594	575	-	-	-	-	1789	1494	1706	1669
加拿大	122	125	118	126	-	-	-	-	-	-	-	-	-	-	-	-	122	125	118	126

续表

国家（地区）	锦纶				涤纶								腈纶				合计			
					长丝				短纤											
	2008	2009	2010	2011	2008	2009	2010	2011	2008	2009	2010	2011	2008	2009	2010	2011	2008	2009	2010	2011
阿根廷	17	15	18	18	16	18	25	24	7	12	13	12	0	0	0	0	41	45	56	55
巴　西	53	49	54	49	120	88	91	73	77	68	83	78	32	32	32	32	283	237	261	232
智　利	-	-	-	-	1	0	-	-	-	-	-	-	-	-	-	-	1	0	-	-
哥伦比亚	13	12	9	9	28	24	21	15	13	5	-	-	-	-	-	-	54	41	30	24
厄瓜多尔	-	-	-	-	3	3	3	-	-	-	-	-	-	-	-	-	3	3	3	-
墨西哥	29	23	22	20	84	70	78	66	28	33	38	47	45	45	52	51	185	171	191	184
洪都拉斯	-	-	-	-	-	-	-	-	6	4	6	10	-	-	-	-	6	4	6	10
萨尔多瓦	-	-	-	-	7	8	12	16	-	-	-	-	-	-	-	-	7	8	12	16
秘　鲁	2	2	2	-	9	8	7	7	-	-	-	-	42	39	33	34	53	48	43	41
委内瑞拉	-	-	-	-	2	-	-	-	2	-	-	-	-	-	-	-	4	-	-	-
荷　兰	47	43	46	43	42	23	31	30	5	5	7	7	-	-	-	-	94	71	84	80
法　国	49	38	32	29	40	38	45	42	16	13	-	-	-	-	-	-	105	89	77	71
德　国	150	148	113	88	170	171	181	180	99	94	101	100	166	183	178	165	585	596	573	533
爱尔兰	-	-	-	-	-	-	-	-	74	76	81	80	-	-	-	-	74	76	81	80
意大利	120	112	122	125	45	44	48	45	70	69	73	72	40	-	-	-	275	225	243	242
马耳他	2	2	4	4	-	-	-	-	-	-	-	-	-	-	-	-	2	2	4	4
葡萄牙	-	-	-	-	1	1	2	2	7	7	10	1	48	51	50	-	56	59	62	3
西班牙	24	17	14	12	28	27	29	28	30	12	14	13	80	83	78	76	162	139	135	129

续表

国家（地区）	锦纶				涤纶								腈纶				合计			
					长丝				短纤											
	2008	2009	2010	2011	2008	2009	2010	2011	2008	2009	2010	2011	2008	2009	2010	2011	2008	2009	2010	2011
土耳其	35	32	47	62	176	144	198	207	114	122	147	208	263	267	269	276	588	565	660	753
英　国	12	10	12	14	-	-	-	-	-	-	-	-	5	4	-	-	17	14	12	14
保加利亚	-	-	-	-	-	-	-	-	5	5	3	1	8	6	-	-	13	11	3	1
捷　克	-	-	-	-	-	-	-	-	26	25	31	32	-	-	-	-	26	25	31	32
斯洛伐克	20	13	15	14	16	1	3	6	-	-	-	-	-	-	-	-	36	14	18	20
波　兰	24	11	19	18	3	2	-	-	42	39	24	22	-	-	-	-	68	51	43	40
罗马尼亚	1	1	2	3	3	1	-	-	25	27	32	38	-	-	-	-	28	29	34	41
俄罗斯	96	85	85	76	52	48	56	54	100	108	114	108	83	76	79	76	332	317	333	313
拉脱维亚	9	8	8	8	-	-	-	-	-	-	-	-	-	-	-	-	9	8	8	8
塞黑地区	2	1	-	-	-	-	-	-	-	-	-	-	-	-	-	-	2	1	-	-
摩洛哥	-	-	-	-	15	15	17	17	-	-	-	-	-	-	-	-	15	15	17	17
埃　及	-	-	-	-	20	16	17	19	34	33	37	30	15	15	16	25	68	65	70	74
肯尼亚	-	-	-	-	5	2	2	-	-	-	-	-	-	-	-	-	5	2	2	-
尼日利亚	-	-	-	-	4	3	3	4	2	3	4	4	-	-	-	-	6	6	7	7
南　非	-	-	-	-	-	-	-	-	38	27	20	16	-	-	-	-	38	27	20	16
澳大利亚	-	-	-	-	6	5	4	4	-	-	-	-	-	-	-	-	6	5	4	4
世界合计	3498	3519	3684	3707	18383	19964	22540	23601	11666	12378	13103	13927	1925	2017	1975	1940	35471	37879	41302	43174

资料来源：日本化纤手册 2013

表4 世界主要品种纤维需求量

表4—1 不包含烯烃类纤维、醋酸丝束、麻、黄麻　　单位：千吨

年份	纤维合计	化学纤维			棉花	羊　毛	丝
		合计	合纤	人造丝、醋酸丝			
1990年	38270	17652	14894	2758	18587	1965	66
1991年	38110	17706	15273	2433	18409	1928	67
1992年	38989	18487	16161	2327	18732	1702	67
1993年	39162	18916	16587	2329	18521	1657	68
1994年	40336	20242	17939	2303	18445	1580	69
1995年	40897	20813	18376	2436	18504	1489	92
1996年	42562	22035	19765	2270	19016	1440	71
1997年	45323	24709	22395	2314	19178	1361	75
1998年	45564	25488	23257	2230	18707	1293	77
1999年	47197	26559	24484	2074	19163	1393	83
2000年	49746	28433	26218	2215	19837	1380	96
2001年	50132	28471	26242	2228	20288	1317	95
2002年	52694	30142	28023	2119	21187	1268	97
2003年	54727	31726	29466	2260	21672	1227	102
2004年	57975	33924	31452	2472	22714	1221	115
2005年	61888	36162	33679	2483	24375	1218	133
2006年	65057	37894	35260	2634	25768	1234	160
2007年	68967	41502	38381	3121	26073	1221	171
2008年	64284	39491	36713	2779	23454	1191	148
2009年	65599	42119	39143	2976	22171	1167	141
2010年	72642	46258	42994	3264	25099	1132	153
2011年	77457	49078	45420	3658	27100	1128	151

表 **4—2** 包含烯烃类纤维、醋酸丝束、麻类 单位：千吨

年份	纤维合计	化学纤维			天然纤维					
		合计	合纤*	人造丝、醋酸丝**	棉花	羊毛	黄麻	苎麻	亚麻	丝
2001 年	60602	34731	31946	2785	20288	1317	3357	201	613	95
2002 年	59270	36718	33987	2732	21187	1268	3274	243	767	97
2003 年	61021	38020	35760	2893	21672	1227	3228	249	751	102
2004 年	64408	40357	37885	3123	22714	1221	3247	249	789	115
2005 年	68361	42635	40151	3148	24375	1218	3250	250	792	133
2006 年	72115	44310	41676	3315	25768	1234	—	—	642	160
2007 年	75930	47923	44802	3121	26073	1221	—	—	542	171
2008 年	71251	45485	42706	2779	23454	1191	—	—	973	148
2009 年	71994	47798	44821	2976	22171	1167	—	—	717	141
2010 年	79264	52257	48993	3264	25099	1132	—	—	622	153
2011 年	84226	55231	51574	3658	27100	1128	—	—	616	151

* 包含烯烃类纤维，** 包含醋酸丝束

资料来源：日本化纤手册 2013

表5　世界各国家（地区）人造丝、醋酸纤维分品种产量表

单位：千吨

品　种	国家（地区）	2005年	2006年	2007年	2008年	2009年	2010年	2011年
普通人造丝	日本	15	14	15	15	12	15	15
	中国	198	211	220	206	210	216	211
	印度	54	53	57	45	43	41	42
	西欧	20	18	14	10	6	7	7
	俄罗斯	18	4	5	4	2	2	2
	保加利亚	5	5	5	5	5	5	5
	斯洛伐克	0	-	-	-	-	-	-
	巴西	3	1	1	1	0	-	-
	伊拉克&埃及	2	2	-	-	-	-	-
	世界	315	309	316	286	280	289	285
强力人造丝	印度	14	13	12	12	9	9	11
	西欧	43	43	38	32	20	38	43
	俄罗斯	4	3	3	3	2	1	0
	塞黑地区	6	-	-	-	-	-	-
	捷克	10	9	9	6	6	8	8
	世界	76	69	62	53	37	56	63
醋酸人造丝	日本	15	15	14	14	6	8	8
	韩国	8	9	9	8	5	-	-
	西欧	20	19	10	7	4	6	7
	俄罗斯	1	2	2	0	-	-	-
	拉托维亚	7	7	7	6	6	6	7
	美国	29	27	25	23	20	25	26
	秘鲁	4	-	-	-	-	-	-
	阿根廷	2	2	2	2	2	2	2
	世界	86	81	69	60	44	48	49

资料来源：日本化纤手册 2013

表 6　世界各国家（地区）人造短纤维生产量

单位：千吨

国家（地区）	2005 年	2006 年	2007 年	2008 年	2009 年	2010 年	2011 年
日　本	36.3	36.2	42.0	40.1	36.4	39.2	39.4
中　国	858.0	968.0	1356.8	1232.7	1404.7	1531.1	1856.3
台湾地区	114.5	132.3	136.3	105.5	108.0	97.2	81.6
泰　国	78.2	80.2	95.4	80.2	104.0	137.4	142.8
印度尼西亚	245.0	280.0	325.0	282.0	329.9	393.5	424.0
印　度	227.7	243.7	276.8	243.6	276.1	300.4	317.1
巴基斯坦	4.8	-	-	-	-	-	-
伊拉克	4.2	3.7	3.2	4.1	-	-	-
西　欧	356.9	379.4	380.8	374.7	325.7	352.2	380.7
俄罗斯	23.5	20.1	19.2	1.9	-	-	-
美　国	19.9	-	-	-	-	-	-
巴　西	37.3	33.0	38.8	15.4	30.2	20.7	18.1
世　界	2006.3	2176.6	2674.3	2380.2	2615.0	2871.6	3260.0

资料来源：日本化纤手册 2013

表 7　世界主要地区过滤嘴、烟用醋酸纤维生产量

单位：千吨

地　区	2005 年	2006 年	2007 年	2008 年	2009 年	2010 年	2011 年
欧　洲	170	173	170	166	165	166	173
美国及美洲	319	313	304	308	313	306	297
日本及韩国	103	93	97	110	110	97	104
中　国	74	102	108	167	235	248	241
世界合计	665	680	679	750	823	817	816

资料来源：日本化纤手册 2013

表8 世界主要国家（地区）烯烃纤维生产量

单位：千吨

国家（地区）	品种	2007年	2008年	2009年	2010年	2011年
西欧	长丝	911	815	792	834	845
	短纤	497	464	430	441	444
	合计	1408	1278	1222	1275	1290
东欧	长丝	53	56	50	64	67
	短纤	46	47	49	46	51
	合计	99	103	99	110	118
美国	长丝	713	663	510	563	539
	短纤	267	221	186	195	187
	合计	979	885	696	759	726
加拿大	长丝	33	28	21	31	34
	短纤	23	20	23	22	22
	合计	56	47	44	54	56
墨西哥	长丝	40	39	35	44	42
	短纤	15	12	14	15	15
	合计	55	51	49	59	57
南美	长丝	122	116	108	123	135
	短纤	39	36	34	38	38
	合计	161	152	142	160	173
日本	长丝	80	78	67	71	74
	短纤	53	53	46	50	53
	合计	134	131	112	121	127
韩国	长丝	63	58	47	57	59
	短纤	16	15	15	13	14
	合计	79	73	62	70	73
台湾地区	长丝	73	68	70	67	65
	短纤	16	12	14	12	12
	合计	89	80	84	79	78
中国	长丝	529	498	507	565	600
	短纤	90	81	84	98	114
	合计	619	580	591	662	714
印度	长丝	29	24	28	24	29
	短纤	7	6	7	7	7
	合计	35	31	34	31	37
亚洲其他	长丝	89	77	73	81	82
	短纤	16	14	13	14	15
	合计	105	91	87	95	97
其他	长丝	190	185	184	179	187
	短纤	61	58	58	57	59
	合计	251	243	242	235	245
世界合计	长丝	2925	2706	2492	2702	2760
	短纤	1146	1039	973	1006	1031
	合计	4071	3744	3465	3709	3790

资料来源：日本化纤手册2013

表 9　世界主要国家（地区）棉花、棉线、棉织物生产量

单位：千吨

	国家（地区）	2007 年	2008 年	2009 年	2010 年	2011 年	2012 年
棉花	世界合计（包括其他国家）	26049	23415	22059	25103	27098	25250
	中　国	8071	8025	6800	6400	7400	6417
	印　度	5219	4930	5100	5765	5780	5431
	美　国	4182	2790	2646	3942	3387	3775
	巴基斯坦	1894	1960	2112	1907	2350	2100
	巴西	1602	1214	1274	1960	2002	1823
	澳大利亚	126	329	341	898	1045	1074
	乌兹别克斯坦	1206	1000	900	910	880	861
	土耳其	625	440	380	450	750	552
	土库曼斯坦	280	297	250	380	315	317
	马　里	101	85	99	103	182	196
	希　腊	285	240	215	180	280	270
	阿根廷	150	117	181	295	230	192
	墨西哥	137	125	93	157	274	212
	缅甸	64	64	65	202	203	204
	布基纳法索	150	182	152	141	151	165
棉线	世界合计（包括其他国家）	31110	33111	34104	35972	37219	37781
	中　国	17430	19378	21488	24020	24852	25287
	印　度	2690	2924	2914	2967	3127	3234
	巴基斯坦	2845	2915	2913	2838	2906	2964
	巴　西	1097	1121	1123	1014	1141	1121
	印度尼西亚	830	880	814	799	826	841
	土耳其	1067	877	797	601	614	585
	美　国	1354	1310	610	549	551	561
	墨西哥	386	377	356	347	350	340
	越　南	351	341	315	303	317	326
	韩　国	151	184	204	239	275	296
	泰　国	276	271	241	228	217	203
	台湾地区	136	168	169	176	184	192
	乌兹别克斯坦	217	216	206	210	203	191
	孟加拉	144	177	173	170	171	173
	阿根廷	138	144	126	129	140	140
棉织物	世界合计（包括其他国家）	17969	17943	17839	19642	18845	18780
	中　国	6543	7221	7415	8855	8377	8262
	印　度	3806	3763	3897	4194	4207	4227
	巴基斯坦	3107	3119	3157	3108	2969	3067
	印　尼	770	761	745	754	708	724
	巴　西	802	802	672	724	666	644
	土耳其	520	270	243	314	305	307
	伊　朗	141	220	189	189	189	190
	俄罗斯	292	263	205	207	157	139
	新加坡	200	189	178	184	159	127
	泰　国	200	189	178	184	159	127
	墨西哥	118	117	114	119	113	111
	美　国	324	131	91	96	96	87
	乌兹别克斯坦	64	65	66	71	71	72
	坦桑尼亚	77	77	66	65	65	65
	意大利	130	112	63	60	58	56

资料来源：日本化纤手册 2013

表 10　世界主要国家（地区）麻纤维生产量

1．亚麻

单位：千吨

国家（地区）	2005 年	2006 年	2007 年	2008 年	2009 年	2010 年
法国	96	92	95	543	411	373
中国	695	415	290	257	148	117
白俄罗斯	50	29	39	61	47	46
俄罗斯	56	36	47	52	53	35
英国	16	18	18	15	15	14
比利时	19	17	14	12	13	12
荷兰	20	18	15	13	15	11
埃及	11	9	10	8	8	8
世界合计	1002	657	542	973	717	622

2．大麻

单位：千吨

国家（地区）	2005 年	2006 年	2007 年	2008 年	2009 年	2010 年
中国	41	83	48	41	44	44
朝鲜	13	13	13	13	13	13
智利	4	4	4	4	4	4
罗马尼亚	5	2	3	3	3	3
俄罗斯	2	2	2	2	2	2
意大利	1	1	1	1	1	1
法国	7	3	1	1	1	1
世界合计	77	110	74	67	70	70

3．黄麻类

单位：千吨

国家（地区）	2005 年	2006 年	2007 年	2008 年	2009 年	2010 年
印度	1795	1857	1840	1734	1926	1743
孟加拉国	836	884	839	849	924	1201
中国	47	49	56	47	44	40
乌兹别克斯坦	20	20	20	20	20	22
尼泊尔	18	17	17	17	18	21
越南	13	11	26	8	6	12
缅甸	17	15	9	3	4	4
津巴布韦	2	2	3	4	3	4
苏丹	5	3	3	3	3	3
世界合计	2764	2869	2824	2691	2953	3056

4．剑麻

单位：千吨

国家（地区）	2005 年	2006 年	2007 年	2008 年	2009 年	2010 年
巴西	213	248	245	246	280	236
坦桑尼亚	28	31	33	33	26	30
肯尼亚	26	26	25	22	19	24
马达加斯加	17	18	18	18	13	18
中国	13	13	14	16	17	16
墨西哥	17	17	17	15	11	9
海地	6	6	8	8	9	8
世界合计	332	370	373	370	387	351

资料来源：日本化纤手册 2013

中国化纤行业主要统计数据

表 1　2008～2012 年中国化纤工业主要经济指标

	单位	2008 年	2009 年	2010 年	2011 年	2012 年
企业数	个	2029	1944	1939	1750	1796
亏损企业数	个	415	265	148	234	408
亏损面	%	20.45	13.63	7.63	13.37	22.72
工业总产值（现价）	万元	39701599	38283196	49539944	66736749	68885288
工业销售产值（现价）	万元	38766268	37798493	48682038	65076234	66781277
出口交货值	万元	3304293	2503157	3310366	4377444	4416264
流动资产合计	万元	15233058	16181065	21649447	27570521	29044476
应收账款净额	万元	1919027	1922839	2323479	3042245	3373431
存货	万元	3963886	4215183	5397074	6778241	7343715
产成品	万元	1815284	1858741	2292324	3210301	3639948
固定资产合计	万元	14218567	13863823	15114867	17776504	
累计折旧	万元	7402573	7246375	8744792	11968284	
资产总计	万元	33660051	33895557	42048010	52369564	56637820
负债合计	万元	20088527	20599269	21593486	32421887	35678457
主营业务收入	万元	38838386	37991809	50202897	66469506	67389651
主营业务成本	万元	35864287	34575209	44567523	60053822	62003238
主营业务税金及附加	万元	87297	108606	122921	170138	182305
营业费用	万元	343470	389407	501718	604084	619327
管理费用	万元	1040177	904040	1136360	1653917	1447710
财务费用	万元	741348	609994	710704	948112	1231014
利息支出	万元	752268	575821	648798	988519	1183317
利润总额	万元	818303	1708533	3593105	3680747	2252651
亏损总额	万元	749588	209207	66808	292036	506669
应交所得税	万元	145139	194907	397348	479046	
应交增值税	万元	783708	694743	1071229	1450174	1133673
应付工资总额	万元	1107293	1278748	1533998	1830086	
全部从业人员年平均人数	人	450647	414494	439322	462702	478038

注：自 2011 年起，规模以上企业划分标准由之前的年销售收入 500 万元以上调整为 2000 万元以上。

资料来源：2008～2011 年数字来自纺织工业统计年报，2012 年数字为当年月报数

表2 2008～2012年中国人纤工业主要经济指标

	单位	2008年	2009年	2010年	2011年	2012年
企业数	个	173	181	201	227	232
亏损企业数	个	42	30	17	35	46
亏损面	%	24.28	16.57	8.46	15.42	19.83
工业总产值（现价）	万元	3499428	4049347	5938871	13468877	14662398
工业销售产值（现价）	万元	3406490	3945740	5804761	13188244	14240567
出口交货值	万元	278436	284768	426174	1445090	1655396
流动资产合计	万元	1592606	2081149	3115475	5875067	6733373
应收账款净额	万元	186156	214696	291444	669622	831109
存货	万元	552862	629277	877690	1764667	1889668
产成品	万元	262532	234927	325465	680107	824553
固定资产合计	万元	2114804	2428346	3275055	5381534	
累计折旧	万元	1111360	1299145	1616095	3427286	
资产总计	万元	4340488	5280440	7242238	13090669	14084929
负债合计	万元	2406764	3115838	4275441	8391724	9354495
主营业务收入	万元	3296322	3946827	6029088	13498524	14516900
主营业务成本	万元	2909493	3270578	5149127	12151663	13066834
主营业务税金及附加	万元	10622	14362	22561	35536	48753
营业费用	万元	50973	73384	109041	181346	209889
管理费用	万元	151929	165078	276882	429028	378457
财务费用	万元	91739	84451	112293	251624	321730
利息支出	万元	80921	82491	95209	237865	297181
利润总额	万元	69324	413594	493306	631058	579931
亏损总额	万元	173128	8541	16030	112258	170981
应交所得税	万元	27280	51044	61917	99732	
应交增值税	万元	118102	110334	175652	370469	364732
应付工资总额	万元	154221	210658	320860	492830	
全部从业人员年平均人数	人	79724	75848	92085	128112	136879

注：表中数字仅指人造纤维制造业，不包括浆粕制造业。

自2011年起，规模以上企业划分标准由之前的年销售收入500万元以上调整为2000万元以上。

资料来源：2008～2011年数字来自纺织工业统计年报，2012年数字为当年月报数

表 3　2008～2012 年中国涤纶工业主要经济指标

	单位	2008 年	2009 年	2010 年	2011 年	2012 年
企业数	个	706	660	669	668	679
亏损企业数	个	192	125	53	87	176
亏损面	%	27.20	18.94	7.92	13.02	25.92
工业总产值（现价）	万元	25330937	23634695	30715018	37988774	38552791
工业销售产值（现价）	万元	24833267	23448932	30322062	37227289	37469639
出口交货值	万元	2235749	1757954	2266777	1912464	1808845
流动资产合计	万元	8999838	9498362	12327743	14629593	15125901
应收账款净额	万元	976876	950124	1063930	1266725	1413647
存货	万元	2114930	2339105	3063614	3313734	3766125
产成品	万元	922531	1069181	1363829	1691085	1951467
固定资产合计	万元	7962596	7491469	7745991	8063498	
累计折旧	万元	39363790	3804101	4543500	5384796	
资产总计	万元	19101600	18899156	23077869	26582279	29119983
负债合计	万元	12041047	12019139	12111982	16249592	17891911
主营业务收入	万元	24928465	23502442	30963740	38063536	37760709
主营业务成本	万元	23356815	21826559	27735181	34658903	35304325
主营业务税金及附加	万元	40155	55739	65655	87680	81104
营业费用	万元	157565	168658	228793	242203	231946
管理费用	万元	476737	380052	489322	769866	666051
财务费用	万元	471617	360828	409573	446134	591144
利息支出	万元	496470	338239	382510	496986	590061
利润总额	万元	544228	835151	2290244	2258526	1113817
亏损总额	万元	252954	117007	20450	74569	168104
应交所得税	万元	56713	89048	253647	265029	
应交增值税	万元	391634	346944	630451	813108	544462
应付工资总额	万元	570034	625591	761214	907443	
全部从业人员年平均人数	人	214117	193465	213282	219573	220706

注：自 2011 年起，规模以上企业划分标准由之前的年销售收入 500 万元以上调整为 2000 万元以上。

资料来源：2008～2011 年数字来自纺织工业统计年报，2012 年数字为当年月报数

表4　2008～2012年中国锦纶工业主要经济指标

	单位	2008年	2009年	2010年	2011年	2012年
企业数	个	217	197	184	160	163
亏损企业数	个	38	26	13	14	16
亏损面	%	17.51	13.20	7.07	8.75	9.82
工业总产值（现价）	万元	3855624	3423782	4607481	5884948	5907512
工业销售产值（现价）	万元	3744247	3371775	4490994	5728002	5623216
出口交货值	万元	319106	108689	195467	443105	373903
流动资产合计	万元	1519784	1337145	2479217	2738048	2737102
应收账款净额	万元	295772	252283	359442	370618	372043
存货	万元	420649	392669	532732	673059	597062
产成品	万元	227964	194517	227500	338983	314256
固定资产合计	万元	1230696	1162594	1278785	1268579	
累计折旧	万元	686936	603015	815026	815073	
资产总计	万元	3388319	2696307	4230604	4254553	4560742
负债合计	万元	1862060	1581351	2451446	2659487	2951088
主营业务收入	万元	3775557	3319715	5009690	5760136	5494326
主营业务成本	万元	3458278	2981999	4454334	5024823	4891085
主营业务税金及附加	万元	10501	11753	9166	14143	14720
营业费用	万元	35545	43687	57439	58212	56446
管理费用	万元	97188	70968	125803	176310	113095
财务费用	万元	66479	67708	68195	93538	113703
利息支出	万元	62332	63826	61243	93610	103778
利润总额	万元	118344	131879	284232	437180	333067
亏损总额	万元	40513	18531	6668	10813	22092
应交所得税	万元	17087	11166	23059	60694	
应交增值税	万元	87666	60328	75705	102841	63978
应付工资总额	万元	104400	121310	154465	127607	
全部从业人员年平均人数	人	41053	34507	36922	33282	35060

注：自2011年起，规模以上企业划分标准由之前的年销售收入500万元以上调整为2000万元以上。

资料来源：2008～2011年数字来自纺织工业统计年报，2012年数字为当年月报数

表5　2008～2012年中国腈纶工业主要经济指标

	单位	2008年	2009年	2010年	2011年	2012年
企业数	个	42	39	31	22	21
亏损企业数	个	15	7	4	7	8
亏损面	%	35.71	17.95	12.90	31.82	38.10
工业总产值（现价）	万元	775629	673882	390443	441548	389966
工业销售产值（现价）	万元	766087	682394	382543	422539	368163
出口交货值	万元	26105	16199	1341	13549	842
流动资产合计	万元	534994	414636	190244	294088	262975
应收账款净额	万元	29246	32080	20933	30274	22357
存货	万元	107112	49607	29329	48058	50199
产成品	万元	62751	34453	12651	23923	26379
固定资产合计	万元	304404	150780	384343	116362	
累计折旧	万元	435778	179326	114701	183888	
资产总计	万元	914127	697846	310675	454252	421113
负债合计	万元	452736	456403	203068	300915	296254
主营业务收入	万元	823729	768974	411580	430092	400639
主营业务成本	万元	799389	728539	379254	395830	371620
主营业务税金及附加	万元	5996	5558	767	2614	2863
营业费用	万元	12857	14378	4578	5219	3619
管理费用	万元	123679	94899	5932	9823	7881
财务费用	万元	11337	4878	6481	11840	13616
利息支出	万元	12725	3945	5646	12301	14214
利润总额	万元	-219848	-19013	8661	5921	-2637
亏损总额	万元	230660	31544	83	4256	15665
应交所得税	万元	1196	1021	1273	1416	
应交增值税	万元	17842	27775	5424	4384	5418
应付工资总额	万元	67899	53004	11459	9887	
全部从业人员年平均人数	人	16755	13171	3297	3390	2500

注：自2011年起，规模以上企业划分标准由之前的年销售收入500万元以上调整为2000万元以上。

资料来源：2008～2011年数字来自纺织工业统计年报，2012年数字为当年月报数

表 6 2008～2012 年中国化纤工业主要产品产量

单位：万吨

	2008 年	2009 年	2010 年	2011 年	2012 年
化学纤维	2415.00	2747.28	3089.70	3362.36	3792.16
其中：粘胶	131.88	151.21	183.50	206.67	273.27
合纤	2241.31	2494.05	2852.42	3114.60	3444.12
涤纶	2004.57	2204.36	2513.33	2794.93	3057.03
锦纶	101.61	137.27	161.80	159.14	181.46
腈纶	60.37	68.38	65.72	69.96	69.35
丙纶	26.64	26.38	33.83	33.28	36.86
维纶	5.47	4.77	5.66	5.91	8.71
氨纶	20.22	20.32	27.43	26.17	30.75

资料来源：2008～2011 年数字来自纺织工业统计年报，2012 年数字为当年月报数

表 7 2008～2012 年中国化纤工业主要产品进出口量

单位：吨

		2008 年	2009 年	2010 年	2011 年	2012 年
化学纤维	进口	816844.5	861533.2	902250.3	884910.5	820978.7
	出口	1707824.4	1476689.3	1925339.4	2363068.5	2468100.6
其中：人纤	进口	84284.4	88437.3	125416.1	149633.9	158242.9
	出口	143122.9	179490.1	192946.1	245334.2	345705.2
涤纶	进口	317682.9	319758.7	308123.9	275168.4	232779.5
	出口	1257587.9	1029676.4	1404074.3	1761283.5	1749529.0
涤纶长丝	进口	172398.2	168339.9	165104.7	154963.4	120418.5
	出口	794840.5	623321.2	808462.5	945181.8	1078877.0
涤纶短纤	进口	145284.7	151418.8	143019.2	120205.0	112361.0
	出口	462747.4	406355.2	595611.8	816101.7	670652.0
锦纶	进口	200622.4	197986.8	199951.5	169007.7	174689.1
	出口	96348.1	99013.2	129438.3	122589.8	120494.0
腈纶	进口	145703.4	179966.0	196424.8	195291.7	186527.2
	出口	10032.0	5085.2	4411.7	4052.5	5780.9
丙纶	进口	8128.4	7227.9	7214.5	5903.0	5577.4
	出口	17260.4	13634.4	17284.5	32078.5	26880.5
氨纶	进口	15476.0	17159.9	18838.0	22803.7	18819.6
	出口	28902.6	28929.2	38805.8	34922.4	44148.8

资料来源：国家海关总署、中国化纤工业协会

表 8　2012 年化纤分省市产量表

地　区	化学纤维		其中：人造纤维		合成纤维	
	2012 年（万吨）	同比（%）	2012 年（万吨）	同比（%）	2012 年（万吨）	同比（%）
全　国	3792.16	11.20	348.03	32.43	3444.12	9.43
北京市	0.08	0.55			0.08	0.55
天津市	11.05	-13.43			11.05	-13.43
河北省	35.84	56.15	32.13	61.71	3.70	20.28
山西省	0.45	-12.79			0.45	-12.79
内蒙古	2.67	0			2.67	0
辽宁省	17.84	-6.06	6.30	-2.54	11.54	-7.88
吉林省	29.57	-0.06	5.46	-14.60	24.12	3.94
黑龙江	10.67	-19.53			10.67	-19.53
上海市	48.24	-6.33			48.24	-6.33
江苏省	1271.64	9.78	127.55	72.57	1144.09	5.50
浙江省	1672.11	11.48	21.31	18.57	1650.80	11.39
安徽省	26.21	-1.27	5.35	-13.36	20.86	2.39
福建省	272.09	20.05	0.65	-4.66	271.44	20.12
江西省	37.89	32.17	30.45	30.05	7.44	41.57
山东省	94.13	8.25	21.64	3.17	72.50	9.86
河南省	53.14	0.69	14.30	-9.77	38.85	5.17
湖北省	17.94	23.50	10.66	18.54	7.27	31.58
湖南省	3.92	18.99	0	-100.00	3.92	34.13
广东省	56.55	10.65	3.52	-16.38	53.03	13.09
海南省	4.77	-13.00			4.77	-13.00
重庆市	3.95	-37.44			3.95	-37.44
四川省	70.55	15.19	18.33	-3.48	52.22	23.58
云南省	3.86	8.37	3.52	-1.25	0.34	0
陕西省	2.79	19.71	2.64	14.29	0.14	872.79
新　疆	44.20	35.39	44.20	35.39		

资料来源：国家统计局月报